普通高等教育"十一五"国家级规

汽车电子技术

迟瑞娟　李世雄　主　编

张俊智　王建强　副主编

国防工业出版社

·北京·

内 容 简 介

本书主要讲述目前在汽车上应用的电子技术及电子控制系统的结构和工作原理,包括发动机电控燃油喷射系统、电子点火系统、各种排放控制系统、自动变速器、防抱死制动系统(ABS)和驱动防滑系统(ASR)、电控悬架系统、电动转向系统、巡航控制系统、安全气囊、汽车导航系统、车载诊断系统(OBD)和车用网络技术等。

本书既可作为高等学校车辆工程类专业及交通运输类专业的教材,也可作为高等职业院校相关专业的教材以及职业培训教材。

图书在版编目(CIP)数据

汽车电子技术/迟瑞娟,李世雄主编 . —北京:国防工业出版社,2013.2重印

普通高等教育"十一五"国家级规划教材

ISBN 978-7-118-05239-8

Ⅰ. 汽... Ⅱ.①迟...②李... Ⅲ. 汽车—电子技术—高等学校—教材 Ⅳ.U463.6

中国版本图书馆 CIP 数据核字(2008)第 083576 号

※

国防工业出版社出版发行

(北京市海淀区紫竹院南路 23 号 邮政编码 100044)

北京奥鑫印刷厂印刷

新华书店经售

*

开本 787×1092 1/16 印张 20¼ 字数 474 千字

2013 年 2 月第 1 版第 2 次印刷 印数 5001—7000 册 定价 35.00 元

(本书如有印装错误,我社负责调换)

国防书店:(010)88540777 发行邮购:(010)88540776
发行传真:(010)88540755 发行业务:(010)88540717

前　言

近几年,随着电子技术和汽车工业的飞速发展,汽车上所应用的电子技术和电子设备越来越多。作为车辆专业的本科生,为适应汽车发展的要求,必须了解汽车发展的趋势和前沿知识。因此,这几年各高校纷纷为车辆与交通运输专业的本科生开设了汽车电子技术课程。本书正是针对这门课程,结合多年来的科学研究与教学实践,在参考国、内外大量研究成果的基础上,本着前瞻性、科学性、知识性、实用性的原则编写的。

本书主要讲述目前在汽车上采用的电子技术、电子控制系统的结构和工作原理,内容包括发动机电控燃油喷射系统、电子点火系统、各种排放控制系统、自动变速器、防抱死制动系统(ABS)和驱动防滑系统(ASR)、电控悬架系统、电动转向系统、巡航控制系统、安全气囊、汽车导航系统、车载诊断系统(OBD)和车用网络技术等。

本书在编写中体现如下特点:

(1) 按照本科生所需要掌握的理论深度,对目前在汽车上广泛应用的电子系统,如发动机电子控制、自动变速器控制和防抱死制动系统等,从结构到原理进行系统、全面、深入的介绍。

(2) 对即将在车上得到广泛应用的电子技术也有清楚的介绍,以增加学生的知识面,并增加了这两年国内外较热衷的一些技术,如气门正时控制(VVT、VTEC等)、车用网络技术、车载诊断系统(OBD)等。

(3) 根据多位老师长年教学的经验编排全书的内容,并在各章后面增加了思考题,以适应车辆工程及交通运输专业本科生的课堂教学。

本书既可作为高等学校车辆工程类专业及交通运输类专业的教材,也可作为高等职业院校相关专业的教材,以及职业培训教材。

本书由中国农业大学迟瑞娟副教授、李世雄副教授任主编,清华大学张俊智副教授、王建强副教授任副主编。参加编写的人员还有:袁文燕(上海大学)、樊月珍(北京林业大学)、刘映凯(抚顺职业技术学院)、徐淑彦(中国农业大学)、关云霞(北京吉利大学)等。

本书共8章。迟瑞娟参与编写第1、2、3、5章,李世雄参与编写第4、6、7、8章,张俊智参与编写第3、6章,王建强参与编写第4、5章,袁文燕、徐淑彦参与编写第2章,樊月珍、刘映凯、关云霞参与编写第 2、8 章。

在本书编写过程中，得到了中国农业大学曹正清教授的指导和关注，在此表示衷心的感谢。还要感谢中国农业大学的硕士研究生林瑞平、陈小磊等同学，他们在书稿的录入过程中提供了大量帮助。本书参考、引用了大量的国内外文献资料，在此对所有原作者一并表示感谢。

由于作者水平有限，并且本书内容新，涵盖范围广，错误和疏漏之处在所难免，竭诚欢迎读者批评指正。

作　者

于中国农业大学

目 录

V

第1章 绪 论

【学习目标】
了解汽车电子技术的应用现状和发展趋势。

汽车是现代社会中最重要的交通工具之一。汽车工业也成为衡量一个国家工业化水平的主要标志。汽车电子技术随着电子技术的发展和汽车相关法规（油耗法规、排放法规和安全法规）要求的提高而逐步发展起来。与传统汽车技术相比，现代汽车技术主要包括以计算机为核心的电子控制技术；以质轻、高强度为代表的新材料技术；应用现代设计理论和设计方法，以 CAD（计算机辅助设计）为核心的整车及零部件新设计；融合当代制造技术的汽车制造新工艺；以减少石油燃料消耗、降低大气环境污染为目的的新型能源动力汽车技术。

其中，电子装置及控制技术的应用尤为突出。汽车电子化的程度越来越高，特别是集成电路、微机控制技术出现以后，在扩展电子系统各部分功能的同时，减小了电子装置的体积和质量，并推动了传感器、执行机构、显示装置及控制技术的发展。这不但改变了汽车工业的面貌，而且使汽车的结构和性能焕然一新。汽车的动力性、燃油经济性、安全可靠性、乘座舒适性，以及废气排放和噪声控制等诸方面都得到了显著地改善和提高。目前，汽车电子技术已经成为衡量汽车技术发展水平的主要内容。未来汽车技术的发展和性能的改善，主要依靠汽车电子技术的发展。

1.1 汽车电子技术的发展

电子技术的飞速发展和汽车相关法规（节能、安全、排放等）的建立，是汽车电子控制技术形成与发展的两大主要因素。汽车电子控制技术形成和发展过程可分为三个阶段，如图 1-1 所示。

第一阶段：20 世纪 60 年代中至 70 年代末，汽车电子技术萌芽及初级发展阶段。

特点：主要是改善了汽车单个零部件的性能。

代表性技术：电子收音机、发电机硅整流器、电压调节器、晶体管无触点点火，开始采用电子控制燃油喷射。但这些电子系统多为分立电子器件构成，体积大，可靠性不高。

20 世纪 50 年代初期，汽车上最早的电子装置是电子管收音机。1955 年，晶体管收音机问世后，晶体管收音机也成了汽车的主要器件。60 年代初，出现了汽车零部件中最早的电子装置——交流发电机整流器，交流发电机开始在汽车上使用。1960 年，美国克莱斯勒公司和日本日产公司率先采用了交流发电机以后，全世界各汽车公司都陆续采用，淘汰了直流发电机。

20 世纪 60 年代初期，人们开始对汽车发动机周围零部件的电子化进行研究。首先

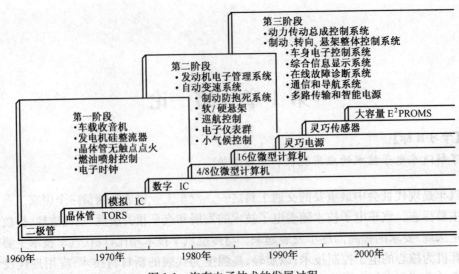

图 1-1 汽车电子技术的发展过程

使电压调节器及点火装置电子化。1960 年,美国通用汽车公司(GM)开始采用 IC 电子调节器,并于 1967 年以后在所有车中都换用 IC 电子调节器。1967 年,由德国博世(Bosch)公司研制成功电子控制燃油喷射系统。它用电子电路控制喷油器的喷油量,与化油器相比,具有明显的优越性。1973 年,美国通用汽车公司开始采用 IC 电子点火装置,并逐渐普及使用。1974 年起,通用公司开始装备加大火花塞电极间隙、增强点火能量的高能点火系统,并且力图将分电器、点火线圈和电子控制电路制成一体。1976 年,美国克莱斯勒公司首先采用模拟计算机控制发动机点火时刻。

当时这些新技术的应用,存在的共同问题是价格昂贵、可靠性差,复杂的电路使它们的维修费用也很高,因而没有得到推广应用。

第二阶段:20 世纪 70 年代末到 90 年代中期,是汽车电子技术的大发展阶段。

特点:主要是有了一定综合性的电子控制系统。

在第一阶段发展基础上重视机电一体化技术,开始引入自动控制理论,解决因各机械零部件的单独控制而产生的协调配合上的问题。集成电路技术的发展,4 位和 8 位微处理器的应用,使电子控制装置的体积显著缩小、可靠性明显提高。

1966 年,美国加利福尼亚州首先颁布了世界上第一个汽车排放法规。1971 年,美国清洁空气法规要求必须大幅度降低汽车废气中有害污染物的限值。当时,世界范围内又出现了能源危机,从而推动了汽车电子技术的快速发展。

进入 20 世纪 70 年代,电子工业的长足进步,特别是大规模集成电路和超大规模集成电路技术的快速发展,使微处理器得到广泛应用,被称为"第三次工业革命"。微处理器在汽车上的应用,使汽车的性能发生了重大的改变。1977 年,美国通用公司采用了中央处理器(CPU)控制的数字点火系统。这是一种真正的计算机控制系统,它能够精确地控制发动机的点火时刻,以提高发动机的燃烧效率和输出功率,同时还可以大幅度地降低排气中的有害成分。同年,美国福特开发了同时控制点火、排气再循环和二次空气的发动机电子控制系统。

2

从 20 世纪 80 年代后,发动机电子控制技术基本成熟,电子技术逐渐向汽车的其它组成部分扩展。

这一阶段的代表性技术有:发动机电子控制系统、自动变速器、ABS、电控悬架、电控转向、电子仪表和娱乐设备等。

第三阶段:20 世纪 90 年代中期至今,电子装置成为汽车设计中必不可少的装置。

20 世纪 90 年代以后,汽车电子技术进入广泛应用阶段,几乎渗透到了汽车的各个组成部分。汽车电子技术成为提高和改善汽车性能的主要途径。在此期间,各种控制系统的功能进一步增强,性能更加完善。例如,在动力控制方面,发动机管理系统(Engine Management System,EMS),增加了变速箱的控制功能,组成了动力传动控制系统(Powertrain Control Module,PCM)控制;在汽车主动安全控制方面,制动防抱死系统(ABS)又增加了牵引力控制系统(TCS)和驱动防滑系统(Acceleration Slip Regulation,ASR)控制的功能;在车辆稳定性控制方面,有车辆稳定性控制(Vehicle Stable Control,VSC)系统、强化车辆稳定性系统(Vehicle Stable Enhance,VSE)以及智能悬架控制系统;在被动安全控制方面,发展了安全带和安全气囊的综合控制技术。

智能巡航控制,也称自适应巡航控制(Adaptive Cruise Control,ACC),包括制动防抱死系统、牵引力控制系统及车辆稳定性控制系统。驾驶员即使没有踩制动踏板,ACC 也能在必要的时刻自动完成制动的操作。

此外,在汽车内部环境的人性化设计方面、无线网络通信技术、自动防盗系统和车载防撞雷达等电子装置,都得到了进一步的开发和应用。

由于汽车上的电子控制装置越来越多,车上的线束就变得非常粗大。为了减少导线的数量,控制器局域网(Controller Area Network,CAN)总线技术在此期间有了很大的发展。CAN 总线将各种汽车电子装置连接成为一个网络。在这个网络中,各控制装置独立运行,完成各自的控制功能,同时还可以通过通信线为其它控制装置提供数据服务。

因此,这个阶段的特点:以大规模集成电路和控制器局域网(CAN)为特征的迅速发展的汽车综合电子控制技术,是一种多学科的综合性新兴技术。

综合电控技术,其设计思想是运用计算机网络和通信技术,一方面将原来有限综合性电子控制系统扩大成为汽车整车控制系统;另一方面与汽车外部道路、交通、通信条件连结起来,使汽车更自动化、智能化,成为全社会的智能交通(ITS)或智能道路系统(IVHS)的一部分,如图 1-2 所示。

其代表性技术有:智能传感器、16 位和 32 位微处理器、车载多路总线网络、智能交通等。

从上述三个发展阶段来看,汽车电子技术发展的特点如下:

(1) 汽车电子控制技术从单一的控制逐步发展到综合控制,如点火时刻、燃油喷射、怠速控制、排气再循环。

(2) 电子技术从发动机控制扩展到汽车的各个组成部分,如制动防抱死系统、自动变速系统、信息显示系统等。

(3) 从汽车本身到融入外部社会环境。

3

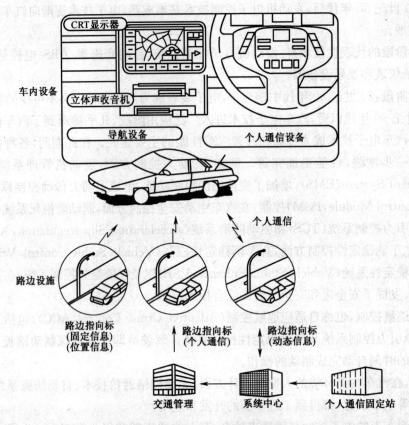

图 1-2　汽车路边通信系统概念

1.2　汽车电子控制技术的应用现状

目前,电子技术已经在汽车上得到了广泛的应用,几乎涉及到了汽车的各个部分,如图 1-3 所示。

汽车电子控制技术的主要内容如下。

1. 动力传动系统的控制(Powertrain Control)

1) 发动机部分

(1) 电控燃油喷射:最佳空燃比控制(喷油量、喷油定时)。

(2) 电子点火:最佳点火提前角控制(点火提前角、闭合角)。

(3) 怠速控制。

(4) 排放控制:废气再循环(EGR)、催化反应器、二次空气、热反应器、活性炭罐(汽油蒸气回收)等。

(5) 可变气门控制(VTEC,VVA)。

(6) 废气涡轮增压控制。

(7) 电子节气门(ETC)。

(8) 系统自诊断(OBD)。

4

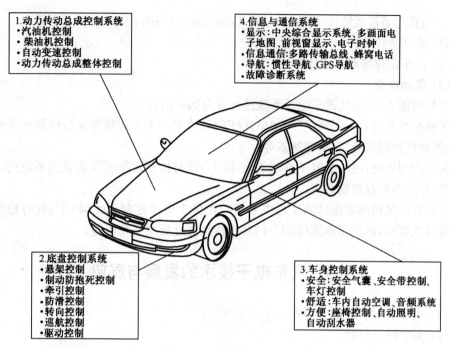

图 1-3　汽车电子技术的应用领域

1.动力传动总成控制系统
- 汽油机控制
- 柴油机控制
- 自动变速控制
- 动力传动总成整体控制

4.信息与通信系统
- 显示:中央综合显示系统、多画面电子地图、前视窗显示、电子时钟
- 信息通信:多路传输总线、蜂窝电话
- 导航:惯性导航、GPS导航
- 故障诊断系统

2.底盘控制系统
- 悬架控制
- 制动防抱死控制
- 牵引控制
- 防滑控制
- 转向控制
- 巡航控制
- 驱动控制

3.车身控制系统
- 安全:安全气囊、安全带控制、车灯控制
- 舒适:车内自动空调、音频系统
- 方便:座椅控制、自动照明、自动刮水器

2)自动变速器控制

(1)电液自动变速器(AT)。

(2)无级变速器(CVT)。

2.底盘方面的控制(Vehicle Control)

(1)悬架系统控制。

(2)动力转向与四轮转向控制。

(3)巡航控制。

(4)制动防抱死(ABS)与驱动防滑控制(ASR)、电子稳定程序(ESP)、电子制动力分配(EBD)。

(5)轮胎压力的监测。

3.车身方面的控制(Body Control)

(1)灯光控制。

(2)门锁控制。

(3)防盗系统控制。

(4)自动空调控制。

(5)自动座椅的控制。

(6)音响、音像系统。

4.安全方面

(1)安全气囊。

(2)安全带控制。

(3)防撞系统控制。

5. 信息与通信系统(Information & Communication)

(1) 数字化仪表。

(2) 汽车定位导航系统(GPS)。

(3) 移动电话。

根据功能不同,现代汽车电子系统还可分为如下内容。

单独控制系统:由一个电子控制单元(ECU)控制一个工作装置或系统的电子控制系统,如发动机控制系统、自动变速器等。

集中控制系统:由一个电子控制单元(ECU)同时控制多个工作装置或系统的电子控制系统,如汽车底盘控制系统。

控制器局域网络系统(CAN 总线系统):由多个电子控制单元(ECU)同时控制多个工作装置或系统,各控制单元(ECU)的共用信息通过总线互相传递。

1.3 汽车电子技术的发展与展望

汽车电子技术发展的方向有以下三个方面。

(1) 集中综合控制。

(2) 总线技术。

(3) 智能汽车。

1. 集中综合控制

将发动机管理系统和自动变速器控制系统,集成为动力传动系统的综合控制(PCM);将制动防抱死控制系统(ABS)、牵引力控制系统(TCS)和驱动防滑控制系统(ASR)综合在一起进行制动控制;通过中央底盘控制器,将制动、悬架、转向、动力传动等控制系统通过总线进行连接。控制器通过复杂的控制运算,对各子系统进行协调,将车辆行驶性能控制到最佳水平,形成一体化底盘控制系统(UCC)。

2. 总线技术

由于汽车上电子装置数量的急剧增多,为了减少连接导线的数量和质量,网络、总线技术在此期间有了很大的发展。如使用了网络,简化了布线,减少了电气节点的数量和导线的用量,同时也增加了信息传送的可靠性。

利用总线技术将汽车中各种电控单元、智能传感器、智能仪表等连接起来,从而构成汽车内部局域网,实现各系统间的信息资源共享。其优点主要有:①大大减少了线束数量、连接点及体积,提高系统的可靠性和可维护性;②采用通用传感器,达到数据信息共享的目的;③改善系统的灵活性,即通过系统的软件可实现系统功能的变化。

根据侧重功能的不同,SAE 将总线协议划分为 A、B、C 三大类:A 类是面向传感器和执行器的一种低速网络,主要用于后视镜调整、灯光照明控制、电动车窗等控制等,目前 A 类的主流是 LIN;B 类是应用于独立模块间的数据共享中速网络,主要用于汽车舒适性、故障诊断、仪表显示等,其目前主流是低速 CAN(Controller Area Network,控制器局域网);C 类是面向高速、实时闭环控制的多路传输网络,主要用于发动机、ABS 和自动变速器、安全气囊等的控制,目前 C 类主流是高速 CAN(又称动力 CAN)。

但是,随着"X-by-Wire"线控技术的发展,下一代高速、具有容错能力的时间触发方式的通信协议,将逐渐代替高速 CAN 在 C 类网中的位置,力求在未来几年之内使传统的汽车机械系统变成通过高速容错通信总线与高性能 CPU 相连的百分之百的电控系统,完全不需要后备机械系统的支持,其主要代表有 TTP/C 和 FlexRay。而在多媒体与通信系统中,MOST、IDB1394 和"蓝牙"技术成为了今后的发展主流。此外,光纤凭借其高传输速率和抗干扰能力,越来越广泛地用作高速信号传输介质。

3. 智能汽车

汽车智能化相关的技术问题已受到汽车制造商们的高度重视。智能汽车装备有多种传感器,能够充分感知驾车者和乘客的状况、交通设施和周边环境的信息,判断乘员是否处于最佳状态,车辆和人是否会发生危险,并及时采取对应措施。智能汽车进一步可发展为无人驾驶汽车。

今天,社会进入了信息网络时代,人们希望汽车不仅仅是一种代步工具,更希望汽车是生活及工作范围的一种延伸,在汽车上就像呆在自己的办公室和家里一样,可以收听广播,打电话,上互联网,处理工作。随着数字技术的进步,汽车也将步入多媒体时代。利用 windows 操作系统开发的车载计算机多媒体系统,具有信息处理、通信、导航、防盗、语言识别、图像显示和娱乐等功能。

智能交通系统(ITS)的开发,将与电子、卫星定位等多个交叉学科相结合,它能根据驾驶员提供的目标资料,向驾驶员提供距离最短,而且能绕开车辆密度相对集中处的最佳行驶路线。它装有电子地图,可以显示出前方道路,并采用卫星导航,从全球定位卫星获取沿途天气、车流量、交通事故、交通堵塞等各种情况,自动筛选出最佳行车路线。我们相信未来的某天,路上行驶的都将会是由计算机控制的智能汽车。

第 2 章　发动机电子控制系统

目前的汽车发动机必须在所有行驶工况下保证良好的燃油经济性、动力性和排放性能。许多厂商在改进发动机的机械设计方面做了很多工作，例如，燃烧室的形状、火花塞的位置、进气门的数目都是影响非常大的，但精确地控制空燃比和点火正时在获得发动机的最大功率和效率、减少有害排放物方面已成为实现此目标的关键。发动机电子控制系统主要包括汽油喷射的控制和点火系统的控制，以及怠速控制和排放控制等辅助部分。

2.1　电子控制汽油喷射系统

【学习目标】

本节主要讲述电控汽油喷射系统的分类、组成、结构及控制原理，电子控制燃油喷射系统中的怠速控制的特点与应用。通过本节的学习，应掌握以下知识。

(1) 汽油喷射系统的分类。

(2) 汽油喷射系统的基本组成、结构和工作原理。

(3) 电控汽油喷射系统中主要传感器、执行器的构造及工作原理。

(4) 电控汽油喷射系统在各种工况下的喷油控制策略。

(5) 电控汽油喷射系统中怠速控制的原因、方法及原理。

2.1.1　汽油喷射系统概述

学习汽油喷射系统的基本原理，首先要了解发动机工作的基本原理以及发动机对可燃混合气的浓度(即空燃比)的要求。

2.1.1.1　汽油机对空燃比的要求

为了使汽油发动机正常运转，必须为其提供连续可燃的空气汽油混合气。可燃混合气的成分通常可用空燃比来表示。空燃比是发动机燃料供给系统的一个非常重要的参数，空燃比(常用 A/F 表示)的大小决定着发动机的动力性、经济性及排气中污染物的含量。图 2-1 表示了随着空燃比由浓到稀的变化发动机的油耗率和输出功率的变化情况。图 2-2 表示了发动机有害排放物的浓度与空燃比之间的关系。

由此可见，发动机的性能与空燃比有着密切的关系，但影响的程度和变化规律各不相同。所以，如何精确控制混合气的空燃比是比较复杂而且非常重要的问题。

在发动机工作过程中，有着各种不同的工况，如启动工况、怠速工况、暖机工况、小负荷工况、中等负荷工况、大负荷工况和加速、减速工况等。为了满足不同工况下对汽油机动力性、经济性和排放的不同要求，各工况对空燃比的要求也不同。图 2-3 所示为一种汽油机在不同负荷(节气门开度)时所需要的混合气空燃比。

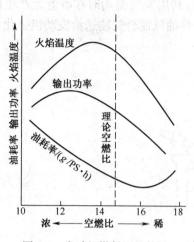

图 2-1　发动机燃料调整特性

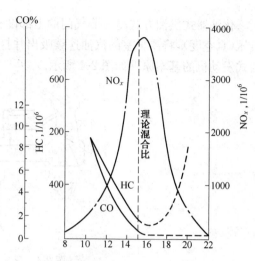

图 2-2　发动机排气中的 CO、HC
及 NO_x 浓度与空燃比的关系

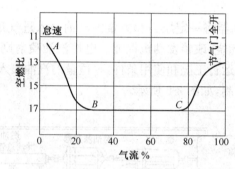

图 2-3　汽油机不同负荷所需要的混合气空燃比

此外,对发动机的一些过渡工况,考虑到不同工况的使用条件,同样要求选择不同的空燃比。一般过渡工况所要求的混合气空燃比如下。

(1) 冷车启动工况:要求供给很浓的混合气,空燃比最小。

(2) 启动后暖机工况:需要较浓的混合气,随温度提高加浓程度逐渐减小,一直到稳定工况运转为止。

(3) 加速工况:需要提供较浓一些的混合气,以获得良好的加速过渡性能。

(4) 急减速工况:节气门突然关闭,应该减少一部分燃料供给;达到或接近怠速时,节气门重新打开。

为了提高对空燃比的控制精度,现代化油器经过多年的改进已经成为一种极为复杂的机械装置,但从本质上讲这些改进都未能改变化油器由真空度对燃油进行一次性测量的计量原理,因此化油器只能将空燃比控制在一个大概的范围内。使汽油机在运行的任何时刻都具有最佳的空燃比,以保证获得最佳的动力性、经济性和排放性能,是汽油机研究者们一直追求的目标。

2.1.1.2　汽油喷射的概念

汽油发动机的燃料供给方法可分为化油器式和汽油喷射式两种。

9

化油器式供油方式是在节气门的上部设有一喉管,利用空气流动时在喉管处产生的负压(真空度),将浮子室的汽油连续吸出并打散,然后将油气混合气输送给发动机。化油器式发动机的基本原理如图2-4所示。

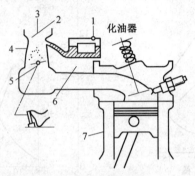

图 2-4 化油器式发动机

1—化油器浮子室;2—化油器;3—空气;4—化油器喉管;5—节气门;

6—浮子室;7—发动机。

汽油喷射就是用喷油器将一定压力和数量的汽油喷入进气道或汽缸内。其目的是提高汽油雾化质量,改进燃烧,改善发动机性能。电控汽油喷射则是采用电动喷油器,由电子控制单元根据发动机运行工况和使用条件,将适量的汽油喷入进气道或汽缸内,实现对发动机供油量的精确控制,如图2-5所示。

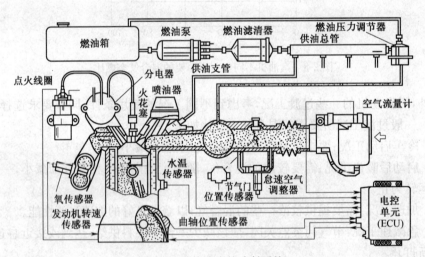

图 2-5 电控式汽油喷射系统

2.1.1.3 现代汽油喷射系统的分类

1. 按喷油器的布置分类

按喷油器的布置汽油喷射系统可以分为单点汽油喷射系统(Single-Point Injection,SPI)和多点汽油喷射系统(Multi-Point Injection,MPI)。

(1) 单点汽油喷射系统:如图2-6所示,在节气门体上安装一个或两个喷油器集中向进气管中喷油,与进气气流混合形成燃油混合气,在各缸进气行程时,燃油混合气被吸入汽缸内,这种方式也称为节气门体喷射(TBI)或中央喷射(CBI)。单点喷射结构简单、工作可靠,对发动机本身结构改动量小,但由于与化油器式发动机一样存在各缸混合气分配均匀性差的问题,所以近年来逐步被多点电喷取代了。

(2) 多点汽油喷射系统:每一个汽缸有一个喷油器,其特点是可以保证各缸混合气的均匀性和空燃比的一致性,如图2-7所示。根据喷油器的位置不同,多点喷射又分为缸内喷射和进气道喷射。

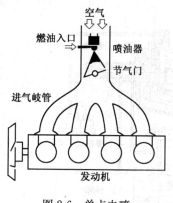

图 2-6　单点电喷

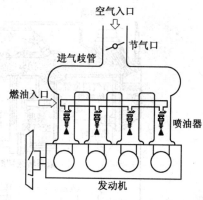

图 2-7　多点电喷

① 缸内喷射又称缸内直接喷射(Gasoline Derect-Injection,GDI):同柴油喷射类似,通过喷油器将燃油以较高的压力(约3MPa～4MPa)直接喷射到汽缸内。因喷射压力高,汽油一喷入汽缸内就会汽化,因此空燃混合气可以更稀(可达35∶1)。这样可将燃油经济性提高30%,并且可显著减少在进气门进气侧出现燃油积垢和积炭的现象。这种方式需要将喷油器装在缸体上。由于汽油黏度低而喷射压力较高,且缸内工作条件恶劣(高温、高压),因此对喷油器的技术条件和加工精度要求较高,目前在四行程发动机上应用不多。但缸内喷射是发动机燃油喷射技术的发展方向,将逐步取代传统的进气道喷射系统。目前,许多公司正致力于攻克喷油器工作寿命等关键技术问题。

② 进气道喷射:喷油器安装在进气歧管内各缸进气门附近,按照一定的规律适时将汽油喷入进气管。相对来说,这种喷油方式中喷油器的工作条件得到了改善,制造难度和成本降低,因此目前在汽车上得到了较广泛的应用。

2. 按喷射装置的控制方式分类

汽油喷射系统按喷射装置的控制方式可以分为机械式(K系统)、机电结合式(KE系统)和电控式汽油喷射系统(Electronic Fuel Injection,EFI)。

(1) 机械式汽油喷射系统是一种机械控制的喷射系统,早在20世纪五六十年代开始运用于汽车上,其典型代表是德国博世公司研制的K-Jetronic系统,简称为K系统,应用在早期的奔驰(Benz)和奥迪(Audi)轿车上,如图2-8(a)所示。燃油被电动汽油泵从油箱吸出并加压,稳压后经过汽油滤清器去除杂质后进入燃油量分配器。燃油分配器和空气计量器组成一个总成,即混合气控制器,以控制喷油器喷入的燃油量和混合气浓度。当发动机某缸进气门开启后,混合气便被吸入汽缸。除上述基本装置外,为了适应汽车发动机在各种工况下对混合气数量和浓度的不同要求,系统中还设置了各种相应的辅助调节装置,如冷启动装置、暖机调节器和辅助空气阀等。

（2）机电结合式汽油喷射系统（KE系统）是在K系统的基础上，增加了电控单元，通常以德国生产的KE-Jetronic系统为机电混合控制系统的典型代表。K系统与KE系统的典型区别在于，后者有一个可以根据发动机不同工况控制差压阀下腔油压的电控单元和与其相对应的电液式系统压力调节器。电控单元通过对发动机运行工况的多种参数进行采集和处理，把计算结果以电流的形式输送给电液式系统压力调节器，将其转换成差压阀下腔的油压来满足不同工况对混合气的要求，如图2-8（b）所示。

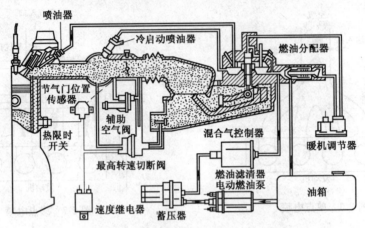

图2-8（a）　机械式汽油喷射系统（K系统）

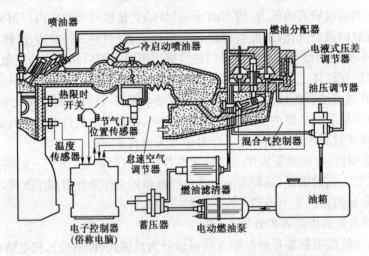

图2-8（b）　机电结合式汽油喷射系统（KE系统）

在汽油喷射系统发展的早期，由于电控汽油喷射系统技术不成熟，且受当时电子技术发展水平所限，成本较高，因此机械式和机电式汽油喷射系统在20世纪六七十年代的汽车上得到广泛应用。由于K系统和KE系统控制不灵敏，精度较低，难以满足现代高级轿车经济性、动力性和排放污染控制的要求。随着电控式汽油喷射技术的逐渐成熟，20世纪80年代以后，电控式汽油喷射系统逐渐取代了机械式和机电式汽油喷射系统，并开始广泛运用于汽车上。

（3）电控式汽油喷射系统（EFI）一般由空气供给系统、燃油供给系统和电子控制系统三部分组成,如图2-5所示。其电子控制系统主要由电控单元(Electronic Control Unit, ECU)、各种传感器和执行器三部分构成。ECU通过对各种传感器的信号进行运算获得发动机的运行状况,发出指令控制喷油器的喷油时刻和喷油量,从而精确控制各工况的空燃比。

电控汽油喷射系统按其控制过程又可分为开环控制方式和闭环控制方式。

① 开环控制方式:把发动机各运行工况的最佳控制参数(如喷油量)事先存入ECU的存储器内。运行时,ECU根据各种开关和传感器的参数确定发动机的实际运行工况,从事先存入的数据表(常称作MAP表)中查出该工况的最佳控制参数,并发出控制命令,控制执行机构(如喷油器)动作,如图2-9所示。

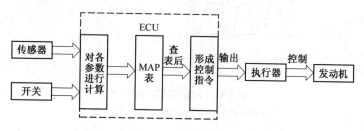

图2-9 开环控制方式

开环控制的特点是:控制简单,ECU运算工作量小。但当使用条件发生变化时(如喷油器的精度、使用时间增长、或其它原因),其控制精度就会有较大的误差。因此,对控制系统本身及各组成部分的精度要求较高。

② 闭环控制方式:在开环控制的基础上,增加反馈环节,根据输出结果对控制指令进行调整。即在发动机排气管上加装氧传感器,根据排气中氧含量的变化,调整控制指令,改变喷油量的大小,如图2-10所示。在使用过程中不断地进行反馈和调整,使实际空燃比保持在理想值附近,以达到最佳控制效果。

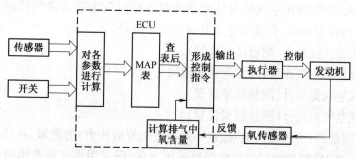

图2-10 闭环控制方式

3. 按喷油方式分类

汽油喷射系统按喷油方式可以分成连续喷射系统和间歇喷射系统。

(1) 连续喷射系统:在发动机运转期间,汽油连续不断的喷射,主要用于机械式和机电结合式汽油喷射系统。

(2) 间歇喷射系统:在发动机运转期间,汽油按照一定的规律间歇喷射,电控式汽油喷射系统都采用间歇喷射。

间歇喷射按喷射时序又分为同时喷射、分组喷射和顺序喷射,如图 2-11 所示。

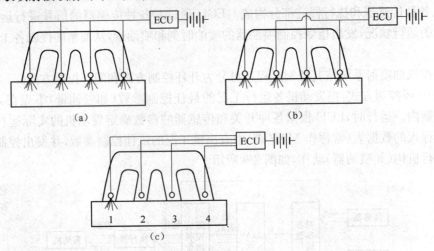

图 2-11　间歇喷射时序分类
(a) 同时喷射;(b) 分组喷射;(c) 顺序喷射。

① 同时喷射:在发动机运转期间,各缸喷油器同时开启,且同时关闭,如图 2-11(a)所示,电子控制单元(ECU)的同一个喷油指令同时控制所有喷油器的工作。

② 分组喷射:喷油器分成两组或多组,按照既定顺序交替喷射,如图 2-11(b)所示,ECU 发出两路喷油指令,分别控制两组喷油器的工作。

③ 顺序喷射:各缸喷油器分别按各自的作功顺序在各缸进气行程前进行喷射,如图 2-11(c)所示,ECU 需要发出四路喷油指令,分别控制各缸喷油器的工作。

4. 按进气量的检测方式分类

按进气量的检测方式汽油喷射系统可以分为直接测量式和间接测量式。

(1) 直接测量式:利用空气流量计直接测量单位时间内吸入进气管的空气流量。按照空气流量计的种类不同,直接测量式又分为以下几种。

① 叶片式空气流量计(测量体积流量)。

② 卡门涡旋式空气流量计(测量体积流量)。

③ 热线式空气流量计(测量质量流量)。

④ 热膜式空气流量计(测量质量流量)。

(2) 间接测量式:通过对其他参数(一般是进气管的压力)的测量,并经过计算处理得到进气量的值。间接测量常用进气歧管绝对压力式,即采用进气歧管绝对压力传感器测量进气管的绝对压力以确定进气量。这种测量方法又称为速度—密度方式,采用此方式的系统称为 D 型汽油喷射系统,D 来源于德文的 Druck(压力)一词。

综上所述,汽车发动机燃油喷射系统的分类情况如图 2-12 所示。

2.1.1.4　电控汽油喷射系统的特点

目前,汽油喷射供给系统已经完全取代了传统化油器式的供给系统,电子控制汽油喷射式发动机已经在汽车上得到广泛使用。这是因为化油器式发动机存在着一些无法改变的缺点。在了解电控汽油喷射系统的特点之前,先来看化油器式发动机的两个主要缺陷。

14

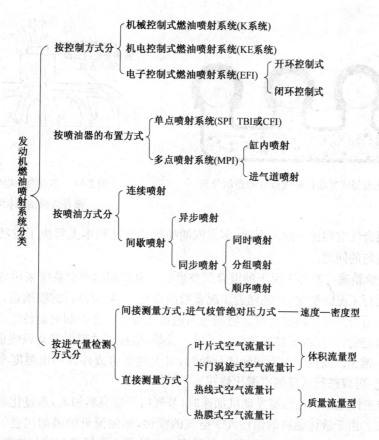

图 2-12　汽车发动机燃油喷射系统的分类

（1）喉管处的真空度较低，进气阻力大，发动机在高速时充气效率低。特别是低速或小负荷时，真空度更低，气体流速不高，这会造成燃油雾化不好，供油性能差。因此，加速时会出现供油滞后；而减速时，则回火放炮。

（2）不能精确地把相同空燃比的混合气分配给各缸（各缸混合气空燃比不一致）。化油器式发动机的燃油和空气在喉管处形成混合气后，需要经过不同长度及宽度的进气歧管才能进入汽缸。空气通过不同形状的通道及转角时很容易，而汽油颗粒由于其惯性的作用，要经过转弯的进气歧管是困难的，结果汽油颗粒会连续地移动到进气歧管的末端，造成末端汽缸的混合气过浓，如图 2-13 所示。为了使其它缸也有足够的混合气浓度，必须供给较浓的混合气，但这样又会使末端汽缸的混合气过浓，从而使末端汽缸的经济性和排放性能变差。

与化油器式发动机相比，电控汽油喷射发动机具有以下优点。

（1）进气阻力小，充气效率高。在进气系统中，由于没有像化油器供油那样的喉管部位，进气压力损失小。只要合理设计进气管道，就能充分利用吸入空气的惯性增压作用，增大充气量，提高输出功率，增加发动机的动力性。

（2）各缸混合气的分配均匀。在多点汽油喷射系统中，每个汽缸都有一个喷油器，如图 2-14 所示，电控单元（ECU）可控制喷油器使每一缸得到相等的燃油量，从而使吸入

15

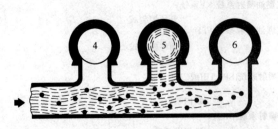

图 2-13　化油器式发动机进气歧管的燃油分布

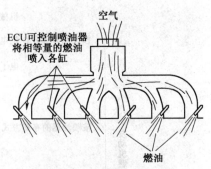

图 2-14　多点汽油喷射系统
使各缸喷油量相同

汽缸内的混合气空燃比一致。因此,多点汽油喷射系统从根本上解决了发动机各缸混合气分配不均匀的问题。

(3) 能够精确控制各工况下的混合气空燃比。电控燃油喷射系统采用各种传感器检测发动机运行工况的变化,并能随着工况参数的变化,控制喷油器的喷油量,从而连续地、精确地供应适当空燃比的混合气。特别是对过渡工况的动态控制更是传统化油器式发动机所无法做到的,因此汽车加减速反应灵敏。此外,电控汽油喷射发动机能根据空气密度变化修正空燃比。当汽车在不同地区行驶时,对大气压力或外界环境温度变化引起的空气密度变化,可以进行适量的空燃比修正。

(4) 加速性能好。化油器发动机加速时,节气门开度突然加大,通过化油器的空气流量随之加大。由于液体燃料的惯性大于空气的惯性,燃油流量的增加比空气流量的增加要慢,加速的瞬间会造成混合气过稀。虽然现代化油器中设置了加速加浓装置,但由于附加的燃油要经过进气歧管、进气道才能进入发动机,因而加速响应较迟缓。

在电控汽油喷射系统中,喷油器装在进气门附近,喷油量由 ECU 控制,ECU 能够使送至汽缸的混合气的空燃比及时地随节气门开度的变化而立即改变。

(5) 良好的启动性能。绝大多数电控汽油喷射发动机都通过检测冷却液温度、启动转速、启动经历次数和时间等来确定启动时混合气的浓度,因而可以精确地控制空燃比,使发动机启动容易,且暖机性能也提高。

(6) 减速断油功能。汽车减速时,节气门关闭,由于惯性的作用,发动机还会高速运转一段时间,进入汽缸的空气量减少,进气歧管内的真空度增大。

在化油器式发动机中,此时会使粘附于进气歧管壁面的汽油蒸发后进入汽缸,使混合气变浓,燃烧不完全,汽车排气中的 HC 含量会增加。

在电控汽油喷射发动机中,当急速关闭节气门而发动机转速超过预定转速时,喷油就会自动停止,因而降低了排放,同时改善了燃油经济性。

(7) 燃油雾化好,使燃烧效率提高。在电控汽油喷射系统中,汽油以一定的压力从喷油器喷出,燃油的雾化良好,可与空气充分地混合,发动机便可在较稀薄的混合气下工作。因此,能有效地降低排放,节省燃油。

2.1.2　发动机电控汽油喷射系统的组成及功能

发动机电控汽油喷射系统主要分为三大部分:空气供给系统(进气系统)、燃油供给系统(燃油系统)、电子控制系统(控制系统)。

电控汽油喷射系统各部分的基本组成,如图 2-15 所示。

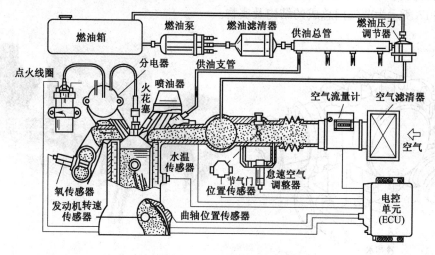

图 2-15　电控式汽油喷射系统

燃油系统:油箱—燃油泵—燃油滤清器—供油总管—供油支管—喷油器—进气道进气门后方—汽缸。

进气系统:空气滤清器—进气流量传感器(进气温度传感器)—进气管—节气门(节气门位置传感器)—进气管—进气歧管—进气门—汽缸。

电子控制系统:各种传感器和开关—ECU—执行器(喷油器等)。

2.1.2.1　进气系统

进气系统的作用是为发动机可燃混合气的形成提供必需的空气,并且能够通过电控单元对进气量进行测量和控制。

进气系统的组成包括空气滤清器、空气流量计、进气温度传感器、节气门、节气门位置传感器、怠速调整机构和进气管(进气总管和进气歧管)等,如图 2-16 所示。

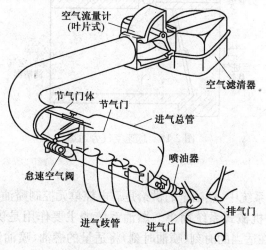

图 2-16　进气系统的组成

节气门总成位于空气流量计与进气总管之间,其作用是通过改变进气通道面积来控制发动机运转状态,一般由节气门、节气门位置传感器、怠速旁通气道和怠速调整装置组成,图2-17所示为节气门总成的结构及实物。

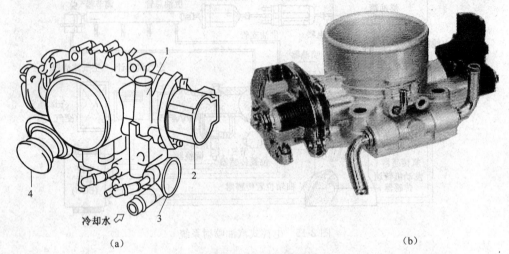

（a）   （b）

图 2-17　节气门总成

（a）节气门体结构；（b）节气门体实物图。

1—怠速调整螺钉；2—节气门位置传感器；3—空气阀；4—缓冲器。

节气门总成上怠速空气量的供给是十分重要的,直接影响着发动机怠速工作情况和使用中对怠速的调整方法。在有些电控喷油系统中,怠速时节气门完全关闭,怠速工况所有的空气量均由怠速空气旁通道提供,如图2-18所示。怠速调整方法是：顺时针旋转怠速调整螺钉,旁通道进气量减少,发动机转速降低；逆时针旋转调整螺钉,旁通道进气量增加,发动机转速提高。

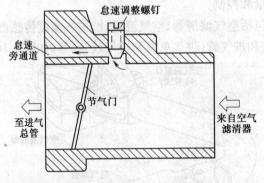

图 2-18　怠速空气旁通道

2.1.2.2　燃油系统

在电控燃油喷射系统中,燃油量的供给是靠电控单元控制喷油器来完成的。所以,燃油供给系统比传统的机械式系统简单。燃油系统的主要作用是供油,喷油器根据电脑（ECU）的喷油指令,在适当的时刻（喷油时刻）将适量的燃油（喷油量）喷于进气道内进气门的后方。燃油供给系统主要由油箱、燃油泵、燃油滤清器、燃油压力调节器、供油总管

（也叫燃油分配管）、供油支管、喷油器等组成,有的还有燃油脉动减振器、冷启动喷油器。图 2-19 为四缸发动机电控燃油喷射系统燃油供给部分的组成。

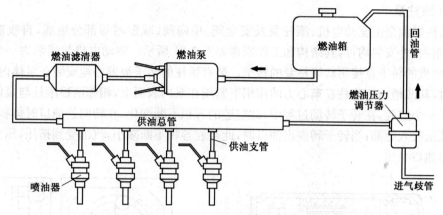

图 2-19　燃油供给系统的组成

　　燃油泵将燃油从油箱内泵出,以 0.25MPa 的压力送入输油管道,经燃油滤清器过滤后,输送到供油总管内,然后经供油支管分配给各缸喷油器。在供油总管的末端有燃油压力调节器,用来调节供油管路中的油压,并根据系统所需压力将过量的燃油通过回油管流回到油箱。

　　1. 电动燃油泵

　　电动燃油泵的作用是将燃油从油箱中吸出,加压后通过燃油管道输送给喷油器。

　　电动燃油泵按油泵的结构不同可分为滚柱泵、内齿轮泵、涡轮泵(叶片式)、侧槽泵。

　　电动燃油泵在供油系统中有两种安装方式,即内装式和外装式:内装式的油泵安装在油箱内部,如图 2-20 所示;外装式的油泵串装在油箱外部的输油管路中,如图 2-19 所示。外装方式一般采用滚柱泵。外装式的优点是油泵可以安装在输油管路中的任何位置,缺点是噪声大,易产生气泡形成气阻,现在已很少使用。内装式与外装式相比,由于油泵安装在油箱内部,工作噪声较小,不易产生气阻和泄漏,有利于热油输送,因此在现代汽车上得到了广泛应用。

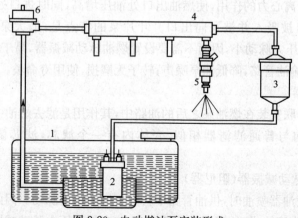

图 2-20　电动燃油泵安装形式

1—油箱;2—电动燃油泵;3—燃油滤清器;4—供油总管;5—喷油器;6—燃油压力调节器。

19

在四种结构的燃油泵中,滚柱泵和涡轮泵为较有代表性的两种燃油泵,下面具体介绍这两种泵的结构原理。

1) 滚柱泵

滚柱燃油泵由驱动电机、滚柱泵及安全阀、单向阀、减振器等部分组成,自吸能力较强,油箱内、外安装均可,其结构和工作原理如图2-21所示。驱动电机与油泵为一个整体结构,电机的转子直接驱动滚柱泵的转子。装有滚柱的转子被偏心地安装在泵体内,转子转动时,其凹槽内的滚柱在离心力的作用下紧压在泵内表面上,相邻两根滚柱与泵体内表面形成一个空腔,在转子转动过程中,此空腔的容积不断变化,在转向进油口时体积增大,形成低压吸入燃油;当转子转向出油口时,此空腔容积不断减小,汽油受到挤压,压力升高并由出油口泵出。

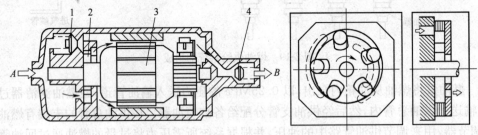

图 2-21　滚柱泵结构

1—安全阀;2—滚柱泵;3—电动机;4—出油单向阀。

滚柱泵在工作过程中,由于其工作的非连续性,因此在油泵的出油口端还需装有燃油脉动减振器。

2) 叶片泵(涡轮泵)

滚柱泵运转时噪声较大,泵油压力脉动大,易磨损,使用寿命短,目前电控发动机燃油喷射系统趋向于采用平板叶片式电动燃油泵,简称叶片泵或涡轮泵。叶片泵由一个或两个叶轮、外壳和泵盖组成,其结构与滚柱泵相似,但转子是一块圆形平板,平板圆周上开有小槽,形成泵油叶片,如图2-22所示。油泵在运转时,转子周围小槽内的燃油跟随转子一同高速旋转。由于离心力的作用,使燃油出口处油压增高,同时进口处产生一定的真空,从而使燃油从进口被吸入并被泵向出口。叶片泵的特点是:最大泵油压力较高,可达600kPa以上;供油压力脉动小,因而不需要设置燃油脉动减振器,易于实现小型化和装于燃油箱内部,简化输油管路,降低油泵噪声;转子无磨损,使用寿命长。

2. 燃油滤清器

燃油滤清器串联安装在燃油泵之后的油路中,其作用是滤去燃油中的杂质,防止供油系统堵塞。其结构与普通滤清器相似,壳体内有一个滤芯,滤芯微孔的平均直径为$10\mu m$。

3. 燃油压力脉动减振器(阻尼器)

油泵泵油和喷油器喷油时,供油管路中会产生燃油压力脉动。因此,部分电控燃油喷射系统(如燃油泵为滚柱式)的燃油供给系统中,装有燃油压力脉动减振器,其功用是减弱供油管路中的压力脉动,降低噪声。在早期的汽油喷射系统中,脉动减振器大多安装在回

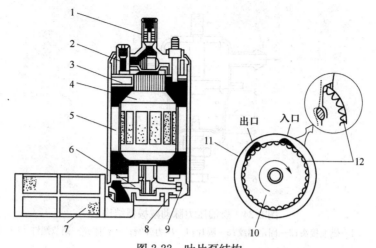

图 2-22　叶片泵结构

1—单向阀；2—溢流阀；3—电刷；4—电枢；5—磁极；6、10—叶轮；7—滤网；
8—泵盖；9—泵壳；11—壳体；12—叶片。

油管上，位于油箱和压力调节器之间，现在则一般安装在供油总管或电动燃油泵上。图2-23为安装在电动油泵出口端的脉动减振器。

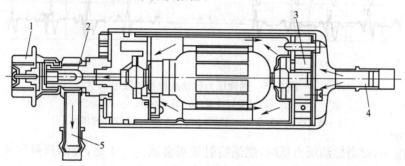

图 2-23　安装于电动燃油泵上的油压脉动减振器

1—燃油压力脉动减振器；2—单向阀；3—电动燃油泵；4—吸油口；5—出油口。

燃油压力脉动减振器的结构如图2-24所示，其主要由膜片和膜片弹簧等组成。发动机工作时，燃油经过脉动减振器膜片上方进入输油管，当燃油压力产生脉动时，膜片弹簧被压缩或伸张，膜片上方的容积略有增减，从而起到稳定油压的作用。同时，膜片弹簧的变形可吸收脉动能量，迅速衰减燃油压力的脉动。图2-25为燃油压力脉动减振器的减振效果。从图中可以看出，减振的效果还是相当明显的。

4. 燃油压力调节器

燃油压力调节器的作用是使供油系统油压（即供油总管内的油压）与进气歧管压力之差保持常数，一般为0.25 MPa～0.3MPa，以保证喷油器的喷油量唯一地取决于喷油时间。无论进气歧管真空度如何变化，喷油器的喷油压力与进气歧管的压力之差是恒定不变的。因为发动机所要求的燃油喷射量，是通过ECU输出的驱动脉冲控制喷油器的通电时间来实现的。而进气歧管的真空度在汽车运行过程中随着发动机负荷的变化而不断变化。如果不控制燃油压力，即使加给喷油器的通电时间相同，当燃油压力高时，燃油喷

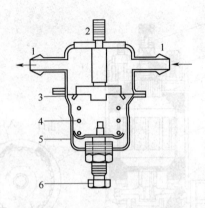

图 2-24　燃油压力脉动减振器结构

1—燃油接头；2—固定螺纹；3—膜片；4—压力弹簧；5—壳体；6—调节螺钉。

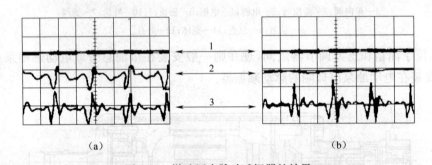

　　　　　（a）　　　　　　　　　　　　　（b）

图 2-25　燃油压力脉动减振器的效果

（a）未装减振器；（b）装减振器。

1—喷油器脉冲信号；2—减振器上游压力；3—减振器下游压力。

射量也会增加；而当燃油压力低时，燃油喷射量则会减少。于是，控制器根据喷油时间控制喷油量就无需对进气歧管压力的变化进行修正了。

　　燃油压力调节器一般安装在供油总管的末端，结构如图 2-26 所示，为膜片式结构，主要由弹簧、阀体、阀门和壳体等构成。油压调节器是一个金属壳体，在壳体上设有油管接头和真空管接头，进油口接头与供油总管连接，回油口接头连接回油管并与油箱相通，真空管接头与节气门至进气歧管之间的真空管连接。中间通过一个卷边的膜片将壳体内腔分成两个小室：一个是弹簧室，内装一个带预紧力的螺旋弹簧作用在膜片上，弹簧室由一真空软管连接至进气歧管；另一个室为燃油室，直接通入供油总管。阀体固定在金属膜片上，阀体与阀门之间安装有一个球阀，由球阀弹片托起，球阀与阀体之间设有一个弹力较小的弹簧，使球阀与阀门保持接触。

　　工作原理：当供油管的燃油压力大于（弹簧力＋进气管）压力时，膜片压缩弹簧向上拱起，回油阀打开，燃油通过回油管流回到燃油箱中；当燃油压力小于（弹簧力＋进气管）压力时，膜片恢复，回油阀关闭。

　　弹簧的预紧力一般设为 250kPa，因此当进气管真空度变化时，会影响到膜片的上、下动作，从而使燃油压力随着进气管真空度的变化而变化，使两者之差始终保持恒定，如图 2-27 所示。

22

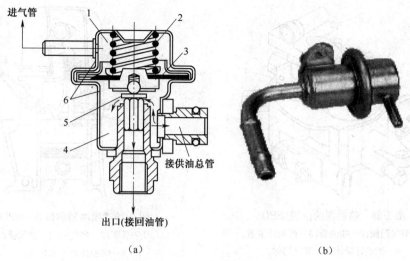

图 2-26 燃油压力调节器结构和实物

(a) 燃油压力调节器结构;(b) 燃油压力调节器实物图。

1—弹簧室;2—弹簧;3—膜片;4—燃料室;5—阀;6—壳体。

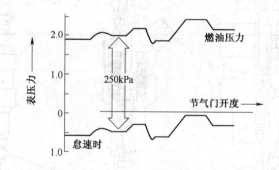

图 2-27 节气门开度与燃油压力的关系

(燃油压力＝250kPa＋进气歧管真空(负压力))

5. 喷油器

喷油器是发动机电控汽油喷射系统的一个非常重要的执行器。其作用是根据控制器的喷油控制信号将适量的燃油喷入到进气歧管,并对燃油进行喷射雾化。

喷油器的位置:

(1) 单点喷射系统(SPI 或 TBI)位于节气门体上,如图 2-28 所示。

(2) 多点喷射系统(MPI)一般通过绝缘垫圈安装在各汽缸进气门前的进气歧管上或进气道附近的缸盖上,如图 2-29 所示,并用输油管将其固定。

喷油器的结构和工作原理:喷油器为电磁式,其结构如图 2-30 所示。喷油器不工作时,针阀在回位弹簧的作用下将喷油口封住,当 ECU 的喷油控制信号将喷油器的电磁线圈与电源回路接通时,针阀在电磁力的吸引下克服弹簧压力、摩擦力和自身质量,从静止位置往上升起,燃油便从喷油器喷嘴中喷出。由于燃油压力较高,因此喷出燃油雾化较好。

23

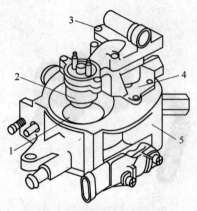

图 2-28 喷油器的位置（SPI）
1—节气门阀；2—喷油器；3—燃油计量盖；
4—燃油计量体；5—节气门体。

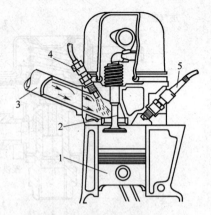

图 2-29 喷油器的位置（MPI）
1—活塞；2—进气门；3—进气管；
4—喷油器；5—火花塞。

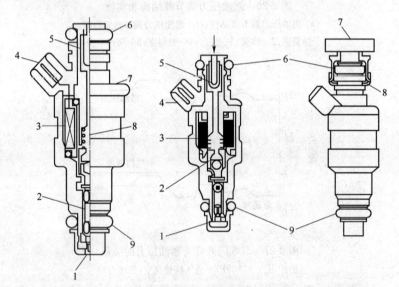

图 2-30 典型喷油器结构
1—喷嘴；2—针阀；3—电磁线圈；4—电线接头；5—滤网；6—上 O 形密封圈；
7—ID 号；8—回位弹簧；9—下 O 形密封圈。

喷油器的种类：为了满足不同用途、不同使用条件的需要，喷油器的种类较多，目前主要有以下几种分类方法。

按用途可分为单点喷射（SPI）用和多点喷射（MPI）用两种：MPI 系统所用的喷油器如图 2-30 所示，一般为细长型，采用上部供油方式；SPI 系统所用的喷油器较粗、短，供油量大，且多为下部供油方式，如图 2-31、图 2-32 所示。

按喷口形式可分为轴针型（针阀型）喷口和孔型（球阀型和片阀型）喷口。轴针型喷口的喷油器不易堵塞，如图 2-33 所示；孔型喷口的喷油器如图 2-34 所示，喷出的燃油雾化好，孔型喷口一般为 1 个~2 个孔，如图 2-35 所示。孔型喷口的喷油器按阀体结构的不同又分为球阀型和片阀型两种。

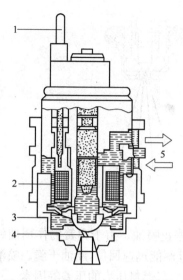

图 2-31　单点式(SPI)喷油器结构

1—电线接头；2—电磁线圈；3—球形阀；

4—斜置的喷油孔；5—燃油的流向。

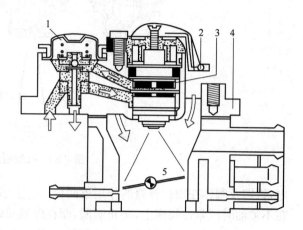

图 2-32　单点式(SPI)喷油器工作原理

1—燃油压力调节器；2—进气温度传感器；

3—喷油器；4—节气门体；5—节气门。

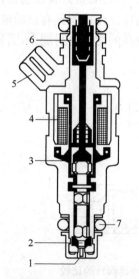

图 2-33　轴针式喷油器

1—轴针；2—针阀头部；3—燃油；4—电磁线圈；

5—电线接头；6—滤网；7—密封圈。

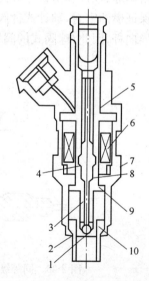

图 2-34　孔型(球阀式)喷油器结构

1—喷孔；2—阀座；3—阀针；4—弹簧；5—盖；6—电磁线
圈；7—喷油器体；8—衔铁；9—挡块；10—护套。

1）轴针型喷油器

电磁喷油器安装在燃油分配管上，轴针式喷油器的结构如图 2-33 所示，主要由燃油滤网、线束插座、电磁线圈、针阀阀体、阀座、复位弹簧、O 形密封圈等组成。轴针制作在针阀阀体上，阀体上端有一螺旋弹簧，当喷油器停止工作时，弹簧弹力使阀体复位，针阀关闭，轴针压靠在阀座上起到密封作用，防止燃油泄漏。

电磁线圈通电后，吸引铁芯移动，与铁芯一体的针阀打开，压力油从喷孔喷出；线圈断

25

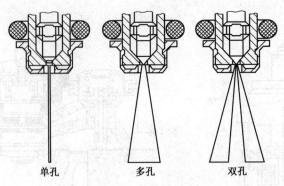

图 2-35 孔型喷油器

电,铁芯及阀体在回位弹簧的作用下回位,针阀关闭,停止喷油。由于弹簧的作用使针阀在不喷油时压紧在阀座上,防止滴漏,而在停喷瞬时,针阀能迅速回位,断油干脆。喷油量取决于喷油时间、针阀行程、喷口面积以及喷射环境压力与燃料压力的压差等因素。

2) 球阀式喷油器

球阀式与轴针式喷油器的主要区别在于阀体的结构,如图 2-36 所示,球阀式喷油器的阀针是由钢球、导杆和衔铁用激光束焊接成整体制成的,其质量只有普通轴针式针阀的 1/2,为了保证燃油密封,轴针式针阀必须有较长的导向杆。而球阀具有自动定心作用,无须较长的导向杆,因此,球阀式的阀针质量小,且具有较高的燃油密封能力,明显优于轴针式。

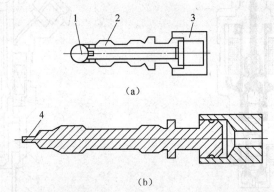

图 2-36 同等级的轴针式和球阀式喷油器阀针的比较
1—钢球;2—导杆;3—衔铁;4—轴针。

3) 片阀式喷油器

片阀式喷油器的结构与轴针式喷油器大致相同,如图 2-37 所示。由图可见,主要区别也是阀体有所不同。片阀式喷油器的结构特点是具有质量轻的阀片和孔式阀座,因此具有较大的动态流量,以及较强的抗堵塞能力。

此外,按供油方式,喷油器分为顶部供油和底部(或侧部)供油,如图 2-38 所示。从底部或侧部供油可降低发动机的高度,并有利于喷油器头部的冷却。

按电磁线圈的阻值大小不同,喷油器又可分为低阻式喷油器和高阻式喷油器。通常,对发动机喷油器有如下要求。

(1) 有良好的流量特性,喷射范围要大既能满足发动机最大功率时的供油量需要,又

26

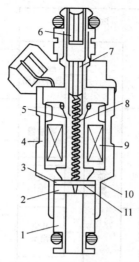

图 2-37 片阀式喷油器

1—喷嘴套；2—阀座；3—挡圈；4—喷油器体；5—铁芯；6—滤清器；7—调压滑套；8—弹簧；
9—电磁线圈；10—限位圈；11—阀片。

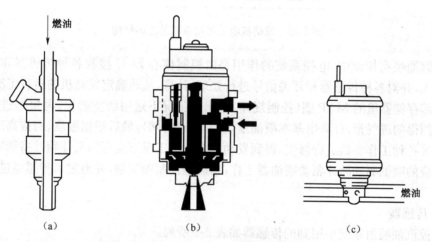

图 2-38 喷油器的供油方式

(a) 顶部供油；(b) 侧部供油；(c) 底部供油。

能供给怠速时很小的油量。

（2）具有良好的雾化和适当的喷雾形状，以利于怠速稳定性、冷启动性的提高和排气污染的降低。

（3）具有良好的抗污物堵塞能力。

（4）耐久性要好。

2.1.2.3 电子控制系统

电子控制系统的主要组成有三部分：电控单元（ECU）、各种传感器和开关、执行器（喷油器等）。图 2-39 为发动机电子控制系统的总体结构，其中包括燃油喷射、点火控制、怠速控制和排放控制（EGR，活性炭罐）等四部分相关的传感器和执行器。在本节中主要介绍燃油喷射部分的相关内容。

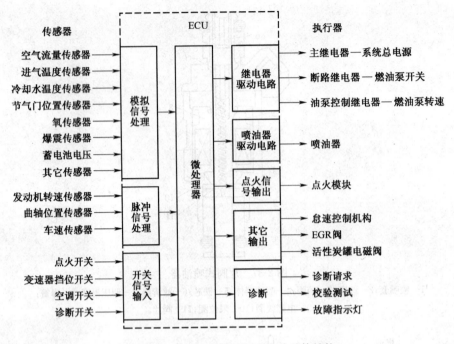

图 2-39 发动机电了控制系统的总体结构

在燃油喷射控制中,电控系统的作用是由控制核心 ECU 接收各种传感器和开关的信号输入,并对各种传感器和开关信号进行处理、计算,从而确定发动机的运行工况;最后根据内部存储器里的 MAP 图(控制规律)查出该工况下适用的空燃比;再根据进气流量传感器测得的进气量,计算出基本喷油量(喷油持续时间);最后根据温度、海拔高度、节气门开度等各种工作参数进行修正,得到发动机在这一工况下运行的最佳喷油持续时间,转换成相应的喷油驱动脉冲驱动喷油器工作,精确地控制喷油量,并通过氧传感器进行反馈控制。

1. 传感器

电控汽油喷射系统中用到的传感器如表 2-1 所列。

表 2-1 汽油喷射控制用到的传感器

传 感 器			安 装 位 置	功 能
空气流量传感器	间接测量式	进气歧管绝对压力传感器	防火墙上	检测进气歧管的绝对压力,从而间接获得进气量
	质量流量型	热式	热线式	空气滤清器与进气管之间	检测发动机吸入的空气的质量
			热膜式		
	体积流量型	叶片式			检测发动机吸入的空气的体积量
		卡门涡旋式			
进气温度传感器	负热敏电阻式		空气滤清器或空气流量传感器上	检测进气温度,用以计算进气量
冷却水温传感器	负热敏电阻式		发动机体的冷却水道上	检测发动机温度

传 感 器		安 装 位 置	功 能
节气门位置传感器	开关式	节气门轴上	检测节气门开度
	线性式		
发动机转速和曲轴位置传感器	电磁式	曲轴前端或凸轮轴前端或分电器上	检测发动机转速和曲轴位置
	光电式		
	霍耳式		
车速传感器	同转速传感器	变速器输出轴上	检测车速
氧传感器	氧化锆式	排气管上	检测排气中的氧浓度,用以对空燃比进行反馈修正
	二氧化钛式		

1) 空气流量传感器

空气流量传感器是将发动机吸入的空气量转换成电信号送给 ECU,是决定喷油量的基本信号之一。按测量方式不同可分为直接测量式和间接测量式:直接测量式是将传感器放在进气管道中直接测量进气的流量,按结构形式不同分为叶片式、卡门涡旋式、热线式和热膜式(表2-1)。其中,叶片式空气流量计为体积流量型,在 20 世纪六七十年代较为流行,因其对进气有较大阻力,现代汽车已基本不采用。卡门涡旋式空气流量传感器也为体积流量型,多见于三菱和丰田汽车上。热线式和热模式统称为热式,为质量流量型,20世纪 80 年代开发研制,现今已广泛应用。间接测量式空气流量传感器的典型代表是进气歧管绝对压力传感器,也是在现代汽车上得到广泛应用一种空气计量传感器。以下对这几种传感器的结构原理进行介绍。

(1) 进气歧管绝对压力传感器简称为进气管压力传感器。该传感器的作用是测量进气歧管内的绝对进气压力(真空度),并转换成电信号输送给 ECU,图 2-40 为进气歧管压力传感器实物及安装示例。进气管绝对压力传感器的种类较多,按其检测原理可分为半导体压敏电阻式(压电式)、电容式、膜盒式及表面弹性波式等。其中压电式和电容式应用广泛。

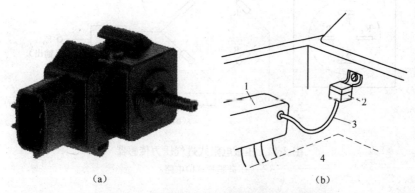

(a) (b)

图 2-40 进气管压力传感器实物图及安装实例

(a) 进气管压力传感器实物;(b) 进气歧管压力传感器安装示例。

1—稳压箱;2—进气管压力传感器;3—橡胶管;4—发动机。

① 半导体压敏电阻式(压电式)。该传感器由外壳、压力转换元件、混合集成电路以

及滤清器、EMI 过滤器等辅助装置组成,其中压力转换元件由绝对真空室、硅膜片(可变电阻片)和进气管压力导入装置构成,如图 2-41 所示。

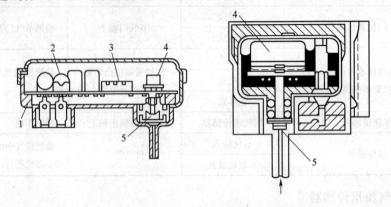

图 2-41 压敏电阻式进气管压力传感器
1—外壳塑料;2—EMI 过滤器;3—混合集成电路;4—压力转换元件;5—滤清器。

硅膜片的一侧是真空室,另一侧承受进气管内的压力,在此压力作用下使硅片产生变形。由于真空室的压力是固定的,进气管绝对压力变化时,硅膜片的变形量不同,硅膜片是一个压力转换元件,边长为约 3mm 的正方形,其中心经光刻腐蚀形成直径约 2mm、厚约 50μm 的圆形薄膜,薄膜上有四个以惠斯顿电桥方式连接的应变电阻,应变电阻的阻值随膜片的变形而成正比变化。由于薄膜的一侧是真空室,因此另一侧即进气歧管内绝对压力越高,硅膜片的变形越大,应变电阻的阻值变化也越大,从而导致硅膜片所处的电桥电路输出电压发生变化。因输出的电信号很微弱,所以电桥电路输出的电压需要经混合集成电路放大后才能输送给 ECU,如图 2-42 所示。这种进气管压力传感器输出的信号电压具有随进气歧管绝对压力的增大而增大的特性,如图 2-43 所示。

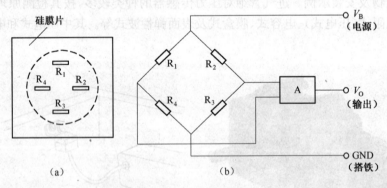

图 2-42 压敏电阻式进气压力传感器
(a) 硅膜片;(b)电路

压电式进气管压力传感器尺寸小、精度高、成本低、响应性和抗振性好,因此在现代汽车上得到广泛应用。

② 电容式进气压力传感器由位于传感器壳体内腔的两片氧化铝弹性膜片构成,如图 2-44 所示。两氧化铝膜片形成电容,其电容与膜片上的压力成正比,将电容连接到传感

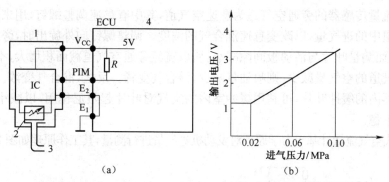

(a)　　　　　　　　　　　(b)

图 2-43　压电式进气管压力传感器与 ECU 的连接及输出特性
(a) 压电式进气管压力传感器与 ECU 的连接；(b) 压电式进气管压力传感器的输出特性。
1—进气压力传感器；2—可变电阻；3—空气管接口；4—ECU。

器的振荡电路中,则传感器产生变频信号,其频率与进气管的绝对压力成正比,频率约在 80Hz~120Hz 内变化。

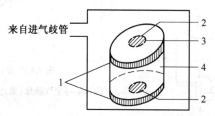

图 2-44　电容式压力传感器结构
1—氧化铝膜片；2—电极引线；3—厚膜电极；4—绝缘介质。

（2）叶片式空气流量传感器。由叶片（测量叶片、缓冲叶片）、电位器（与叶片同轴）、回位弹簧（在电位器内部）和附加装置（怠速空气通道、进气温度传感器、燃油泵控制开关）组成,如图 2-45、图 2-46 所示。来自空气滤清器的气体通过空气流量计时,推动测量叶片打开一定角度,而这一角度随进气量的大小而变化。同时,和测量叶片同轴旋转的电位计把进气量转变为电压信号,并送给 ECU。

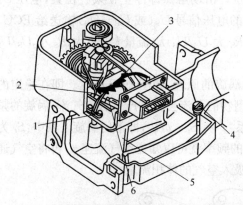

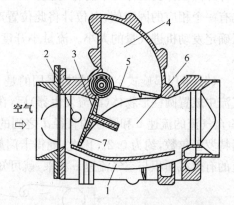

图 2-45　叶片式空气流量传感器结构
1—进气温度传感器；2—电动汽油泵触点；3—电位计；
4—怠速调整螺钉；5—测量叶片；6—汽油泵固定触点。

图 2-46　叶片式空气流量传感器叶片结构
1—旁通空气道；2—进气温度传感器；3—阀门；
4—阻尼室；5—缓冲板；6—主空气道；7—测量叶片。

空气流量传感器的旁通空气道为怠速空气道,其中有怠速调整螺钉,用来调节怠速时旁通空气道中的进气量,以改变怠速混合气的浓度。调整螺钉向外旋出时,旁通空气道截面积增大,而测量叶片与活动板间隙减小,所以流经旁通空气道截面积增大,空气量增加,流经主空气道的空气量减少,则喷油量减少,混合气变稀。反之,混合气变浓。

传感器内的缓冲叶片,可利用缓冲室内的空气对叶片起阻尼作用,以减小叶片脉动,使其运转平稳。

叶片式空气流量计基于力学原理对发动机进气量进行测量,其工作原理如图 2-47 所示。

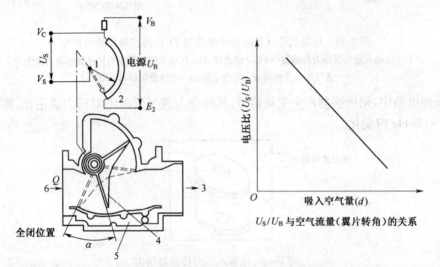

U_S/U_B 与空气流量(翼片转角)的关系

图 2-47　叶片式空气流量传感器工作原理

1—电位计滑动臂;2—电位计镀膜电阻;3—进气歧管侧;4—叶片;

5—空气旁通道;6—空气滤清器侧。

发动机工作时,ECU 给电位计电阻提供一个标准电源电压 U_S,使其电源保持恒定,由于进气流推动测量叶片转动,同时带动电位计滑动触点转动,使电位计滑动触点(信号端子 V_S)与电源端子 V_C 之间的电阻值发生变化,电压 U_S 也发生变化。当进气压力与测量叶片回位弹簧的弹力平衡时,测量叶片和电位计滑动触点即停止在某一位置,电压 U_S 也有一个相应的固定值,电位计将此位置产生的电压信号 U_S(或 U_B-U_S)输送给 ECU,以确定发动机进气量的大小。流量小开度小,R_S 大,U_S/U_B 大;流量大开度大,R_S 小,U_S/U_B 小。

(3) 卡门涡旋式空气流量计采用的是卡门涡旋的原理,如图 2-48 所示。即在稳定的气流中放置圆柱形物体(涡流发生器)后,在柱型物的下流会交替产生涡旋气流,涡旋的频率 f、气流的流速 v 和圆柱的直径 d 之间的关系:$f = S_t \cdot v/d$,即卡门涡旋。其中:S_t 为斯特罗巴尔数,约为 0.2。因此,测得卡门旋涡的频率就可以知道空气流速 v,再将空气通道的有效截面积与空气流速 v 相乘,就可知道吸入空气的体积流量。

图 2-48　卡门涡旋

按照涡旋频率的检测方式不同,卡门涡旋式流量传感器可分为反光镜检测方式和超声波检测方式两种。

① 反光镜式卡门涡旋空气流量计的结构和工作原理,如图 2-49 所示。将涡流发生器两侧的压力变化,通过导压孔引向薄金属制成的反光镜表面,使反光镜产生振动,反光镜振动时将发光管投射的光反射给光电管,对反光信号进行检测,即可求得涡旋的频率。

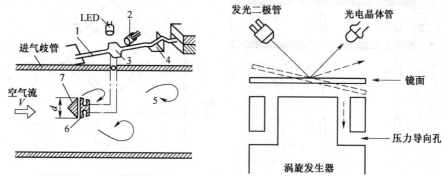

图 2-49　(反光镜检测方式)卡门涡旋空气流量传感器的结构和工作原理

1—全波段;2—光电管;3—反光镜;4—板簧;5—卡门涡旋;6—导压孔;7—涡流发生器。

② 超声波式卡门涡旋空气流量传感器的结构和工作原理如图 2-50 所示。利用卡门涡旋引起的密度变化进行测量,在空气流动方向的垂直方向安装超声波信号发生器,它发出的超声波因受卡门涡旋造成的空气密度变化的影响,到达对面的接收器时会产生相位差,利用放大器将这一信号变成矩形波,矩形波的脉冲频率即为卡门涡旋的频率。

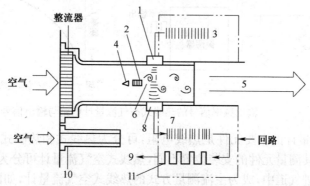

图 2-50　卡门涡旋空气流量传感器的结构和工作原理(超声波检测方式)

1—信号发生器;2—涡流稳定板;3—超声波发生器;4—涡流发生器;5—通往发动机;6—卡门涡旋;7—与涡流数对应的疏密声波;8—接收器;9—接计算机;10—旁通通路;11—整形矩形波。

(4) 热式空气流量传感器是指在空气通道中放置一根通电加热的铂丝(简称为热线),通电后使之与吸入空气温度之差保持在 100 ℃ 左右。铂丝作为惠斯顿电桥电路中一个臂,当空气通过时,铂丝热量散失,温度下降,热线电阻阻值发生变化,使电桥失去平衡。为了保持平衡,必须提高桥压,加大流过热线的电流,使热线的温度升高,恢复为原来的阻值。空气流量越大,电流越大,反之,电流越小。桥压的变化反应了空气流速的变化。

热线式空气流量计的工作原理,如图 2-51 所示。安装在控制电路板上的精密电阻 R_A 和 R_B 与热线电阻 R_H 和温度补偿电阻 R_K 组成惠斯顿电桥电路。当空气流经热线电阻 R_H 时,使热线温度降低,电阻减小,使电桥失去平衡,若要保持电桥平衡,就必须增加流经热线电阻的电流,以恢复其温度和阻值,精密电阻 R_A 两端的电压也相应增加。

流经热线的空气量不同,热线的温度变化量不同,其电阻变化量也就不同,为保持电桥平衡,需增加流经热线电阻的电流,从而使精密电阻 R_A 两端的电压也相应变化,控制电路将电阻 R_A 两端的电压输送给 ECU,即可确定进气量。

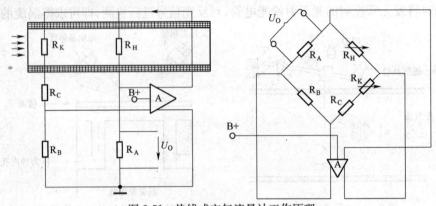

图 2-51　热线式空气流量计工作原理

A—混合集成电路;R_H—热线电阻;R_K—温度补偿电阻;R_A—精密电阻;R_B—电桥电阻。

有的热线式空气流量计在惠斯顿电桥的电路的输出端增加电压控制振荡器,将桥压的变化转变成输出信号频率的变化,如图 2-52 所示。

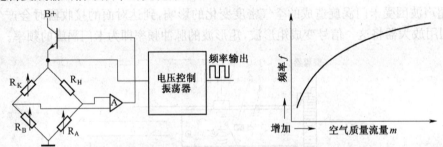

图 2-52　输出频率信号的热线式空气流量计电路与输出信号

热式空气流量计的主要元件是热线电阻,可分为热线式和热膜式,其结构和工作原理基本相同。按其测量元件的安装位置不同,热线式空气流量计可分为两种:一种是将热线电阻安装在主进气道中,成为主流测量方式的热线式空气流量计,如图 2-53 所示;另一种是将热线安装在旁通气道中,成为旁通测量方式的热线式空气流量计,如图 2-54 所示。两种热线式空气流量计工作原理相同,旁通测量方式只是将铂丝和温度补偿电阻绕在陶瓷管上,安装在旁通空气气道上,从而提高了铂丝的寿命。热线式空气流量计由于铂丝线细(约为 $70\mu m$),进气通道中气流变化大,因而铂丝易断,现在汽车上应用较少。

热线式空气流量计的电路,如图 2-55 所示,点火开关接通时,经主继电器给空气流量计的 E 端子提供蓄电池电压,空气流量信号经 B 端子输送给 ECU,A 为调整 CO 的可变电阻器输出端子。D 端子通过 ECU 搭铁,C 为直接搭铁端子。为了减少气流中脏物玷污铂丝,降低空气流量传感器的灵敏度,在混合集成电路中设置有烧净电路。每次关闭点火开关停机时,ECU 通过 F 端子给空气流量计输送自洁信号,将铂丝加热,烧净铂丝上的脏物。

在使用中,对热线式空气流量计的检查主要是相应端子之间的电压:点火开关接通,但不启动发动机时,分别测量 E 和 D、E 和 C 端子之间的电压,均应为蓄电池电压;发动机不工作时应为2V~4V,发动机工作时应为1.0V~1.5V;发动机达正常工作温度,转速超过1500r/min后,测量F与D端子之间电压,关闭点火开关时,电压应回零并在5s后又跳跃上升,1s后再回零,否则说明自洁信号不良。

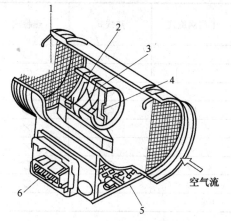

图 2-53 热线式空气流量计(主流测量方式)
1—防护网;2—取样管;3—铂丝;4—温度补偿电阻;
5—控制线路板;6—电接头。

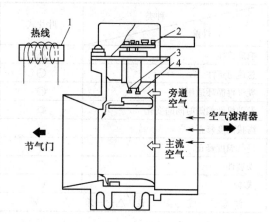

图 2-54 热线式空气流量计(旁通测量方式)
1—陶瓷管;2—控制线路板;3—铂丝;
4—温度补偿电阻。

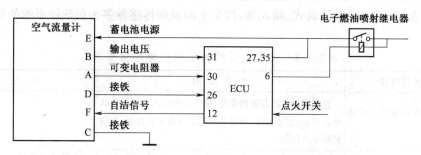

图 2-55 热线式空气流量计与ECU的连接

热膜式空气流量计如图 2-56 所示。与热线式空气流量计的不同之处在于热膜式空气流量计将热线式改为热膜式,即将热线、温度补偿电阻、精密电阻等镀在一块陶瓷片上,或将发热金属铂固定在树脂膜上,使制造成本较低,而且测量元件不直接承受空气流的作用力,提高了传感器的可靠性,使用寿命较长。图 2-57 为热线式空气流量计的实物外形。

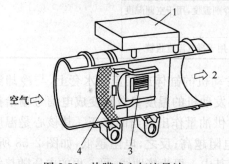

图 2-56 热膜式空气流量计
1—控制电路;2—通往发动机;3—热膜;4—温度传感器。

图 2-57 热式空气流量计

表2-2对四种空气流量计进行了性能对比。从表中看出,热膜式空气流量计的综合性能最好,因而在现代汽车上应用较广泛。

表2-2 四种空气流量计的性能对比

性能＼种类	叶片式	卡门涡旋式	热线式	热膜式
响应特性	△	○	○	○
急速稳定性	○	○	○	○
废气再循环适用性	○	○	○	○
发动机性能随时间的变化	◎	◎	◎	◎
海拔高度修正	√	√	×	×
进气温度修正	√	√	×	×
安装性	○	○	○	○
成本	○	○	○	◎

注:◎——优 ○——良 △——差 √——要 ×——不要

2)温度传感器

汽车上应用的温度传感器包括冷却液温度传感器、进气温度传感器、排气温度传感器、车外环境温度传感器、车内温度传感器等,如表2-3所列。温度传感器通常有热敏电阻式、双金属片式、热敏铁氧式、蜡式等,汽车上的温度传感器多为负热敏系数的热敏电阻式。

表2-3 汽车电子控制系统用温度传感器

温度传感器	主要作用	要求
发动机冷却液温度传感器	检测发动机冷却液的温度,用于点火时间和喷油量的修正控制;急速稳定、自动变速器变矩器锁止控制;发动机排放等控制	
进气温度传感器	检测进气的温度,用于点火时间和喷油量修正控制	工作温度范围:−50℃～＋120℃
燃油温度传感器	检测燃油箱中燃油的温度,用于喷油量修正控制	
自动变速器油温传感器	检测变速器油箱中自动变速器油的温度,用于变速器换挡、自动变速器油循环控制	测量精度:±2℃ 分辨率:±0.5℃ 水温响应速度:10s
车厢温度传感器	检测车厢内的温度,用于汽车空调温度自动控制	空气温度响应速度:1s
车外温度传感器	检测车厢外的温度,用于汽车空调温度自动控制	4000h故障率:<1/10000
蒸发器温度传感器	检测汽车空调蒸发器出的制冷剂温度,用于空调湿度自动控制	
排气温度传感器	检测三元催化反应器的温度,用于排气温度报警	

（1）发动机冷却液温度传感器,安装在发动机的缸体或缸盖的水套上,与冷却液接触。主要作用是检测发动机的冷却液温度,将发动机的温度参数转变成电信号输给控制器,以使控制器能根据发动机的温度状况来对供油量作出适当的修正。其核心是温度系数为负的半导体热敏电阻。冷却液温越低,电阻越高;反之,电阻越低,如图2-58所示。冷却液温度传感器的两根导线都和电脑连接:其中一根为接地线;另一根的电压随热敏电阻阻值的变化而变化,如图2-59所示。

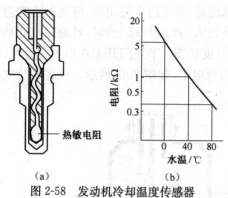

图 2-58　发动机冷却温度传感器
（a）结构；（b）工作特性。

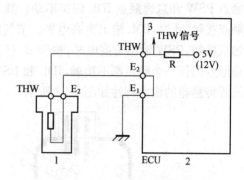

图 2-59　冷却液温度传感器与 ECU 的连接
1—冷却液温度传感器；2—ECU；3—冷却液温度信号线。

（2）进气温度传感器，如图 2-60 所示。安装在空气滤清器之后的进气软管上或空气流量计上，其作用是测量进气的温度，并输送给电脑作为修正喷油量的参考依据。与冷却水温传感器一样，进气温度传感器也是一个具有负热敏系数的热敏电阻，外部以环氧树脂密封。

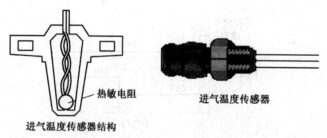

图 2-60　进气温度传感器结构和实物

3）节气门位置传感器

节气门位置传感器安装在节气门总成上，与节气门同轴，其作用是将节气门的开度转化成电信号输送给 ECU。节气门位置传感器有开关式和线性式两种。

（1）开关式节气门位置传感器的结构，如图 2-61 所示。

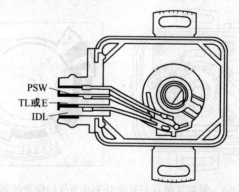

图 2-61　开关式节气门位置传感器结构

可动触点沿导向凸轮沟槽移动，导向凸轮由固定在节气门轴上的控制杆驱动，而功率

37

触点 PSW 和怠速触点 IDL 固定不动。其基本原理是：节气门全关闭时，可动触点和怠速触点接触，此时，IDL 输出为高电平。节气门开度较大（如 50％以上）时，可动触点和功率触点接触，PSW 输出为高电平，检测节气门的大开度状态。节气门开度在中等位置时，可动触点同任一个触点都不接触，IDL 和 PSW 都为低电平，如图 2-62 所示。开关式节气门位置传感器的输出特性如图 2-63 所示。

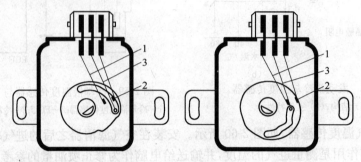

图 2-62　开关式节气门位置传感器的触点状态
1—全开触点；2—怠速触点；3—可动触点。

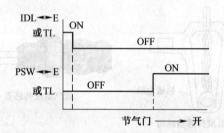

图 2-63　开关式节气门位置传感器的输出特性

　　这种节气门位置传感器结构比较简单，但其只能反应节气门的三种位置状态，不能指示节气门的任一开度。

　　为了能够反应节气门的多种位置状态，一些开关式节气门位置传感器还增加了开关的数量。同时，为了检测发动机的加速状况，还增加了加速触点，如图 2-64 所示。

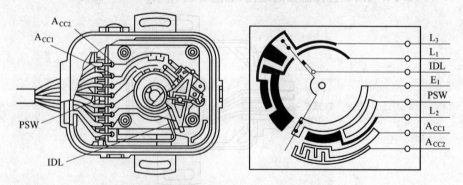

图 2-64　带加速触点的复杂开关式节气门位置传感器
IDL—触点可以确定怠速状态；L_2、L_3—中小负荷的小开度；L_2、L_1—中小负荷的中开度；L_2、L_3、L_1—中小负荷的大开度；PSW、L_3、L_1—重负荷的小开度；PSW、L_1—重负荷的中开度；PSW—重负荷的大开度；A_{CC1}、A_{CC2}—加速（减速）状态触点。

(2) 线性节气门位置传感器是一种电位计,如图 2-65 所示。它有两个同节气门轴联动的可动电刷触点:一个触点可在位于基板处的电阻体上滑动,滑动触点由节气门轴带动,在不同的节气门开度下,电位计的电阻也不同,利用变化的电阻值,测得与节气门开度相对应的线性输出电压,即可得到节气门的开度;为了能够准确检测节气门的全关闭状态,还设有一个怠速触点,它只在节气门全关闭状态时才被接通。

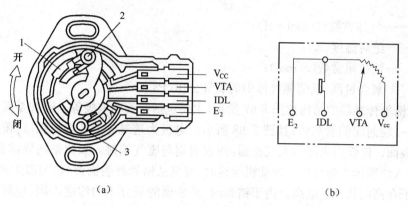

图 2-65 线性节气门位置传感器的结构与原理
(a) 结构;(b) 原理。
1—电阻体;2—检测节气门开度的电刷;3—检测节气门全闭的电刷(怠速触点);
V_{cc}—电源;VTA—节气门开度输出信号;IDL—怠速触点;E_2—地线。

通过线性节气门位置传感器,ECU 可以获得节气门由全闭到全开的所有开启角度的连续变化的模拟信号,以及节气门开度的变化速率,从而更精确地判定发动机的运行工况。

线性节气门位置传感器的输出特性及与 ECU 的连接,如图 2-66 所示。

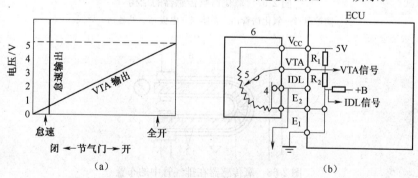

图 2-66 线性节气门位置传感器的输出特性及与 ECU 的连接
(a) 输出特性;(b) 与 ECU 的连接。

4) 氧传感器

氧传感器安装在发动机的排气管上,其作用是检测排气中氧分子的浓度,并将其转化成电压信号或电阻信号。在汽车上应用的氧传感器主要有两种类型,主要是电池式的氧化锆氧传感器和可变电阻式的二氧化钛氧传感器。其中氧化锆氧传感器应用最多。

(1) 氧化锆氧传感器的工作原理：氧化锆(ZrO₂)是具有氧离子传导性的固体电解质，能在氧分子浓度差的作用下，产生电动势。

氧化锆具有的特性：在高温下，如果氧化锆的两侧的气体氧含量有较大差异时，氧离子会从氧含量高的一侧向氧含量低的一侧扩散，使两侧电极间产生电动势。电动势 E 的大小可由下式表示：

$$E = \frac{RT}{4F} \ln(P_1 - P_2)$$

式中　R——气体常数(J/mol·K)；

　　　T——绝对温度(K)；

　　　F——法拉第常数(c/mol)；

　　P_1、P_2——氧含量高、低两侧气体中的氧气分压(Pa)。

氧化锆氧传感器的结构如图 2-67 所示，主要包括锆管和电极等。锆管是氧化锆陶瓷体制成的一端封闭的管状体，如图 2-68 所示。电极为透气的多孔性薄铂层，覆盖在锆管的内、外表面。锆管内表面与大气相通，外表面则与废气接触。氧化锆陶瓷体是多孔的，允许氧渗入该固体电解质内。发动机运转时，废气从锆管外表面流过，当温度高于 350℃ 时，氧分子在高温状态下电离。由于锆管内、外表面的氧分子的浓度不同，使氧离子从浓度大的内表面向浓度小的外表面移动，从而在锆管内外表面的两个电极之间产生一个微小的电压。氧化锆传感器采用的是铂电极。铂的作用是催化排气中的 O_2 与 CO 反应，使混合气偏浓时的氧含量几乎为零，以提高氧传感器的灵敏度。

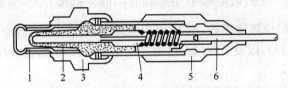

图 2-67　氧化锆氧传感器的结构

1—防护罩；2—氧化锆管；3—壳体；4—电极；5—外套；6—导线。

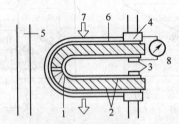

图 2-68　氧传感器在排气管中的布置

1—陶瓷体；2—铂电极；3、4—电极引线点；5—排气管；6—陶瓷防护层；

7—排气；8—大气。

如图 2-69 所示，混合气较浓(实际空燃比小于 14.7)时，排气中缺氧，锆管内、外两侧的氧浓度差较大，氧离子移动较快，并产生 0.8V~1V 的电压；混合气较稀时，废气中有一定的氧分子，锆管中氧离子移动能力减弱，只产生约 0.1V 的电压。因此，电压信号随混合气成分的不同而变化，并以理论空燃比为界产生突变。ECU 根据氧传感器的信号控制喷油量的增加或减少，保持混合气的空燃比在理论空燃比附近。

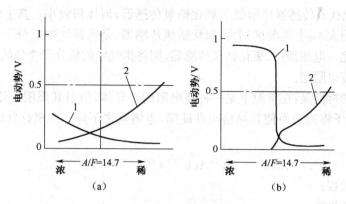

图 2-69 氧化锆氧传感器的输出特性

(a) 无铂催化作用；(b) 有铂催化作用。

1—氧传感器输出的电动势；2—氧传感器表面的 O_2 浓度。

图 2-70 为氧化锆氧传感器与 ECU 的连接电路。排气中氧浓度与大气中氧浓度的差值可使氧传感器产生电动势，把该电动势在输入回路的比较器中与基准电压对比：当电动势大于 0.45V 时，比较器输出为 1（浓信号）；当电动势低于 0.45V 时，比较器输出为 0（稀薄信号）。

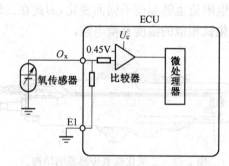

图 2-70 氧传感器与 ECU 的连接电路

氧化锆的正常工作温度是 350℃左右，早期的氧传感器靠排气加热，在发动机启动运转数分钟后才能开始工作。这种传感器只有一根信号线与 ECU 连接。现在大多采用加热式氧传感器（图 2-71），即在氧传感器内增加了一个电加热元件——陶瓷加热组件，可在发动机启动后的 20s～30s 内迅速将氧传感器加热至工作温度，并使氧传感器的安装位置不受温度的影响，也扩大了混合气闭环控制的工作范围。

这种传感器有三根接线：一根为信号线，接 ECU；另两根为加热器引线，一根接地，一根接电加热元件的电源。

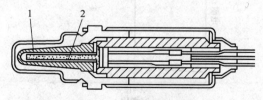

图 2-71 加热式氧传感器

1—氧化锆；2—加热器（陶瓷加热组件）。

（2）二氧化钛氧传感器外形似于氧化锆氧传感器，但体积较小。其工作原理与氧化锆氧传感器有很大不同，主要区别为：氧化锆氧传感器，是将排气中氧分子含量的变化转换成电压的变化—电池型；二氧化钛氧传感器，则将排气中的氧分子含量的变化转换成电阻的变化—可变电阻型。

二氧化钛的特性是：在常温下是一种高电阻的半导体，但当其周围气体氧含量少时，TiO_2 中的氧分子将逃逸而使其晶格出现缺陷，电阻随之下降。二氧化钛电阻 R 的变化可表示：

$$R = Ae^{\left(-\frac{E}{KT}\right)} P_{O_2}{}^{1/m}$$

式中　A ——常数；

　　　E ——活化能；

　　　K ——玻尔曼常数（J/K）；

　　　T ——绝对温度（K）；

　　　P_{O_2} ——氧分压（Pa）；

　　　$1/m$ ——取决于晶格缺陷性质的指数。

利用二氧化钛氧传感器电阻的变化，可以测得排气管中氧浓度的变化，进而确定空燃比的偏差值。二氧化钛氧传感器的结构如图 2-72 所示，前端的护罩内是一个二氧化钛厚膜元件。由于二氧化钛的电阻值也随温度不同而变化，因此在二氧化钛氧传感器内部，还设有一个温度系数与二氧化钛相似的温度补偿电阻。

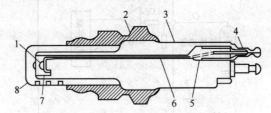

图 2-72　二氧化钛氧传感器的结构

1—二氧化钛元件；2—金属外壳；3—陶瓷绝缘材料；4—接线头；
5—陶瓷元件；6—导线；7—热敏元件；8—金属保护管

二氧化钛氧传感器的输出特性，如图 2-73 所示。混合气浓时，排气中含氧量低，传感器电阻较小；混合气稀时，排气中含氧量高，传感器电阻较大。在理论空燃比附近电阻有一个突变。

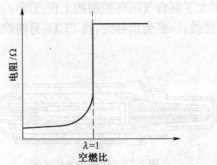

图 2-73　二氧化钛氧传感器的输出特性

电控汽油喷射系统闭环控制时,混合气空燃比的变化及氧传感器的输出信号,如图2-74所示。

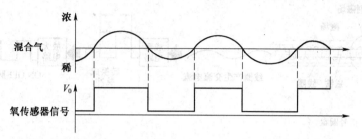

图 2-74　氧传感器输出信号与空燃比的变化

5) 发动机转速传感器和曲轴位置传感器

发动机转速传感器和曲轴位置传感器是发动机控制系统中最重要的传感器之一。发动机转速传感器的作用是检测发动机转速,以确定基本喷油量和基本点火提前角;曲轴位置传感器用来检测活塞上止点的位置,以确定各缸喷油器的喷油时刻和点火系的点火提前角,并提供判缸信号。

常用的转速传感器和曲轴位置传感器有电磁感应式、霍耳效应式和光电式三种。其安装位置通常在曲轴前端(飞轮上)、凸轮轴前端或分电器内。

(1) 电磁感应式转速和曲轴位置传感器的结构主要由外缘带齿的触发盘(信号盘)和信号发生器两部分组成,如图 2-75 所示。信号发生器中主要有磁头和传感器壳两部分,其中磁头由永久磁铁、铁芯和感应线圈构成。

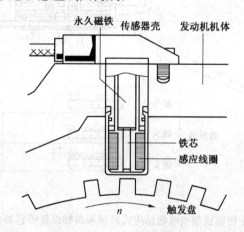

图 2-75　电磁感应式转速和曲轴位置传感器的结构

触发盘通常安装在曲轴前端,或凸轮轴前端或分电器轴上,随着曲轴的转动而转动。当发动机转动时,触发盘外缘上的齿使磁头与触发盘之间的间隙发生周期性变化,从而使两者之间的磁通发生变化,在磁头上的感应线圈中便产生与发动机转速相关的周期信号,将这些信号进行放大、滤波和整形后,便可得到标准的矩形波(图 2-76)。ECU 通过检测矩形波的周期,就可以获得发动机的转速。

现以日产公司的一种安装于曲轴前端的电磁感应式转速和曲轴位置传感器来介绍其

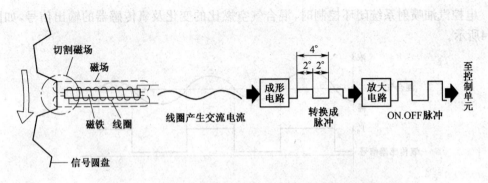

图 2-76　电磁感应式转速和曲轴位置传感器的基本原理

基本原理:如图 2-77 所示,该传感器的触发盘安装在曲轴前端的皮带轮之后,与皮带轮一起随曲轴旋转。在触发盘的外缘,沿着圆周每隔 4°加工一个齿,共有 90 个齿,用来产生转速信号——Ne 信号。此外,在触发盘上每隔 120°布置一个凸缘,共 3 个,用来产生曲轴位置信号——G 信号。信号发生器内有 3 个磁头,其中磁头①和③与触发盘外缘的 90 个齿共同产生曲轴转速信号(1°信号),磁头②与触发盘上的 3 个凸缘产生曲轴位置信号(120°信号)。

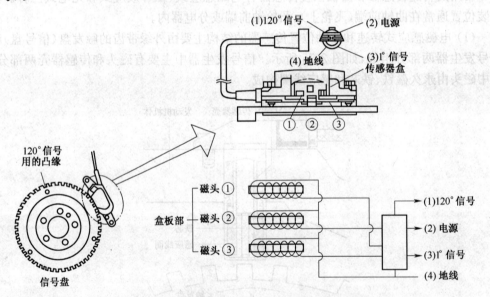

图 2-77　位于曲轴前端的电磁感应式转速和曲轴位置传感器(日产公司)

发动机转动时,触发盘的齿和凸缘切割磁头,使感应线圈内的磁场发生变化,从而在感应线圈里产生交变的电动势,再将它滤波整形后,即变成脉冲信号(图 2-77)。发动机旋转一圈,在磁头②上产生 3 个 120°脉冲信号,在磁头①和③上交替产生 90 个脉冲信号。

由于磁头①和③相隔 3°安装,而磁头①和③都是每隔 4°产生一个脉冲信号。所以,磁头①和③所产生的脉冲信号实际上正好为 90°相位差,将这两个脉冲信号送入信号放大与整形电路,经信号合成,即可产生曲轴 1°转角的信号,如图 2-78 所示。

产生 120°信号的磁头②安装在上止点前 70°的位置,如图 2-79 所示,故其信号亦可称为上止点前 70°信号,即发动机在运转过程中。当曲轴运转到各缸上止点前 70°的位置时,均由磁头②产生一个脉冲信号。

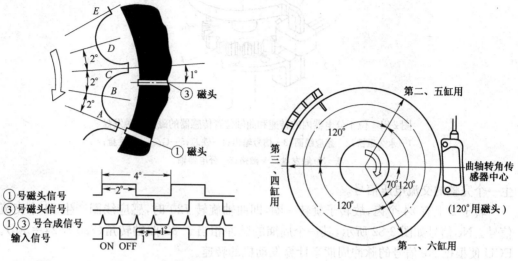

图 2-78 产生曲轴 1°转角信号的原理

图 2-79 ②号磁头与曲轴的位置关系

装于分电器内的电磁式转速和曲轴位置传感器的结构和原理如图 2-80 所示。该传感器分成上、下两部分:上部分产生曲轴位置 G 信号;下部分产生转速 Ne 信号。都是利用带有轮齿的转子旋转时,使信号发生器感应线圈内的磁通变化,从而在感应线圈里产生交变的感应电动势信号,将此信号放大后,送入电脑。

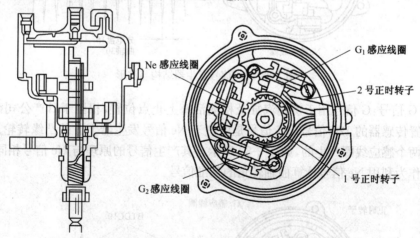

图 2-80 位于分电器内的转速和曲轴位置传感器(丰田公司)

① Ne 信号:Ne 信号是检测曲轴转角及发动机转速的信号,相当于日产公司磁脉冲式曲轴位置传感器的 1°信号,由固定在下半部等间隔 24 个轮齿的转子(转子 2)及固定于其对面的感应线圈组合而成,如图 2-81 所示。

就转子上的一个轮齿来说,当转子旋转时,轮齿与感应线圈的凸缘部(磁头)的空气间隙变化时,则导致通过感应线圈的磁场变化而产生感应电动势。因为轮齿靠近及远离磁头时,将产生一次增减磁通的变化,所以,每一个轮齿通过磁头时,都将在感应线圈中产

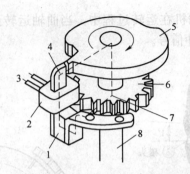

图 2-81 位于分电器内的转速和曲轴位置传感器的磁头和触发盘

1—永久磁铁;2—感应线圈;3—信号输出;4—铁芯;5—G_1、G_2 触发盘;

6—Ne 触发盘;7—磁路;8—分电器轴。

生一个完整的交流电压信号。

转子 2 上有 24 个齿,故转子旋转一圈,即曲轴旋转 720°时,感应线圈产生 24 个交流信号。Ne 信号如图 2-82 所示,其一个周期的脉冲相当于 30°曲轴转角(720°÷24＝30°)。ECU 便根据 Ne 信号的脉冲周期来计算发动机的转速。

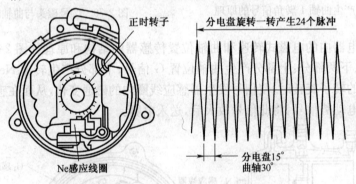

图 2-82 Ne 信号发生器结构与波形

② G 信号:G 信号用于辨别汽缸及检测活塞上止点位置,相当于日产公司磁脉冲式曲轴位置传感器的 120°信号。G 信号是由位于 Ne 信号发生器上方的凸缘转轮及其对面对称的两个感应线圈产生的,如图 2-83 所示。其产生信号的原理与 Ne 信号相同,G 信号也用来作为利用 Ne 信号计算曲轴转角的基准信号。

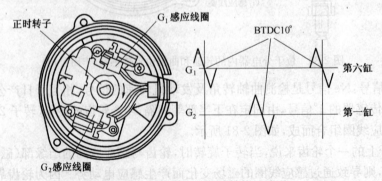

图 2-83 G 信号发生器的结构及波形

G_1、G_2 信号分别检测第六缸及第一缸的上止点。由于 G_1、G_2 信号发生器设置位置的关系,当产生 G_1、G_2 信号时,实际上活塞并不是正好达到上止点(BTDC),而是在上止点前 $10°$ 的位置。图 2-84 为曲轴位置传感器 G_1、G_2、N_e 信号与曲轴转角的关系。

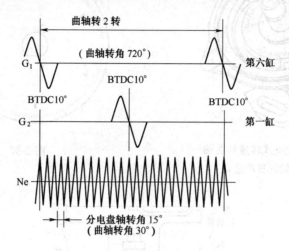

图 2-84 G 信号、N_e 信号与曲轴转角的关系

(2)光电式转速和曲轴位置传感器是利用光电效应的原理如图 2-85 所示。发光二极管和光敏二极管分别位于信号盘的上、下两侧。当发光二极管的光束照射到光敏二极管上时,光敏二极管感光产生电压;当发光二极管的光束被信号盘的叶片遮挡时,光敏二极管产生电压为零。因此,在信号盘转动过程中,光敏二极管会产生连续的脉冲信号,对脉冲信号进行放大整形后,根据脉冲信号的周期和信号盘的叶片数(或间隙数)即可检测信号盘的转速。

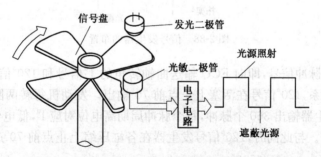

图 2-85 光电式转速和曲轴位置传感器的基本原理

设置在分电器内光电式转速和曲轴位置传感器(日产公司),如图 2-86 所示,它由信号发生器和带光孔的信号盘组成。信号盘安装在分电器轴上,其外围有 360 条缝隙(光孔)产生 $1°$ 信号;外围稍靠内间隔 $60°$ 分布着 6 个光孔,产生 $120°$(曲轴转角)信号。其中有一个较宽的光孔是产生一缸上止点对应的 $120°$ 信号,如图 2-87 所示。

信号发生器固装在分电器壳体上,主要由两只发光二极管、两只光敏二极管和电路组成,如图 2-88 所示。两只发光二极管分别正对着两只光敏二极管,发光二极管以光敏二极管为照射目标。信号盘位于发光二极管和光敏二极管之间,当信号盘随发动机曲轴运转时,因信号盘上有光孔,则产生透光和遮光的交替变化,造成信号发生器输出表征曲

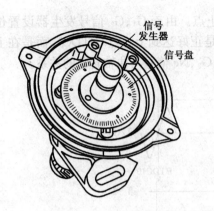

图 2-86　光电式转速和曲轴
位置传感器(日产公司)

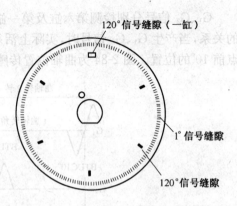

图 2-87　信号盘

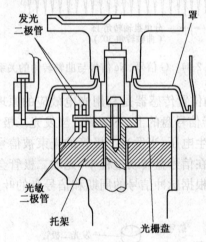

图 2-88　信号发生器的布置

轴位置和转角的脉冲信号,即向 ECU 输送曲轴转角的 1°信号和 120°信号。因信号发生器安装位置的关系,120°信号在活塞上止点前 70°输出。发动机每转两圈,分电器轴转一圈,则 1°信号发生器输出 360 个脉冲,每个脉冲周期高电位对应 1°,低电位亦对应 1°,共表征曲轴转角 720°。与此同时,120°信号发生器在各缸压缩上止点前 70°产生一个脉冲,共 6 个脉冲信号。

（3）霍耳式转速和曲轴位置传感器是利用霍耳效应原理,产生与曲轴转角相对应的电压脉冲信号的。

霍耳效应的原理如图 2-89 所示。当电流 I 通过放在磁场中的半导体基片(称霍耳元件)且电流方向与磁场方向垂直时,电荷在洛伦兹力作用下向一侧偏移,在垂直于电流与磁通的霍耳元件的横向侧面上,即产生一个与电流和磁场强度成正比的电压,称为霍耳电压 U_H,霍耳电压可用下式表达:

$$U_H = \frac{R_H}{d} IB$$

式中:R_H 为霍耳系数;d 为基片厚度;I 为电流;B 为磁场强度。

48

可见,当结构一定且电流 I 为定值时,霍耳电压 U_H 与磁场强度 B 成正比。霍耳式转速和曲轴位置传感器就是利用触发叶片或轮齿改变通过霍耳元件的磁场强度,从而使霍耳元件产生脉冲的霍尔电压信号,经放大整形后即为转速和曲轴位置传感器的输出信号。其工作原理如图 2-90 所示,信号盘转动时,每当叶片进入永久磁铁与霍耳元件之间的空气隙中时,永久磁铁的磁场即被触发叶片所旁路(或称隔磁),霍耳元件上没有磁场作用,因而不产生霍耳电压。当触发叶片离开空气隙时,永久磁铁的磁通便作用在霍耳元件上,这时产生霍耳电压。这样,信号盘转动一圈,霍耳元件便会输出与叶片数相同的脉冲个数。

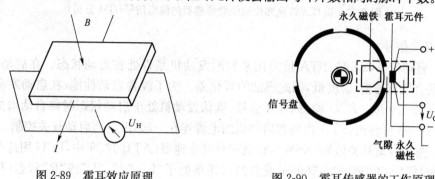

图 2-89　霍耳效应原理　　　　　图 2-90　霍耳传感器的工作原理

图 2-91 为美国 GM 公司安装在曲轴前端的霍耳式转速和曲轴位置传感器,该传感器采用触发叶片的结构形式,由霍耳信号发生器和信号轮组成。在发动机曲轴皮带轮前端固装着内、外两个带触发叶片的信号轮,与曲轴一起旋转。外信号轮外缘上均匀分布着 18 个触发叶片和 18 个窗口,每个触发叶片和窗口的宽度为 10°弧长;内信号轮外缘上,设有三个触发叶片和三个窗口,三个触发叶片的宽度不同,分别为 100°、90° 和 110°弧长,三个窗口的宽度亦不相同,分别为 20°、30° 和 10°弧长。由于内信号轮的安装位置关系,宽度为 100°弧长的触发叶片前沿位于一、四缸上止点前 75°;90°弧长的触发叶片前沿在六、三缸上止点前 75°;110°弧长的触发叶片前沿在五、二缸上止点前 75°。

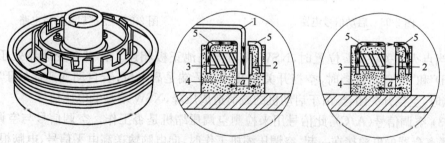

图 2-91　霍耳式转速和曲轴位置传感器(GM公司)

1—触发叶片;2—霍耳元件;3—永久磁铁;4—底板;5—导磁板。

霍耳信号发生器由永久磁铁、导磁板和霍耳集成电路等组成,如图 2-91 所示。内、外信号轮侧面各设置一个霍耳信号发生器,信号轮转动时,霍耳元件将产生脉冲电压信号,如图 2-92 所示。外信号轮每旋转一周产生 18 个脉冲信号,称为 18X 信号。一个脉冲周期相当于曲轴旋转 20°转角的时间,ECU 再将一个脉冲周期均分为 20 等份,即可求得曲轴转 1°对应的时间。内信号轮每转一周产生 3 个周期均等,不同宽度的脉冲信号,脉冲上升沿分别对应各缸上止点前 75°,作为判别汽缸和确定各缸活塞上止点位置的基准信号。

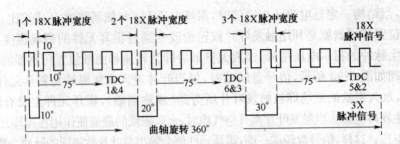

图 2-92　霍耳式转速和曲轴位置传感器的输出信号(GM公司)

6) 开关信号

(1) 启动信号(STA)：STA 信号用来判断发动机是否处在启动状态。在启动时,进气管内混合气流速慢,温度低,因此燃油的雾化差。为了改善启动性能,在启动发动机时必须使混合气加浓。ECU 检测 STA 信号,确认发动机处于启动状态时将自动增加喷油量。从图 2-93 可看出：STA 信号和启动机的电源连在一起,由空挡启动开关控制。

(2) 空挡启动开关信号(NSW)：在装有自动变速器(AT)的汽车中,ECU 用这个信号区别变速器是处于"P"或"N"(停车或空挡),还是处于"L"、"2"、"D"或"R"状态(行驶状态)。NSW 信号主要用于怠速系统的控制,电路如图 2-94 所示。

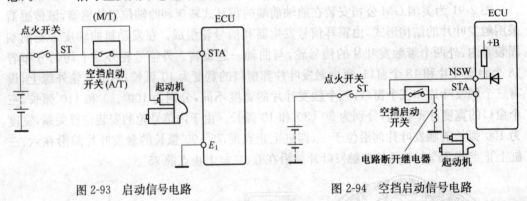

图 2-93　启动信号电路　　　　　　图 2-94　空挡启动信号电路

当点火开关在 ST 位置时,NSW 端与蓄电池正极相连。若自动变速器处于"L"、"2"、"D"和"R"等行驶挡时,空挡开关断开,NSW 端是高电位；若自动变速器处于"P"或"N"挡时,空挡开关闭合,由于启动机的载荷造成压降,NSW 端是低电压信号。

(3) 空调信号(A/C)：此信号用来检测空调压缩机是否工作。空调信号与空调压缩机电磁离合器的电源接在一起,空调压缩机工作时,向电脑输送高电平信号,电脑根据 A/C 信号控制发动机怠速时的点火提前角、怠速转速和断油转速等。

2. 电子控制单元(ECU)及其电源电路

1) 电子控制单元(ECU)

电子控制单元(Electronic Control Unit,ECU),是一种电子综合控制装置,包括硬件和软件两部分：硬件处理速度快,在系统中采用的硬件功能强、硬件数量多,则可改善系统的性能,但也会使系统复杂化；软件能代替一部分硬件功能,会使系统响应速度降低。通常硬件设置要按控制系统的需要进行选择,使控制系统的性能价格比高。

ECU主要由带有微处理器和程序及数据存储器的微型计算机、数字电路(包括 A/D,D/A 转换器)、功率输出级电路(喷油、点火和怠速等)与外部通信电路和电源管理电路等组成,并通过总插头将 ECU 与蓄电池、各种传感器和执行器连接在一起,如图 2-95 所示。

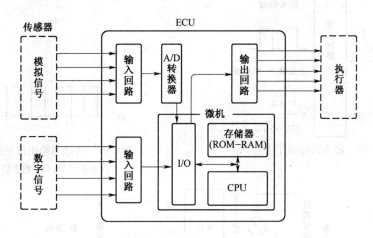

图 2-95　电子控制单元(ECU)的基本构成

ECU 的作用是根据电子控制单元内存储的程序对发动机传感器输入的各种信息进行运算、处理、判断,然后输出指令,控制有关执行器动作,以达到快速、准确、自动控制发动机工作的目的。

电子控制单元各组成部分简介如下。

(1) 输入回路。从传感器输出的信号往往不能满足微机(或单片机)的要求,因此一般输入信号都要经过输入回路进行处理。输入回路的作用是将传感器的信号转换为单片机可以接收处理的信号,经 I/O 接口送给微机,完成发动机工况的实时检测。对输入信号进行预处理,一般是在去除杂波和把正弦波变为矩形波后,再转换成输入电平。

图 2-96 为输入回路作用的示意图。

传感器输入的信号有数字量和模拟量两种,如图 2-97 所示。送出数字量信号的传感器通常有车速传感器、发动机转速和曲轴位置传感器等。这些传感器送出的信号是脉冲信号,需要经过放大和整形处理后才能输入微计算机,如磁电式转速传感器和曲轴位置传感器输出信号的幅值是随转速而变的。转速高时,幅值大;转速低时,幅值小,信号就需要放大或缩小,并将信号调理成整齐的矩形波,因此在输入回路中要设有信号整形电路。

在发动机电子控制系统中,有相当一部分传感器输入的信号都是模拟信号,如空气流量传感器、冷却水温传感器、节气门位置传感器等,向微机输入的都是变化缓慢的连续信号。它们经传感器及输入回路处理后,都已变成相应的电压信号,但这些信号微机不能直接处理,需经过相应的 A/D 转换器,将模拟信号转换成数字信号后才能输入微机。如从空气流量传感器输入的为 0V~5V 的模拟电压信号,当输入电平与 A/D 转换器设定的量程相同时,则模拟信号经 A/D 转换器转换成数字量后,才能输入微机,如图 2-98 所示。

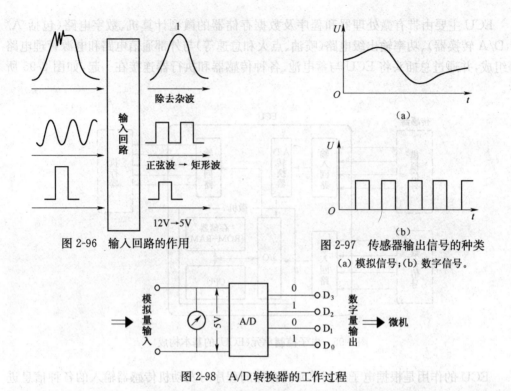

图 2-96 输入回路的作用

图 2-97 传感器输出信号的种类
(a) 模拟信号；(b) 数字信号。

图 2-98 A/D 转换器的工作过程

ADC0809 是一种常用的 8 位逐位逼近式 A/D 转换器，如图 2-99 所示，分辨率为 $1/2^8$，模拟电压转换范围是 0V～+5 V，标准转换时间为 $100\mu s$，采用 28 脚双列直插式封装。

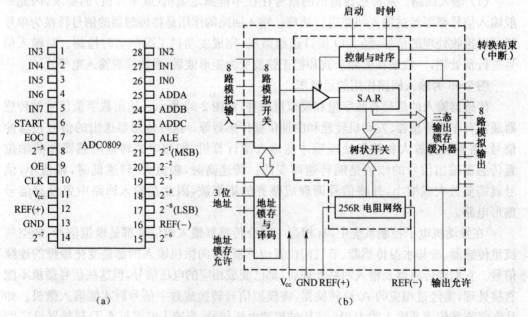

图 2-99 AD 转换器 ADC0809 管脚及内部结构
(a) 管脚图；(b) 内部结构。

52

（2）微计算机（也叫微处理器）简称微机。是发动机电子控制系统的神经中枢。它能根据需要，把各种传感器送来的信号，用内存程序（微机运行处理顺序）和数据进行运算处理，并把处理结果（如喷油器喷射信号、点火正时信号）送往输出回路。

随着电子技术的突飞猛进，微机发展很快。从开始在汽车上应用至今，不断更新换代。汽车上最常用的微计算机是单片机，它是一块集成电路芯片，具有微机的基本功能。

单片机具有集成度高、功能强、通用性好、体积小、重量轻、能耗小、价格便宜、抗干扰能力强和可靠性好等优点。在汽车上常用的是 8 位机（如 Intel 的 MCS 8048、MCS 8049、MCS8032；Motorola 的 MC68HC11）和 16 位机（如 Intel 的 MCS 8097；Motorola 的 MC68HC12、MC68HC16）。最近，GM 公司在 Buick 车上已采用 32 位机（Motorola68332，它有 512KROM，14KRAM）。

微机包括中央处理器（Central Processing Unit，CPU）、只读存储器（Read Only Memory，ROM）、随机存储器（Random Access Memory，RAM）、时钟脉冲发生器、输入输出接口和总线等，如图 2-100 所示。

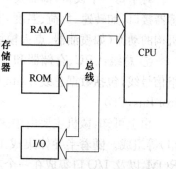

图 2-100　微计算机基本构造

① 中央处理器（CPU）：CPU 是整个控制系统的核心，包括算术逻辑运算器和控制器两部分。CPU 的特性决定计算机指令系统、处理速度、控制能力以及内部寄存器、算术逻辑运算部件的特性。CPU 的功能是通过接口向系统的各部分发出指令，并可对系统所需的各参数进行检测、数据处理、控制决策运算和逻辑判断等。

② 只读存储器（ROM）：ROM 的数据是固定的。CPU 只能向 ROM 读取已存的数据，不能修改 ROM 中的信息。通常，在 ROM 中存放所有程序（软件）、所有的特性曲线和特性数据，例如喷油和点火等控制程序、喷油和点火三维图和各种标定数据等。这些数据在制造 ECU 时就由制造厂固化在 ROM 中。在使用过程中，即使断电，存储的信息也不会丢失。当通电后这些数据仍可被 CPU 调用。

③ 可编程只读存储器（Programmable Read Only Memory，PROM）：为了便于用户根据需要对 ROM 进行编程写入，便生产了 PROM。PROM 和 ROM 一样，只能由 CPU 从 PROM 读出信息，不能对 PROM 写入信息。ROM 和 PROM 之间的最大区别是制造方法和生产成本费用不同，这种芯片适用于小批量生产。汽车计算机使用 PROM，仅存储一些只适用少数汽车类型的信息。

为了使存储的信息可多次修改，还可使用可擦除可编程只读存储器（Erase Programmable Read Only Memory，EPROM），其存储内容可用紫外线照射芯片的方法消除全部信息。用电擦除全部信息的芯片，被称为电可擦除可编程只读存储器（Electrical Erase Programmable Read Only Memory，EEPROM）。

④ 随机数据存储器（RAM）：RAM 又称读写存储器或随机存储器。RAM 是将各个传感器输入的数据存储起来，直到 CPU 调用，或被随后输入的运行数据置换。RAM 数据在运行过程中可不断地更新，也可将运算中间结果暂存，作为以后进一步处理用。

⑤ 时钟脉冲发生器：时钟脉冲发生器有一个频率稳定的晶体振荡电路。当微机系统通电时，它就产生一连串具有一定频率和宽度的脉冲，并将此脉冲送入 CPU，其功用就是

53

对计算机工作过程进行随时间的控制。该节拍脉冲是计算机各操作的最小单位,系统中各部分元件都按此节拍统一操作,从而保证在同一时间内完成一定的操作。CPU 的时钟频率通常在 6～18MHz 范围内。

⑥ 输入/输出接口(Input / Output,I/O):输入/输出接口是指 CPU 与外界通信和进行信息交换。输入微机的信号是以所需的频率通过输入接口接收的,微机输出信号则按发出的控制信号的形式与要求,通过输出接口以最佳的处理速度输出或传送给中间存储器。

因此,I/O 是微机与输入信息、被控对象进行信息交换的纽带,是微机中不可缺少的部分。

对于每一个设备,都需要一个专门的接口电路。电控发动机最主要的输入接口是传感器接口(如转速、负荷、温度、压力等),最主要的输出接口是控制接口,它控制外部执行机构的动作(如喷油器、点火模块、喷油泵、怠速执行器等)。

⑦ 总线:CPU、存储器和 I/O 装置均都通过总线传递信息。总线是指传递信息的一组信号线,包括数据总线(Data Bus,DB)、地址总线(Address Bus,AB)和控制总线(Control Bus,CB)

由上可知,微机主要由中央处理器(CPU)、存储器(RAM、ROM)、输入/输出口(I/O口)等组成。随着半导体集成工艺的发展,目前的微机多把 CPU、一定容量的 RAM 和 ROM,以及 I/O 口集成在一个芯片上,就是所谓的单片机,如图 2-101 所示。

(3) 输出回路。为微机与执行器之间建立联系的一部分装置。它将微机发出的决策指令,转变成控制信号来驱动执行器工作。输出回路一般起着控制信号的生成和放大等功能。微机输出的是数字信号,而且输出的电流很小,用这种信号一般不能驱动执行器工作,需要输出电路将其转换成可以驱动执行器工作的控制信号,如喷油器驱动信号、点火控制信号、燃油泵控制信号等,图 2-102 为喷油器驱动信号。控制输出回路中,采用功率管的导通和截止,为喷油器提供一定宽度的脉冲驱动信号。在顺序喷射的驱动回路中,还应有缸序判别与喷油定时两个定量功能,以达到喷油正时和精确的控制喷油量的目的。

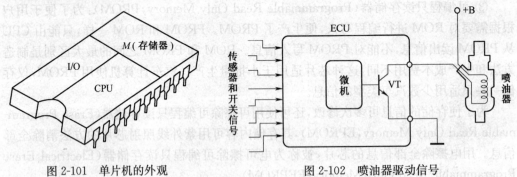

图 2-101　单片机的外观　　　　图 2-102　喷油器驱动信号

以上简单介绍了发动机电子控制单元的基本组成和作用。目前,发动机电子控制单元除上述基本装置外,还把电源装置、电磁干扰保护装置、自检装置、后备系统等组装在一起,装在一个盒子里,结构十分紧凑,使控制器的工作相当可靠。随着发动机性能的不断提高,要求控制的对象不断增多,加之微机芯片的功能不断增强,发动机电子控制单元的

54

性能会更加先进,控制功能会越来越强。

(4) ECU中的软件。它起着控制决策的作用,还可完成部分硬件的功能,是控制系统中必不可少的部分。

软件包括控制程序和数据两部分。控制软件大多数采用模块化结构,将整个控制系统。其程序分成若干个功能相对独立的程序模块,每个模块分别进行设计、编程和调试,最后将调试好的程序模块连接起来。这种结构方式可使程序设计和调试容易,修改变动方便和可按需要进行取舍。

软件中最主要的是主控程序。主控程序可根据使用和控制要求设定内容,主要任务是整个系统初始化、实现系统的工作时序、控制模式的设定,常用工况及其他各工况模式下喷油信号和点火信号输出程序。软件中还包括转速和负荷的处理程序、中断处理程序、查表及插值程序等。

为了能对发动机进行最优控制,应在发动机台架、排放转鼓试验台和道路上进行匹配试验,得到基本喷油量和基本点火提前角的三维图,以及其它为匹配各种运行工况而确定的修正系数、修正函数和常数等,都以离散数据的形式存在存储器中,作为控制的依据。

(5) 发动机电子控制系统。其工作过程可以简述如下。

发动机启动时,电子控制单元进入工作状态,ROM中的主控程序进入CPU。这些程序可以是控制点火时刻、控制燃油喷射、控制怠速等。通过CPU的控制,一个个指令逐个地进行循环。执行程序过程中,所需的发动机信息来自各个传感器。从传感器来的信号,首先进入输入回路,对其信号进行处理。如是数字信号,根据CPU的安排,经I/O接口直接进入微机;如是模拟信号,还要经过A/D转换,转换成数字信号后,才能经接I/O口进入微机。大多数信息暂时存储在RAM内,再根据指令从RAM送至CPU。下一步是将存储在ROM(或PROM)中的参考数据引入CPU,使输入传感器的信息与之进行比较。对来自有关传感器的每一个信号,依次取样,并与参考数据进行比较。CPU对这些数据比较运算后,作出决定并发出输出指令信号,经I/O接口,必要的信号还经D/A转换器转变成模拟信号,最后经输出回路去控制执行器动作。如是喷油器驱动信号,则控制喷油正时和喷油脉宽,完成控制喷油功能。

发动机工作时,微机的运行速度是相当快的,如点火正时,每秒钟可以修正上百次,因此其控制精度是相当高的。

2) 电子控制单元(ECU)的电源电路

向ECU供电的电路称为ECU电源电路。它主要有主继电器、点火开关等组成。常见的ECU电源电路有以下两种形式。

(1) 无怠速步进电机的ECU电源电路如图2-103(a)所示。

其特点:点火开关直接控制主继电器线圈的工作电流。

其工作原理:

① 点火开关接通→主继电器便接通→发电机电源通过ECU上的接柱＋B和＋B1向系统各传感器和执行元件供电。

② ECU本身的电源直接通过熔断丝与汽车电源相连(当点火开关和其它用电设备都断电后,仍给ECU供电,防止RAM中的数据和诊断信息丢失)。

(2) 有怠速步进电机的ECU电源电路,如图2-103(b)所示。

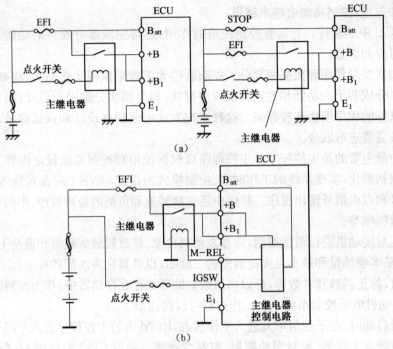

图 2-103 ECU 电源电路
(a) 无怠速步进电机；(b) 有怠速步进电机。

特点：主继电器的线圈由 ECU 控制。

原因：点火开关断开后，ECU 还要对下次启动条件进行设定，需要电源继续供电一段时间（约 3s）。

工作原理：点火开关断开后→ECU 感知→立即进行下次初始条件的设定→设定结束后→ECU 切断主继电器线圈的电流→主继电器开关断开。

3. 执行器

执行器是将 ECU 输出的电信号转换成机械运动的机构或装置，是典型的机电液一体化装置。执行器涉及到汽车的具体结构，工作环境很恶劣，要求有较高的可靠性，是汽车电子设计的重要环节。

汽车上的执行器按照工作原理可分为磁执行器、电执行器和热执行器三大类。其中磁执行器应用最多，如发动机喷油器、怠速步进电机等，如图 2-104 所示。

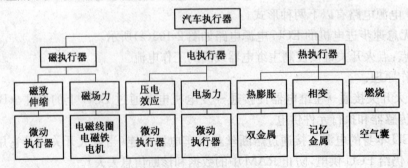

图 2-104 执行器的分类

发动机电控燃油喷射系统中的执行器控制主要包括以下几类。

（1）喷油器控制。

（2）冷启动喷油器控制。

（3）燃油泵控制，包括燃油泵开关控制和燃油泵转速控制。

（4）急速控制机构。

这些执行器都为磁执行器，喷油器的结构和原理在前面已经介绍过了，急速调节机构在下一节介绍。这里主要介绍燃油泵控制电路和喷油器控制电路。

1）燃油泵控制电路

燃油泵控制电路包括燃油泵开关控制和燃油泵转速控制。

（1）燃油泵开关控制。燃油泵开关控制由断路继电器完成。断路继电器特点：由两组线圈 L_1 和 L_2 控制一个开关，该开关控制燃油泵励磁线圈的电路，如图 2-105 所示。开关闭合，燃油泵通电工作，开关断开，则燃油泵停止工作。

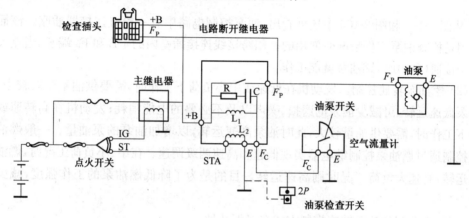

图 2-105　燃油泵控制电路（叶片式 EFI 系统）

通常，具有叶片式空气流量计的 EFI 系统对燃油泵开关的控制与其它 EFI 系统是不同的。因此，燃油泵开关控制有叶片式 EFI 系统和其它 EFI 系统两种控制方式。

图 2-105 为叶片式 EFI 系统的燃油泵开关控制电路，燃油泵开关装在叶片式空气流量计内。

其控制过程：启动时，点火开关的启动挡接通断路继电器 L_2 线圈的电路，断路继电器开关闭合，接通燃油泵励磁线圈的电路，燃油泵开始泵油。启动结束后，点火开关弹回到点火挡，线圈 L_2 断电。但启动后，发动机运转，则有空气流过叶片式空气流量计，使其中的燃油泵开关闭合，从而接通线圈 L_1 的电路，使断路继电器开关继续闭合，从而使燃油泵继续运转，保持发动机的正常工作。

图 2-106 所示为其它 EFI 系统的燃油泵开关控制。

其控制过程：启动时，点火开关的启动挡接通断路继电器 L_2 线圈的电路，断路继电器开关闭合，接通燃油泵励磁线圈的电路，燃油泵开始泵油。启动结束后，点火开关弹回到点火挡，线圈 L_2 断电。此时，ECU 监测转速传感器的信号，若有转速信号，则 ECU 即通过内部电路将线圈 L_1 的电路接地，从而构成闭合回路，使断路继电器开关继续闭合，而使燃油泵继续运转，保持发动机的正常工作。

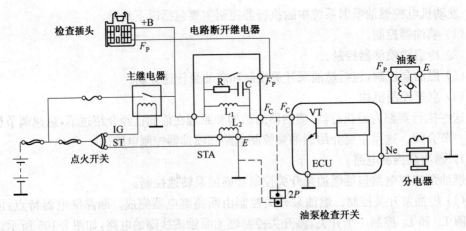

图 2-106　燃油泵控制电路(其它 EFI 系统)

从图 2-105 和图 2-106 中还可看出,油泵控制电路中有一检查连接器插座。该插座的作用是检查油泵工作情况时使用的。用跨接线连接插座内的+B 和 F_P 端子,当点火开关位于接通(ON)时,燃油泵就能工作。

(2) 燃油泵转速控制。发动机在低速或中小负荷下工作时,需要供油量相对较小,此时油泵低速运转,可减少油泵的磨损、噪声以及不必要的电能消耗;发动机在高转速或大负荷下工作时,需要供油量较大,此时油泵高速运转,以增加油泵的泵油量。一般燃油泵转速控制通过燃油泵控制继电器实现低速和高速两级调速。在中、小负荷工况时,燃油泵低速运转;高速大负荷工况时则高速运转。目的是为了降低燃油泵的工作强度,减少磨损。

目前,常见到的油泵转速控制方式有以下几种。

① 电阻器式。图 2-107 为电阻器式油泵转速控制电路。它在油泵控制电路中,增设一个电阻器(降压电阻)和"油泵控制继电器"(或叫电阻器旁路继电器)。发动机工作时,ECU 根据发动机转速和负荷,对"油泵控制继电器"进行控制,"油泵控制继电器"则控制电阻器是否串入油泵电路中,以此达到控制电源加到油泵电机上的不同电压,进而实现油泵转速变化。

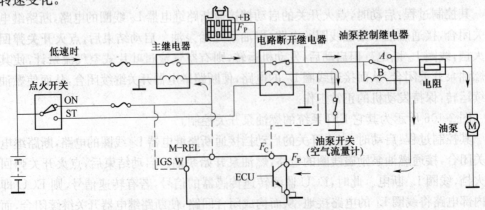

图 2-107　油泵转速控制电路(电阻式)

发动机在低转速或中、小负荷下工作时，油泵控制继电器触点 B 闭合，电阻器串入在油泵电路中，油泵低速运转；当发动机处于高转速、大负荷下工作时，ECU 输出信号。切断"油泵控制继电器"线圈电路，使继电器触点 A 闭合，此时电阻器被分路，油泵电机直接与电源接通，油泵处于高速运转。

②专设控制油泵用 ECU。该方式专设一个油泵控制 ECU 对油泵进行控制，如图 2-108 所示。不同负荷条件下，油泵控制 ECU 根据发动机 ECU 的指令控制油泵的工作电压，从而控制油泵转速的高低。

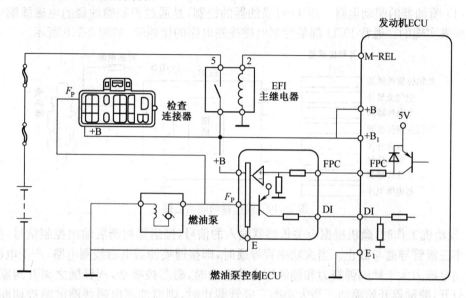

图 2-108 油泵转速控制电路(专设油泵 ECU 式)

③发动机 ECU 直接控制式。随着发动机功率的增大，燃油泵的泵油量也增大，因而油泵消耗的电功率和油泵噪声都比较大。为了尽可能减少电能的消耗和噪声污染，近年来一般由发动机 ECU 直接控制油泵的工作电压(驱动电压)，如图 2-109 所示。

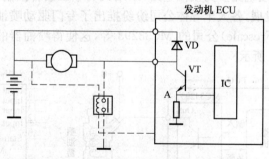

图 2-109 发动机 ECU 直接控制油泵的工作

发动机工作时，ECU 根据燃油消耗量、需要的回油量和供油装置的温度等，通过内部的控制回路控制油泵的工作电压。这种控制方式中，有的还装有油泵继电器，如图 2-109 中虚线所示。装有油泵继电器的油泵工作情况，如表 2-4 所列。

表 2-4　油泵工作情况

点火开关位置	发动机情况	油泵继电器	油 泵 情 况
接通(ON)	未转	断开	工作 5s
	启动	接通 30s	工作
	运转	断开	工作
	熄火后	断开	1s 内停止工作

2) 喷油器控制电路

(1) 喷油器的驱动电路。ECU 对喷油器的控制,是通过控制喷油器的电磁线圈电路的通断来实现的。通常 ECU 都是控制电磁线圈电路的接地端,如图 2-110 所示。

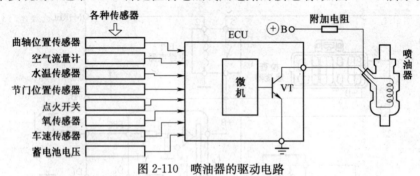

图 2-110　喷油器的驱动电路

发动机工作时,微机根据有关传感器输入的信号,经运算判断后输出控制信号,控制大功率三极管导通与截止。当大功率管导通时,即接通喷油器电磁线圈电路,产生电磁吸力。当电磁力大于针阀弹簧力和油液压力的合力时,磁芯被吸动,阀针随之离开阀座,即阀门打开,喷油器开始喷油。当大功率三极管截止时,则喷油器电磁线圈电路被切断,电磁力消失,当针阀的弹簧力超过衰减的电磁力时,弹簧力又使针阀返回阀座上,使阀门关闭,喷油器停止喷油。

喷油器的喷油量取决于针阀行程、喷口面积、喷射环境压力与燃油压力等因素。这些因素一旦确定,则喷油量就由针阀的开启时间,即电磁线圈的通电时间来决定。

早期喷油器的驱动电路多为模拟电路,采用大功率三极管控制喷油器的工作。近年来,随着电子技术的发展,各大半导体公司纷纷推出了专门驱动喷油器的汽车专用芯片,常用的有飞思卡尔(Frescale)公司的 MC33293 等,这使得喷油器的驱动电路变得简单,而且可靠,如图 2-111 所示。

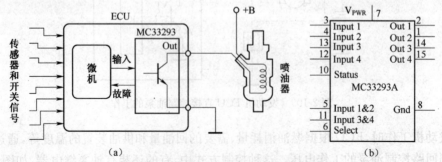

图 2-111　喷油器的驱动芯片及驱动电路

(a) 喷油器驱动电路;(b) 喷油器驱动芯片 MC33293。

60

（2）喷油器针阀的工作特性。喷油器针阀工作特性,如图 2-112 所示。

由于喷油器针阀的机械惯性和电磁线圈的磁滞性,以及磁路效率的影响,任何实用的喷油器,在触发脉冲加到电磁线圈后,从脉冲开始到针阀呈最大升程状态,需要一定时间 T_o,称它为开阀时间。当脉冲消失到针阀落座关闭也需要一定时间 T_c,称它为关阀时间。由图可见,喷油器针阀的升起和落座与脉宽并不完全吻合。同时还可能看出开阀时间 T_o 比关阀时间 T_c 长,(T_o-T_c) 的时间是不喷射燃油的时间,称为无效喷射时间。开阀时间 T_o 受蓄电池电压的影响较大,而关阀时间 T_c 受蓄电池电压的影响很小。

（3）喷油器喷射量特性。喷油器喷射量特性,是指动态喷射量 q 随喷油器电磁线圈通电时间 T_i 的变化规律,如图 2-113 所示。

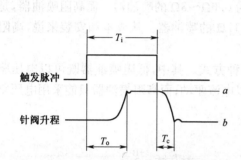

图 2-112　触发脉冲和针阀工作特性

T_i—通电时间(脉宽);T_o—开阀时间;T_c—关阀时间;

a—针阀全开位置;b—针阀全关位置。

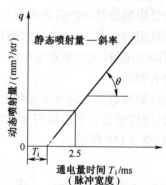

图 2-113　喷油器的喷射量特性

一般情况下,喷油器的喷射量特性,用静态喷射量 Q 和动态喷射量 q 表示。

所谓静态喷射量 Q,是指喷油器在规定压力下,使针阀保持在最大行程位置时,单位时间喷射的油量(cm^3/min)。图 2-113 中的斜率表示的就是静态喷油量 Q。

所谓动态喷射量 q,是指某一通电时间 T_i 时的喷射燃油量(mm^3)。一般以通电时间 2.5ms 时的每一针阀行程的喷射量来表示,其单位为 mm^3/str(毫米^3/行程)。在图 2-113 所示的特性图中,在线性段的某一范围内,相对任意通电时间 T_i 的动态喷射量 q,为静态喷射量与有效喷射时间的乘积。可用下式表示:

$$q=\frac{Q}{60}(T_i-T_u) \quad (mm^3)$$

式中　Q——静态喷射量(cm^3/min);

　　　T_i——通电时间(ms);

　　　T_u——无效喷射量时间(ms)。

由上式可以看出,在一定条件下,喷油器动态喷油量,随通电时间的长短而变化,因此在实际控制工作中,微机则通过控制通电时间(脉冲宽度),就能控制喷油量。

（4）电压修正特性。喷油器的动态喷射量,还会随喷油器驱动电源电压的高低而变化。当电源电压升高时,流经喷油器电磁线圈的电流增加,电磁线圈的吸力能较快地增大,从而使喷油器开阀时间 T_o 缩短,针阀全开时间即有效喷射时间增长,因而电源电压升高,喷射量增加;反之,电源电压降低,喷射量减少。

由于汽车上的电源电压不是恒定的,为了消除电源电压变化时对喷射量的影响,在电源电压变化时,常采用改变通电时间的方法予以修正,如图 2-114 所示。电源电压低时适当延长喷射时间,电源电压高时适当缩短喷射时间。其修正值随喷油器的规格及驱动方式的不同而略有差异。

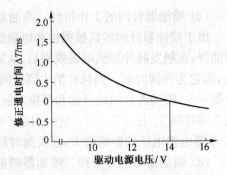

图 2-114 喷油器的电压修正特性

(5) 喷油器驱动方式。喷油器的结构不同,则驱动方式也不同。喷油器按电磁线圈的电阻值可分为低阻喷油器和高阻喷油器。

所谓低阻喷油器,是指电磁线圈的电阻值为 $0.6\Omega \sim 3\Omega$ 的喷油器。而高阻喷油器,是指电磁线圈电阻值(或内装附加电阻)为 $12\Omega \sim 17\Omega$ 的喷油器。从成本和安装来说,高阻喷油器是有利的。

喷油器驱动电路有电压驱动和电流驱动两种方式。其中,低阻喷油器既可以电压驱动(此时低阻喷油器必须串接附加电阻),也可以电流驱动;而高阻喷油器只能采用电压驱动方式,如图 2-115 所示。

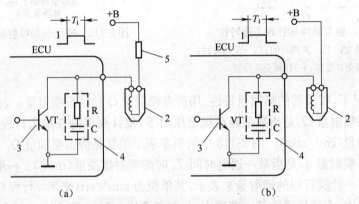

图 2-115 喷油器电压驱动回路

(a) 采用低阻喷油器时电压驱动回路;(b) 采用高阻喷油器时电压驱动回路。
1—输入脉冲;2—喷油器;3—大功率晶体管 VT;4—消弧回路;5—附加电阻。

低阻喷油器与电压驱动方式配合使用时,应在驱动回路中加入附加电阻。这是因为在低阻喷油器中减少了电磁线圈的电阻和匝数,减少了电感。喷油器优点是本身响应特性好。但由于电磁线圈电阻的减少会使电流增加,加速了电磁线圈的发热而损坏。为此,在回路中设置附加电阻。附加电阻与喷油器的连接方式,如图 2-116 所示。电压驱动方式的回路较简单,但由于在回路中加入了附加电阻,回路阻抗大,导致流过喷油器的电流减小,喷油器产生的电磁力降低,针阀开启迟滞时间长。喷油器电压驱动回路中的电流波形,如图 2-117 所示。

喷油器电流驱动回路,如图 2-118,电流驱动方式的回路中没有使用附加电阻。低阻喷油器直接与电源连接,因而回路阻抗小。触发脉冲接通后,电磁线圈电流上升快,针阀

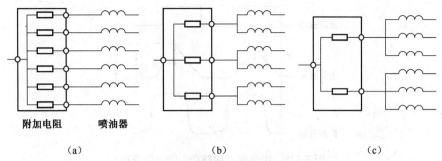

图 2-116　喷油器与附加电阻的连接

(a) 一个喷油器配一附加电阻；(b) 两个喷油器配一附加电阻；(c) 三个喷油器配一附加电阻。

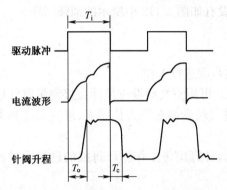

图 2-117　电压驱动回路产生的电流波形

T_i—通电时间(脉宽)；T_o—开阀时间；

T_c—关阀时间。

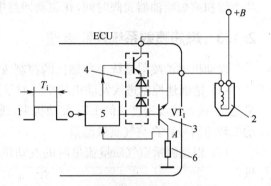

图 2-118　喷油器电流驱动电路

1—输入脉冲；2—喷油器；3—大功率晶体管 VT；4—消弧
回路；5—电流控制回路；6—电流检测电阻(反馈电阻)。

能快速打开，缩短了无效喷射时间。

电流驱动方式的回路中，增加了电流控制回路，当脉冲电流使电磁线圈电路接通后，它能控制回路中的工作电流。当控制回路根据微机输出的脉冲信号使功率三极管 VT_1 导通时，能及时接通喷油器电磁线圈电路。其电路是：

电源⊕—喷油器电磁线圈—三极管 VT_1—电流检测电阻—接地—电源⊖。

由于开始阶段，三极管 VT_1 处于饱和导通状态，回路阻抗小，喷油器电磁线圈的电流在极短的时间内很快上升，保证了针阀以最快的速度升起。当针阀升到全开位置时，其电磁线圈的电流达到最大，一般称为峰值电流，用 I_p 表示，如图 2-119 所示。喷油器的结构不同，工作情况不同，其峰值电流也不同，一般为 4A～8A(电源电压为 14V 时)。在喷油器电磁线圈电流增大的同时，电流检测电阻的电压降也不断增大，当图 2-118 中 A 点的电压达到设定值时(此时恰好针阀升至全开位置)，电流控制回路使三极管 VT_1 在喷油期间，以约 20MHz 的频率交替导通和截止，使针阀在全开位置时通过喷油器电磁线圈的电流降至较小的保持电流 I_h，一般保持电流平均值在 1A～2A 左右，该电流足以维持针阀在全开位置。由于电流控制回路限制了针阀全开时的电流值，因而可以防止电磁圈发热，并具有减小功耗等优点。

由于在功率管 VT_1 截止时，喷油器电磁线圈存在电感，在线圈两端可能产生很高的感应电动势，此电动势与电源电压一起作用在功率管上，可能将其击穿而损坏。为了保护

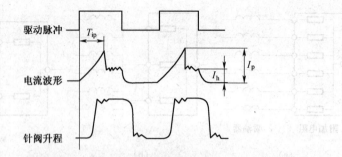

图 2-119　电流驱动回路产生的电流波形

T_{ip}—峰值电流到达时间(脉宽)；I_p—峰值电流；I_h—保持电流。

功率管和缩短喷油器关阀时间,在驱动回路中常设有如图 2-118 中所示的消弧回路。

2.1.3　燃油喷射系统控制原理

发动机燃油喷射系统对空燃比的控制按下列步骤进行工作。

(1) 精确地控制进入发动机的空气质量流量。可用空气质量流量计直接测量空气质量流量,或在速度密度法的 EFI 发动机中,通过进气歧管绝对压力传感器、进气温度和发动机转速信号计算空气质量流量。

(2) 根据测量空气质量流量时的发动机转速,计算出每工作循环每缸的进气质量流量。

(3) 测量发动机此工况下各种传感器的信号,如节气门位置、蓄电池电压、变速器挡位、发动机冷却液温度、起步、驻车/空挡、节气门全开(Wide Open Throttle,WOT)、海拔高度等参数。节气门位置变化率可检测到加、减速状况,对喷油脉宽进行修正;蓄电池电压会对喷油器的无效喷射时间和油泵流量特性有影响,要进行修正;冷却液温度、空气温度与燃油的蒸发有关,影响混合气形成,也需根据不同温度进行修正。修正参数的数值和修正曲线通过标定试验获得,每个汽车公司均有所不同。根据这些数据查表获得该工况下理想的空燃比,从而计算出每缸理想的燃油质量。

(4) 根据喷油器标定数据(流量系数)计算出喷油器喷油时间(喷油脉宽)。

(5) 根据发动机工况确定喷油定时。

(6) ECU 控制驱动器根据发火顺序,按上面计算得到的喷油脉宽和喷油定时使喷油器工作。

喷油脉宽的整个计算流程如图 2-120 所示。其计算流程为:各传感器参数→ECU→判断工况→查表得到该工况下的最佳空燃比→同时根据空气流量计和转速传感器算出每循环的进气量→然后计算出每循环每缸所需的供油量→经过修正后→换算成基本喷油时间→喷油脉宽→确定喷油定时→控制喷油器工作。

可见,ECU 对喷油器的控制包含两个主要方面:一个是喷油器的喷油量,即喷油器应该喷多少油的问题;另一个是喷油定时,即喷油器何时打开喷油的问题。其中,喷油量的控制是由 ECU 输出一定宽度的脉冲(称喷油脉宽)来控制喷油器电磁线圈的通电时间,进而控制喷油器打开喷油的时间来确定的。下面分别介绍这两个方面的控制方法。

2.1.3.1　喷油定时

喷油定时,是指喷油器开启进行喷油的时刻所对应的曲轴转角。在发动机燃油喷射

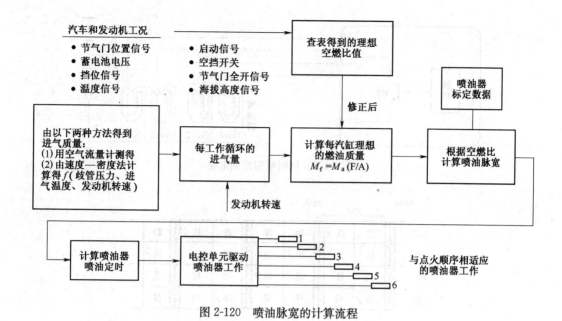

图 2-120　喷油脉宽的计算流程

控制系统中,喷油器的喷油时刻可分为同步喷射和异步喷射两种方式。

（1）同步喷射:喷油时刻与发动机旋转同步,是在固定的曲轴转角位置进行喷射,即对应固定的曲轴转角。同步喷射是喷油量控制的基本模式。

（2）异步喷射:喷油时刻与曲轴转角无关,而与发动机的实际运行工况有关。如急加速时的临时性喷射。此外,采用卡门涡旋流量计的发动机,其喷油器的开启时间与其涡流频率同步。

异步喷射是同步喷射的补充。在加速工况下使用,对节气门急速开启造成的气流突变而进行油量追加。异步喷射,是根据传感器的输入要求控制喷油时刻,与发动机曲轴旋转的角度无关。

在发动机大多数运转工况下,喷油系统采用同步喷油方式工作,只有在启动、起步、加速等工况才采用异步喷射方式工作。在同步喷射发动机中,又分为同时喷射、分组喷射和顺序喷射三种基本类型。它们对喷油定时的要求各不相同。下面主要介绍同步喷射的各种情况。

1. 同时喷射

早期生产的间歇式燃油喷射发动机多是同时喷射。其喷油器的控制电路和控制程序都较简单,图 2-121 所示为其控制电路。所有的喷油器并联连接。其特点是所有喷油器在发动机固定的曲轴转角位置同时开启,同时关闭,喷油间隔为 360°曲轴转角。通常,曲轴每转一转,各缸喷油器同时喷射一次。即在发动机的一个工作循环中各喷油器喷射两次,在进气门打开时,两次喷射的燃油一起进入汽缸。图 2-122 为同时喷射定时。

由于这种喷射方式是所有喷油器同时喷射,所以喷油正时与发动机进气、压缩、做功、排气的工作循环没有什么关系。其缺点是:由于各缸对应的喷射时间不可能最佳,有可能造成各缸的混合气形成不一样。但这种喷射方式,不需要汽缸判别信号,而且喷射驱动回路通用性好,其电路结构与软件都较简单。

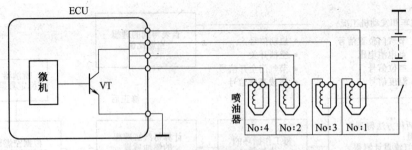

图 2-121　同时喷射控制电路

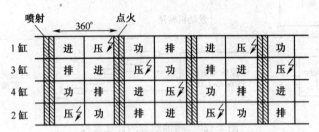

图 2-122　同时喷射定时

2. 分组喷射

分组喷射一般是把所有汽缸的喷油器分成 2 组～4 组。四缸发动机一般把喷油器分成两组,做功相邻的两缸为一组,ECU 分组控制喷油器,两组喷油器轮流交替喷射。分组喷射的控制电路如图 2-123 所示。每一工作循环中,各喷油器均喷射一次,一般发动机每转一转,只有一组喷油器喷射,喷油器的喷油间隔是 720°。图 2-124 所示为四缸发动机分组喷射的定时。

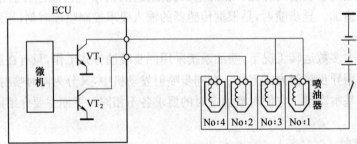

图 2-123　分组喷射控制电路

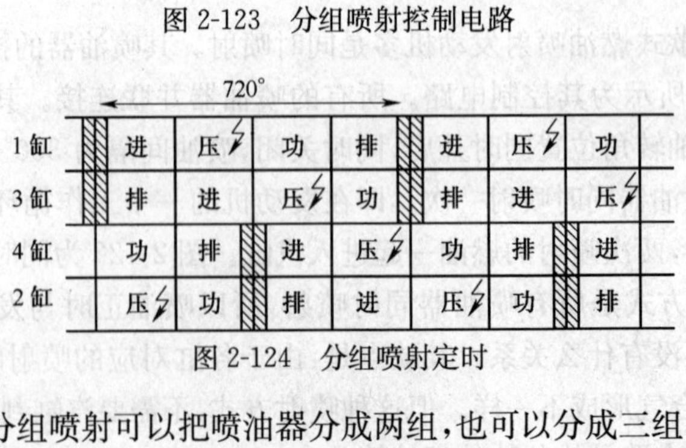

1 缸	进	压	功	排	进	压	功
3 缸	排	进	压	功	排	进	压
4 缸	功	排	进	压	功	排	进
2 缸	压	功	排	进	压	功	排

图 2-124　分组喷射定时

六缸发动机的分组喷射可以把喷油器分成两组,也可以分成三组。

六缸发动机分两组喷射定时,如图 2-125 所示。做功顺序相邻的 3 个缸为一组,在该组第一个做功缸进气行程前,该组所有喷油器同时打开喷油。两组喷油间隔 360°。

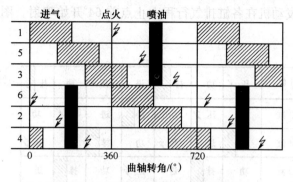

图 2-125　六缸发动机分两组喷射定时

六缸发动机分两组喷射定时,如图 2-126 所示。作功顺序相邻的两个缸为一组,在该组第一个做功缸进气行程前,该组所有喷油器同时打开喷油。三组喷油间隔 240°。

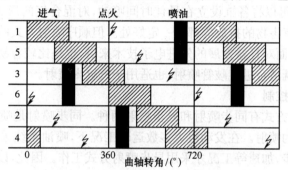

图 2-126　六缸发动机分三组喷射定时

3. 顺序喷射

顺序喷射也叫独立喷射,在各缸进气行程前一定的角度,该缸喷油器开始喷油。曲轴每转两转,各缸喷油器都轮流喷射一次,且像点火系统一样,按照特定的顺序依次进行喷射。顺序喷射的控制电路如图 2-127 所示。各缸喷油器分别由 ECU 进行控制,驱动回路数与汽缸数目相等。

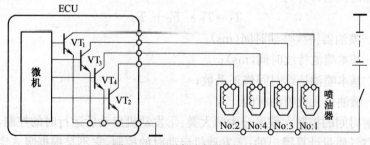

图 2-127　顺序喷射控制电路

由于要知道哪一缸喷油器需要开启喷射,因此顺序喷射方式应具备汽缸判别信号,常叫判缸信号。采用顺序喷射控制时,应具有正时和缸序两个功能。ECU 工作时,通过

67

曲轴位置传感器输入的转速信号和判缸信号,可以确知各缸的工作行程及活塞运行的具体位置,从而适时输出喷油控制信号,控制各缸喷油器在各缸进气行程前一定的角度开始喷射。北京切诺基发动机在各缸排气行程上止点前 64°开始喷射。图 2-128 为四缸发动机顺序喷射的定时。

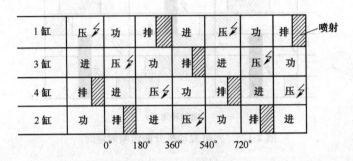

图 2-128　顺序喷射定时

由于顺序喷射可以将各缸设立在最佳时间喷油,对混合气的形成十分有利,对提高燃油经济性和降低有害物的排放等都有一定好处。但顺序喷射方式的控制系统的电路结构及软件都较复杂,而对日益发展的先进电子技术来讲,也是比较容易得到解决的。

顺序喷射方式既适合进气歧管喷射,也适用于汽缸内喷射。

2.1.3.2　喷油量的控制

如前所述,喷射方式有同步喷射和异步喷射两种。同步喷射是喷油时刻与发动机曲轴转角有对应关系的喷射。在发动机大多数运转工况下,喷油系统采用同步喷油方式工作,只有在启动、起步、加速等工况才采用异步喷射方式工作。因此,以下重点介绍同步喷射方式中喷油量的控制方法。

1. 同步喷射

对于某一发动机的喷油器来说,在喷油器供油压力与进气歧管的压力差一定的情况下,喷油器每次的喷油量仅与喷油时间成正比,所以在实际工作中,喷油量的控制亦即喷油器喷射持续时间的控制。也就是说,喷油量的控制是由 ECU 根据发动机运转工况及影响因素,输出信号控制喷油器的喷油持续时间来进行控制的。

同步喷油时间的计算为

$$T_I = T_P \cdot F_C + T_V$$

式中　T_I——喷油器持续喷油时间(ms);

T_P——基本喷油持续时间(ms);

F_C——基本喷油持续时间修正系数;

T_V——喷油器无效喷油时间。

汽油喷射时间的控制大致可分为两大类:①发动机启动后运行时的控制,它是根据发动机吸入的空气质量计算得出的;②发动机启动时的控制,它不是根据吸入空气质量计算得出的。发动机在不同工况下运转,基本喷油持续时间和各种参数的修正量是至关重要的。发动机型号不同,其修正特性曲线也各不相同。图 2-129 给出了常用的主要喷油控制。

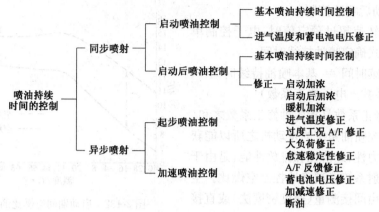

图 2-129　喷油持续时间的控制

1）启动喷油控制

启动工况的判定条件通常有如下两个。

（1）启动开关接通。

（2）且此时，发动机转速低于 400r/min。

当发动机启动时，由于转速波动，在速度—密度法的电控汽油喷射系统中，进气歧管压力传感器和质量流量法的电控汽油喷射系统中空气流量计都很难精确地测量进气量，从而计算出基本喷油持续时间。因此，大部分发动机在启动时，是根据内存中冷却液温度—喷油时间，如图 2-130 所示，查出相应的基本喷油持续时间，然后进行进气温度和蓄电池电压（＋B）的修正，得到启动时喷油持续时间，如图 2-131 所示。

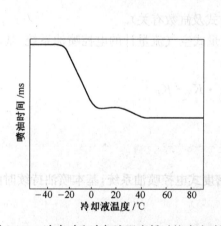
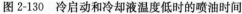

图 2-130　冷启动和冷却液温度低时的喷油时间

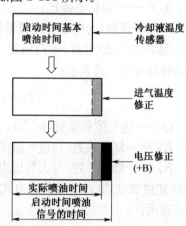

图 2-131　启动时喷油持续时间的确定

启动喷油持续时间 ＝ 基本喷油时间（冷却液温度的函数）＋进气温度修正＋蓄电池电压修正。

除了考虑冷却液温度、进气温度和电压等影响外，有的公司启动期间的喷油时间还考虑发动机的转速、启动次数等影响。

冷启动和冷却液温度低时混合气稍浓，喷油时间随发动机冷却液的温度升高逐渐减小，空燃比逐步达到化学计量比，如图 2-132 所示。

2）启动后喷油控制

发动机转速超过预定值时,电子控制单元按下列公式确定喷油持续时间:

喷油持续时间 = 基本喷油持续时间 ×（喷油修正系数＋电压修正系数）

式中:喷油修正系数是指各种修正系数之和。

装有电控喷油系统的发动机之所以能获得良好的动力性、经济性和排放性能,是由于电子汽油喷射系统能精确地控制空燃比。空气流量可以由间接测量(速度密度法)或直接测量(质量流量计法)获得。根据目标空燃比的要求,由 ECU 计算出喷油脉宽(持续时间),输送给喷油器一个喷油脉宽的控制信号。

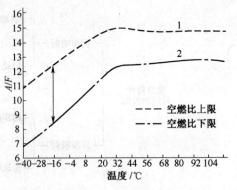

图 2-132　启动期间空燃比的控制

(1) 基本喷油持续时间 T_P。基本喷油持续时间主要是根据发动机每个工作循环的进气量,及给定的目标空燃比所确定。对于不同的进气量测量系统,计算方法不同。

① 质量流量式(热线、热膜)。质量流量式空气流量计的电控喷油系统,基本喷油持续时间可用下式表示:

$$T_P = K \cdot \frac{G/n}{(A/F)}$$

式中　G ——进气质量流量(g/s);

　　　n ——发动机转速(r/s);

　　　A/F —— 目标空燃比;

　　　K ——常数(与喷油器流量特性、喷射方式及缸数有关)。

② 体积流量式(叶片、卡门涡旋)。体积流量式空气流量计的电控喷油系统,基本喷油持续时间可用下式表示:

$$T_P = K \cdot \frac{Q/n}{(A/F)} \cdot K_T \cdot K_P$$

式中　Q ——进气体积流量(m^3/s);

　　　K_T ——修正系数(与进气温度有关);

　　　K_P ——修正系数(与大气压力有关)。

③ 速度密度式(进气歧管压力式)。速度密度式电控喷油系统,基本喷油持续时间可用下式表示:

$$G = \frac{P}{(R \cdot T)} \cdot V_C \cdot \eta_V$$

式中　G ——每个进气行程进入汽缸的空气质量(g);

　　　P ——进气管绝对压力(kPa);

　　　T ——进气管绝对温度;

　　　R ——气体常数;

　　　V_C ——汽缸容积;

　　　η_V ——发动机容积效率(是转速、配气相位、排气管压力、废气再循环量等的复杂函数)。

由于 η_V 无法直接测量，所以对于采用进气歧管绝对压力传感器的发动机，大多采用三维图形式将数据按一定形式存储在 ECU 中，如图 2-133 所示。它是根据目标空燃比要求，通过试验获得发动机歧管绝对压力、转速对应基本喷射时间的数据图。若满足严格的排放法规，则要求目标空燃比应在理论空燃比(14.7)附近。汽车运行时，当转速传感器和歧管绝对压力传感器检测到转速和歧管压力时，即可通过查表方式获得基本喷油持续时间。当发动机的运行条件处于三维图工况点中间时，可用双内插法求得该运行条件下的基本喷油脉宽(持续时间)。

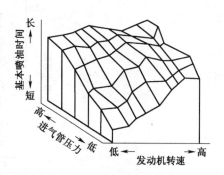

图 2-133　喷油脉宽的三维图
（速度—密度法）

(2) 喷油量的修正。ECU 通过各种传感器获得发动机和汽车运行工况的各种信息，根据这些信息对已确定的基本喷油持续时间进行修正。

这些修正包括：启动加浓、启动后加浓、暖机加浓、进气温度修正、冷却液温度修正、大负荷加浓、过渡工况控制、怠速稳定性修正、空燃比反馈修正、空燃比学习控制、电源电压修正、断油控制等。

① 启动加浓：为了改善启动性能，需要根据冷却液温度对喷油量进行修正，如图 2-134所示。低温时，增加喷油量。

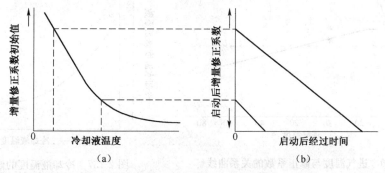

（a）　　　　　　　　　　　　　（b）

图 2-134　启动燃油增量系数的初值和衰减系数

② 启动后加浓：发动机启动后，点火开关从启动(STA)转到接通点火(ON)位置，或发动机转速已达到或超过预定值，ECU 在这一段时间内额外增加一定的喷油量，使发动机保持稳定的运转。喷油量的初始修正值根据冷却液温度确定，然后以一定的速率下降，逐步达到正常值。此过程在启动后几十秒钟内完成。冷机时由于燃油蒸发差，为了保证发动机能正常工作，必须供给较浓混合气。

③ 暖机加浓：加浓量随着冷却液温度而变化。冷却液温低时，增加的喷油量多。当水温在−40℃时，加浓的油量是正常喷油量的 2 倍。在怠速触点(IDL)接通或断开时，根据发动机转速的不同加浓量有少许变化。修正加浓曲线如图 2-135 所示。冷机需要比正常的混合气浓，以免造成游车和失速。

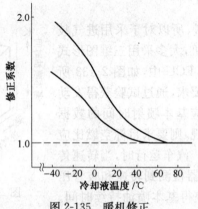

图 2-135　暖机修正

④ 进气温度修正:发动机进气密度随进气温度而变化。因此,在电控喷油系统中必须通过进气温度传感器准确地测量进气温度。根据进气温度修正喷油持续时间,以保证发动机在此工况下运行时达到所需的空燃比。一般把 20℃ 作为进气温度信息的标准值,修正系数为 1。ECU 根据进气低于或高于该标准温度,增加或减少喷油量。增加或减少的最大修正量约为 10%。进气温度修正曲线如图 2-136 所示。

⑤ 冷却液温度修正:冷却液温度对发动机的性能影响要比空气温度的影响大,其最大修正系数为 30%。冷却液温度高,修正系数小;反之,修正系数大。冷却液温度修正曲线如图 2-137 所示。

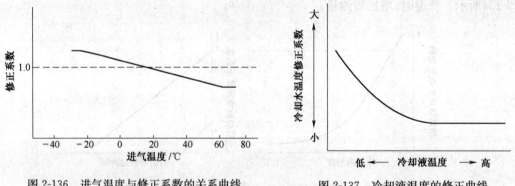

图 2-136　进气温度与修正系数的关系曲线　　　图 2-137　冷却液温度的修正曲线

⑥ 大负荷加浓:当发动机在大负荷工况下运行时,为了保证发动机处于最佳工作状态,降低发动机排气温度,ECU 根据发动机负荷状况增加喷油量。发动机负荷状况可以根据节气门开启角度或进气量的大小来确定。大负荷的加浓程度约是正常喷油量的 10%~30%。

⑦ 过渡工况空燃比控制:发动机在过渡工况下运行时,若只使用基本喷油持续时间,则在加速时混合气会瞬时变稀,在减速时混合气会瞬时变浓。因此需要对燃油进行增加或减少的修正,以免发动机发生“喘振”,汽车产生振动,启动时发动机出现倒转,排气中有害成分增加等现象。

影响燃油的汽化速度有两个因素:一个是进气歧管内压力的高低;另一个是燃油附着部位温度的高低。进气管内压力越高(负荷越大),燃油汽化速度越慢,因而需增加喷油量,图2-138为加速时负荷变化率的修正系数,当负荷变化越大,即单位转速时间内的流量变化率 $\Delta Q/N$ 越大,修正量也越大。水温越低,加速修正系数越大。减速时,节气门关闭,进气管内压力降低,促使附着部位的汽油加速汽化。与加速工况相反,减速时,要使喷油持续时间比基本喷油时间少,即减速,减稀,其修正系数如图2-138所示。

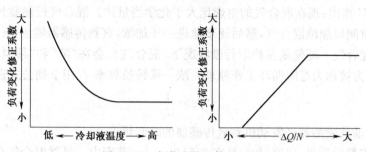

图 2-138　负荷变化的修正系数

⑧ 急速稳定性修正(只用于速度密度法):为了提高发动机急速运转的稳定性,ECU根据进气歧管压力和发动机转速的变化,增减喷油量。当歧管压力(绝对压力)升高或发动机转速下降时,增加喷油量;反之,减少喷油量(详见急速控制部分)。

⑨ 空燃比反馈修正:为了满足严格的排放法规的要求,必经采用氧传感器和三元催化转化器(TWC)。利用闭环控制将空燃比控制在理论空燃比附近很小范围内,以保证三元催化转化器获得较高的效率,如图2-139所示。

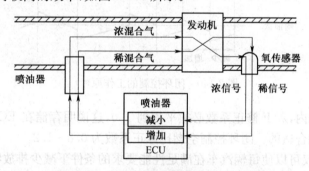

图 2-139　闭环控制时喷油量的变化过程

为了保证发动机有良好的性能和避免催化器过热,在以下工况下进行开环控制,而不进行闭环控制。

- 发动机启动期间。
- 启动后加浓期间。
- 大负荷加浓期间。
- 冷却液温度低于规定值(如 80℃)时。
- 断油时。
- 氧传感器输出空燃比信号稀持续时间大于规定值(如 10s)时。
- 氧传感器输出空燃比信号浓持续时间大于规定值(如 10s)时。

闭环控制空燃比修正的过程是:ECU 把氧传感器输入信号与规定参考电压值进行比较,此值是"浓"和"稀"间的中值,对于氧化锆传感器约为 0.45V。如果信号电压比规定参考电压值高,说明混合气的空燃比比理论空燃比浓。先将喷油量阶跃性地减少一定数量,然后再以一固定的速率减少喷油量,如图 2-140 所示。传感器的信号对于这一变化不是立刻响应,还要保持比中值高一些时间,在此段时间内混合气逐渐减稀。传感器指示浓混合气的时间越长,喷油持续时间减少越多。由于这种作用的结果,使传感器的输出最终低于中值。ECU 指出:现在混合气的空燃比大于化学当量比。混合气控制软件应用阶跃增加喷油持续时间以加浓混合气,然后逐步地进一步加浓,直到传感器输出再一次指出混合气为过浓的混合气。即使是在稳定行驶状况下,混合气也会在"浓"和"稀"状态下连续地震荡,这种行为被称为有限循环工作原理。浓—稀转换频率 f_{lc} 用下列公式表示:

$$f_{lc} = \frac{1}{4t_f}$$

式中: t_f 是燃油从喷油器经发动机到氧传感器的时间延迟。

对于大多数发动机,怠速时 f_{lc} 是在 $0.5Hz \sim 2Hz$ 范围内。虽然混合气在"浓"和"稀"间震荡,但空燃比的实际平均值应为化学当量比。

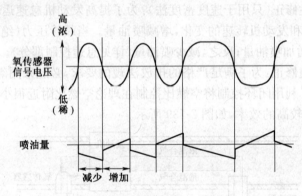

图 2-140　闭环控制的工作原理

在短时间周期内,A/F 修正系数必须平均到 1.0,这说明存储在 ECU 中三维图的数据对于此发动机是合适的。闭环控制空燃比修正系数为 $0.8 \sim 1.2$。

闭环控制,不仅可以使每辆汽车在满足性能要求的条件下减少排放物,还可以减少各新车之间,由于制造装配等因素造成的有害排放物的差异,或减少由于车辆老化使发动机有害排放物的变化。

⑩ 空燃比学习控制:发动机各种工况的基本喷油持续时间存于 ECU 的存储器中。这些数据对于一种型号的发动机来说都是确定的标准数值。但在使用过程中,由于供油系统或发动机性能变化,实际空燃比相对理论空燃比的偏离可能不断增大,虽然空燃比反馈修正可以修正空燃比的偏差,但修正的控制范围是一定的,如果反馈值的中心偏向稀或浓的一边,修正值可能超出修正范围。如果在某一时间段内平均修正系数大于或小于1.0,就会造成控制上的困难,如图 2-141 中的 C。为了使修正值回到可以控制的修正范围之内,并使反馈值的中心回到理论空燃比的位置,如图 2-141 中的 A,ECU 根据反馈值的变化情况,设定一个学习修正系数,以实现燃油喷射持续时间总的修正。这个学习修正系数值存储在 ECU 的内存内,即使点火开关断开,也仍然保留着。

当运行条件发生变化时,学习修正量立即反映到喷油时间上,因此提高了过渡工况

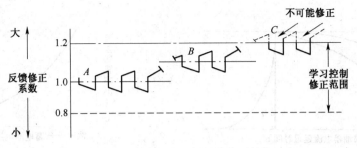

图 2-141 学习控制的修正系数

运行时空燃比的控制精度。从图 2-142 中可看出,当吸入空气量从 A 向 B 变化时,反馈修正所起作用可用无学习控制和有学习控制时,空燃比的变化来说明:有学习控制时,A/F 可控制在 14.7 附近;而无学习控制时,有一段时间 A/F 不能达到理论空燃比。

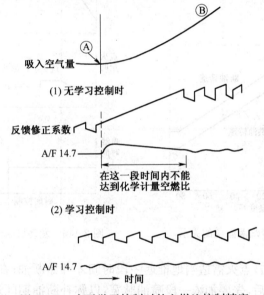

图 2-142 有无学习控制时的空燃比控制精度

⑪ 电压修正:喷油器实际打开的时间比 ECU 控制喷油器的时间要晚(图 2-143),电流进入喷油器的绕组所需的时间为 t_1,电流切断时所需的时间为 t_2,t_1-t_2 得到 t,即为喷油器绕组感应产生的延迟。这意味着,喷油器打开的时间比 ECU 计算所需要打开的时间短,使实际空燃比比发动机所要求的空燃比大(即较稀)。蓄电池电压越低,滞后的时间也越长,如图 2-144 所示。ECU 根据蓄电池电压的高低,相应地延长喷油信号的持续时间,对喷油量进行修正,使实际喷油时间接近于 ECU 的计算值。

⑫ 断油:断油分为以下 3 种形式。

• 减速断油,是指发动机在高速运转时急剧减速,节气门完全关闭,ECU 控制喷油器停止喷油,以改善排放性能和燃油经济性。断油后,当发动机转速降到某一定值以下时或节气门再度开启时,喷油器重新喷油,这一限定值与冷却液温度和空调状态有关。当冷却液温度低和空调工作时,喷油器断油和重新恢复喷油的转速较高,如图 2-145 所示。发动机断油和恢复过程点火、喷油和转速的控制策略如图 2-146 所示。在达到断油转速时,为

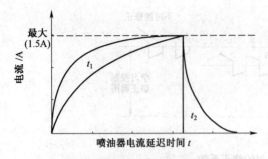

图 2-143 喷油信号与喷油器实际喷油
时间的差别

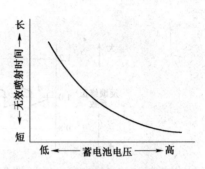

图 2-144 蓄电池电压与无效喷射
时间的关系

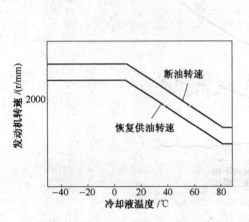

图 2-145 断油转速与冷却液温度的关系

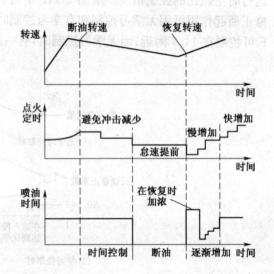

图 2-146 发动机断油和恢复的控制策略

了避免发动机产生冲击,点火需适当地推迟一段时间才开始断油;在断油时,采用怠速的点火提前角;断油恢复后,先要加浓一段喷油脉宽,以弥补断油期间进气管内油膜由于蒸发而造成的减少,然后逐渐增加,点火提前角也不断地增加。通常,断油转速高于恢复转速。

· 发动机超速断油,是指发动机超过额定转速时停止供油,以免损坏发动机。

· 汽车超速度行驶断油,是指车速超过限定值时,停止供油。

2. 异步喷射

(1)启动时:为了改善发动机启动性能,需将混合气加浓,除了按正常的曲轴转角同步方式喷油外,在启动信号(STA)处于接通时,ECU 根据上止点信号(G)后检测到的第一个转速(Ne)信号开始,以固定的喷油持续时间,同时向各缸增加一次喷油,如图 2-147所示。

(2)起步时:发动机从怠速工况向起步工况过渡时,会出现混合气过稀现象。为了改善起步加速性能,ECU 在怠速(IDL)触点信号从接通到断开后,检测到第一个转速(Ne)信号时,增加一次固定喷油持续时间的喷油,如图 2-148 所示。

(3)加速时:当节气门急速开启或进气量突然变大时,为了提高加速响应性能,加速

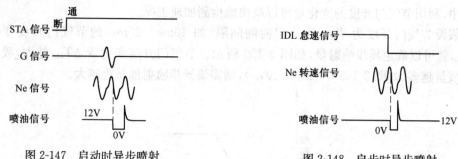

图 2-147　启动时异步喷射

图 2-148　启步时异步喷射

期间在同步喷射基础上加异步喷射,如图 2-149 所示。前面介绍的加速时燃油量修正,是与曲轴转角同步的燃油量喷射。异步喷射虽也同样是加速时燃油量修正,但它在急加速工况下,由于燃油来不及供给的情况时,所实行的临时性燃油增量喷射。

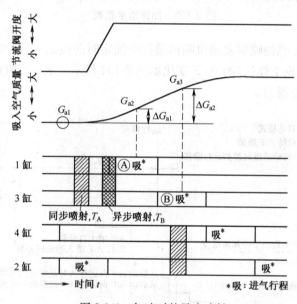

图 2-149　加速时的异步喷射

1) 异步喷射的必要性

图 2-149 中显示出加速时节气门开度,吸入空气质量与汽缸进气行程的对应关系。假设开始时第一、三缸吸入的空气量的 G_{a1},按照目标空燃比进行同步喷射时间为 T_A。由于急加速的原因,假设第一缸进气行程Ⓐ中实际吸入的空气质量为 G_{a2},此时由于空气质量增加了 ΔG_{a1},因此第一缸按同步喷射时间 T_A 喷入的汽油量显得相对不足。按照发动机的工作顺序,假设接着第三缸在进气行程Ⓑ中,实际吸入的空气质量为 G_{a3},此时空气质量增加了 ΔG_{a2},因此第三缸按同步喷射时间 T_A 喷入的燃油量也显得不足。为了补充与空气增量 ΔG_{a1} 及 ΔG_{a2} 相适应的汽油喷射量,所以必须进行异步喷射。异步喷射时间在图中用 T_B 表示。

2) 异步喷射量的确定

为了有效地进行异步喷射,需要快速地检测出加速工况。在表征发动机状态的各种参数中,利用节气门开度的变化量可以最快地检测加速工况。

假设节气门开度为 T_{HA},用一定时间间隔(如 10ms~20ms)的节气门开度变化量 ΔT_{HA},就可以确定异步喷射量,如图 2-150 所示。节气门开度变化量 ΔT_{HA} 越大,吸入的空气质量越多(如图 2-149 中 $\Delta G_{a2} > \Delta G_{a1}$),则需要异步喷射油量也越大。

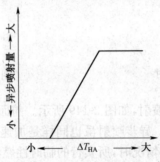

图 2-150 加速增量系数

前面介绍了电控燃油喷射发动机喷油量和喷油定时的控制方法。电控发动机从启动到运行工况(达到理论空燃比)的 A/F 变化如图 2-151 所示。表 2-5 所列为一种电控发动机在各种工况时的空燃比。

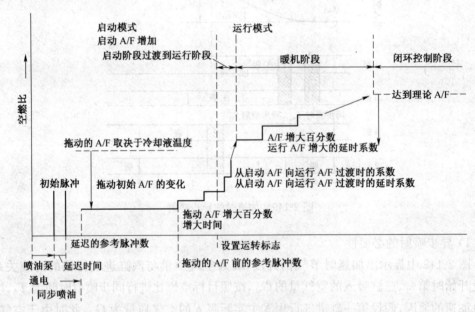

图 2-151 启动到正常运行工况空燃比 A/F 的变化

表 2-5 发动机各种工况时的空燃比(福特汽车公司)

发动机工况	空 燃 比	发动机温度	氧 传 感 器
启动阶段	2∶1~12∶1	由冷到凉	无信号
暖机阶段	2∶1~15∶1	渐热	无信号,直到发动机热起
开环控制阶段	2∶1~15∶1	冷或热	可能有信号,但 ECU 不问
闭环控制阶段	14.7∶1	热	有信号

发动机工况	空 燃 比	发动机温度	氧 传 感 器
急加速	不同浓度混合气依据驾驶员的需要	热	有信号,但 ECU 不问
减速	不同稀度混合气	热	有信号,但 ECU 不问
急速	浓或稀取决于校正情况	热	有信号,但 ECU 可能不问(取决于校正情况)

2.1.4　怠速控制

怠速,通常是指发动机在无负荷(对外无功率输出)情况下的稳定运转状态。此时发动机发出的功率只用于其自身及所带附件所消耗的功率。在不同情况下,怠速有不同的分类:按怠速转速可分为低怠速和高怠速,低怠速时发动机发出的功率只要能维持自身的运转即可,而高怠速还要供给如车载空调、风扇及动力转向泵等负载的功率;按汽车运行工况的不同可分为驻车(空挡)怠速和行车(驱动挡)怠速;另有冷机怠速和热机怠速等等。

怠速工况是车用汽油机最常用的工况之一,发动机怠速运转性能的优劣也是评价发动机性能的重要指标。怠速转速过高,会增加燃油消耗量。汽车在交通密度大的道路上行驶时,约有 30% 的燃油消耗在怠速阶段,因此怠速转速应尽可能降低。但考虑到减少有害物的排放,怠速转速又不能过低。因此怠速性能主要体现在三个方面:怠速稳定性、怠速排放和怠速油耗。怠速控制的原则是保证低排放的前提下,怠速转速控制得越稳定越低越好。

另外,还应考虑所有怠速使用条件下,如冷车运转与电器负荷、空调装置、自动变速器、动力转向伺服机构的接入等情况,它们都会引起怠速转速变化,使发动机运转不稳甚至引起熄火现象。

2.1.4.1　控制原理

怠速控制的实质是对怠速时充气量的控制。通常发动机输出负荷时,其转速是由驾驶员通过加速踏板改变节气门的位置,调节充气量来实现的。但在怠速时,驾驶员的脚已离开加速踏板,驾驶员要对充气量进行随机调节已无能为力,为此在大多数电子控制发动机上,都设有不同型式的怠速控制装置。怠速控制方法是 ECU 根据发动机不同运行条件控制怠速控制机构,调节怠速时的进气量,同时配合喷油量及点火提前角的控制,改变怠速工况燃料消耗所发出的功率,从而稳定或改变怠速转速。此外还必须保证各种工况改变时平顺地过渡。

怠速时喷油量的控制,一般仍是按前面介绍过的与充气量相匹配的原则进行增减,以达到适宜的空燃比。怠速充气量的控制对策、方式随车型而有所不同。对电控燃油喷射发动机来讲,目前可分为两种基本类型:一是旁通空气式,控制的是节气门旁的旁通空气道的空气流量;二是节气门直动式,直接控制节气门的关闭位置,如图 2-152 所示。两种类型都是通过调节空气通路截面的方法,来控制空气流量的。其中旁通空气式是目前最常见的一种。

图 2-153 所示为一种典型的怠速控制系统,在该控制系统中,怠速时进入发动机的空气量由怠速执行器通过绕过节气门的旁通进气道来调节。

图 2-154 为怠速转速控制过程。ECU 根据冷却水温度、空调开关和空挡信号等确定将要控制的目标转速,并由怠速开关信号及车速信号判断发动机是否处于怠速状态,如果

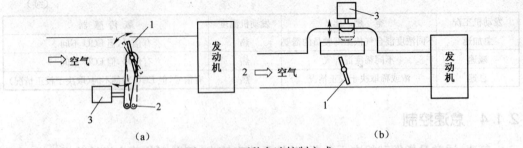

图 2-152 两种怠速控制方式

(a) 节气门直动式;(b) 旁通空气控制式。

1—节气门;2—节气门操纵臂;3—怠速控制执行器。

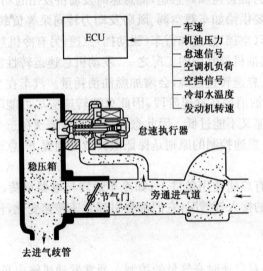

图 2-153 典型怠速控制系统

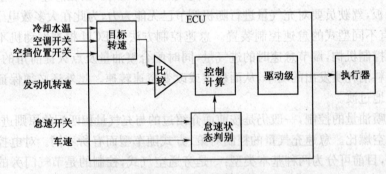

图 2-154 怠速控制过程

是,则怠速转速控制开始。ECU 不断地将测得的发动机转速与设定的目标转速相比较,根据比较结果,控制怠速执行器工作,增大或减少进气量,同时控制供油及点火参数,保证怠速转速稳定在目标转速上。而目标转速的确定则随发动机机型的不同、温度状态的变化以及电器负载的大小而异。

怠速控制系统对进气量调节的灵活性与实时性,使得所谓怠速控制已远不止对怠速

80

转速稳定性的控制,很多怠速控制系统还包含了启动控制、暖机控制、高怠速控制等功能。当负载突变时,如空调开关接通,怠速控制系统可以通过控制喷油量和进气量的共同改变来实现怠速控制。另外,为防止急减速时发动机熄火而设置的油门缓冲机构,其功能也可由怠速控制系统来完成。

2.1.4.2 怠速控制执行器

怠速执行器的功能就是改变怠速时的进气量。如前所述,按照改变进气量的方式不同怠速控制系统有两种类型,相应地,怠速控制机构也有两种:

(1) 节气门直动式:直接操纵节气门,调节节气门最小开度。

(2) 旁通空气控制式:控制旁通空气道的流通截面积。

其中,旁通空气控制式目前在汽车上应用广泛。按照执行器驱动方式的不同,旁通进气量调节方式的怠速执行器又分为步进电机型、旋转电磁阀型、占空比控制型真空开关阀及开关控制型真空开关阀,其关系如图 2-155 所示。

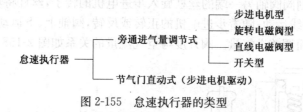

图 2-155　怠速执行器的类型

1. 节气门直动式

节气门直动式怠速控制系统是通过控制节气门开启程度,调节空气通道的截面积,从而控制进气量,实现怠速转速的控制。这种方式应用在早期的单点喷射系统中,其控制结构如图 2-156 所示。

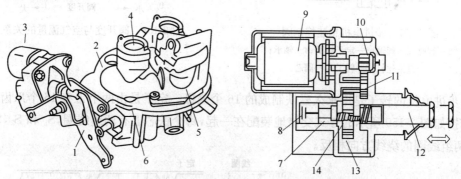

图 2-156　节气门直动式怠速执行器

1—节气门操纵臂;2—节气门体;3—怠速执行器;4—喷油器;5—压力调节器;6—节气门;
7—防转动六角孔;8—弹簧;9—直流电机;10、11、13—减速齿轮;12—转动轴;14—丝杠。

由图中可见,节气门直动式怠速执行机构由直流电动机、减速齿轮、丝杠等部件组成。其传动轴与节气门操纵臂的全闭限制器相接触。当 ECU 控制直流电机通电时,直流电机产生旋转力矩,通过减速齿轮,旋转力矩被增大。然后又通过丝杠将角位移转变为传动轴的直线运动,通过传动轴的旋入或旋出,调节节气门全闭限值位置,达到调节节气门处空气通路截面,进而实现怠速转速控制的目的。

这种怠速执行机构具有较强的工作能力,控制位置稳定性好。但由于节气门直动式工作时,为了克服节气门关闭方向回位弹簧的作用力,使用了减速机构,使变位速度下降,造成响应性不太好。同时,急速执行机构的外形尺寸也较大,所以目前较少采用。

2. 旁通空气控制式

旁通空气控制式如图 2-152(b)所示,在节气门旁的旁通空气道中设立一个阀门,称为急速控制阀(Idle Speed Control Valve,ISCV)。阀门开大,旁通空气道流通界面增大,空气流量增大,则急速转速提高;反之,则急速转速降低。

下面介绍几种常用的旁通空气控制式急速执行器。

1) 步进电机式急速控制阀

步进电机型急速控制阀由步进电机和控制阀两大部分组成,其结构如图 2-157 所示。从空气滤清器后引入的空气经急速控制阀到达进气总管,ECU 控制步进电机,以增减流过该旁通气道的空气量。

如图 2-157 所示,步进电机与急速控制阀做成一体,上部为步进电机,它可以顺时针或逆时针旋转;控制阀阀轴另一端的丝杠旋入步进电机的转子,丝杠将步进电机的旋转运动转换成阀轴的直线运动;随着步进电机的正转或反转,阀轴上、下运动,改变阀与阀座之间的间隙大小,从而调整进气量。阀开度与空气流量的关系如图 2-158 所示。

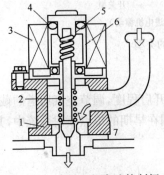

图 2-157 步进电机急速控制阀

1—阀座;2—阀轴;3—定子线圈;4—轴承;
5—进给丝杠;6—转子;7—阀芯。

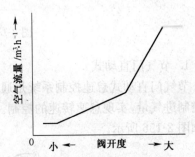

图 2-158 阀开度与空气流量的关系

步进电机的转子是用永久磁铁制成的 16 个磁极。定子是由两个带有 16 个爪齿状的铁芯按如图 2-159 所示的方式交错地装配在一起,每个铁芯上有两组线圈,S_1 和 S_2,S_3 和 S_4;两组线圈的绕线方向相反。

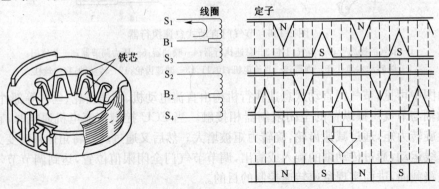

图 2-159 步进电机定子的结构和电路

82

转子的旋转方向可以通过改变 4 个线圈的通电状态来实现,线圈每通电一次,转子约转过 11°(1/32 圈)。图 2-160 表示线圈通电时,定子被激磁,定子和转子间磁极同极性相斥,异极性相吸,在磁场力作用下,转子转动一步(1/32 圈)的工作过程;当线圈通电方向相反时,转子则向相反方向转动。

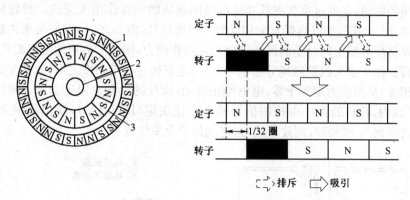

图 2-160　步进电机工作原理
1—定子线圈;2—阀轴;3—转子(永久磁铁)。

步进电机型怠速控制阀与 ECU 的连接如图 2-161 所示。图中:＋B 和＋B1 是通过主继电器的蓄电池电压;Batt 为未经主继电器的蓄电池电压。与冷却液温度、空调等负荷的工作状态相对应的目标转速,都存放在电子控制单元的存储器中。

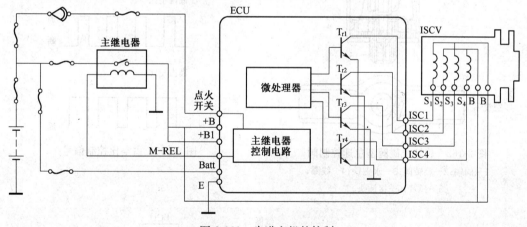

图 2-161　步进电机的控制

当 ECU 根据节气门开启的角度(怠速开关)和车速判断发动机处于怠速运转时,根据实际转速与目标转速的差值,确定三极管 $T_{r1} \sim T_{r4}$ 的通断,给怠速控制阀供电,驱动步进电机,调节旁通空气量,使发动机转速达到所要求的目标值。

由于丝杠的自锁作用,为确保启动时怠速阀处于全开位置,在发动机点火开关断开后,ECU 控制怠速阀全部打开。随后的启动以全开为初始位置进行控制,只要掌握控制的步进数和正、反旋转方向,就能将阀的最新位置经常记忆在存储器中,确保控制正确进行。

步进电机型怠速控制阀的气量调整范围大,无需附加空气阀即可完成启动控制、暖机控制等全部功能。所以这是目前在汽车上应用最为广泛的一种怠速控制机构。但由于它是按照进给步数顺序控制的,阀的位置改变需要一定时间,因此响应速度有限。

2) 旋转电磁阀型怠速控制阀

旋转电磁阀型怠速控制阀是通过控制阀片的旋转,改变控制阀处空气流通截面的大小来调整旁通进气量的,如图 2-162 所示。

怠速阀的驱动,是通过永久磁铁和通电线圈磁场的相互作用来完成。对旋转电磁阀中两个线圈 T1 和 T2,加以高低互为相反的占空比信号(图 2-164),它们与永久磁铁相互作用的结果将使电枢上同时受到两个方向相反的作用力,形成的力矩使电枢旋转,从而带动阀片旋转。由于永久磁铁磁场分布不均匀,当电枢转过一定角度之后,这两个力的大小逐步趋于相等,从而使力矩等于零,电枢停止转动,阀片的位置也固定下来。阀片的转角限制在 90°以内,转角的大小由控制信号的占空比决定(图 2-163),变化范围为 18%～82%。当占空比为 50%时,阀片不动,怠速阀处于全关位置。

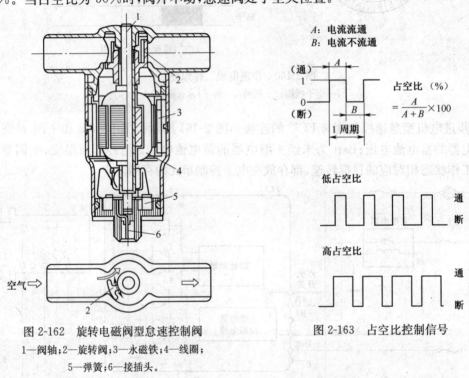

图 2-162 旋转电磁阀型怠速控制阀
1—阀轴;2—旋转阀;3—永磁铁;4—线圈;
5—弹簧;6—接插头。

图 2-163 占空比控制信号

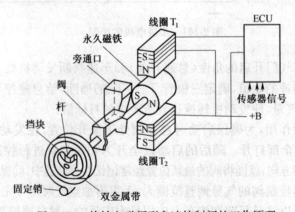

图 2-164 旋转电磁阀型怠速控制阀的工作原理

84

旋转电磁阀型怠速控制阀可完成的控制功能有：启动控制、怠速反馈控制、暖机控制及电器负载增大的高怠速控制。

2.1.4.3 控制策略

怠速控制的内容，随车型的不同而有较大差异。一般由 ECU 对怠速进行控制的内容包括：启动控制、暖机过程控制、负荷变化的控制、减速时的控制等。现以应用广泛的步进电机型怠速控制阀为例来说明怠速控制的控制过程。

启动初始位置的设定

为了改善发动机启动性能，在发动机点火开关断开后，ECU 控制怠速控制阀完全打开（125 步）或处于最大旁通空气流量，为下次启动做好准备，即在点火开关切断后，主继电器由 ECU 电源锁存器供电，保持接通状态，待怠速控制阀启动初始位置设定后，才断开电源。

1. 启动控制

发动机启动时，由于怠速控制阀预先设定为全开状态，因而经过怠速控制阀的旁通空气量最大，使发动机启动容易。若发动机启动后，怠速控制阀仍保持在全开状态，怠速转速会升得过高。因此，发动机启动之后，ECU 开始控制怠速控制阀，主要是根据冷却水温度的高低，确定旁通进气量的大小（图 2-165），将阀门关到冷却液温度确定的阀门位置，从而使发动机具有一个稳定的转速。例如，启动时，冷却液温度为 20℃，当发动机转速达到 500r/min 时，ECU 使怠速控制阀从全开位置（125 步）A 点关小到 B 点位置，如图 2-165 所示。启动控制通常为开环控制。

2. 暖机控制

发动机启动之后，进入暖机阶段。怠速控制系统根据冷却水温度的变化不断调整旁通进气量的大小，使发动机在温度状态变化的情况下保持稳定的转速（图 2-166）。当冷却水温度达到预先设定的第一个阀值时，怠速转速的设定一般较高，以便于暖机。当冷却水温达到第二个设定的阀值（如 70℃）后，暖机控制结束，发动机进入正常怠速。暖机控制通常也是开环控制。

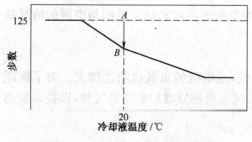

图 2-165 启动时的怠速控制策略

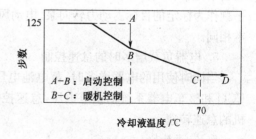

图 2-166 暖机时的怠速控制策略

3. 怠速反馈控制

当暖机过程结束或 ECU 检测到节气门全关信号，且车速低于 2km/h，则怠速控制系统按图 2-154 所示的程序进行怠速反馈控制。

如果发动机转速与 ECU 存储器中存放目标怠速间的差值超过规定值（如 ±50r/min），ECU 就控制怠速控制阀，增减旁通空气量，使实际发动机转速与目标转速相同。目标怠速值与冷却液温度、空挡启动开关和空调开关的状态等有关(图2-167)。

如图2-168所示,在反馈控制的过程中,若遇到空调器开关接通/断开,或空挡信号接通/断开等发动机负荷突然变化的情况,为了避免怠速转速的波动,怠速控制系统都要及时控制旁通进气量增大或减小一定的量值。

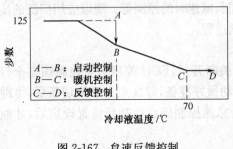

图2-167 怠速反馈控制

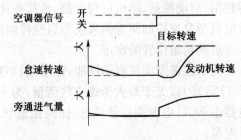

图2-168 负荷变化(空调开关接通)的怠速执行器控制

4. 发动机负荷变化的预测控制

由空挡过渡到驱动挡时,会使发动机的负荷发生突然变化。为了避免此时发动机怠速转速的波动,在发动机怠速转速变化前,对其进行补偿。ECU预先将怠速控制阀增大一个定值,并增加额外的燃油,使转速的变化达到平稳过渡,并有一段时间的延迟(图2-169)。补偿系数40是对特定的发动机和整车所标定的数值。

空调是怠速时发动机的最大负荷。在空调压缩机离合器接合时,还会产生瞬时的负荷峰值。空调的负荷与环境的温度、湿度、鼓风机的转速和空调的设置(温度)有关。在大多数情况下,由ECU控制空调压缩机离合器的结合,也需延迟一段时间,以增加额外的空气量和油量,以满足瞬时负荷的要求(图2-168)。在失速的情况下,要关掉空调压缩机;在起步时,为了提高加速性能也要关掉空调压缩机,这对一些功率不大的车辆尤为重要。在标定时,要确保额外的旁通空气量能满足空调最大负荷(最高的环境温度与湿度)的要求,空调压缩机离合器结合的延迟时间和增加的旁通空气量要使转速的变化达到最平顺作为标定的目标。动力转向泵、电动风扇等负荷的控制和标定原则与空调的情况基本相同。

5. 电器负载增多时的怠速控制

当同时使用的电器增多时,蓄电池电压降低,发电机的负载也随之加大。为了保证ECU和整车电器系统的供电电压,怠速控制系统也要相应增加旁通进气量,以提高发动机的怠速转速。

6. 失速补救

无论何时,只要发动机的转速降到低于标定的阈值,失速补救的功能就起作用,ECU操作怠速控制阀增加额外的步数,以加大旁通空气量。在标定手动变速器车辆的失速补救时,应注意不要产生喘振。一旦发动机转速超过另一个较高的阈值时,失速补救将停止。经过一段时间(需标定)后,怠速控制阀的额外步数将衰减至零,如图2-170所示。

7. 学习控制

ECU通过步进电机正、反转的步数决定怠速控制阀的位置,调整发动机的怠速转速。但发动机由于制造、装配的差异,以及使用期间的磨损等原因,会使怠速性能发生变化,即

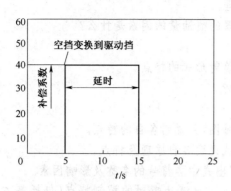

图 2-169　负荷变化(空挡变换到驱动挡)
的怠速执行器控制

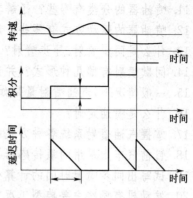

图 2-170　怠速失速补救

使步进电机控制阀的位置不变,怠速转速也可能不同,ECU 用反馈控制方法输出转速信号,使发动机转速达到目标值。ECU 将此时步进电机的步数存于备用存储器中,供以后的怠速控制使用。

8. 怠速控制阀的复位

发动机工作一段时间后,ECU 可能会失去怠速控制阀确切位置的记忆,对于分辨率为每步 15r/min～50r/min 的控制阀,1 步～2 步的偏差都会造成怠速转速的不正确,此时 ECU 需要控制怠速控制阀复位,重新设定阀的位置。在阀复位时,ECU 发出总共 160 步的命令使控制阀关闭,此命令可使阀完全落座,重新设定零步位置。当发动机关机时,通常 ECU 会使怠速控制阀执行复位。但在运行时,发动机的转速低于目标怠速时,怠速控制阀的开度大;转速高于目标怠速时,控制阀的开度反而小。在出现上述情况时,应向正确的方向驱动怠速控制阀,直到发动机的转速达到目标转速后,命令控制阀复位,并重新设定怠速控制阀的位置。

思 考 题

1. 电控汽油喷射系统的主要优点有哪些?

2. 电控汽油喷射系统的基本组成是什么?

3. 试说明电控汽油喷射系统的分类(按控制原理、喷油器位置、进气流量测量方式、喷油时间等)。

4. 目前汽车上采用的空气流量计有哪些?

5. 了解各种空气流量计的结构和工作原理。

6. 节气门位置传感器的分类及各自工作原理。

7. 电动汽油泵的分类。

8. 电动汽油泵的控制包括哪些内容? 其控制机构各是什么?

9. 说明电动汽油泵的开关和转速各是如何控制的? 燃油压力调节器的作用是什么?

10. 了解燃油压力调节器的结构和工作原理。

11. 喷油器的分类有哪些？了解其工作原理。

12. 喷油器的驱动方式有哪些？影响喷油器的喷油量的因素是什么？

13. 什么是同步喷射、异步喷射？

14. 间歇喷射有哪几种形式？并说明各种喷射形式的特点。

15. 一般情况下，汽油喷射量是如何控制的？

16. 什么是喷油定时？

17. 掌握汽油喷射系统各种方式的喷油定时图，并说明各自的特点。

18. 目前汽车上采用的氧传感器有哪些？试说明各自原理及特点。

19. 试写出同步喷射时间的计算公式，并写出式中各符号的名称及影响因素。

20. 发动机有哪些主要典型工况？试说明各工况汽油喷射的控制特点（包括基本喷油时间的计算与与修正，与工况匹配的燃油修正计算）。

21. 怠速性能主要体现在哪三个方面？怠速控制的原则和实质各是什么？

22. 试画图说明怠速控制的过程。

23. 了解怠速控制的策略。

24. 怠速执行器的分类有哪些？

2.2 电子点火系统

【学习目标】

通过本节的学习，应做到：

(1) 了解并掌握各种电子点火系统的特点、组成与原理。

(2) 初步掌握点火控制及爆震控制的原理。

(3) 掌握点火系统的控制要素及控制特点。

对汽油机而言，点火系统的工作性能的好坏决定着发动机的性能，影响着发动机的动力性、经济性、排放污染及工作稳定性。随着科学技术的不断进步，汽油发动机点火系统及其控制系统的发展，已从初期的机械触点式点火系统，发展到了现在的无分电器微机控制点火系统。

2.2.1 点火系统概述

2.2.1.1 点火系统的基本工作原理和控制参数

汽油机点火系统的功能是依据发动机的做功顺序适时向发动机各缸提供强烈的高压火花。点火系统的基本工作原理：通过断电开关控制点火线圈初级线圈中电流的大小和切断时刻，从而控制点火时刻和点火的能量，保证发动机混合气以最佳的速度及时地、完全地燃烧。

可见，点火系统的功能主要体现在点火的时刻和点火火花的强度两个方面。而这两个方面可以用点火系统的两个控制参数来表示，即点火提前角和闭合角（闭合时间）。

1. 闭合角（闭合时间）

传统点火系统的闭合角是指断电器触点闭合的时间，即初级电路接通时分电器轴转过的角度。在微机控制的点火系统中是沿用了传统点火系统闭合角的概念，实际是指初级电路接通的时间,即闭合时间。

当点火线圈的初级电路被接通后,初级电流是按指数曲线规律增长的,初级电路断开时初级电流的数值与初级电路通电时间的长短有关。只有当通电时间到达一定值时,初级电流才可能达到饱和。

而点火线圈的次级电压(即点火电压)与初级电路断开时的初级电流成正比。可见,初级电路接通的时间(即闭合角)决定着初级电路断开时的初级电流的大小,从而决定了点火电压的高低。

将混合气点燃所需的点火电压与发动机的运行环境和运行工况有关。如果点火电压不足,可燃混合气就不能被点燃,发动机就会出现失火现象,失火会使发动机的使用性能变差,导致排放增加,过高的排放很容易导致催化转换器损坏。因此,点火电压必须满足各种工况下将混合气可靠点燃的要求。

在现代电子控制点火系统中,点火电压的实时控制是通过闭合角或初级线圈的通电时间的控制来实现的,而传统点火系统则难以对点火电压进行实时控制。

2. 点火提前角

点火时刻是用点火提前角来表示的。点火提前角是指从火花塞电极间跳火开始,到活塞运行至上止点时这一段时间内曲轴所转过的角度。为了保证各种工况下在活塞绕过上止点以后的适当转角范围内能够出现燃烧峰值压力,使发动机的性能达到最佳,要求在压缩行程上止点以前将混合气点燃,因此,点火时刻必须适度提前,应有恰当的点火提前角。

点火提前角受运行环境和运行工况的影响,对应发动机不同的工况,都有一个使其燃烧进行得最佳的点火时刻,此时的点火提前角称为最佳点火提前角。点火过迟或过早,都会使发动机功率下降,油耗增加。所以在发动机工作过程中,必须对点火提前角进行实时调节控制。现代发动机的最佳点火提前角,不仅要使发动机的动力性、经济性最佳,还应使有害排放物最少。

2.2.1.2　汽车点火系统的要求

为了保证发动机在各种工况下可靠并准确地点火,点火系统必须满足以下要求。

(1) 提供足够高的次级电压,使火花塞电极间跳火。能使火花塞电极间产生电火花的电压,称为击穿电压。启动时,需要最高击穿电压 17kV 左右,发动机在低速满负荷时需要 8kV~10kV 的击穿电压。为了使点火可靠,通常点火系统的次级电压大于击穿电压。现代发动机中大多数的点火系统都能提供 20kV 以上的次级电压。

(2) 火花要具有足够的能量。火花的能量不仅和火花的电压有关,而且还和火花电流以及火花持续时间有关,点火能量越大,着火性能越好。在发动机启动、怠速及急加速等情况下要求较高的点火能量。目前采用的高能点火装置,点火能量都要求超过 80mJ~100mJ。

(3) 点火系统应按发动机的发火顺序并以最佳时刻(点火提前角)进行点火。最佳点火提前角是由发动机的动力性、经济性和排放性能要求共同确定的。

(4) 当需要进行爆震控制时,能使点火提前角推迟。

2.2.1.3　点火系统的分类

按发展过程来分,点火系统可分为:机械触点式(传统点火系统)、普通电子式和微机控制式点火系统。其中普通电子式又分为:有触点电子点火和无触点电子点火两种。微机控制式又分为:分电器微机控制点火系统和无分电器微机控制点火系统两种,如图2-171所示。

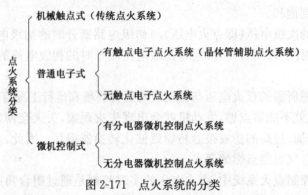

图 2-171　点火系统的分类

1. 机械式点火系统

传统的机械系点火系统由电源(蓄电池)、点火开关、点火线圈、断电器、分电器、点火提前调节机构、电容器、火花塞、高压导线以及附加电阻等组成,如图 2-171 所示。

传统点火系统的点火时刻和初级线圈电流的控制,是由机械传动的断电器触点来完成的,其工作原理如图 2-172 所示。由发动机凸轮轴驱动的分电器轴控制着断电器触点张开、闭合的角度和时刻,以及与发动机各缸工作行程的关系。为了使点火提前角能随发动机转速和负荷的变化自动调节,在分电器上装有离心式机械提前装置和真空式提前装置,以感知发动机转速以及负荷的变化并自动加以调节。

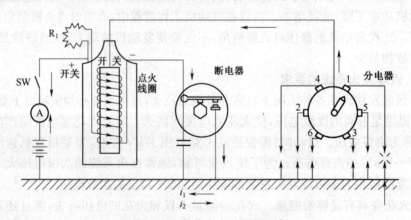

图 2-172　传统点火系统的组成

传统触点式点火系统主要存在以下缺点。

(1) 闭合角不能变化,闭合时间随转速变化较大。次级电压的最大值随发动机的转速升高和汽缸数的增加而下降。

(2) 由于触点打开时易产生火花,使触点容易烧蚀。

(3) 由于初级电流大小受触点允许电流强度的限制(一般不超过 5A),因此火花能量的提高受到了限制。

90

（4）点火提前角的控制精度差。

（5）由于传统点火系统次级电压上升慢，因此对火花塞积炭和污染很敏感。

2．电子点火系统

按有无断电器触点，电子点火系统又分为有触点电子点火系统（或晶体管辅助点火系统）和无触点电子点火系统两种，如图 2-173 所示。其中，晶体管辅助点火系统是电子点火系统发展的早期，为了解决传统点火系统断电器触点烧蚀的问题，而用大功率晶体管来控制电流较大的初级线圈电路的通和断，将断电器触点放在控制晶体管导通与截止的基极电路中，由于基极电路电流较小，所以触点不容易烧蚀。这种点火系统早已不再应用，所以下面主要介绍无触点电子点火系统。

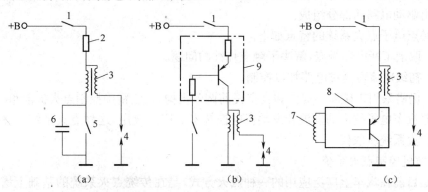

图 2-173　传统点火系统与电子点火系统的组成

（a）传统触点式点火系统；（b）晶体管辅助点火系统；（c）无触点电子点火系统。

1—点火开关；2—点火线圈附加电阻；3—点火线圈；4—火花塞；5—断电器触点；6—电容器；
7—点火信号发生器；8—电子点火器；9—大功率晶体管。

如图 2-174 所示，无触点电子点火系统的基本组成有：点火开关、蓄电池、信号发生器、电子点火器、点火线圈、分电器、点火提前调节机构、高压导线、火花塞等。

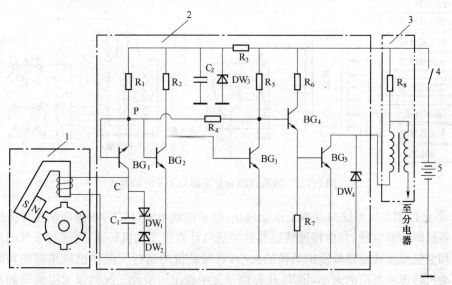

图 2-174　磁脉冲式无触点电子点火系统

1—信号发生器；2—点火控制器；3—点火线圈；4—点火开关；5—蓄电池。

其结构特点是：在传统点火系统的基础上，增加了信号发生器和电子点火器，采用各种型式的点火信号发生器来代替断电器触点。信号发生器通常有三种：光电式、磁感应式和霍耳式。

其基本原理是：由信号发生器产生触发信号，经过点火器的放大电路整形、处理，最后控制大功率三极管的导通和截止，达到控制点火线圈初级电流通断的目的。

电子点火器的作用是：对来自信号发生器的脉冲信号进行放大、处理、识别，求出发动机的转速，并根据发动机转速来控制点火线圈中，初级电路电流的接通时间和断开时刻，同时还可以对初级电流的大小进行控制。

电子点火器一般由脉冲信号处理电路、初级线圈电流控制电路、稳压电路和大功率三极管输出驱动电路四部分组成。

无触点电子点火系统的特点如下。

（1）取消了断电器触点，解决了触点烧蚀的问题。

（2）初级电流可通过电路加以控制。

（3）仍需采用机械离心提前和真空提前调节机构，无法精确控制点火提前角。

随着汽车电子技术的发展和发动机电控技术的广泛应用，这种点火系统已逐渐被微机控制点火系统所取代。

3. 微机控制点火系统

这是目前在汽车上广泛应用的一种点火方式，是在传统点火系统的基础上增加控制系统。点火控制系统与电控喷油系统一样，也由传感器、电子控制单元（ECU）和执行器组成，如图 2-175 所示。除了与电控汽油喷射系统中转速和曲轴位置传感器、空气流量传感器、节气门位置传感器、冷却液温度和空气温度传感器等一样外，还有专为点火控制用的爆震传感器，其执行器是点火模块和点火线圈。点火模块的主要作用是将 ECU 输出信号送至功率管进行放大，并按发火顺序给点火线圈提供初级电流。

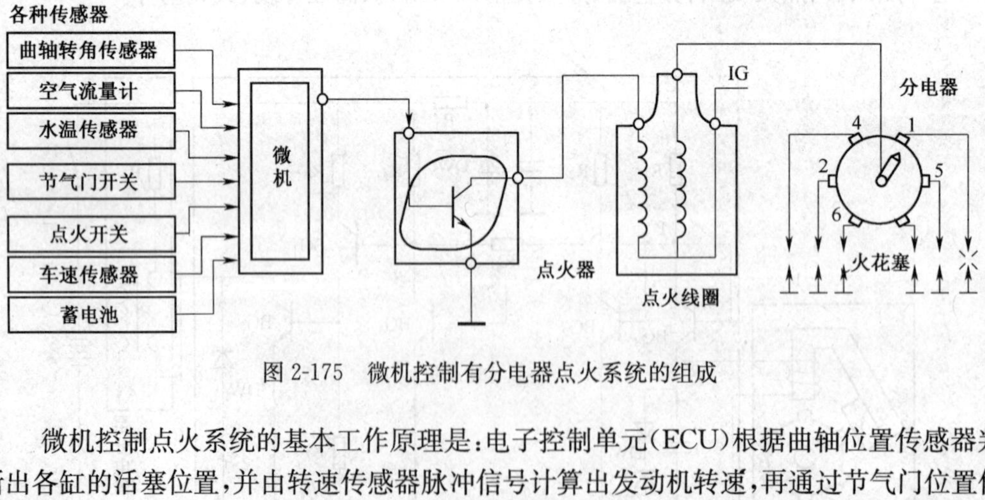

图 2-175　微机控制有分电器点火系统的组成

微机控制点火系统的基本工作原理是：电子控制单元（ECU）根据曲轴位置传感器判断出各缸的活塞位置，并由转速传感器脉冲信号计算出发动机转速，再通过节气门位置传感器和空气流量传感器确定出负荷的大小，对发动机的运行工况作出较精确的判断。根据发动机转速和负荷的大小，ECU 从存储单元中查出对应此工况的点火提前角和初级电路导通时间（闭合时间），由这些数据对电子点火器进行控制，从而实现点火系统的智能控制。此外,ECU 还可以根据其它影响因素对这两个参数进行修正,实现点火系统的精确控制,如图 2-175 所示。

微机控制点火系统分为有分电器式和无分电器式。有分电器式点火系统的基本组成如图 2-175 所示。

不管传统点火系统、电子点火系统或是微机控制有分电器点火系统,都是只有一个点火线圈产生高压电,然后由分电器按照点火顺序,依次分配到各缸火花塞上进行点火。在现代汽车上常采用的为微机控制无分电器点火系统。无分电器点火系统完全取消了传统的分电器,没有配电器(分火头和分电器盖),由 ECU 发出点火信号,将点火线圈产生的高压电直接送到火花塞。

无分电器点火系统目前常采用以下两种方式,如图 2-176 所示。

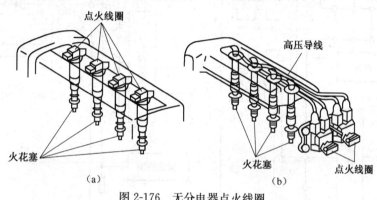

图 2-176　无分电器点火线圈
(a) 独立点火方式;(b) 同时点火方式。

1) 同时点火方式

同时点火方式中,两个活塞位置同步缸共用一个点火线圈,如图 2-177 所示。初级点火线圈连接在控制电路中由 ECU 控制,次级点火线圈有两个高压输出端,分别接在两个活塞位置同步缸的火花塞上。活塞位置同步缸为发动机工作时活塞位置始终同步的两缸,即两缸活塞同时到达上止点,其中一个缸为压缩上止点,另一个缸为排气上止点。

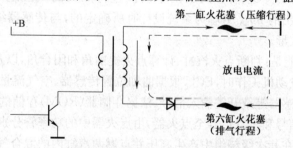

图 2-177　同时点火方式工作原理

同时点火方式工作原理是:点火线圈的初级电路连接在控制电路中由 ECU 进行控制,其次级线圈的两端分别连接在两个火花塞上。当 ECU 控制大功率三极管截止,初级电路断开,将在两个活塞位置同步缸的火花塞上同时产生点火火花。其中运行至压缩上止点的汽缸点燃做功。运行至排气上止点的汽缸为无效点火(废火),由于缸内压力低,废气中有很多导电离子,该缸火花塞很容易被击穿放电,消耗能量很小,不影响点火缸火花能量。次级电路中串联一只高压二极管,其作用是为了避免功率晶体管导通时,点火线圈诱生的电压(约 1000V)造成火花塞误跳火的现象发生。

在六缸发动机中,采用三个点火线圈即可。当发动机做功顺序为 1—5—3—6—2—4 时,三个点火线圈次级电路的连接方法为:1、6 缸一组,2、5 缸一组,3、4 缸一组,如图 2-178 所示。

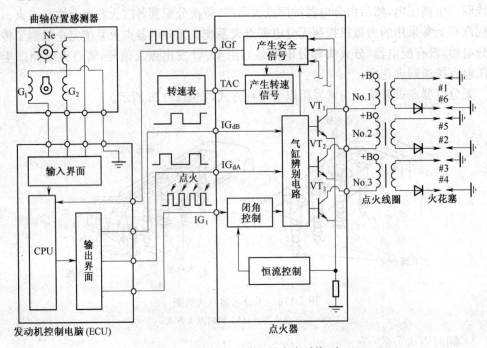

图 2-178　微机控制无分电器点火系统(丰田)

如图 2-178 中所示,在无分电器同时点火系统中,曲轴位置传感器采用了电磁感应式传感器,该传感器可以向 ECU 提供的信号有:曲轴转角信号 Ne 和活塞上止点位置信号 G_1、G_2。发动机根据 G_1、G_2 信号判断出下次该进行点火的汽缸组,并发出辨缸信号 IG_{dA}、IG_{dB}。ECU 输出的 IG_{dA}、IG_{dB} 为系统设计时所确定的,与传感器结构和点火器选缸电路相适应的约定波形。

ECU 的主要功能是:判断点火汽缸、计算点火提前角和闭合角,以及将点火信号分配到指定的汽缸等。发动机工作时,ECU 根据曲轴位置传感器、空气流量传感器、点火基准信号传感器、水温传感器等及开关输入信号,依据存储器(ROM)存储的数据,经处理计算后适时地输出点火信号和辨缸信号至点火器,由点火器中的功率管分别接通、切断各点火线圈的初级电流,则在其次级绕组中产生高压并点燃两汽缸内的混合气。

虽然此种点火系统消除了分电器,但由于废火的出现导致了火花塞加速腐蚀的趋势,为此汽车上现已开始采用独立点火方式,即每个汽缸都有一个点火线圈。这种办法虽然成本较高,但能得到较好的发动机性能。

2) 独立点火方式

独立点火方式中,每缸火花塞配用一个点火线圈,单独对本缸进行点火。各缸点火线圈的初级绕组分别由点火器中的一个功率晶体管控制,整个点火系统的工作由 ECU 进行控制。

图 2-179 为一种无分电器独立点火方式的点火系统工作原理。其特点是各缸均有一个点火线圈,而所有汽缸共用一个具有多个功率晶体管的点火器,每个晶体管分别控制一个点火线圈。ECU 根据发动机运行工况,通过查表、计算求出最佳点火提前角和通电时间后,以点火基准传感器为标准,按照发动机各缸的做功顺序确定每一缸点火线圈的接通时刻和通电时间,并将其转换为该缸点火线圈的控制信号 IG_i(i 指第 i 个汽缸)。当某缸的控制信号为低电平时,点火器中对应此缸的功率晶体管导通,点火线圈通电;当该缸的控制信号变为高电平时,对应的晶体管截止,线圈中电流被切断,次级线圈产生高压电,将火花塞电极击穿点火。

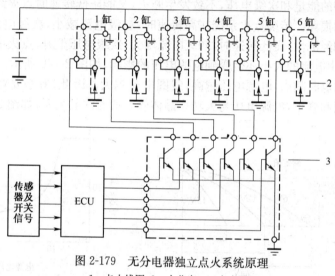

图 2-179 无分电器独立点火系统原理
1—点火线圈;2—火花塞;3—点火器。

由于 ECU 直接向点火器确定的汽缸提供点火控制信号,因此,这种系统中点火器的结构和电路逻辑都比较简单。

独立点火方式有以下优点。

(1) 无机械分电器和高压导线漏电小,能量损失少,机械磨损或破坏机会少。

(2) 无分火头与旁电极间的火花,有效地降低点火系统对无线电的干扰。

(3) 无两缸同时点火现象。

(4) 点火线圈和火花塞由金属罩包覆,电磁干扰大大减小。

(5) 特制的点火线圈充电时间极短,能在高达 9000r/min 的转速范围内提供足够点火能量和高电压,适于高速发动机。

2.2.2 点火控制

点火控制包括闭合角控制、点火提前角控制和爆震控制三个方面。

2.2.2.1 闭合时间(闭合角)的控制

闭合角的概念来源于传统点火系统,是指断电器触点闭合期间,即初级电流接通期间分电器轴转过的角度。在电子点火系统中,多用闭合时间——初级线圈中初级电流导通的时间。为了使发动机在实际工作中的每种工况下,点火系统都产生一定强度的高压火花,要求初级电路断开时初级线圈的电流具有稳定的值。

点火线圈初级电流的大小与电路的接通时间有关,通电时间越长,电流越大,点火能量越大。但通电时间过长,电流过大,会使点火线圈发热,甚至烧坏,并会造成电能的浪费。因此,要控制一个最佳通电时间,既能得到较大的初级电流,获得较高的点火能量和次级电压,改善点火性能,同时又不会损坏点火线圈。而决定初级线圈中电流大小的因素,主要是线圈通电时间(即闭合时间)和发动机电源系统电压。

通常,要求在任何转速下电路断开时初级电流都能达到某一值(如7A)。要做到这一点可采用两种办法:① 在点火控制电路中增加恒流控制电路;② 准确地控制通电时间。准确地控制通电时间,即在发动机转速变化时,控制大功率三极管导通时间不变,以确保高转速时有足够的能量和次级电压,不致发生断火,又能防低转速时点火线圈和点火电子元件过度发热和损坏。传统点火系统在高转速时,初级电流减小,次级电压下降,影响了发动机动力性和经济性;而低转速时,初级电流增大,次级电压上升,点火线圈过热。

此外,线圈中电流的大小还会受到电源电压的影响,如图2-180所示。

在相同的通电时间内,电源电压越高,线圈电流越大。因此,有必要对线圈电路的接通时间进行控制和修正,电源电压与大功率晶体管导通时间的关系,如图2-181所示。

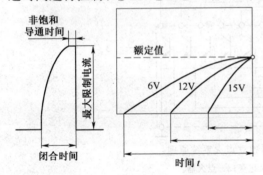

图2-180 蓄电池电压对初级电流的影响

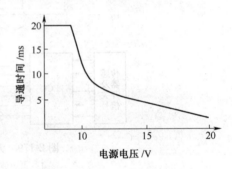

图2-181 电源电压与大功率晶体管导通时间的关系

因此,闭合角的控制具有如下特点。

(1)随电源电压的变化而变化,即电压增大,闭合角应减小。

(2)随转速变化而变化,即转速增大,闭合角应增大。

通常在点火控制系统的设计过程中,将通过试验获得的点火闭合角的特性,如图2-182所示,存储在电控单元的存储器中。发动机工作时,ECU根据发动机转速和蓄电池的电压,按照闭合角特性确定并控制点火线圈的通电时间,从而控制闭合角。

通电时间的控制方法,一般是根据电源电压查图表得到的导通时间,再根据发动机的转速换算成曲轴的转角,以决定闭合角的大小。

例如,电源电压为14V,导通时间为5ms,发动机转速为2000 r/min,则导通5ms相当于曲轴转角(闭合角)为:

$$(360° \times 2000/60) \times (5/1000) = 60°$$

如图2-183所示,点火提前角为上止点前40°,闭合角为60°,ECU由曲轴位置传感器的120°信号(表示此时某缸活塞处于压缩上止点前70°的位置)判别工作缸活塞位置;点火基准信号(上止点前66°)在上述信号后4°处;微机从此处开始计数,经过26个1°信号,

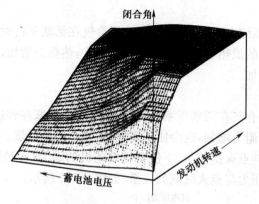

图 2-182 闭合角的控制特性

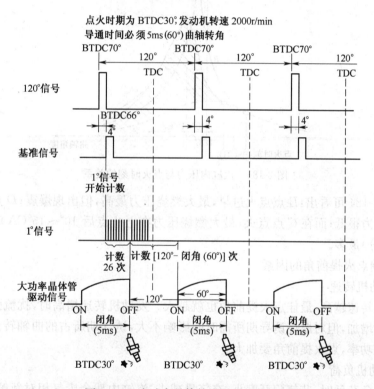

图 2-183 大功率晶体管导通时间的控制

在第 27 个 1°信号输入时控制大功率晶体管截止,实现点火,保证了点火时刻为上止点前40°;然后再记录 60 个 1°信号,即控制晶体管导通,同时开始记录 1°信号;当再次记录到60 个 1°信号时,表示晶体管导通时间为 5ms,即闭合角为 60°。

2.2.2.2 点火提前角的控制

1. 点火提前角

如前所述,点火时刻是用点火提前角来表示的。它是指从火花塞电极间跳火开始,到活塞运行至上止点时这一段时间内曲轴所转过的角度。点火提前角的大小会对发动机油耗、功率、排放污染、爆震、行驶等特性产生较大的影响。

1) 点火过迟

如果活塞在到达压缩上止点时点火,那么混合气在活塞下行时才燃烧,使汽缸内压力下降。同时,由于燃烧的炽热气体与缸壁接触面加大,热损失增加,发动机过热,从而使发动机功率下降,油耗增加。

2) 点火过早

如果点火过早,混合气在活塞压缩行程中完全燃烧,活塞在到达上止点前缸内达到最大压力,使活塞上行的阻力增加,也会使功率下降,还会产生爆震。

现代发动机的最佳点火提前角,不仅要使发动机的动力性、经济性最佳,还应使有害排放物最少。汽缸内压力与点火时刻的关系,如图 2-184 所示。

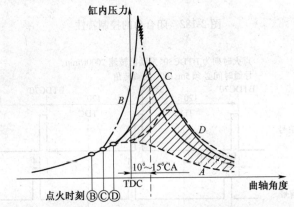

图 2-184　汽缸内压力与点火时刻的关系

从图 2-184 可看出:B 点点火过早,最大燃烧压力最高,但出现爆震;D 点点火过晚,最大燃烧压力很低;而在 C 点点火,最大燃烧压力在上止点后 10°～15°CA 时出现,做的功(斜线部分)最多。

2. 影响点火提前角的因素

1) 发动机转速

发动机转速越高,最佳点火提前角也就越大。发动机转速增高时,扰流强度,压缩温度和压力均增加,但对燃烧诱导期所需时间影响不大,诱导期所占的曲轴转角就要加大。为保持最大功率,点火提前角要加大。

2) 发动机负荷

发动机负荷低时,节气门开度小,充气量减小,汽缸内残余废气相对新鲜混合气的比例增加,使混合气燃烧速度降低。因此,当负荷低时,最佳点火提前角要增大;反之,最佳点火提前角要减小。

3) 燃油品质

汽油的辛烷值越高,抗爆性能越好,点火提前角可增大;反之,点火提前角应减小。

除了上述因素外,点火提前角还和发动机燃烧室形状、燃烧室温度、气流的运动、空燃比、排气再循环(EGR)等因素有关。

3. 点火提前角的控制

点火提前角的的控制主要应满足发动机在各种工况下都有最佳的点火提前角(见图 2-185、图 2-186)。最佳点火提前角的确定要兼顾转矩、排放、油耗、爆震倾向和驱动性。

其控制的一般标准如下。

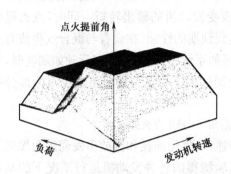

图 2-185　传统点火系统点火提前角的控制特性

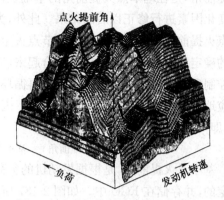

图 2-186　微机控制的点火提前角特性

(1) 怠速时,在保证运转平稳的前提下,排放控制在最低。

(2) 部分负荷时,经济性为主。

(3) 大负荷和加速时,动力性为主。

因点火提前角的主要影响因素是发动机转速和负荷,所以对点火提前角的控制要求如下。

(1) 随转速的变化而变化:转速增大,点火提前角应增大。

(2) 随负荷的变化而变化:负荷增大,点火提前角应减小。

在传统点火系统中,采用离心式调节器(随转速变化改变点火提前角)、真空提前调节器(随负荷变化改变点火提前角)和辛烷值提前调节器(根据燃油品质调节点火提前角)调节点火时刻。由于这些都是机械式调节器,当发动机工况变化时,点火提前角只能按图 2-187所示曲面改变。而发动机转速和负荷变化时,实际要求点火提前角如图 2-188 所示的曲面变化。同时,传统机械点火系统存在触点快速磨损的缺点,必须频繁地调整触点间隙。触点表面的快速腐蚀导致触点寿命比较短,触点开关的初级电流只能为 0A~4A,初级电流过大会使点火线圈过热。现代发动机中广泛采用微机控制的点火系统。

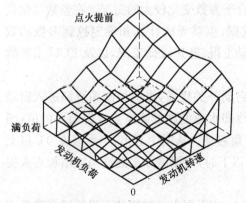

图 2-187　三维点火特性

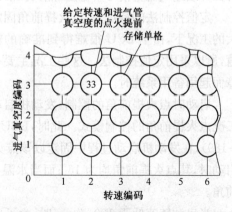

图 2-188　存于存储器中的点火提前角数据

微机控制点火系统中,ECU 的存储器里存储着通过发动机台架试验确定的各种工况下使油耗、排放和功率最佳的基本点火定时数据表,如图 2-187 所示。发动机的实际点火提前角,是在基本点火提前角的基础上,再根据冷却液温度、大气压力、爆震、启动等工况变化因素进行修正以后的结果。此外,为了改善自动变速器的换挡质量和怠速控制,有些点火提前角控制系统还通过调节点火定时来改变发动机的输出转矩。同时,点火提前角的确定要和喷油时间的计算结合起来,以便达到预期的性能;在设有与混合气生成有关的控制项目,如二次空气控制、废气再循环控制等的系统中,以及在动态行驶如加速时,要相应地对点火提前角进行专门的修正。因此,控制过程中的点火提前角主要由两部分组成,即

$$实际点火提前角 = 基本点火提前角 + 修正点火提前角$$

基本点火提前角,是根据发动机的负荷和转速,从优化油耗和排放出发通过台架试验确定的,并存储在 ECU 中。如图 2-187 所示,试验测得的各种发动机运行工况下的基本点火提前角是一个三维图。系统设计时,将该三维图离散化存储在 ECU 的内存中,如图 2-188 所示。在发动机正常工作时,再根据实际的转速和负荷,从 ECU 中调出基本点火提前角数据,作为确定实际点火提前角的基础。

从图 2-188 中可见,三维基本点火提前角曲线被离散化为 16 个数值的转速和 16 个数值的负荷的典型工况得到 $16 \times 16 (256)$ 个点火提前角数值。在发动机工作过程中,ECU 根据发动机转速和与发动机负荷有关的信号(进气歧管压力、进气流量或喷油的质量)从三维图中得到精确的基本点火提前角。如图 2-188 所示,当 ECU 根据转速传感器和进气歧管绝对压力传感器计算出的转速和负荷,分别为编码 2 和 3 时,可从其交点读出 33,即该工况下的最佳点火提前角为 33°。

对于节点中间的工况,可用数学插值的处理方法,以改善系统的性能。有的发动机根据燃油辛烷值、EGR 率不同,在存储器中存放多张基本点火提前角的数据表格,以通过燃油选择开关或插头进行选择。

1) 启动期间点火提前角的控制

发动机在启动期间或转速在规定转速(通常为 500r/min 左右)以下时,由于进气歧管压力或进气流量信号不稳定,点火提前角应采用定值控制法。

定值控制法的特点是:点火提前角固定,适合于参数变化较大的工况。在参数变化较大的工况下,由于 ECU 很难得到准确的输入数据,也就无法计算和确定控制参数的数值,所以采用定值控制法。这些工况主要有:启动工况、转速较低工况,以及 ECU 出现故障而起用备用系统时。

启动时点火提前角的控制:发动机启动时,启动开关接通,点火控制系统即进入启动工况点火提前角的控制模式。此时,ECU 根据冷却水温的高低确定点火提前角的值(图2-189),在发动机启动过程中固定以该点火提前角启动。从图中看出:当水温在 0℃ 以上启动时,其点火提前角均为 16°;而当水温在 0℃ 以下时,根据冷却水温适当地增加点火提前角。

当启动转速低于 100 r/min 时,为了可靠点火,应根据启动转速的下降而适当降低点火提前角,其点火提前角为

$$点火提前角 = 正常启动时的点火提前角 \times \frac{启动转速}{100}$$

2）怠速及减速时点火提前角的控制

当节气门位置传感器的怠速触点闭合，即进入怠速或减速的状态。此时，ECU 根据发动机转速、冷却水温及车速确定点火提前角，如图 2-190 所示。

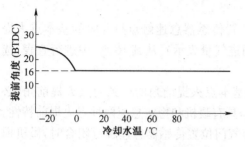

图 2-189 启动时点火提前角的控制

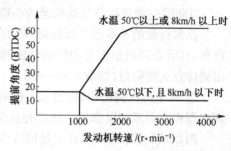

图 2-190 怠速及减速时点火提前角的控制

当冷却水温在 50℃ 以下，车速不大于 8km/h，发动机转速在 1200r/min 以上时，点火提前角几乎保持在上止点前 10°。其目的是推迟点火，加速发动机及催化反应器达到正常工作温度。

3）启动后点火提前角的控制

发动机启动后正常运转时，点火提前角的控制方法各车型有所不同，主要有以下几种方法。

（1）基本点火提前角×冷却水温修正系数。在一些电子控制点火系统中，发动机运行时的点火提前角是由基本点火提前角乘以冷却水温修正系数来产生的，即

实际点火提前角＝基本点火提前角×冷却水温修正系数

基本点火提前角是由发动机运行工况决定的、存储在系统存储单元中的点火提前角数值。图 2-191 为基本点火提前角与负荷和转速的关系，图 2-192 为水温修正系数。

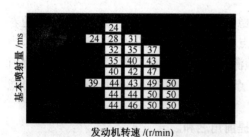

图 2-191 基本点火提前角

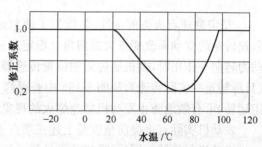

图 2-192 冷却水温修正系数

发动机工作时，系统由表中查取对应工况的基本点火提前角，再根据冷却液温度传感器测得的水温值，由水温修正系数图中查得修正系数，将基本点火提前角乘以修正系数，即可得出该工况的发动机点火提前角实际控制值。

（2）初始点火提前角、基本点火提前角及修正点火提前角。

① 初始点火提前角：该角度为一固定值，是在发动机出厂时便有的点火提前量，任何工况都保持恒定，如丰田 TCCS 系统，其值大约为 10°。

② 基本点火提前角：存储在 ECU 的存储器 ROM 中，可分为怠速和平常行驶时的点火提前角。

怠速时的基本点火提前角,是指节气门位置传感器的怠速触点闭合时的基本点火提前角,其值又根据空调是否工作而略有不同。空调工作时,其基本点火提前角为 8°,不工作时其值为 4°。怠速运转时,若空调工作,其实际点火提前角将从上止点前 14°增加到 18°,以防因空调负荷使发动机运转不稳。

正常行驶的基本点火提前角,是指节气门位置传感器怠速触点打开时的基本点火提前角,其值是微机根据发动机的转速和负荷(用进气量表示),从其 ROM 中进行查表,选出最佳点火提前角,如图 2-193 所示。

③ 修正点火提前角:初始点火提前角加上基本点火提前角所得到的点火提前角,必须根据相关因素加以修正。修正的点火提前角,具有暖机和稳定怠速两种点火提前特性。

图 2-194 所示为暖机点火提前特性,指在节气门位置传感器怠速触点闭合时,微机根据发动机冷却水温进行修正点火提前角。当冷却水温较低时,必须增大点火提前角,以促使发动机尽快暖机;当水温较高时,如超过 90℃ 为避免发动机过热,其点火提前角必须减小。

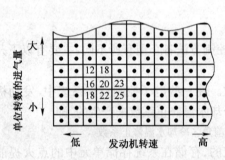

图 2-193　平常行驶时的基本点火提前角

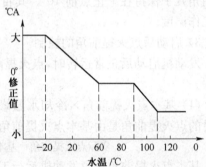

图 2-194　暖机时点火提前特性

稳定怠速点火提前特性,是指为了使怠速稳定运转而控制修正点火提前角,即随着怠速转速的变动而改变点火提前角。稳定怠速点火提前特性,如图 2-195 所示。例如,当动力转向等作用时,微机通过曲轴位置传感器检测到发动机转速下降,并根据转速下降值(目标转速—实际转速),从图 2-195 中查得修正点火提前角的大小,使发动机在怠速时稳定运转,可有效地防止发动机怠速熄火的现象。

发动机实际点火提前角就是上述三项点火提前角之和。

发动机每旋转一周后,微机就可计算并输出一次点火提前角的调整数据。因此,当传感器测出发动机的转速和负荷有变化时,微机就使点火提前角做出相应的改变。但当微机计算出的实际点火提前角超过最大或最小点火提前角的允许值时,则微机以最大或最小点火提前角的允许值进行调整。

除上述暖机修正和怠速稳定性修正外,在有些车型的点火控制系统中,点火提前角的修正还包括空燃比反馈修正。

装有氧传感器的电子控制燃油喷射系统,微机根据氧传感器的反馈信号对空燃比进行修正。随着修正喷油量的增加和减少,发动机的转速在一定范围内波动。为了提高发动机转速的稳定性,在反馈修正油量减少时,应适当地增加点火提前角,如图 2-196 所示。

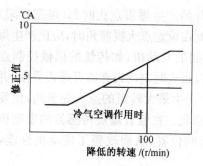

图 2-195　稳定怠速是时点火提前特性

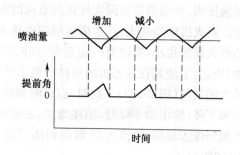

图 2-196　空燃比反馈修正的点火提前角

2.2.2.3　爆震控制

汽油机用火花塞跳火将混合气点燃,并以火焰传播方式使混合气燃烧。如果在传播过程中,火焰还未到达时,局部地区混合气因高温、高压等自行着火燃烧,使气流运动速度加快,缸内压力、温度迅速增加,造成瞬时爆燃,这种现象称为爆震。

爆震是一种非正常燃烧,其危害极大,破坏了发动机的正常燃烧,从而使发动机动力性、经济性变差;爆震产生的压力会使气体强烈震荡,产生噪声;使发动机工作条件恶化,使火花塞、燃烧室、活塞等机件过热,严重情况下会使发动机损坏。

消除爆震的方法通常有:① 采用抗爆震性能好的燃料;② 改进燃烧室结构;③ 加强冷却水循环;④ 推迟点火时间,对消除爆震有明显的作用。

为消除爆震,在发动机结构参数已确定的情况下,采用推迟点火提前角是消除爆震既有效又简单的措施之一,如图 2-197 所示。当点火提前角 θ 为 36°BTDC(上止点前)时产生较明显的爆震信号;当点火提前角 θ 推迟到 18°BTDC 时,爆震基本上消失。

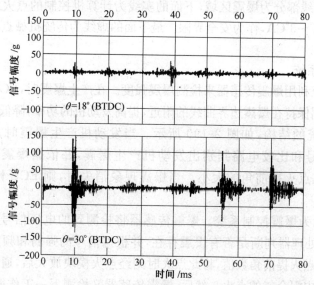

图 2-197　点火提前角对爆震的影响

1) 爆震界限和点火提前角的设定

爆震与点火时刻的关系:点火提前角越大,燃烧的最大压力越大,就越易产生爆震。

103

试验证明:发动机发出最大转矩的点火时刻是在开始产生爆震点火时刻(爆震界限)的附近。点火提前角越大,产生爆震倾向也越大。因此在设定点火提前角时,应比产生爆震时的点火提前角小,要留有一定余量。在无爆震控制的发动机(如传统的机械控制点火系统)中,为了使其在最恶劣的条件下也不产生爆震,点火时刻均设在离开爆震界限,并留有较大的余量(图2-198)。此时,点火时刻将滞后于产生最大转矩的点火提前角,使发动机效率下降,输出功率降低,油耗增加,发动机性能恶化。在装有爆震传感器的发动机上能检测到爆震界限,将点火时刻调到接近爆震极限的位置,从而改善了发动机性能,如图2-198所示。

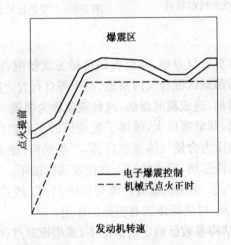

图 2-198　爆震界限与点火提前角

　　图中:上面实线部分为爆震区域,下面的实线为计算机控制的点火提前角。离爆震区约为曲轴转角 $2°\sim3°CA$,作为安全界限。最下面的虚线为传统机械点火装置控制的点火提前角。

　　2) 爆震控制系统

　　爆震控制系统利用爆震传感器来检测爆震强度。在产生爆震时,ECU 自动减少点火提前角使点火时刻保持在爆震边界曲线的附近,提高发动机的功率,降低燃料的消耗。

　　爆震控制系统的结构,如图 2-199 所示。当发动机产生爆震时,ECU 通过爆震传感器的输入信号和比较电路判别出发动机产生爆震,并依据爆震强度输入信号,由 ECU 控制延迟点火提前角的大小。当爆震现象消失时,则 ECU 恢复正常的点火提前角的控制。

　　图 2-200 所示为爆震控制系统。爆震传感器将检测到的电压信号传送给 ECU,由 ECU 中爆震信号处理器判断是否有爆震存在,并根据信号的强弱和频度决定爆震的等级,算出要推迟的点火提前角数值,将此点火时刻经点火模块放大后,通过点火线圈和火花塞,控制发动机内混合气的点火。然后,爆震传感器又检测下一工作循环的爆震信号,若爆震还存在,继续推迟提前角。当爆震消失后,为了使发动机性能得到恢复,又要不断增加点火提前角,直至爆震再次出现,如此不断地循环进行。爆震反馈控制原理如图2-201所示。爆震时,点火提前角的控制如图 2-202 所示。

104

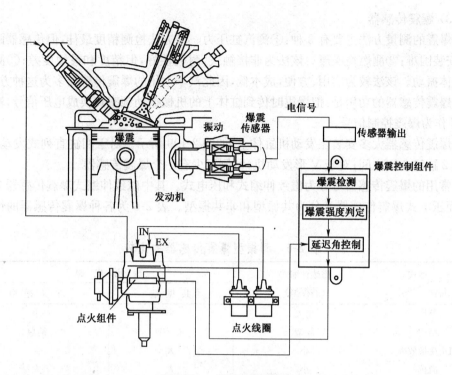

电信号

爆震
传感器

传感器输出

爆震控制组件

爆震检测

爆震强度判定

延迟角控制

振动

爆震

发动机

IN
EX

点火组件

点火线圈

图 2-199 爆震控制系统

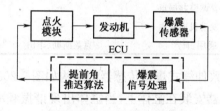

点火
模块 → 发动机 → 爆震
传感器

ECU

提前角
推迟算法

爆震
信号处理

图 2-200 爆震控制系统

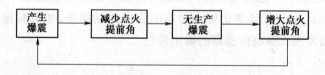

产生
爆震 → 减少点火
提前角 → 无生产
爆震 → 增大点火
提前角

图 2-201 爆震反馈控制原理

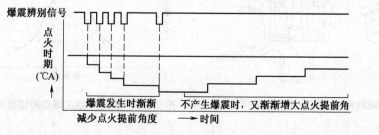

爆震辨别信号

点火时期（℃A）

爆震发生时渐渐
减少点火提前角度

不产生爆震时，又渐渐增大点火提前角

时间

图 2-202 爆震时点火提前角的控制

3) 爆震传感器

爆震的测量方法主要有 3 种：①测汽缸压力。该方法检测精度最佳，但传感器耐久性差，安装困难；②测燃烧噪声。该法为非接触式，耐久性好，但精度和灵敏度差；③测发动机机体振动。该法较为实用、方便，成本低，因此汽车上用的爆震传感器多为这种方式。

爆震传感器的功用是：把爆震时传到缸体上的机械振动频率转换成电压信号，输送给ECU 作为爆震控制信号。

爆震传感器大多安装在发动机缸体上，如图 2-199 所示。对于四缸直列式发动机，它装在 2 缸和 3 缸之间；对于 V 形发动机，每侧至少有一个爆震传感器。

常用的爆震传感器可分为磁致伸缩式和压电式。其中磁致伸缩式爆震传感器为共振型，而压电式爆震传感器又分为共振型和非共振型。表 2-6 为各种爆震传感器的性能比较。

表 2-6　测振型爆震传感器的比较

型式 特性	磁致伸缩式（共振型）	压电式	
		共振型	非共振型
外形	稍大	小	小
结构	复杂	较复杂	简单
机电变换效率	小	大	大
阻抗	小	大	大
爆震信号判别	传感器输出信号可识别	←	回路中需有滤波器
调整	需要调整共振点	←	不要
适应性	随发动机而变更	←	可适用各种发动机
采用车厂	通用、日产	克莱斯勒、丰田	三菱、雷诺

（1）磁致伸缩式。磁致伸缩式爆震传感器的结构如图 2-203 所示。

磁致伸缩式爆震传感器安装在缸体上，当缸体出现谐振频率的振动时，产生共振，此时强磁材料铁芯的导磁率发生变化，使永磁铁穿过铁芯的磁密也发生变化，铁芯外的线圈绕组便产生感应电动势。感应电动势的峰值对应的即是出现谐振频率的点，通过对传感器的结构进行设计，使谐振频率正好为爆震的临界振动频率，便可测得爆震临界点。图2-204所示为磁致伸缩式爆震传感器的输出特性。

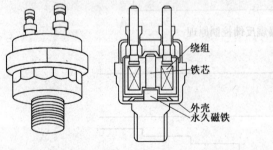

图 2-203　磁致伸缩式爆震传感器的结构

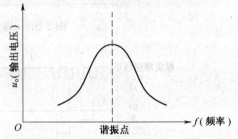

图 2-204　磁致伸缩式爆震传感器的输出特性

（2）压电式。压电元件将振动压力转换成电压信号，利用的是压电效应，压电效应是指某些晶体(如天然石英晶体、人工极化陶瓷等)在一定方向外力作用下或承受变形时,其晶面或极化面上将有电荷产生的现象。产生的电荷符合公式 $Q = KF$。式中 K 为压电常数;F 为作用在晶体上的力。

实际上,压电式爆震传感器是一个加速度传感器。传感器的敏感元件为一个压电晶体,当晶群受到外部机械力作用时,晶体的两极面上就会产生电压。发动机爆震时产生的振动传给传感器,压电晶体将机械振动产生的压力变化转换为电压信号输出,以判断爆震程度的大小。爆震传感器由于结构不同,输出信号的频率有宽频带和窄频带两种。

目前,应用最多的是宽频带共振型压电式传感器,其结构如图 2-205 所示。共振型爆震传感器由与爆震几乎具有相同共振频率的振子以及能够检测振子并将其转换成电压信号的压电元件构成。此种传感器是利用产生爆震时,发动机振动频率与传感器本身的固有频率相符产生共振现象,因而其输出电压高于其它形式的传感器,提高了爆震检测的灵敏度。共振型压电式爆震传感器的输出特性如图 2-206 所示,宽频带共振型压电式爆震传感器的输出特性如图 2-207 所示。

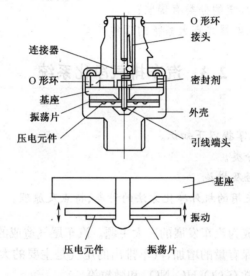

图 2-205 共振型压电式爆震传感器的结构

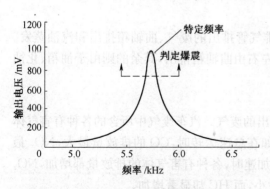

图 2-206 共振型压电式爆震传感器的输出特性

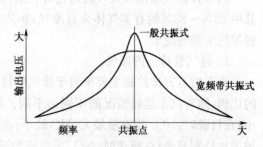

图 2-207 宽频带共振爆震传感器

107

思 考 题

1. 点火系统的控制要素有哪些?
2. 电子点火系统中,闭合角是如何控制的?
3. 点火提前角的影响因素是什么? 如何根据影响因素控制点火提前角?
4. 点火提前角的控制方法有哪些? 定值控制法的特点和使用工况是什么?
5. 修正点火提前角包括哪些修正?
6. 爆震的测量方法有哪些?
7. 测振型爆震传感器主要有哪两种类型?
8. 什么是活塞位置同步缸 ?
9. 无分电器式点火系统的分类有哪些?
10. 试画图说明无分电器式点火系统的工作原理。

2.3 汽车排气净化系统

【学习目标】

通过本节的学习,应掌握以下知识。
(1) 汽车排放物的分类。
(2) 排气净化的途径及措施。
(3) 现代汽车上所采用的机外净化方法的种类、特点及原理。

环保、节能、安全已成为汽车发展的三大主题。汽车尾气造成的环境问题也日益引起人们的重视。随着汽车保有量的增加,汽车排出的尾气是主要的大气污染源之一。汽车排放的主要有害气体通常有 CO、HC、NO_x 和微粒等。

2.3.1 汽车有害气体排入大气的途径

汽车有害气体排入大气的途径有三条:排气管排出的废气、曲轴箱排出和汽油蒸发。其中 65%~85% 的有害气体来自废气,20% 左右由曲轴箱排出,其余的则由于油箱、化油器等汽油蒸发造成。

1. 排气管排出的废气

汽车的有害排放物主要来自于排气管排出的废气。汽车废气中所含的各种有害气体的比例,随着汽车运转情况的不同而不同。如在急速运转时,CO 的排放量最大,NO_x 最小;在行驶时,NO_x 排放量最大,HC 最小;在加速时,各种有害气体的排放量都增加,NO_x 的增加特别显著;在减速时,NO_x 再次成为最小,而 HC 却显著增加。

2. 曲轴箱排出

曲轴箱排出,是指发动机从压缩到作功行程时,从活塞、汽缸的间隙中排出的气体。

这是汽缸内燃烧气体的一部分。这些气体进入曲轴箱会造成机油产生热分解,使金属零件加速磨损,加速金属氧化等不良影响,是造成各种故障的原因。所以,必须有新鲜空气不断在曲轴箱内循环,这些气体进入大气,成为污染源之一。

3. 汽油蒸发

随着外界温度的降低,油箱内部的汽油蒸气凝结,因此产生部分真空,从油箱吸入空气,而随着外界温度的上升,空气与油箱内蒸发的汽油蒸气一起排出。此外,还有从油泵接头处渗出的汽油蒸气,也散入大气。

2.3.2　排气污染物的形成机理

汽油机空燃比与排气有害成分的关系如图 2-208 所示。

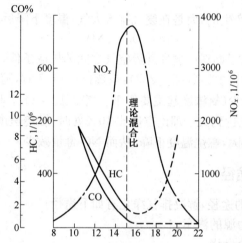

图 2-208　排气中 CO、HC、NO 浓度与空燃比的关系

1. CO 的形成

CO 的形成原因主要是汽油、柴油(可用 C_nH_m 表示)的不完全燃烧。当燃料完全燃烧时,其产物为 CO_2 和 H_2O:

$$C_nH_m + O_2 \longrightarrow CO_2 + H_2O$$

当燃料不完全燃烧时,其产物为 CO 和 H_2O:

$$C_nH_m + O_2 \longrightarrow CO + H_2O$$

所以,CO 是在空气量不足情况下不完全燃烧的产物;CO 的排量基本上受空燃比支配。由图 2-208 可知:空燃比<14.7 时,随着空燃比的减小,CO 浓度呈线性增加;空燃比>14.7 时,理论上不会有 CO。但因为混合气混合及分配不均,以及燃烧后高温等会造成有少量的 CO 产生,如

$$CO_2 \longrightarrow CO + O_2$$
$$H_2O \longrightarrow H_2 + O_2$$
$$H_2 + CO_2 \longrightarrow CO + H_2O$$

2. HC 的形成

HC 是不完全燃烧的产物,主要是未燃的或燃料分解的产物。一切妨碍燃料燃烧的因素都是 HC 形成的原因。

HC 的形成与空燃比的关系如图 2-208 所示:空燃比<14.7 时,随着空燃比的减小,会缺氧和雾化不良,从而导致 HC 增加;空燃比>14.7 时,随着空燃比的增大,混入废气量增多,氧化反应慢,从而导致 HC 增多。

3. NO_x 的形成

NO_x 主要成分是 NO(含量为 99%)和 NO_2(含量为 1%)。

1) NO

汽车排出的 NO 主要由两部分组成:热 NO 和燃料 NO。

热 NO 主要由空气中的 N 与 O 在汽缸内的燃烧高温作用下生成。燃料 NO 则由燃料中含 N 成分生成。由于燃料中的含 N 成分<0.02%。因此,汽车产生的 NO 主要是热 NO。NO 生成有三要素:高温、富氧、氧与氮在高温中停留时间长。

2) NO_2 的生成

NO_2 不是在汽缸内产生的,而是在废气排入大气,温度下降后,由 NO 生成的,即:

$$NO+O_2 \longrightarrow NO_2$$

因此,NO_2 数量取决于燃料产物和外界空气之间的扩散条件。

NO_x 的生成与空燃比的关系(图 2-208):空燃比<14.7 时,随着空燃比的减小,含氧量降低,从而 NO 含量减少(氧浓度起主要作用);空燃比>14.7 时,随着空燃比的增大,NO 含量增加。当空燃比达到大于理论空燃比 10%处时,燃烧速度和温度最高,NO 生成量最大;随着空燃比的增大,燃烧温度下降,从而 NO 含量减少。

2.3.3 排气净化的途径

根据有害气体产生的途径,解决排气净化有如下途径。

(1) 研制低污染动力源的汽车。

(2) 促进燃料的完全燃烧。

(3) 对发动机进行排气净化处理。

(4) 防止汽油蒸气的泄漏:曲轴箱通风;蒸发损失控制。

2.3.3.1 防止汽油蒸气的泄漏

1. 曲轴箱通风

传统方法:是将曲轴箱和空气滤清器用管子连接起来,使窜入曲轴箱的气体经由管子吸入空气滤清器,再进入汽缸燃烧。其缺点:空气滤清器负压小,处理不够彻底,且机油和水会污染空气滤清器的滤芯。

现在一般采用曲轴箱强制通风装置,如图 2-209 所示:在原先通风结构基础上,再通过 PCV 阀(曲轴箱强制通风阀)将曲轴箱和进气管连接起来。阀门开度由进气管真空度自动控制。发动机工作时,进气歧管形成相对真空,把曲轴箱蒸气和吸入的空气混合(空气通过发动机空气滤清器中的 PCV 滤清器和软管),再通过软管和 PCV 阀导入进气歧管进入汽缸燃烧。PCV 阀可根据曲轴箱和进气管的压力差起节流作用,其构造与特性如图 2-210所示。

2. 燃油蒸发控制系统——活性炭罐

1) 燃油蒸发控制系统的作用

在现代汽车上,为了防止油箱中的汽油蒸发到大气中去,以控制 HC 的总排放,都采用了汽油蒸发控制系统。

110

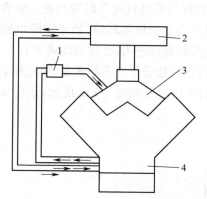

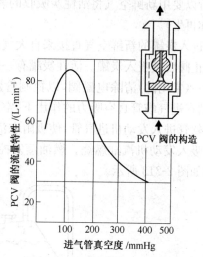

PCV 阀的构造

图 2-209　PCV 方式的曲轴箱通风装置系统　　　　　图 2-210　PCV 阀的构造与特性

1—PCV 阀；2—空气滤清器；3—进气管；4—曲轴箱。

　　汽油蒸发控制系统的作用是：利用活性炭吸附原理，把燃油箱等蒸发出来的汽油蒸气收集起来，阻止 HC 泄漏到大气中，以免污染环境；再将汽油蒸气从活性炭中分离出来，适时地送入进气歧管，与空气混合后进入发动机燃烧，使汽油得到充分利用。

　　2) 燃油蒸发控制系统的基本组成和原理

　　燃油蒸发控制系统的组成和构造，随汽车制造厂和生产年代的不同而不同。早期的燃油蒸发控制系统多是利用真空进行控制。而现在基本上都采用 ECU 进行控制。目前常见到的、比较简单的燃油蒸发控制电子控制系统，如图 2-211 所示。它主要由燃油箱、油气分离阀、活性炭罐（或吸附罐）、清除电磁阀和 ECU 等组成。

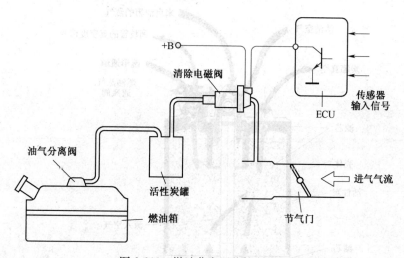

图 2-211　燃油蒸发回收控制系统

　　存储燃油蒸气的活性炭罐，一般为黑色圆柱形，常位于发动机舱室的右前角或左前角。油箱与炭罐连接，燃油蒸气经油箱顶部的油气分离口、管道从进口进入活性炭罐，蒸气中的汽油分子被吸附在活性炭颗粒表面。但活性炭吸收燃油蒸气达到一定程度就会饱和,所以要用新鲜空气将活性炭吸收的燃油输送到发动机的汽缸中去,这就是炭罐的清洗(或称再生)。

进入炭罐的新鲜空气直接来自大气,不经过空气流量传感器,而是经过一个电磁控制的截止阀后被吸入炭罐。活性炭罐有一出口,经软管与发动机进气歧管相通。软管的中部设一(常闭的)清除电磁阀,以控制管路的通断。当发动机运转时,如果清除电磁阀开启,则在进气歧管真空吸力的作用下,空气从活性炭罐底部进入,经过活性碳至上方出口,再经软管进入发动机进气管,使吸附在活性炭表面的汽油分子又重新蒸发,随新鲜空气一起被吸入发动机汽缸燃烧。燃油蒸发控制系统的工作过程如图 2-212 所示,活性炭罐的结构如图 2-213 所示。

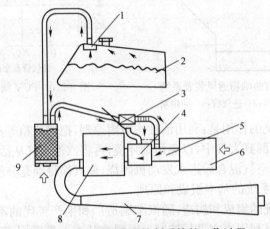

图 2-212　燃油蒸发控制系统的工作过程
1—油气分离器;2—油箱;3—油气清除控制阀;4—节流阀体;5—空气导管;
6—空气滤清器;7—排气管;8—发动机;9—活性炭罐。

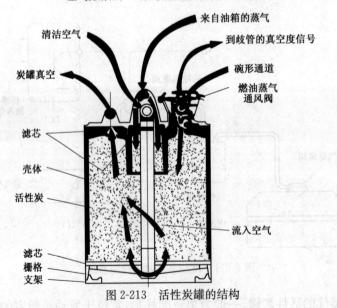

图 2-213　活性炭罐的结构

汽油蒸气回收后,进入发动机进气歧管的时机和进入量都必须进行控制,以防止破坏发动机正常工作时的混合气成分,影响发动机正常工作。清除电磁阀由 ECU 控制,对清除气流进行精确的定量。ECU 发给清除电磁阀的是一种脉冲信号,增加脉冲占空比将减小流量。

3. 清除气流的控制

ECU 根据发动机的温度和负荷,决定清除电磁阀何时打开与关闭,以求发动机达到更高的工作效率。尽管生产厂家不同,但 ECU 控制清除电磁阀的工作方法基本相同。

通用汽车公司生产的电子控制车型在发动机升温后,在一个特定的工作期限内(车速和节气门开度在一定的范围内),打开清除电磁阀,燃油蒸气进入发动机较多。如果蒸气进入过量,在排气管上的发动机氧传感器就会"告知"ECU,ECU 会命令电磁阀停止工作。倘若燃油蒸气进入量减少,ECU 再控制电磁阀开启。

较先进的燃油蒸发控制系统,一般都能根据发动机负荷等情况,适时控制清除电磁阀的通电占空比,以达到控制电磁阀门的开启程度。

在实施 λ 闭环控制的工况范围,为了确保自适应功能的正确运行,必须交替地进行正常运行和清除运行。在正常运行阶段,炭罐清洗阀关闭,可以在不受油箱蒸发物干扰的情况下进行自适应。在清除运行阶段,炭罐清除阀开启,以查明清除气流中的燃油含量,并将此数据用于自适应。此时,炭罐清除阀的开度按斜坡函数改变,ECU 根据由 λ 闭环控制回路确定的 λ 偏离 1 的程度,与关闭炭罐清除阀时的情形进行对比,对由清除气流引起的 λ 修正量做出估计,确定清除气流中的燃油含量。得知清除气流中的燃油含量之后,便可在转换运行模式时相应地增加或减少喷油时间,如此可使过渡工况的混合气保持在 λ =1 附近一个狭窄的区域内。

为了建立清除气流中的燃油含量和发动机工况之间的函数关系,并且根据清除气流中的燃油浓度进行自适应,必须确定流过炭罐清除阀的气流流量和流过节气门的气流流量之间的关系。为此,可针对根据节气门转角和发动机转速确定的工况,算出节气门流量及其与炭罐清除阀无信号脉冲时的清除气流流量之间的比例,进而根据炭罐清除阀的信号脉冲占空比推算出实际的清除气流流量,并精确地调节到要求的气流比,以确保可接受的驱动性。

λ 闭环控制未激活时,只能接受少量的清除气流,因为此时不存在能够对发生的混合气偏差进行补偿的控制机制。在倒拖工况燃油切断时,炭罐清除阀立即关闭,以防止未燃的燃油蒸气进入三元催化转化器。

2.3.3.2 机外净化方法

机外净化方法,即在排气管中安装附加装置,用化学或物理方法对排气中的有害成分加以净化处理。

机外净化的常用方法有:空气喷射法(二次空气法)、热反应器法和催化剂法。

1. 二次空气喷射法

二次空气喷射法是将新鲜空气(二次空气)喷射到排气门的背后,利用排气高温使废气中的 HC、CO 在这里与空气接触进一步燃烧,从而减少 HC 和 CO 的排放量。为了区别于发动机的正常进气,这种把新鲜空气喷入排气管装置的过程称二次空气喷射。如图 2-214 为位于排气门后方不同位置的二次空气喷嘴。

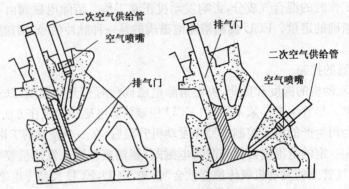

图 2-214　二次空气喷射法是将新鲜空气喷射到排气门的背后

1）二次空气喷射的作用

空气喷射装置可在发动机工作时向热的排放气体中喷入新鲜空气,使废气中未燃烧的 HC 和 CO 氧化(燃烧),从而减少排放量。当喷射的新鲜空气与废气结合时,空气中的氧和 HC 反应生成水,并成蒸气状,而氧和 CO 反应生成无害的二氧化碳。

2）二次空气喷射电子控制系统的组成

电控二次空气系统主要由电动二次空气泵 1、气动截止阀 2、止回阀 3 和电磁换向阀 4 组成,如图 2-215 所示。

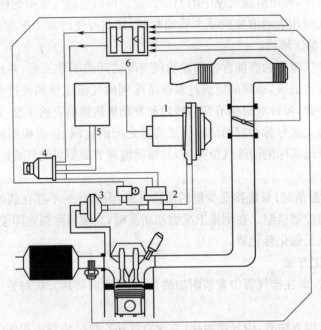

图 2-215　电控二次空气喷射系统

1—电动二次空气泵;2—气动截止阀;3—止回阀;4—电磁换向阀;

5—真空度储存器;6—电子控制单元。

暖机阶段,电子控制单元发出指令使电动二次空气泵 1 旋转鼓风,同时发出指令使二位三通电磁换向阀 4 将真空度储存器 5 和气动截止阀 2 的真空接头连通。真空度储存器从进气歧管或真空泵获得真空度。这个真空度通过电磁换向阀传到气动截止阀并将它打开,二次空气便从电动二次空气泵经气动截止阀2、止回阀3流往排气系统。经过一定时间,催化转化器温度大致达到300℃时,电子控制单元便发出指令使二位三通电磁换向阀4将气动截止阀2的真空接头改成和大气连通,气动截止阀立即将二次空气的通路截断,电动二次空气泵也停止转动。

二次空气系统工作时间的长短,由电子控制系统根据负荷、转速、催化转化器温度、二次空气压力和氧传感器信息确定。

3)二次空气喷射的控制

二次空气系统只在启动后的暖机阶段运行。一旦三元催化转化器达到工作温度,二次空气系统便退出运行。

二次空气系统在工作过程中并不控制二次空气流量,只是在设计二次空气系统时,根据发动机的结构参数选定二次空气泵和止回阀阀板上的通孔直径和数量,借此调整二次空气流量,达到与发动机相匹配的目的。

二次空气输入排气系统时,混合气要适当加浓,以便使废气中有较多的 HC 和 CO 与二次空气进行燃烧,使三元催化转化器迅速加热。

二次空气输入排气系统时,点火要适当推迟,以便提高排气温度,确保废气中的 HC 和 CO 能与二次空气进行燃烧。

图 2-216 是福特车型的一种典型空气喷射装置。

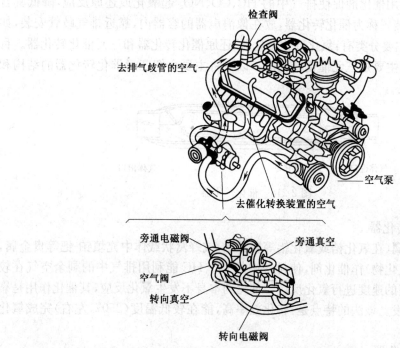

图 2-216　福特车型的二次空气喷射系统

空气控制电磁阀包括转向电磁阀和旁通电磁阀,它们都由发动机的 ECU 控制。当高电平加到这两个电磁阀上时,电磁阀切断来自进气歧管的真空;相反,加低电平时,电磁阀接通真空。如果 ECU 给转向电磁阀加低电平,进气歧管真空会通过转向电磁阀到达空气阀,空气阀翻转使空气喷入催化转化器;ECU 给转向电磁阀加高电平,真空信号消失,空气阀翻转使空气喷入排气歧管。倘若 ECU 给旁通电磁阀加低电平,进气歧管真空经过旁通电磁阀到达旁通阀,旁通阀打开让空气回到大气。

2. 热反应器法

热反应器法常与二次空气喷射并用,如图 2-217 所示。这种反应器安装在排气道出口处,它将排气中的未燃气体和喷射的空气混合起来,并保持在高温下给予一定的反应时间,从而使废气中的 CO、HC 进一步燃烧,以降低其排放量。

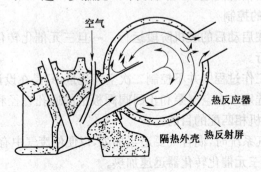

图 2-217 热反应器

3. 催化剂法

催化剂法,是利用催化剂促使排气中的 HC、CO、NO_x 起氧化或还原反应,降低其含量的装置。相应的装置称为催化转化器,放在像消声器的容器内,靠近排气歧管安装,如图 2-218 所示。其主要分类有:氧化催化转化器、还原催化转化器和三元催化转化器。目前,在汽车上应用的主要是三元催化转化器。以下将主要介绍三元催化转化器的结构和工作原理。

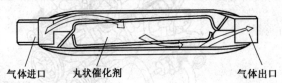

图 2-218 催化转化器

1) 氧化催化转化器

采用铂等贵金属(在氧化锆或氧化铝等颗粒状,或蜂窝状载体中充填铂-钯等贵金属,或铜、锰等的金属氧化物)作催化剂,使排气中的 CO、HC 能利用排气中的剩余空气在较低的温度下,以较高的速度进行氧化反应。催化剂本身不发生氧化反应,其催化作用是靠废气本身的热量激发。该法的特点是:转化效率高,能在较低温度(250℃左右)完成氧化反应。

2) 还原催化转化器

这种方法主要针对 NO_x。由于必须造成化学上还原的环境,需要用浓混合气,牺牲燃油经济性。并且在还原 NO 时,常产生有毒的 NH_3,所以这种方法不常用。

3) 三元催化转化器

(1) 三元催化转化器的工作原理。三元催化转化器是利用催化剂将排气中的三种有害成分 CO、HC、NO_x 进行化学反应,转化为无害的 CO_2、H_2O 和 N_2 的一种反应器。

116

目前,常用的催化剂有贵金属类的铂、钯、铑等。铂(Pt)、钯(Pd)作催化剂,使 CO、HC 进一步氧化;铑(Rh)作为催化剂,CO、HC 作还原剂使 NO 还原为 N_2。也有采用稀土金属氧化物作为催化剂,虽然成本比贵金属低,但其净化性能不及贵金属。

催化剂的作用是降低反应温度,加快转化速度,其反应过程的氧化反应为:

$$4HC + 5O_2 = 4CO_2 + 2H_2O(蒸气)$$
$$2CO + O_2 = 2CO_2$$

还原反应为

$$NO_x + CO = N_2 + CO_2$$
$$NO_x + HC = N_2 + CO_2 + H_2O$$
$$NO_x = N_2 + O_2$$

三元催化反应器,外形类似消声器,由金属外壳、钢丝网内衬、载体和催化剂涂层组成。载体有颗粒状、蜂窝状整体陶瓷等形式。目前广泛使用的是陶瓷蜂窝状的载体,载体上有无数的孔穴,从而扩大了催化剂的表面积。当废气通过载体中的孔穴时,因反应表面积增加而提高转化率。

采用铂催化剂时,CO、HC 开始反应温度为 200℃,而较高转化率的温度为 400℃～600℃。三元催化反应器需要发动机运行,且其混合气的空燃比控制在理论值附近时,才有较高的转化率。

(2)三元催化转化闭环控制系统的组成。为了适应排放法规提出的排放要求,许多汽车上都装有三元催化转化器。三元催化作用时必须是混合气在理论空燃比附近,才能使 CO、HC 的氧化作用与 NO_x 的还原作用同时进行。为了有效地利用三元催化转化器,充分净化排气,就要提高空燃比的配制精度,使其尽可能地维持在以理论空燃比为中心的非常狭窄的范围内。

为了获得三元催化转化器所要求的空燃比,必须十分精确地控制喷油量,这种情况下单凭空气流量计测得进气质量信号是达不到这么高的控制精度的。必须借助安装在排气管中的氧传感器送来的反馈信号,对空燃比进行反馈闭环控制(λ 闭环控制),如图 2-219 所示。

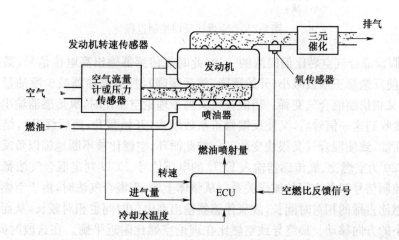

图 2-219 氧传感器反馈控制过程

117

(3) 空燃比反馈控制的控制过程。根据氧传感器的输出特性,氧传感器输出电压信号在过量空气系数λ=1时,或者说在理论空燃比处发生跃变。

当混合气较理论空燃比浓时,即过量空气系数小于1时,氧传感器输出高电位信号,约为800mV ~1000mV;当混合气较理论空燃比稀时,即过量空气系数大于1时,氧传感器输出低电位信号,约为100mV左右。微机有效地利用这一空燃比反馈信号,将其信号电压与基准电压(450mV)进行比较,判定混合气的浓稀程度以进行控制。如较理论空燃比浓,则缩短喷油时间,反之,则增加喷油时间,这就是空燃比反馈控制。

在ECU根据氧传感器的输入信号,对喷油器喷射量进行修正时,由于发动机运转条件非常复杂,而且时时刻刻在变化,不是修正一次就可以维持在理论空燃比状态的。在实际控制过程中,都是在一定的周期内重复加浓(增加喷射量)或重复减稀(减少喷射量),逐渐使其平均值达到理论空燃比,如图2-220所示。

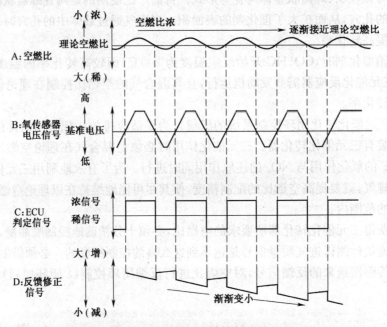

图2-220　空燃比反馈控制过程

现在假设混合气空燃比偏向浓的一边,此时氧传感器输出高电位信号,微机收到这一信号后,使反馈修正系数减小(开始骤降,然后缓降),控制喷油器减少喷油量。由于喷油量减少,又很快使混合气变稀。当混合气又高于理论空燃比时,氧传感器输出低电位信号。微机接收到这一信号后,又使反馈修正系数增大(开始猛升,然后缓升),结果又使喷油器增加喷油,致使混合气又很快变浓……如此循环,空燃比被不断地施以负反馈控制。

图2-220为空燃比、氧传感器输入ECU的电压信号、ECU判定混合气浓稀信号和空燃比反馈控制信号四者之间的波形关系。从整体上看,当混合气浓时,由于空燃比占浓的时间比空燃比占稀的相对时间长,故氧传感器输出高电位时间也相对较长,从而使修正系数向着减小的方向移动。最终导致空燃比在理论空燃比附近平衡。在这段时间内,对偏浓的空燃比只能一点一点地修正,仅仅减稀一次并不能达到理论空燃比的要求。

118

微机根据氧传感器的输入信号,对混合气空燃比进行控制,其控制过程需要一定的时间,即从进气管内形成混合气开始,至氧传感器检测排气中的含氧浓度,需要经过一定时间。这一过程的时间包括混合气吸入汽缸、排气流过氧传感器,以及氧传感器的响应时间(统称为死时间)等。由于存在死时间,要完全准确地使空燃比保持在理论空燃比 14.7 是不可能的。因此,实际控制的混合气空燃比,总是保持在理论空燃比 14.7 附近的一个狭窄范围内。

(4) 实施反馈控制的条件。采用氧传感器进行反馈控制即闭环控制期间,原则上供给的混合气是在理论空燃比附近。但在有些条件下是不适宜的,如发动机启动时以及刚启动未暖机时。由于发动机冷却水温度低,这时需要较浓的混合气,如按反馈控制供给的混合气在理论空燃比附近,发动机可能会熄火。又如发动机在大负荷、高转速运转时,也需要较浓的混合气,如按反馈控制供给的混合气也在理论空燃比附近,则发动机会运转不良。

所以,在有些情况下应停止反馈控制,即进入开环控制状态。一般以下情况反馈控制作用解除。

① 发动机启动时。

② 启动后燃油增量修正(加浓)时。

③ 冷却水温度使燃油增量修正时。

④ 节气门全开(大负荷、高转速)时。

⑤ 加、减速燃油量修正时。

⑥ 燃油中断停供时。

⑦ 从氧传感器送来的空燃比过稀信号持续时间大于规定值(如 10s 以上)时。

⑧ 从氧传感器送来的空燃比过浓信号持续时间大于规定值(如 4s 以上)时。

⑨ 氧传感器在 300℃ 以下时不会产生电压信号,即在低温时氧传感器不能正确检测空燃比,反馈控制不会发生作用。

上面介绍的是只有一个氧传感器的工作情况。现代汽车的自诊断系统,为了监测三元催化反应器的转化效率,一般都设两个氧传感器。除在三元催化器的前端安装一只氧传感器外,在三元催化器的后端也安装一只氧传感器。一般称前者为主氧传感器,或前氧传感器或上游氧传感器;称后者为副氧传感器,或后氧传感器或下游氧传感器。

主氧传感器的作用,就是上面介绍的闭环控制空燃比在 14.7 时起反馈作用。副氧传感器的主要作用是监测三元催化反应器的转化效率的,在自诊断系统中起着重要作用。此外,有的副氧传感器还能辅助主氧传感器在闭环控制中进一步控制空燃比的作用。

在一些高档轿车上,左、右排气管上各安装两只(一主一副)氧传感器,全车共安装 4 只氧传感器。因此,氧传感器安装数量的多少,是随车型不同而不同。

(5) 空燃比自学习控制。

空燃比自学习控制常简称为学习控制。所谓学习控制,是微机学习(检知)了一定时间反馈修正量后,及时在发动工作过程中进行转换,以此修正量对基本喷射时间进行修正。学习控制的功能是为了进一步提高空燃比的控制精度。

对某一型号的发动机来说,基本喷射时间都是标准数据,微机按照存储器(ROM)中存储的这些数据进行控制。在实际运行过程中,由于发动机性能的变化,如进气系统、供油系统的性能变化,可能会造成实际空燃比相对于理论空燃比的偏离量不断增大。上面讲到的空燃比反馈控制,虽然可以修正空燃比的偏差,但修正的范围是有限的。如果空燃比过稀时,反馈修正系数会增大,反馈修正中心会偏向浓的一边,如图 2-221 中 A→B→C所示。当反馈修正值超出修正范围时,如图 2-221 中 C 所示,ECU 就无法进行反馈修正。此外,已知空燃比反馈修正时,ECU 对喷油量是逐步加浓或减稀的,使空燃比恢复到理论值,或恢复到正常值也需要一定时间(约几十毫秒)。

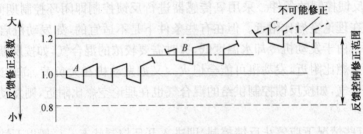

图 2-221　反馈控制修正范围

　　为了补充反馈控制的不足,进一步提高空燃比的控制精度,增设了空燃比学习控制功能。这种控制方法,在新型轿车的发动机电子控制系统中,应用越来越多。

　　学习控制的基本方法是:ECU 在利用氧传感器进行反馈控制期间,根据反馈控制的修正量,设置一个与该时刻运转工况(转速和负荷)相应的学习修正量(代替反馈控制修正量),或用于与喷油时间相乘,或用于与喷油时间相加,使混合气成分迅速地趋近 $\lambda=1$。在某一负荷和转速区域内形成的学习修正量数据被储存在 RAM 中,以后进入同一负荷和转速区域时就从 RAM 中调出用于修正喷油时间。汽车发动机关闭时 ECU 并不掉电,所以学习修正量的数据不会从 RAM 中丢失。但如果切断 ECU 的电源,则 RAM 中自适应变量的数据丢失,重新接通电源时必须从头开始自学习过程。空燃比学习控制的原理,如图 2-222 所示。λ 修正系数与中性值 1.0 的差值就是混合气成分有效修正值。每次氧传感器输出电压发生阶跃后,就将有效修正值用一个加权因子加权后加到该工况的学习修正量上,并将其刷新。学习修正量每次刷新的增量,都与当时的混合气成分有效修正值成正比。每次刷新都使 λ 修正系数朝着取值 1.0 的方向跨进一小步。当 λ 修正值达到1.0(有效修正值为 0)时,学习修正量的增量为 0。刷新的步长在 1ms 和 100ms 之间。

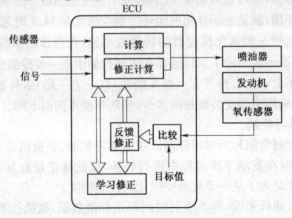

图 2-222　空燃比学习控制原理

有了学习控制功能后,不仅增大了修正范围,而且由于学习控制修正量能随运转条件的变化立即反映到喷射时间上,所以提高了过渡工况时的空燃比控制精度。

2.3.3.3 机内净化(废气再循环)

废气再循环(Exhaust Gas Recirculation,EGR)主要用来减少 NO_x 的排放。废气再循环是发动机工作过程中通过 EGR 阀门,将部分废气返回进气管送入燃烧室进行再循环,由于废气的主要成分是惰性气体,在燃烧过程中吸收热量,从而降低了燃烧最高温度,从而降低 NO_x 的排放。

因为 NO_x 主要是在高温、富氧的条件下生成的,因此采用排气再循环,可有效地降低 NO_x 的生成。电子式排气再循环(EGR)控制系统,不仅结构简单,而且可进行较大 EGR 率(15%~20%)控制。EGR 率的计算为

$$EGR\ 率 = \frac{EGR\ 气体量}{吸入空气量 + EGR\ 空气量} \times 100\%$$

式中:EGR 气体量为参与循环的废气量。

此外,随着 EGR 率的增加,燃烧将变得不稳定,缺火严重,油耗上升,HC 的排放量也增加。因此,当燃烧恶化时,可减少 EGR 率,甚至完全停止 EGR。电子式 EGR 控制系统的主要功能,就是选择 NO_x 排放量多的发动机运转范围,进行适量 EGR 控制。

EGR 系统可分为:普通电子式、可变 EGR 率式和闭环控制式。

1. 普通电子式排气再循环(EGR)控制

图 2-223 所示为日产 Nissan 车 VG30 型发动机所用的电子式排气再循环控制系统,由排气再循环电磁阀、节气门位置传感器、排气再循环控制阀、曲轴位置传感器、发动机 ECU、水温传感器、启动信号等组成。

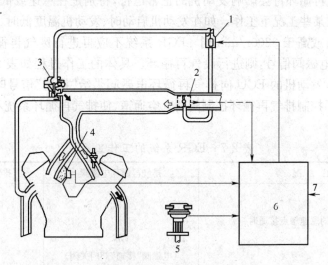

图 2-223 普通电子式 EGR 控制系统

1—废气再循环电磁阀;2—节气门开关;3—废气再循环控制阀;4—冷却液温度传感器;5—曲轴位置和转速传感器;6—发动机 ECU;7—启动信号。

其工作原理是:在发动机工作时,发动机 ECU 根据各传感器,如曲轴位置传感器、水温传感器、节气门位置传感器、点火开关等送来的信号,确定发动机目前在哪一种工况下工作,以输出指令,控制排气再循环电磁阀打开或关闭,从而控制排气再循环控制阀打开

或关闭,使排气再循环进行或停止。

在 EGR 系统中,通过一个特殊的通道将排气歧管与进气歧管接通,在该通道上装有废气再循环控制阀(EGR 阀),通过控制 EGR 阀的开度,从而控制再循环的废气量。EGR 阀的结构如图 2-224(a)所示。膜片将阀分为上、下两腔:上腔为真空室,通过废气再循环电磁阀与进气管相连,下腔与大气相通。阀杆末端与膜片相连,真空室真空度的变化会引起膜片的变形,而膜片的变形则带动阀杆和阀门上下移动,使阀门打开和关闭。因此,EGR 阀的开启和关闭是由上方真空气室的真空度控制,而真空气室的真空度则由受 ECU 控制的废气再循环电磁阀控制。

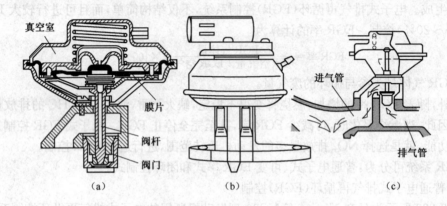

真空室
膜片
阀杆
阀门
进气管
排气管
（a）　　　　　　　　　　（b）　　　　　　　　　　（c）

图 2-224　废气再循环控制阀(EGR 阀)
(a) EGR 阀的结构;(b) EGR 阀的外形;(c) EGR 阀开启。

过度的废气再循环将会影响发动机的正常运行,特别是在急速或低转速时。所以,EGR 系统只能在某些工况下工作。如在发动机启动时、发动机温度低时、急速运转时、转速低于 900r/min 或高于 3200r/min 时,EGR 系统不应再进行废气再循环。其它工况时,ECU 应断开电磁阀信号,则进行废气再循环。具体的工作过程如表 2-7 所列。表中所列各种工况下,发动机的 ECU 向排气再循环电磁阀供给"接通"信号时,电磁阀接通,阀门关闭,切断了控制排气再循环控制阀的真空通道,使排气再循环系统不再进行排气再循环。

表 2-7　EGR 系统的工作工况

工　　况	排气再循环电磁阀	排气再循环系统
发动机启动时 节气门位置传感器的急速触点接通时 发动机温度低时 发动机转速: 　低于 900r/min 时 　高于 3200r/min 时	ON (电磁阀"接通"阀门关闭)	不起作用
除以上工况外	OFF(断开)	起作用

2. 可变 EGR 率式

可变 EGR 率排气再循环的控制,又称开环控制式排气再循环。其工作原理是:根据

122

发动机台架试验确定的 EGR 率与发动机转速、进气量的对应关系,将有关数据存入发动机 ECU 内的 ROM 中。发动机工作时,ECU 根据各种传感器送来的信号,确定发动机在哪一种工况下工作,经过查表和计算修正,输出适当的指令,控制电磁阀的开度,以调节排气再循环的 EGR 率。

图 2-225 所示,为开环控制排气再循环系统的一种实例。图中:VCM 阀是一个真空调节阀,内有两个电磁阀:一个是排气再循环控制电磁阀;另一个是怠速调节电磁阀。当发动机工作时,微处理机根据曲轴位置传感器、节气门位置传感器、水温传感器、点火开关、电源电压等,给排气再循环控制电磁阀提供不同占空比的脉冲电压,使其具有不同打开、关闭频率,以调节进入 VCM 阀负压室的空气量,得到控制 EGR 阀不同开度时所需的各种真空度,从而获得为适应发动机工况所需不同的 EGR 率。

脉冲电压信号的占空比越大,电磁阀打开时间越长,进入 VCM 阀负压室的空气量越多,真空度越小,排气再循环控制阀开度越小,EGR 率越小,当小至某一值时排气再循环阀关闭排气再循环系统停止工作;反之,脉冲电压信号的占空比越小,EGR 率越大。

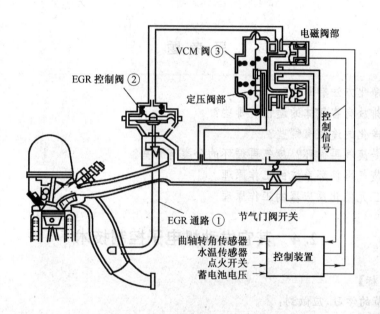

图 2-225　可变 EGR 率废气再循环系统

3. 闭环控制式

如图 2-226 所示,在闭环控制式排气再循环系统中,微处理机是以 EGR 率作为反馈信号实现闭环控制的。新鲜空气经节气门进入稳压箱,发动机排气中的一部分经控制阀进入稳压箱。稳压箱中有 EGR 率传感器,对稳压箱中新鲜空气与废气所形成的混合气中的氧气浓度进行检测,并将检测结果输入微处理机。微处理机经过分析计算后,向控制阀输出控制信息,不断地调整 EGR 率,使排气再循环的 EGR 率时刻在微处理机的控制下保持在理想状况,从而有效地减少 NO_x 的排放量。

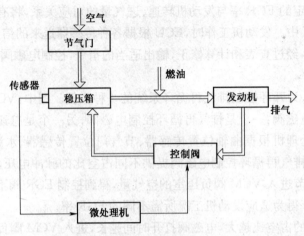

图 2-226　闭环控制式废气再循环系统

思 考 题

1. 机外净化方法有哪些?
2. 汽车排放有害气体的途径有哪些?
3. 排气净化的途径有哪些?
4. 什么是废气再循环? 废气再循环的分类有哪些?
5. 了解废气再循环系统的工作原理。
6. 简述三元催化反应器的工作原理

2.4　其它发动机电子控制技术

【学习目标】

通过本节的学习,应做到:

(1) 了解电控可变气门控制系统的结构和工作原理。

(2) 了解电子节气门的组成和工作原理。

(3) 了解废气涡轮增压系统的工作原理。

2.4.1　可变气门驱动电子控制

配气相位即将发动机的进气门和排气门的开启开始与关闭终止的时刻用曲轴转角表示。发动机工作时的转速很高,四冲程发动机一个工作行程仅千分之几秒,这么短的时间往往会引起发动机进气不足,排气不净,造成功率下降。为了解决这一问题,一般发动机都采用延长进、排气门的开启时间,增大气体的进出容量以改善进、排气门的工作状态,以提高发动机的性能。

124

进气门和排气门的特性参数主要有 3 个：气门开启相位，气门开启持续角度（指气门保持升起持续的曲轴转角）和气门升程。这 3 个特性参数对发动机的性能、油耗和排放有重要影响。随着发动机负荷和转角的改变，这 3 个特性参数（特别是进气门开启相位和开启持续角度）的最佳选择是根本不同的。

发动机的配气相位如图 2-227 所示。根据配气相位图，活塞从上止点移到下止点的进气过程中，进气门会提前开启（进气门提前开启角 α）和延迟关闭（进气门延迟关闭角 β）。当发动机作功完毕，活塞从下止点移到上止点的排气过程中，排气门会提前开启（排气门提前开启角 γ）。

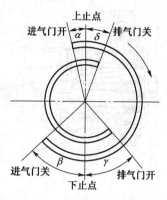

图 2-227　发动机的配气相位

怠速工作下的"重叠"时间，是中等速度工作条件下的 7 倍。尤其是采用四气门的发动机，"重叠阶段"更容易造成怠速运转不顺畅的现象。四冲程发动机对气门定时的要求是：进气迟闭角与排气提前角应随转速的提高而加大；怠速时，气门叠开角要小；随着转速上升，气门叠开角应加大。

在传统的发动机中，由于这 3 个特性参数在运行过程中不能改变，所以只能根据对性能要求的不同侧重面进行折中。过去，往往将气门正时设计成对高速全负荷工况最为有利，以便求得最大的标定功率。近年因为更注重油耗和排放，所以将气门正时的优化策略改成对低速工况更为有利。

但是，固定的气门正时终究只能设计成对某一个转速或狭小的转速范围最有利。于是，想到能否设计成气门特性参数可变的进、排气门系统，以便达到使各种工况都能优化的目的。近年来，有些汽车采用了"可变式"的气门驱动机构，即可变气门驱动机构（Vall-abe Valve Actuaion，VVA）。气门可变驱动机构能根据轿车的运行状况，随时改变配气相位，改变气门升程和气门开启的持续时间，其凸轮轴、凸轮轴上的凸轮或气门挺杆等元件是可以变动的。

气门可变驱动机构可以通过以下两种形式实现。

（1）凸轮轴和凸轮可变系统：通过凸轮轴或凸轮的变换来改变配气相位和气门升程。

（2）气门挺杆可变系统：工作时凸轮轴和凸轮不变动，气门挺杆、摇臂或拉杆靠机械力或液压力的作用而改变。

若仅是气门开启相位和开启持续角度可变，便称为可变气门正时（Variable Valve Timing，VVT）。有的文献将可变气门升程也纳入可变气门正时的范围内，就是说，将 VVT 的定义范围扩大成与 VVA 相同。VVA 都采用上置式双凸轮轴（Doube Ovr Head Camsaft，DOHC），分别操纵进气门和排气门，即每缸两气门或四气门。

VTEC 是本田开发的、世界上第一个能同时控制气门开闭时间及升程两种不同情况的气门控制系统。VTEC（Variable Valve Timing and Valve Lift Electronic Control System）的意思是"可变气门配气相位和气门升程电子控制系统"。

1. VVT

图 2-228 所示为凸轮相位可变的可变气门机构。这种机构常安装在双顶置凸轮轴机

构上,在汽缸盖上装有油压切换阀,由计算机控制开关,将油供给可变机构。在油压作用下,具有螺纹花键2的活塞3做轴向移动,使传动的正时齿形皮带轮与凸轮轴4分开,并将凸轮轴转动一个角度,从而改变齿形皮带轮与凸轮的相对位置。一般可转动20°～30°曲轴转角。

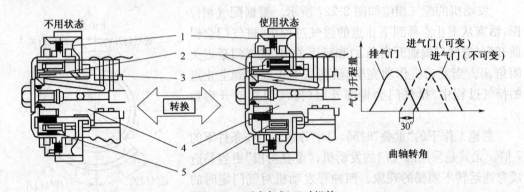

图 2-228　可变气门正时机构

1—硅油缓冲器;2—螺纹花键;3—活塞;4—凸轮轴;5—回位弹簧。

由于这种机构的凸轮型线及进气持续角均不变,虽然高速时可以加大进气迟闭角,但气门叠开角减小,这是它的缺点。

2. VTEC

与普通发动机相比,VTEC发动机所不同的是凸轮与摇臂的数目及控制方法,它有中、低速用和高速用两组不同的气门驱动凸轮,并可通过电子控制系统的调节进行自动转换。图 2-229 是 Honda 公司的可变气门控制系统(VTEC),用于 NSX 型跑车的四气门发动机上。它的进气凸轮轴和排气凸轮轴都为每个缸设置了并列的 3 个凸轮,相应地有 3 个摇臂。凸轮轴旋转时,处在外侧的两个低速凸轮 2 分别推动外侧的主摇臂 4 和次摇臂 6;处在中间的高速凸轮 3 推动中间的中间摇臂。这 3 个摇臂绕同一根摇臂轴摆动,但其中只有主摇臂和次摇臂才能推动气门,而中间摇臂则须通过安置在内部的液压柱销 A 和 B 带动两侧的主摇臂和次摇臂方能推动气门,如图 2-230 所示。发动机处在低转速范围时,液压柱销 A 和 B 受复位弹簧 8 的作用分别处在主摇臂 5 和中间摇臂 6 的孔内,3 个摇臂各自独立地运动。主摇臂 5 和次摇臂 7 各自推动 1 个气门。中间摇臂 6 推动空行程弹簧(图 2-229)并依靠它复位。当发动机处在高转速范围时,发动机润滑系统通过摇臂轴10 中心的油道将机油压入液压柱销 A 左方的油腔,使液压柱销 A 和 B 克服复位弹簧的作用力向右移动一段距离,如图 2-231 所示。于是液压柱销 A 跨越主摇臂和中间摇臂的销孔,液压柱销 B 则跨越中间摇臂和次摇臂的销孔。所以,当凸轮轴上处在中间的高速凸轮推动中间摇臂绕摇臂轴摆动时,中间摇臂将通过液压柱销 A 和 B 分别带动主摇臂和次摇臂一起绕摇臂轴摆动,进而推动气门。由于高速凸轮轮廓型线的升程大于低速凸轮,早于低速凸轮使摇臂开始摆动,故使气门开启相位提前,关闭相位推迟,气门升程增大。所以,此时气门的运动规律完全由高速凸轮确定,而与低速凸轮无关。

VTEC 系统的电子控制与大多数同类系统一样,不考虑负荷信息。ECU 只根据发动机转速、车速和发动机温度控制电磁阀,使油路中的滑阀令摇臂中液压柱销 A 左方油腔或与压力油接通,或泄压,如图 2-232 所示。

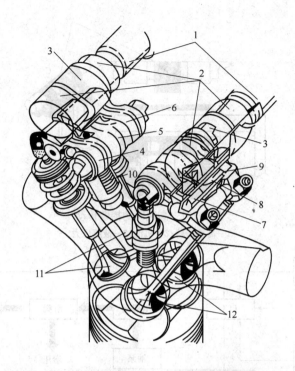

图 2-229　Honda 公司的可变气门控制系统（VTEC）

1—凸轮轴；2—低速凸轮；3—高速凸轮；4—主摇臂；5—中间摇臂；6—次摇臂；
7—液压柱销 A；8—液压柱销 B；9—止推销；10—空行程弹簧；11—排气门；12—进气门。

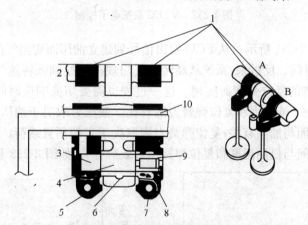

图 2-230　低速时的摇臂传动

1—低速凸轮；2—凸轮轴；3—液压柱销 A；4—液压柱销 B；5—主摇臂；6—中间摇臂；
7—次摇臂；8—复位弹簧；9—止推销；10—摇臂轴。

　　油压传感器将液压柱销 A 左方油腔中的油压信号传送给 ECU。ECU 收到油压升高的信号后，便将燃油定量程序、点火正时程序从适合于低转速气门规律的模块切换到适合于高转速气门规律的模块。

　　当系统出现故障时，将锁定在低转速气门规律上运行。

　　系统从低转速气门规律切换到高转速气门规律的过程，依靠在液压柱销 A 左方建立

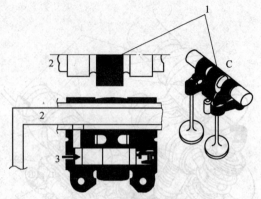

图 2-231　高速时的摇臂传动

1—高速凸轮；2—机油；3—液压压力。

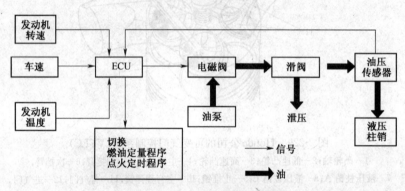

图 2-232　VTEC 系统电子控制

油压而实现，如图 2-231 所示。从 ECU 发出信号到建立油压而切换气门规律所经历的时间称为切换响应时间。反过来，系统从高转速气门规律切换到低转速气门规律的过程依靠液压柱销 B 右方的复位弹簧而实现。这一过程也需要切换响应时间。这两种切换响应时间的长短取决于液压力和复位弹簧力的对比。液压力取决于油压，其改变速度与机油的黏度有关，因而与油温有关；复位弹簧力则取决于它的预置载荷。所以，对于确定的系统，切换响应时间与机油温度和复位弹簧预置载荷有关，如图 2-233 和图 2-234 所示。

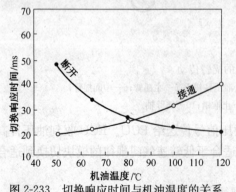

图 2-233　切换响应时间与机油温度的关系

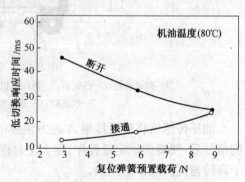

图 2-234　切换响应时间与复位弹簧与时间的关系

VTEC 系统通过切换气门规律,使发动机的转矩曲线在整个转速范围内变得相当平坦,如图 2-235 所示。

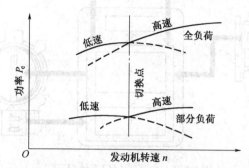

图 2-235　装有 VTEC 系统的 NSX 发动机转矩曲线

由图 2-235 可见,通过气门规律的切换,集两种气门规律的长处于一身,无论在什么负荷条件下均如此。为了避免切换时发动机转矩的突变,将切换点选在两种气门规律所对应的转矩曲线的交点。

2.4.2　电子节气门控制(ETC)

传统的汽油机进气量的调节,是驾驶员通过对加速踏板的操纵来实现的。这种调节方式在现代电子控制汽油机中受到了挑战,因为它排除了以电子方式影响进气量的可能性,而这种可能性正是许多场合下所需要的,例如,在倒拖、分缸断油、稀薄燃烧、变速器换挡和防抱制动等电子控制过程中,都会伴随着对发动机转矩需求的改变。转矩突变将破坏汽车行驶的平顺性,应予防止。

为了实现转矩的平稳过渡,可以采取逐步增大或逐步减少点火提前角的方法,也可以采取逐步改变进气量的方法。目前多数发动机采取前一种方法,但这样做影响了点火提前角的优化,增加了油耗。后一种方法比较理想,目前的常用的是电节气门子控制。

电子控制节气门用节气门作为进气量电子控制的执行器(图 2-236),加速踏板不再以机械方式直接与节气门连接。这类系统的加速踏板实质上是一个电位计,称作加速踏板模块,它的输出电压信号反映了加速踏板的位置。它起一个传感器的作用。在采用自动变速器的场合,加速踏板终端开关也纳入加速踏板模块之中。ECU 将它的信号看作驾驶员关于对发动机的转矩需求的一种表达。但加速踏板位置和节气门位置之间并不存在一一对应的关系,这与传统的模式根本不同。

ECU 除了根据加速踏板位置及其改变速度以外,还要考虑其它传感器的信号,如节气门转角、进气量、转速、冷却液温度等以及汽车底盘电子控制信号,经过计算后确定节气门应有的开度,然后发出指令给节气门装置的直流电机。该直流电机通过一台两级齿轮减速器驱动节气门轴。节气门位置信息通过节气门位置传感器反馈给 ECU,借此实现节气门位置的闭环控制。这种控制方式避免了机械式的加速踏板杆系中,如间隙、磨损引起的误差。

ETC 用于成批生产的汽车至少可追溯到 1986 年。早期的 ETC 要求有它自己的ECU。由于微型计算机技术的进步和用于触发 ETC 的集成功率输出级的不断发展,使

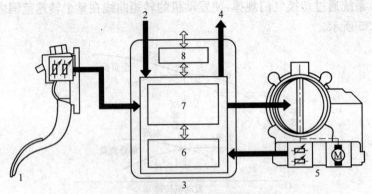

图 2-236　电子节气门系统（ETC）

1—加速踏板模块；2—各种传感器；3—发动机 ECU；4—各种执行器；5—节气门装置；6—检测模块；

7—微处理器；8—存储器。

得将 ETC 的 ECU 集成于发动机 ECU 已成为可能，节省了空间，降低了成本。由于 ETC 提高了经济性、动力性、安全性并降低了排放，它正在被越来越多的轿车发动机所采纳。

2.4.3　废气涡轮增压电子控制

采用涡轮增压技术后，由于平均有效压力增加，发动机爆震倾向增大，热负荷偏高。为了保证发动机在不同转速及工况下都得到最佳增压值，以防止发动机爆震和限制热负荷，对涡轮增压系统增压压力必须进行控制。

目前，对增压压力的控制方案很多，但多是采用放气的方法，即调节进入动力涡轮室的废气。实践证明，这种方法比较简单有效。当需要增加进气压力时，排气歧管排出的废气进入涡轮增压器，经动力涡轮排出；随着节气门开度增加和发动机转速的升高，动力涡轮的转速就会加快，与动力涡轮同轴的增压涡轮的转速也同样加快，致使进气增压压力增大。如果放气阀门打开，通过动力涡轮的废气数量和气压就会减小，动力涡轮转速降低，增压涡轮的进气增压压力就会减小。由此可见，通过控制放气阀门，改变废气通路走向，使废气进入动力涡轮室或者旁路排出，就可以实现增压压力的控制。通常，放气阀门由膜片式放气控制阀控制，而放气控制阀则由 ECU 通过增压电磁阀进行控制。图 2-237 为一带有涡轮增压的汽油发动机电子控制系统。

在 ECU 的存储器中，存储着发动机增压压力特性图的有关数据。增压压力理论值随发动机转速变化。在发动机工作时，ECU 根据增压压力等传感器输入的信息，可以确定当时的实际进气增压压力，然后将实际进气压力与存储的理论值进行比较。若实际值与理论值不相符合，ECU 则输出控制信号，对增压压力电磁阀进行控制，改变膜片式控制阀上的压力，使放气阀门动作。当实际进气压力低于理论值时，放气阀门关闭；当进气压力高于理论值时，放气阀门打开。

废气涡轮增压压力电子控制是一种闭环控制，控制对象是增压压力。在节气门位置和发动机转速已经确定的情况下，实际上就是控制每循环吸气量，可用进气歧管绝对压力传感器、空气体积流量传感器或空气质量流量传感器的信号表征。所以在 ECU 中根据节气门转角和发动机转速储存着上述表征增压压力信号的设定值特性场。闭环控制回路将这个信号的设定值与测量到的实际值相比较。闭环控制回路输出的差值作为信号，被

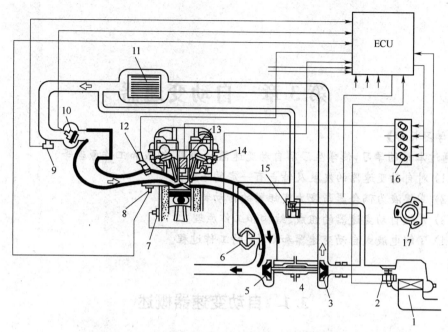

图 2-237　带有涡轮增压的汽油机电子控制系统

1—空气滤清器;2—空气流量计;3—增压涡轮;4—涡轮增压器;5—动力涡轮;6—膜片式放气控制阀;7—爆震传感
器;8—冷却液温度传感器;9—增压压力传感器;10—节气门位置传感器;11—冷却器;12—喷油器;13—点火线圈;
14—火花塞;15—增压压力控制电磁阀;16—点火器;17—曲轴位置传感器。

送往增压压力电磁阀,用于调节控制压力,进而控制增压压力。

在实际控制中,为了获得较好的控制效果,基本上都是采用调节点火正时和调节增压压力相结合的办法。因为单一地通过降低增压压力的办法,会引起发动机运行性能降低;此外,由于采用涡轮增压后,发动机排气温度较高,也不适宜单独采用调节点火正时的办法来控制爆震,否则由于温度的增高,对高温排气驱动的涡轮有不利影响。因此,两种方法并用是它们的首选模式。使用中,常是当 ECU 根据传感器输入的信号,鉴别出爆震时,即刻使点火提前角推迟,推迟点火提前角是最快的措施。同时又平行地降低增压压力。在这两方面调节生效(爆震消失)时,再将增压压力慢慢降低,通过点火正时调节装置,又将点火提前角调节至最佳值,以便可能保持发动机的更大转矩。当点火提前角到达最佳值时,再慢慢地增加增压压力。

思 考 题

1. 可变气门正时控制系统的作用是什么?
2. 试说明 VVT 和 VTEC 的工作原理。
3. 电子节气门的组成有哪些? 说明其工作原理。
4. 说明废气涡轮增压系统的作用和工作原理。

第3章 自动变速器

【学习目标】

通过本章的学习,使学生了解自动变速器的功用、组成和工作原理等。

(1) 对自动变速器的发展及特点有一定的了解。

(2) 掌握液力偶合器与液力变矩器的传动特点。

(3) 掌握自动变速器的组成、结构和工作原理。

(4) 了解电液式自动变速器和 CVT 的工作过程。

3.1 自动变速器概述

所谓自动变速器,即在汽车行驶过程中,驾驶员仅仅操纵油门踏板,汽车就可以根据行驶阻力(车速高低、地面坡度大小等)和节气门开度大小自动变换挡位改变车速的变速器,简称 AT(Automatic Transmission)。

3.1.1 自动变速器的特点

传统的机械式变速器结构简单、制造方便、工作可靠、造价低、质量小、传动效率高。但有以下缺点。

(1) 换挡操作复杂,换挡过程动力中断。

(2) 换挡过程有冲击,影响传动系寿命。

(3) 离合器分离接合频繁,离合器磨损快。

(4) 具有有限挡位,不利于发动机动力发挥。

为了减轻驾驶员换挡时操作齿轮、离合器和加速踏板的疲劳,几乎从汽车诞生以来就产生了采用自动和半自动换挡系统的想法。1939 年,美国 GM 公司奥斯莫比尔轿车上第一个采用具有两个前进挡的液力自动变速器(automatic transmission,AT)。20 世纪 50 年代初,开始出现根据车速和节气门开度进行自动换挡的液力自动变速器。丰田公司在 1982 年的车型上推出第一个电控的液力自动变速器。1983 年,Bosch(博世)宣布其发动机和液力自动变速器控制合在一个单元的 Motronic 系统,在各种使用工况下实现了发动机与传动系统的最佳匹配。现代的液力自动变速器通过变矩器和行星齿轮系统(当今主要是 4 速或 5 速)的综合,提高了内燃机低转速时的扭矩,使发动机特性适应整个使用工况的要求。由于换挡过程没有动力中断和变矩器的缓冲作用,所以很舒适。变矩器锁止离合器弥补了 AT 效率低的缺点,使其油耗与手动机械变速器接近。目前其技术成熟,应用最广。在 1999 年,美国有 90% 的轿车使用 AT。近几年,我国生产的很多轿车上也使用了自动变速器。

与机械变速器相比,自动变速器主要有以下优点。

(1) 操作简单、省力,减少驾驶员换挡技术的影响。

(2) 减轻驾驶员的劳动强度,提高了行车的安全性。

(3) 提供了良好的换挡性能,提高了汽车的平顺性和乘坐舒适性。

(4) 延长汽车零部件的使用寿命。

(5) 改善了车辆的动力性和通过性(起步加速性、平均车速、功率利用)。

(6) 减少汽车排气污染,一定条件下可改善经济性。

但自动变速器也有着结构复杂、制造精度要求高、成本较高,传动效率较低,以及维修技术比较复杂,维修成本较高等缺点。

3.1.2 自动变速器的分类

按结构和控制方式的不同,自动变速器可分为液力式自动变速器、无级自动变速器和机械式自动变速器。

1. 机械式自动变速器 AMT

机械式自动变速器,简称 AMT,是英文 Automated Mechanical Transmission 的缩写,它是在原有手动、有级、普通齿轮变速器的基础上增加了电子控制系统,以便自动控制离合器的接合、分离和变速器挡位的变换。机械式自动变速器由于原有的机械传动结构基本不变,所以齿轮传动固有的传动效率高、结构紧凑、工作可靠等优点被很好地继承下来,在重型车的应用上具有很好的发展前景。

在液力自动变速器发展的同时,利用电子技术改造传统的手动机械变速器(manual transmission,MT),出现了机械式自动变速器(automatic manual transmission,AMT)。AMT 由 MT 附加控制部件演变而来,在效率方面具有优势,生产成本相对低,质量比 MT 增加约 10%。将来电路用 42V 电压,离合器和换挡作动器可以用电机,它反应足够快,只在换挡时间工作,能节省能量。AMT 的缺点是由于装的是传统干式单片离合器和手动机械变速器,换挡时动力中断,使车速降低,影响动力性,且不够舒适。

2. 无级变速器 CVT

无级自动变速器(Continuously Variable Transmission,CVT),它是采用 V 形金属传动带和工作直径可变的主、从动带轮相配合来传递动力,可以实现传动比的连续改变。CVT 可以更精确地适应发动机的特性,是一种具有广阔发展前景的自动变速器,目前多在 2L 以下的轿车上采用。AID 汽车工业数据公司预测欧洲自动变速器装车率将从 2000 年的 15%增加到 2010 年的 30%,其中一半可能采用 CVT。

3. 液力式自动变速器

液力式自动变速器是目前应用最广泛、技术最成熟的自动变速器。按照控制方式的不同,液力自动变速器可以分为液控液力自动变速器和电控液力自动变速器,目前轿车上都是采用电控液力自动变速器;按照变速机构(机械变速器)的不同,液力自动变速器又可以分为行星齿轮自动变速器和非行星齿轮自动变速器,行星齿轮自动变速器应用最广泛,非行星齿轮自动变速器只在本田等个别车系应用。

本书主要介绍行星齿轮式液控(全液式)和电控液力自动变速器,以电控式为重点。

3.1.3　自动变速器的基本组成和工作原理

1. 基本组成

全液式液力自动变速器主要由液力变矩器、行星齿轮变速器、液压控制系统等组成。电控液力自动变速器除上述三部分外还有电子控制系统。

1) 液力变矩器

液力变矩器是一个通过液压油（ATF 油）传递动力的装置，其功用如下：

（1）在一定范围内自动、连续地改变转矩比，以适应不同行驶阻力的要求。

（2）具有自动离合器的功用。在发动机不熄火、自动变速器位于行驶挡的情况下，汽车可以处于停车状态。驾驶员可通过控制节气门开度来控制液力变矩器的输出转矩，逐步加大输出转矩，实现动力的柔和传递。

2) 行星齿轮变速器

行星齿轮变速器由 2 排～3 排行星齿轮机构组成，不同的运动状态组合可得到 2 种～5 种传动比，其功用主要有以下两点：

（1）在液力变矩器的基础上再将转矩增大 2 倍～4 倍，以提高汽车的行驶适应能力。

（2）实现倒挡传动。

3) 液压控制系统

液压控制系统是由油泵、各种控制阀及与之相联通的液压换挡执行元件，如换挡离合器、制动器油缸等组成的液压控制回路。汽车行驶中根据驾驶员的要求和行驶条件的需要，通过控制换挡离合器和制动器的工作状况来实现行星齿轮变速器的自动换挡。

4) 电子控制系统

电子控制系统将自动变速器的各种控制信号输入 ECU，经 ECU 处理后发出控制指令控制液压系统中的各种电磁阀实现自动换挡，并改善使用性能。

2. 基本原理

液控自动变速器是通过机械传动方式，将汽车行驶时的车速和节气门开度这两个主控制参数转变为液压控制信号；液压控制系统的阀板总成中的各控制阀根据这些液压控制信号的变化，按照设定的换挡规律，操纵换挡执行元件的动作实现自动换挡。图 3-1 为液控自动变速器的组成和原理。

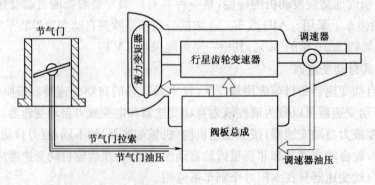

图 3-1　液控自动变速器的组成和原理

电控自动变速器如图 3-2 所示,是通过各种传感器,将发动机的转速、节气门开度、车速、发动机水温、自动变速器液压油温等参数信号输入 ECU,ECU 根据这些信号,按照设定的换挡规律,向换挡电磁阀、油压电磁阀等发出动作控制信号,换挡电磁阀和油压电磁阀再将 ECU 的动作控制信号转变为液压控制信号,阀板中的各控制阀根据这些液压控制信号,控制换挡执行元件的动作,从而实现自动换挡过程。

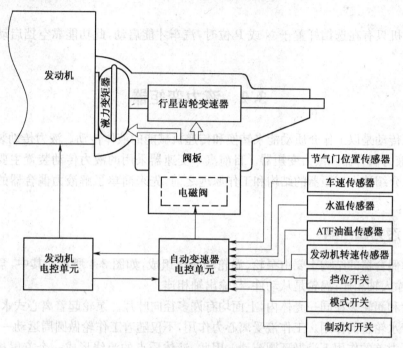

图 3-2　电控自动变速器的组成和原理

3.1.4　自动变速器选挡杆的使用

轿车自动变速器的选挡杆通常有 6 个位置,如图 3-3 所示。其功能如下:

（1）P 位:驻车挡。选挡杆置于此位置时,驻车锁止机构将自动变速器输出轴锁止。

（2）R 位:倒挡。选挡杆置于此位置时,液压系统倒挡油路被接通,驱动轮反转,实现倒向行驶。

（3）N 位:空挡。选挡杆置于此位置时,所有行星齿轮机构都空转,不能输出动力。

（4）D 位:前进挡。选挡杆置于此位置时,液压系统控制装置根据节气门开度信号和车速信号自动接通相应的前进挡油路,行星齿轮变速器在换挡执行元件的控制下得到相应的传动比。随着行驶条件的变化,在前进挡中自动升降挡,实现自动变速功能。

（5）2 位:高速发动机制动挡。选挡杆置于此位置时,液压控制系统只能接通前进挡中的一、二挡油路,

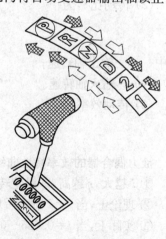

图 3-3　自动变速器选挡杆

135

自动变速器只能在这两个挡位间自动换挡,无法升入更高的挡位,从而使汽车获得发动机制动效果。

(6) L 位(也称 1 位):低速发动机制动挡。选挡杆置于此位置时,汽车被锁定在前进挡的一挡,只能在该挡位行驶而无法升入高挡,发动机制动效果更强。

2 和 L 这两个挡位多用于山区等路况的行驶,可避免频繁换挡而提高变速器的使用寿命。

发动机只有在选挡杆置于 N 或 P 位时,汽车才能启动,此功能靠空挡启动开关来实现。

3.2 液力变矩器

液力传动是以工作介质动能来转换和传递机械能的液体传动。液力传动装置可分为两大类:液力偶合器和液力变矩器。目前汽车变速器采用的液力传动装置主要是液力变矩器。在介绍液力变矩器的结构和工作原理之前,先来简单了解液力偶合器的结构和工作原理。

3.2.1 液力偶合器

液力偶合器的结构主要由泵轮、涡轮和壳体组成,如图 3-4 所示。其中,泵轮是主动元件,与输入轴相连;涡轮是从动件,与输出轴相连。

泵轮和涡轮装在同一壳体内,上面均有许多径向叶片。泵轮起着离心式水泵的作用,涡轮起着水轮机的作用。工作液受离心力作用,不仅随着工作轮做圆周运动——传递扭矩,而且在压力差的作用下沿循环圆流动。因此,液体质点的流线形成一个首尾相连的环形螺旋线。

液力偶合器有如下的传动特点。

(1) 泵轮的输入转矩(M_b)等于涡轮的输出转矩(M_w),即

$$M_b = M_w$$

(2) 传动比 i,为

$$i = \frac{n_w}{n_b}$$

式中　n_w——输出轴转速;

　　　n_b——输入轴转速。

(3) 传动效率 η,为

$$\eta = \frac{M_w n_w}{M_b n_b} = i$$

液力偶合器的效率特性曲线,如图 3-5 所示。

① i 越大,η 越高,即涡轮转速提高,液力偶合器的效率增大。

② 理论上,当 $i = 1$ 时,$\eta = 100\%$。

③ 实际上,当 $i = 0.985 \sim 0.99$ 时,效率达到最大值。当 $i > 0.99$ 时,摩擦损失转矩比重增加,效率急剧下降。

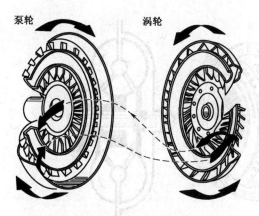

泵轮 涡轮

图 3-4　液力偶合器的结构和液流的流动

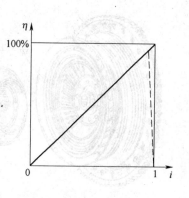

图 3-5　液力偶合器效率特性

3.2.2　液力变矩器

1. 功用

液力变矩器位于发动机和机械变速器之间,是一种液力传动装置,以自动变速器油(ATF 油)为工作介质,主要完成下功用:

1)传递转矩

发动机的转矩通过液力变矩器的主动元件,再通过 ATF 油传给液力变矩器从动件,最后传给变速器。

2)无级变速

根据工况的不同,液力变矩器可以在一定范围内实现转速和转矩的无级变化。

3)自动离合

液力变矩器由于采用 ATF 油传递动力,当踩下制动踏板时,发动机也不会熄火,此时相当于离合器分离;当抬起制动踏板时,汽车可以起步,此时相当于离合器接合。

4)驱动油泵

ATF 油在工作的时候需要油泵提供一定的压力,而油泵是由液力变矩器壳体驱动的。

同时,由于采用 ATF 油传递动力,液力变矩器的动力传递柔和,且能防止传动系统过载。

2. 组成和工作原理

液力变矩器由泵轮、涡轮和导轮等三个基本元件组成,如图 3-6 所示。泵轮为主动元件,与变矩器壳连成一体并用螺栓固定在发动机曲轴后端的凸缘上,它将发动机输出的机械能转换为 ATF 油的动能;涡轮为从动件,通过输出轴与变速器相连,它将液体的动能又还原为机械能输出。

液力变矩器总成封在一个钢制壳体(变矩器壳体)中,内部充满 ATF 油。液力变矩器工作时,发动机带动壳体旋转,壳体带动泵轮旋转,泵轮的叶片将 ATF 油带动起来,并冲击到泵轮的叶片;如果作用在涡轮叶片上的冲击力大于作用在涡轮上的阻力,涡轮将开始转动,并带动变速器的输入轴一起转动。由涡轮叶片流出的 ATF 油经过导轮后再流回泵轮,形成如图 3-7 所示的循环流动。

137

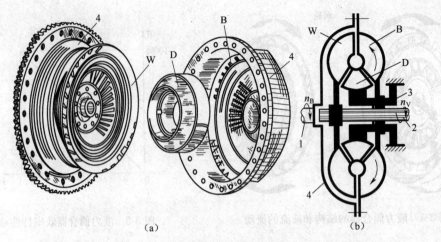

(a)   (b)

图 3-6　液力变矩器的组成

B—泵轮；W—涡轮；D—导轮；

1—输入轴；2—输出轴；3—导轮轴；4—变矩器壳。

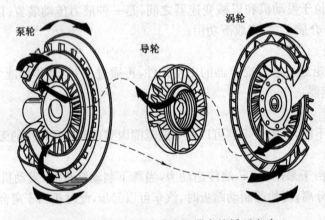

图 3-7　ATF 油在液力变矩器中的循环流动

依靠 ATF 液在三元件之间的循环流动，液力变矩器不仅能传递转矩，而且能在泵轮转矩不变的情况下，随涡轮转速的不同自动地改变涡轮轴上输出转矩的值。可见液力变矩器的工作原理与液力偶合器相同，都是借助液体的运动把转矩从泵轮传给涡轮。两者之间的区别如下。

(1) 液力偶合器：只能将转矩大小不变地由泵轮传给涡轮，起离合器的作用。

(2) 液力变矩器：不仅能传递转矩，而且能在泵轮转矩不变的情况下，随涡轮转速的不同自动地改变涡轮轴上输出转矩的值并兼起离合器和变速器的作用。

液力变矩器的工作过程如下。

(1) 汽车起步时：涡轮转速 $n_w = 0$，导轮固定不动。涡轮转矩 M_w 等于泵轮转矩 M_b 和导轮转矩 M_d 之和，即：$M_w = M_b + M_d$，此时，变矩器起增扭作用。

(2) 汽车起步后加速时：涡轮转速提高，n_w 从 0 逐渐增加，导轮所受转矩不断减小，当涡轮转速增大到某值（此时，液流经导轮后方向不改变）时，$M_d = 0$，有 $M_w = M_b$。此时，变矩器相当于偶合器，为偶合器工况。

（3）转速继续增大：液流冲击在导轮叶片的背面，此时导轮与泵轮转矩方向相反，于是 $M_w = M_b - M_d$。可见，涡轮转矩小于泵轮转矩。

（4）当 $n_w = n_b$ 时，工作液循环流动停止，不再传递动力。

可见，随着涡轮转速升高，涡轮输出转矩减小。当阻力增大时，涡轮转速降低，输出转矩增大，从而获得较大的驱动扭矩。当阻力减小时，涡轮转速增加，则输出转矩减小，驱动轮转速升高。所以，变矩器可随汽车行驶阻力不同而自动改变转矩。

3. 液力变矩器的传动特性

（1）转矩随 n_w 的变化，M_w 相对于固定的 M_b 也相应变化。因此，有变扭系数 K 为

$$K = \frac{M_w}{M_b} = \frac{M_b \pm M_d}{M_b}$$

（2）传动比 i 为

$$i = \frac{n_w}{n_b} \leqslant 1$$

（3）传动效率为

$$\eta = \frac{M_w n_w}{M_b n_b} = K * i$$

液力变矩器的传动特性曲线如图 3-8 所示，可见 η 是随 i 变化的抛物线，形状取决于 K 曲线的形状，其变化关系如下。

（1）i 较小时，$K > 1$，即 $M_d > M_b$。

（2）随着 i 的增加，K 下降，当 $K = 1$ 时，即 $M_d = M_b$。

（3）当 i 接近于 1 时，$K < 1$，$M_d < M_b$。

（4）在 $K < 1$ 时，η 下降很快，也就是说液力变矩器只是在一定的传动比范围内有较高的效率。

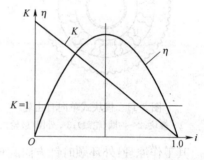

图 3-8　液力变矩器的传动特性曲线

3.2.3　综合式液力变矩器

如图 3-9 所示，比较液力偶合器与液力变矩器的效率特性如下。

（1）在 $K \geqslant 1$ 的传动比范围内，液力变矩器的传动效率高于液力偶合器。

（2）在 $K < 1$ 的传动比范围内，液力偶合器的传动效率继续增加，而液力变矩器的传动效率却迅速下降。

为了扩大液力变矩器的高效率范围，改善变矩器的使用性能，实际使用的变矩器都通过加装单向自由轮（也叫单向离合器），如图 3-11 所示，或锁止离合器，如图 3-12 所示，成为综合式液力变矩器，如图 3-10 中的实线。

单向自由轮的作用：在高速区使导轮顺泵轮旋转方向自由转动，减小导轮背面对液流的有害反作用力，实现"自动变矩"和"自动偶合"的相互转换，提高液力变矩器在高速区的传动效率（达 95%）。

1. 单向自由轮

常用的单向离合器有楔块式和滚柱斜槽式两种，如图 3-11 所示的楔块式单向自由轮的结构。其结构特点是内圈固定，外圈可转动。

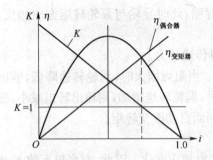

图 3-9　液力变矩器和液力偶合器的传动特性比较

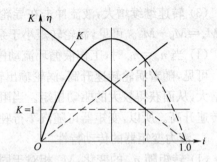

图 3-10　综合式液力变矩器的传动特性

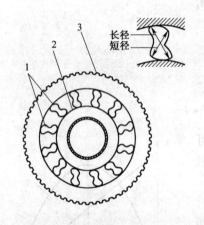

图 3-11　楔块式单向自由轮
1—楔块；2—内圈(轮毂)；3—外圈(鼓轮)。

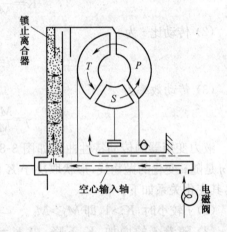

图 3-12　锁止离合器

其工作原理:外环顺时针方向旋转时,楔块在摩擦力的作用下立起,因自锁作用而卡死在内、外环之间,使内环和外环无法相对滑转,离合器锁止;外环逆时针方向旋转时,楔块在摩擦力的作用下倾斜,此时离合器处于自由状态。

当涡轮转速较低时,从涡轮流出的液体冲击导轮叶片的凹面,导轮和单向离合器外座圈一起卡死在内座圈上不动,此时液力变矩器起增扭作用。当涡轮转速增大到一定程度,液流对导轮的冲击力反向,于是导轮自由地相对于内座圈与涡轮同向转动。这时,变矩器转入偶合器工况。所以,在高转速时效率高,且输出转矩等于输入转矩。

2. 锁止离合器

因变矩器涡轮与泵轮之间存在转速差和液力损失,装液力变矩器的变速器效率小于机械变速器,故正常行驶时,采用液力变矩器的汽车燃油经济性较差。为提高变矩器高传动比工况下的效率,可采用带锁止离合器的液力变矩器。

锁止离合器的作用是:在高速区时,将泵轮与涡轮锁在一起,变为摩擦式离合器,使发动机的效率100%传给涡轮。

为提高高传动比下的效率,通常锁止离合器在 $K=1$ 的偶合器工况点接合,等同于由发动机直接驱动。同时,单向自由轮脱开,导轮自由旋转,液力损失减少,汽车行驶速度和燃料经济性提高。这虽可提高效率,但切换前、后速度冲击较大。缺点是不能自适应行驶阻力的变化。

3.3 行星齿轮变速机构

虽然液力变矩器能在一定范围内自动、无级地改变转矩比,以适应汽车行驶阻力的变化。然而,由于它的变矩能力与传动效率之间存在矛盾,且变矩系数一般在1～3范围内,难以满足汽车实际使用的需要,故在汽车上液力变矩器仍需与机械变速系统配合使用。

自动变速器的机械变速机构一般采用内啮合的行星齿轮机构。与普通手动变速器相比,在传递同样功率的条件下,内啮合行星齿轮机构可以大大减小变速机构的尺寸和重量,并可以实现同向、同轴减速传动。此外,变速过程中动力不间断,加速性好,工作可靠。

1. 基本结构和工作原理

行星齿轮机构按照齿轮排数不同,可以分为单排和多排行星齿轮机构。多排行星齿轮机构一般由几个单排行星齿轮机构组成。在自动变速器中一般应用2个～3个单排行星齿轮机构组成一个多排行星齿轮机构。但单排行星齿轮机构是多排行星齿轮机构的基础,下面先介绍单排行星齿轮机构和它的传动原理。

图3-13所示为一个单排行星齿轮机构的基本结构。从图中可以看出,一个单排行星齿轮机构由太阳轮1、行星轮和行星架2及内齿圈3组成。太阳轮位于机构的中心,行星轮与之外啮合,同时,行星轮又与齿圈内啮合。通常行星轮有3个～6个,通过滚针轴承安装在行星齿轮轴上,行星齿轮轴对称、均匀地安装在行星架上。

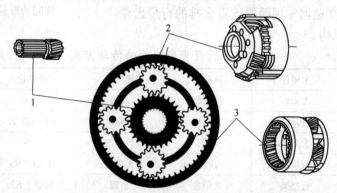

图3-13 单排行星齿轮机构的基本结构
1—太阳轮;2—行星轮和行星架;3—内齿圈。

行星齿轮机构工作时,行星轮除了绕自身轴线自转外,同时还绕着太阳轮公转。行星轮绕太阳轮公转时,行星架也绕太阳轮旋转。由于太阳轮与行星轮是外啮合,所以两者的旋转方向是相反的;而行星轮与齿圈是内啮合,这两者的旋转方向是向相同的。

单排行星机构是个二自由度的机构,其传动比只与齿圈齿数 Z_q、太阳轮齿数 Z_t 有关,而与行星轮齿数 Z_x 无关。行星齿轮机构的转速特性方程为

$$N_t + K N_q = (1+K) N_j$$

式中　N_t——太阳轮转速;

　　　N_j——行星架转速;

　　　N_q——齿圈的转速;

141

K—— 行星齿轮机构参数，$K=Z_q/Z_t$。

由于一个方程有三个变量，如果将太阳轮、齿圈和行星架中某个元件作为主动(输入)部分，让另一个元件作为从动(输出)部分，则由于第三个元件不受任何约束和限制，所以从动部分的运动是不确定的。因此，为了得到确定的运动必须对太阳轮、齿圈和行星架三者中的某个元件的运动进行约束和限制。例如，若一个元件固定，另一个驱动，则第三个元件就可变速转动输出动力。

为了便于计算行星齿轮机构的传动比，假设行星架有齿数 Z_j，则根据转速特性方程，太阳轮、齿圈和行星架三者的齿数关系为

$$Z_j=Z_t+Z_q=Z_t+KZ_t$$

可见，$Z_j>Z_q>Z_t$。

因此，将行星齿轮机构简化为图 3-14 中的传动关系，以计算传动比。计算传动比时，元件固定者去掉该圆，剩下的按定轴轮系计算传动比。内啮合传动比为正(前进挡)，外啮合传动比为负(倒挡)。

通过将不同的元件进行约束和限制，可以得到不同的传动方式如表 3-1 所列。可见，单排行星机构有 4 个前进挡，但不能满足汽车变速器各挡的速比要求。因此，自动变速器常用两排或更多排的行星齿轮机构组成变速机构。

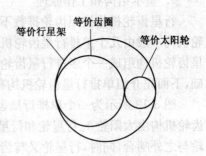

图 3-14 行星齿轮机构三元件间的形量关系

表 3-1 行星齿轮机构的传动方式

传动方式	主动件	从动件	锁定件	传动比	备 注
1	太阳轮	行星架	齿圈	1+K	减速增扭
2	齿圈	行星架	太阳轮	(1+K)/K	
3	太阳轮	齿圈	行星架	−K	
4	行星架	齿圈	太阳轮	K/(1+K)	增速减扭
5	行星架	太阳轮	齿圈	1/(1+K)	
6	齿圈	太阳轮	行星架	−1/K	
7	任两个连成一体			1	直接传动
8	既无任一元件制动，又无任两元件连成一体			三元件自由转动	不传递动力

2. 换挡执行机构

将行星齿轮机构改组换挡的执行机构有：离合器、制动器和单向离合器。

1) 离合器

离合器是换挡执行机构中进行连接的主要组件。离合器连接输入轴与行星齿轮机构，把液力变矩器输出的动力传递给行星齿轮机构；或把行星排的某两个组件连接在一起，使之成为一个整体。

(1) 结构。自动变速器中换挡离合器为多片湿式离合器。它由离合器鼓、花键毂、主动摩擦片、从动钢片和回位弹簧等构成，如图 3-15 所示。

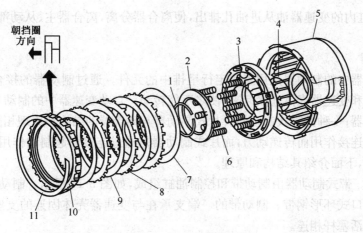

图 3-15　离合器的结构分解

1、11—卡环;2—弹簧座;3—活塞;4—O形密封圈;5—离合器鼓;6—回位弹簧;

7—蝶形弹簧;8—从动钢片;9—主动摩擦片;10—压盘。

离合器鼓是一个液压缸,鼓内有内花键齿圈,内圆轴颈上有进油孔与控制油路相通。离合器活塞为环状,内、外圆上有密封圈,安装在离合器鼓内。从动钢片和主动摩擦片交错排列,两者统称为离合器片,均用钢料制成,但摩擦片的两面烧结有朋基粉末冶金的摩擦材料。为保证离合器接合柔和及散热,离合器片浸在油液中工作,因而称为湿式离合器。钢片带有外花键齿,与离合器鼓的内花键齿圈连接,并可轴向移动,摩擦片则以内花键齿与花键毂的外花键槽配合,也可做轴向移动。花键毂和离合器鼓分别以一定的方式与变速器输入轴或行星齿轮机构的元件相连接。碟形弹簧的作用是使离合器接合柔和,防止换挡冲击。可以通过调整卡环或压盘的厚度调整离合器的间隙。

（2）工作原理。离合器的工作原理如图 3-16 所示。

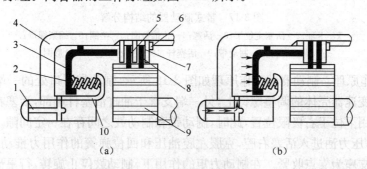

图 3-16　离合器的工作原理

（a）分离状态;（b）接合状态。

1—控制油道;2—回位弹簧;3—活塞;4—离合器鼓;5—主动片;6—卡环;

7—压盘;8—从动片;9—花键毂;10—弹簧座。

当一定压力的 ATF 油经控制油道进入活塞左面的液压缸时,液压作用力便克服弹簧力使活塞右移,将所有离合器片压紧,即离合器接合,与离合器主、从动部分相连的元件也被连接在一起,以相同的速度旋转。

当控制阀将作用在离合器液压缸的油压撤除后,离合器活塞在回位弹簧的作用下回复原位,并将缸内的变速器油从进油孔排出,使离合器分离,离合器主、从动部分可以不同的转速旋转。

2) 制动器

自动变速器中的制动器是用来固定行星排中的元件。通过制动器的接合,把行星排中的某个元件和变速器壳体连接起来,使之不能转动。自动变速器中的制动器有两种:一种是片式制动器;一种是带式制动器。片式制动器与离合器的结构和原理相同,不同之处是离合器是起连接作用而传递动力,而片式制动器是通过连接而起制动作用。带式制动器又称制动带,下面介绍其结构和原理。

(1) 结构。带式制动器由制动带和控制油缸组成,如图 3-17 所示。制动带是内表面带有镀层的开口式环形钢带。制动带的一端支承在与变速器壳体固连的支座上,另一端与控制油缸的活塞杆相连。

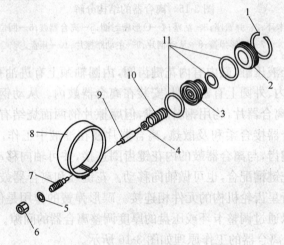

图 3-17　带式制动器的结构分解

1—卡环;2—活塞定位架;3—活塞;4—止推垫圈;5—垫圈;6—缩紧螺母;
7—调整螺钉;8—制动带;9—活塞杆;10—回位弹簧;11—O 形圈。

(2) 工作原理。制动器的工作原理如图 3-18 所示,制动带开口处的一端通过支柱支承于固定在变速器壳体的调整螺钉上,另一端支承于油缸活塞杆端部,活塞在回位弹簧和左腔油压作用下位于右极限位置,此时,制动带和制动鼓之间存在一定间隙。

制动时,压力油进入活塞右腔,克服左腔油压和回位弹簧的作用力推动活塞左移,制动带以固定支座为支点收紧。在制动力矩的作用下,制动鼓停止旋转,行星齿轮机构某元件被锁止。随着油压撤除,活塞逐渐回位,制动解除。

3) 单向离合器

单向离合器又称自由轮离合器,在液力变矩器和行星排中均有应用。

在行星排中,它用来锁止某个元件的某种转向。它同时还具有固定作用,当与之相连元件的受力方向与锁止方向相同时,该元件立即被固定;当受力方向与锁止方向相反时,该元件即被释放。单向离合器的锁止和释放完全由与之相连元件的受力方向来控制。常见的单向离合器有滚柱式(图 3-19)和楔块式(图 3-11)两种(楔块式单向离合器的工作原理前面已经介绍)。

144

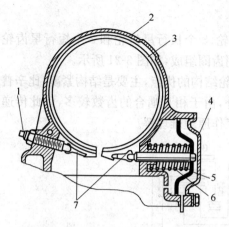

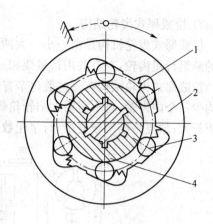

图 3-18　带式制动器的结构分解
1—调整螺钉；2—壳体；3—制动带；4——油缸；
5—活塞；6—回位弹簧；7—推杆。

图 3-19　滚柱式单向离合器
1—叠片弹簧；2—外座圈；3—滚柱；4—内座圈。

3. 复合式行星齿轮机构的结构和工作原理

由于单排行星齿轮机构不能满足汽车行驶中变速变扭的需要。为了增加传动比的数目，可以通过增加行星齿轮机构来实现。在自动变速器中，两排或多排行星齿轮机构组合在一起，用以满足汽车行驶需要的多种传动比。目前，复合式行星齿轮机构有辛普森式齿轮机构、拉威那式行星齿轮机构和在辛普森式齿轮机构的基础上再加上一套单排行星齿轮机构。

1) 辛普森式齿轮机构

辛普森式(SIMPSON)齿轮机构是由公用一个太阳轮的两组行星齿轮、两个齿圈和两个行星架组成，如图 3-20 所示，是目前应用最为广泛的一种复合式行星齿轮机构。辛普森式齿轮机构的两组单排行星齿轮机构，分别将其称为前行星齿轮机构和后行星齿轮机构。它可以提供空挡、第一降速挡、第二降速挡、直接挡和倒挡。辛普森变速器驱动太阳轮需要大轮毂，体积大。

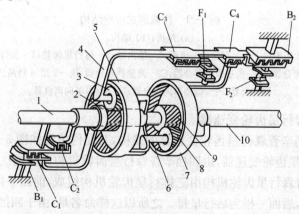

图 3-20　辛普森式齿轮结构

1—输人轴；2—前太阳轮；3—前行星齿轮；4—前行星架；5—前齿圈；6—后行星架；7—后齿圈；8—后行星齿轮；9—后太阳轮；10—输出轴；C_1—倒挡离合器；C_2—高速挡离合器；C_3—前进离合器；C_4—前进强制离合器；B_1—2 挡、4 挡离合器；B_2—低挡、倒挡离合器；F_1—前进单向离合器；F_2—低挡单向离合器。

145

2）拉威那式齿轮结构

拉威那式齿轮机构是由一小一大两个太阳轮、3个长行星齿轮和3个短行星齿轮组成的两组行星齿轮，一个共用行星架和一个共用齿圈组成，如图3-21所示。

拉威那式齿轮结构有一些胜过辛普森式齿轮结构的优点，主要是结构紧凑，比辛普森机构少一个内齿轮，且不需要太阳轮轮毂。此外，由于相互啮合的齿数较多，因此传递的转矩较大；缺点是结构较复杂，行星轮数目多，工作原理难理解。

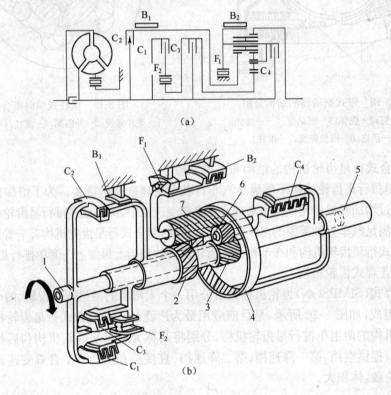

图3-21　拉威那式齿轮结构

(a) 结构；(b) 结构。

1—输入轴；2—大太阳轮；3—小太阳轮；4—齿圈；5—输出轴；6—短行星齿轮；7—长行星齿轮；C_1—前进离合器；C_2—倒挡离合器；C_3—前进强制离合器；C_4—高速挡离合器；B_1—2挡、4挡离合器；B_2—低挡、倒挡离合器；F_1—低挡单向离合器；F_2—前进单向离合器。

4. 四挡辛普森行星齿轮变速器

图3-22为四挡辛普森行星齿轮变速器的结构，其元件位置如图3-23所示。

四挡辛普森行星齿轮变速器，由四挡辛普森行星齿轮机构和换挡执行元件两大部分组成。其中，四挡辛普森行星齿轮机构由三排行星齿轮机构组成，前面一排为超速行星排，中间一排为前行星排，后面一排为后行星排。之所以这样命名是：由于四挡辛普森行星齿轮机构是在三挡辛普森行星齿轮机构的基础上发展起来的，因而沿用了三挡辛普森行星齿轮机构的命名。输入轴与超速行星排的行星架相连，超速行星排的齿圈与中间轴相连，中间轴通过前进挡离合器或直接挡、倒挡离合器与前、后行星排相连。前、后行星排的结构特点是共用一个太阳轮，前行星排的行星架与后行星排的齿圈相连，并与输出轴相连。

146

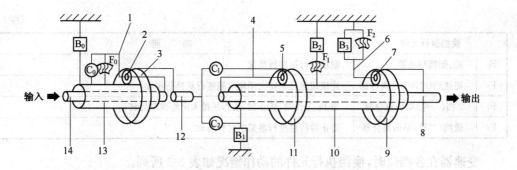

图 3-22　四挡辛普森行星齿轮变速器的结构

1—超速(OD)行星排行星架；2—超速(OD)行星排行星轮；3—超速(OD)行星排齿圈；4—前行星排行星架；5—前行星排行星轮；6—后行星排行星架；7—后行星排行星轮；8—输出轴；9—后行星排齿圈；10—前后行星排太阳轮；11—前行星排齿圈；12—中间轴；13—超速(OD)行星排太阳轮；14—输入轴；C_0—超速(OD)挡离合器；C_1—前进挡离合器；C_2—直接挡、倒挡离合器；B_0—超速(OD)挡制动器；B_1—二挡滑行制动器；B_2—二挡制动器；B_3—低、倒挡制动器；F_0—超速(OD)挡单向离合器；F_1—二挡(1号)单向离合器；F_2—低挡(2号)单向离合器。

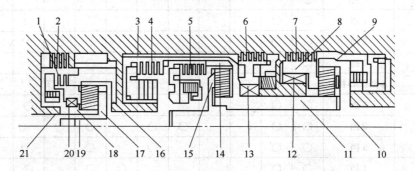

图 3-23　换挡执行机构

1—超速挡离合器 C_0；2—超速挡制动器 B_0；3—二挡滑行制动器 B_1；4—直接挡离合器 C_2；5—前进挡离合器 C_1；6—二挡制动器 B_2；7—一挡、倒挡制动器 B_3；8—后行星架；9—后齿圈；10—输出轴；11—太阳轮；12—第二单向离合器 F_2；13—第一单向离合器 F_1；14—前齿圈；15—前行星架；16—超速挡齿圈；17—超速挡行星架；18—超速挡太阳轮；19—输入轴；20—超速挡单向离合器 F_0；21—超速挡。

换挡执行机构包括 3 个离合器、4 个制动器和 3 个单向离合器共 10 个元件。具体功用如表 3-2 所列。

表 3-2　换挡执行元件的功能

	换挡执行元件	功　　能
C_0	超速挡(OD)离合器	连接超速行星排太阳轮与超速行星排行星架
C_1	前进挡离合器	连接中间轴与前行星排齿圈
C_2	直接挡、倒挡离合器	连接中间轴与前、后行星排太阳轮
B_0	超速挡(OD)制动器	制动超速行星排太阳轮
B_1	2挡滑行制动器	制动前、后行星排太阳轮
B_2	2挡制动器	制动 F_1 外座圈，当 F_1 也起作用时，可以防止前、后行星排太阳轮逆时针转动

换挡执行元件		功　能
B₃	低、倒挡制动器	制动后行星排行星架
F₀	超速挡(OD)单向离合器	连接超速行星排太阳轮与超速行星排行星架
F₁	2挡(一号)单向离合器	当 B₂ 工作时,防止前、后行星排太阳轮逆时针转动
F₂	低挡(二号)单向离合器	防止后行星排行星架逆时针转动

变速器在各挡位时,换挡执行元件的动作情况如表 3-3 所列。

表 3-3　各挡位时换挡执行元件的动作

选挡杆位置	挡　位	换挡执行元件										发动机制动
		C₀	C₁	C₂	B₀	B₁	B₂	B₃	F₀	F₁	F₂	
P	驻车挡	○										
R	倒挡	○		○				○	○			
N	空挡	○										
D	1挡	○	○						○		○	
	2挡	○	○				○		○	○		
	3挡	○	○				○		○			
	4挡(OD挡)		○	○	○		○					
2	1挡	○	○						○		○	
	2挡	○	○			○	○		○	○		○
	3挡	○	○				○		○			○
L	1挡	○	○					○	○		○	○
	2挡	○	○			○	○		○	○		○

注:○表示相应的执行元件起作用

5. 五挡辛普森行星齿轮变速机构

图 3-24 为五挡辛普森行星齿轮变速机构,下面介绍其结构特点和工作原理。

1) 结构特点

由 4 排行星齿轮、3 根轴、2 个离合器和 4 个制动器构成 5 挡变速机构。

(1) 1、2 挡太阳轮和 3 挡齿圈与中间轴作成一体。

(2) 3、4 挡太阳轮为一体并空套在中间轴上。

(3) 3 挡行星齿轮架与 1、2 挡行星齿轮架和 4 挡齿圈为一体。

(4) 2 挡行星齿轮架和 1 挡行星齿轮架接输出轴。

2) 执行元件

(1) C1—前进挡离合器:连接输入轴和中间轴。

(2) C2—直接挡(5 挡)离合器:连接输入轴和 3、4 挡太阳轮。

(3) B1—1 挡制动器:制动第 1(挡)排齿圈。

(4) B2—2 挡制动器:制动第 2(挡)排齿圈。

(5) B3—3 挡制动器:制动第 4(挡)排行星齿轮架。

（6）B4—4 挡制动器：制动第 3、4（挡）排太阳轮。

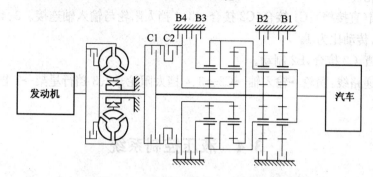

图 3-24 5 挡辛普森式行星齿轮变速器

3）挡位分析（表 3-4）

表 3-4 五挡辛普森式行星齿轮变速器工况表

挡位 \ 操纵件	C1	C2	B1	B2	B3	B4	i
N				○			
1	○		○				5.183
2	○			○			3.190
3	○				○		2.067
4	○					○	1.400
5	○	○					1.000
R		○		○			−4.476
注：○表示相应的执行元件起作用							

（1）空挡：B2 制动→2 挡齿圈制动。

（2）1 挡：C1 接合→输入轴与中间轴连接。B1 制动→1 挡齿圈制动。

动力传递路线：涡轮→输入轴→C1→中间轴→1 挡太阳轮→1 挡行星齿轮架→输出轴到车轮。

此外，2 挡太阳轮和 3 挡齿圈也随输入轴转动，但因其它两元件都可以自由转动，故不传递动力。

（3）2 挡：C1 接合，B2 制动→2 挡齿圈制动。

动力传递路线：涡轮→输入轴→C1→中间轴→2 挡太阳轮→2 挡行星齿轮架→1 挡行星齿轮架→输出轴到车轮。

（4）3 挡：C1 接合，B3 制动→4 挡行星架制动。

动力传递路线：涡轮 → 输入轴 → C1 → 中间轴 → 3 挡齿圈 →
$\left\{ \begin{array}{l} 3 挡行星架 \\ 3 挡太阳轮→4 挡太阳轮→4 挡齿圈 \end{array} \right\}$ →1 挡行星架→输出轴。

（5）4 挡：C1 接合，B4 制动→3、4 挡太阳轮制动。

动力传递路线：涡轮→输入轴→C1→中间轴→3 挡齿圈→3 挡行星架→1 挡行星架→

149

输出轴到车轮。

（6）5 挡（直接挡）：C1 接合，C2 接合→3、4 挡太阳轮与输入轴连接。3、4 挡行星排抱成一体转动，传动比为 1。

（7）倒挡：C2 接合，B2 制动。

动力传递路线：涡轮→输入轴→C2→3、4 挡太阳轮→2、3 挡行星架→1 挡行星架→输出轴到车轮。

3.4 液压控制系统

无论在全液压式自动变速器或在电控式自动变速器中，液压控制系统均占有相当重要的地位。

液压控制系统主要由以下几部分组成。

（1）动力源—油泵，其作用是：向执行机构、控制机构提供液压油；向液力变矩器提供工作油液；向行星齿轮变速机构提供润滑油。

（2）执行机构—油缸，包括换挡离合器油缸和制动器油缸，其工作原理前面已经介绍。

（3）液压控制机构—若干控制阀和阀体。

（4）辅助装置—油箱、滤清器、冷却器等。

在液压控制系统中，油泵在发动机的驱动下将压力油输送到控制阀体，阀体内的控制阀起油路"开关"的作用。根据汽车的工况，系统可开通或切断某些执行机构油缸的油路，从而使离合器结合或分离，制动器制动或释放，达到换挡变速的目的。

3.4.1 油泵

液压系统的动力源主要是油泵。在自动变速器的液压控制系统中使用的油泵大致有三种类型：一种是齿轮泵，一种是转子泵，另一种是叶片泵。

1. 齿轮泵的结构和原理

在自动变速器中，所用的齿轮泵一般是内啮合齿轮泵。这种泵主要由泵体、从动轮（齿圈）、主动轮组成。由于从动轮是一个齿圈且较大，而主动轮是一个较小的外齿轮。所以，在主、从动齿轮之间的空隙用一个月牙形隔板把这个容腔分为（如图 3-25 所示）两部分：其中一腔是进油腔（或称吸油腔），另一腔是压油腔（或称排油腔）。

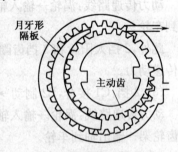

图 3-25　齿轮泵的结构

2. 转子泵的结构和原理

转子泵主要由一对内啮合的转子组成。内转子为外齿轮，且为主动件；外转子为内齿轮，是从动件。内转子一般比外转子少一个齿。内、外转子之间是偏心安装。内转子的齿廓和外转子的齿廓是由一对共轭曲线组成。因此，内转子上的齿廓和外转子上的齿廓相啮合，就形成了若干密封腔，如图 3-26 所示。

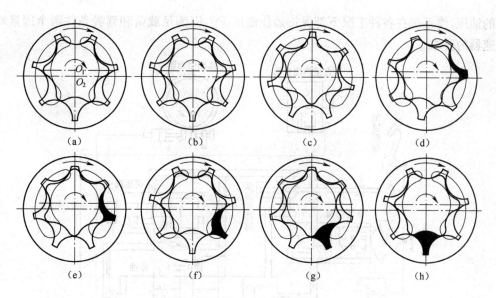

图 3-26　转子泵的结构和原理

3. 叶片泵的结构和原理

叶片泵由转子 1、定子 2 和叶片 3 及端盖等组成。定子具有圆柱形内表面,定子和转子之间有偏心距 e。叶片装在转子槽中,并可在槽中滑动。当转子回转时,由于离心力的作用,使叶片紧贴在定子内壁,在定子、转子、叶片和端盖间就形成了若干个密封空间,如图 3-27 所示。

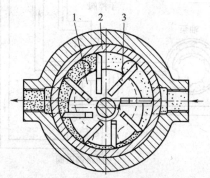

图 3-27　叶片泵的结构
1—转子;2—定子;3—叶片。

3.4.2　液压控制机构

对于全液式和电控式自动变速器来说,液压控制系统所不同的主要是液压控制机构部分,下面分别进行介绍。

1. 全液式自动变速器的液压控制系统

全液式自动变速器的液压控制系统如图 3-28 所示,其液压控制机构可分为以下几部分。

1) 主油路系统

包括油泵和主油路调压阀。主油路调压阀可根据发动机转速和负荷来调节主油路系统的油压,使系统在各种工况下都保持最佳油压 P_H,以满足载荷和驾驶条件两个因素对变速器的要求。

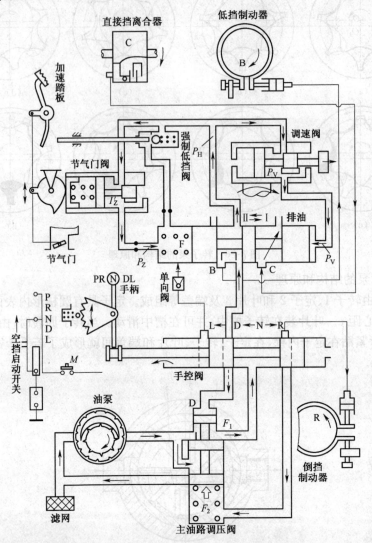

图 3-28　全液式自动变速器的液压控制系统

2) 换挡信号系统

包括节气门阀和调速阀。节气门阀是将节气门的开度转换成与其成一定比例关系的油压信号(开度大、油压高),供液压系统使用。调速阀将车速转换成与其成一定比例关系的油压信号,并传送给换挡阀,以便控制变速器的升挡和降挡。

3) 换挡阀系统

包括换挡阀、手控制阀、强制低挡阀,其中手控制阀由换挡手柄操纵。

4) 缓冲安全系统

包括缓冲阀、低挡限流阀、单向阀。

以 1-2 挡换挡阀为例简单介绍换挡阀的工作原理:自动变速器都有一个或多个

换挡阀,其数量取决于前进挡位(两挡的,只有一个换挡阀;三挡的,有两个换挡阀;四挡的,有 3 个换挡阀。)。换挡阀的功能是根据节气门开度和车速两参数的变化自动控制升挡和降挡。换挡阀的工作原理如图 3-29 所示,它是一个液控换向阀,一端为节气门阀输出压力 P_Z 和弹簧力 F,另一端为调速阀输出压力 P_V。当 $P_Z+F>P_V$ 时,滑阀右移(图 3-29 上),离合器 C 油缸的排油口打开排油,离合器 C 分离。同时主油路油压 P_H 与制动器 B 油缸的进油口连通,油缸充油,制动器 B 起制动作用,此时变速器为 1 挡。

当 $P_Z+F<P_V$ 时,滑阀左移(图 3-29 下),制动器 B 油缸的排油口打开排油,制动器 B 不起作用。同时主油路油压 P_H 与离合器 C 油缸的进油口连通,油缸充油,离合器 C 接合,变速器换入 2 挡。

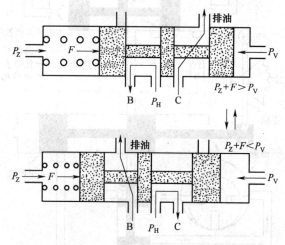

图 3-29 1-2 挡换挡阀的工作原理

2. 电控自动变速器的液压控制系统

电控自动变速器(ECAT)是在液压控制系统的基础上增加了电子控制系统,能够更精确地控制换挡时机和提高换挡品质。因而其液压控制系统(图 3-30)与全液式自动变速器的主要区别是用节气门位置传感器和车速传感器取代了节气门阀和调速阀,换挡阀为电磁换挡阀。电子控制单元(ECU)根据两传感器输出的电信号确定节气门开度和车速,并控制电磁阀的开闭,从而调节换挡阀两端的油压来实现换挡。

其与全液式有以下区别,如图 3-31 所示。

(1)主油路系统:主油路压力调节阀相同。

(2)换挡信号系统:节气门阀和调速阀为电子式。

(3)换挡阀系统:

换挡阀为电液结合式。

手控制阀相同或为电子式。

强制低挡阀为电磁式。

(4)缓冲安全系统:缓冲阀、低挡限流阀、单向阀相同。

(5)滤清冷却系统:冷却器、滤清器相同。

153

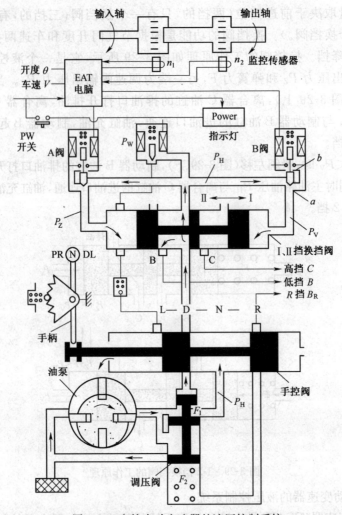

图 3-30　电控自动变速器的液压控制系统

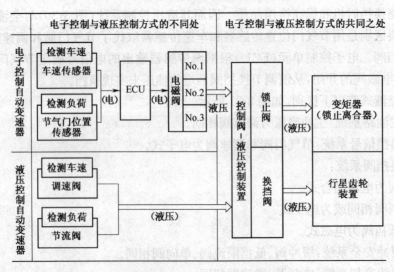

图 3-31　电控式自动变速器与液控式自动变速器的比较

3.5 电控自动变速器的电子控制系统

3.5.1 电控自动变速器电子控制系统的结构和组成

1. 电子控制系统的结构

电控自动变速器(ECAT)是在液压控制系统的基础上增加了电子控制系统,更精确地控制换挡时机和提高换挡品质。图 3-32 为前置前驱动汽车的液力自动变速器。

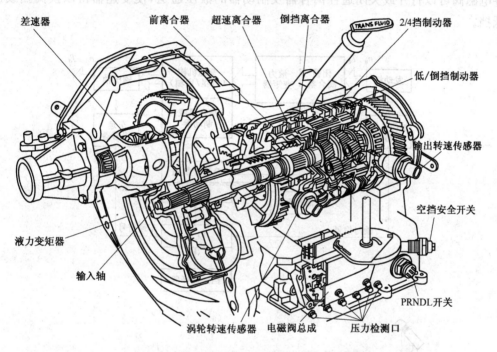

图 3-32　前置前驱动汽车的液力自动变速器

图 3-33 所示为电控自动变速器的控制原理。

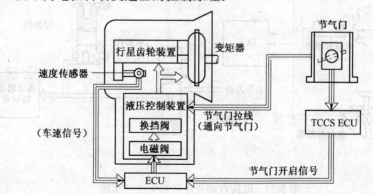

图 3-33　电控自动变速器的控制原理

155

2. 电控系统的基本工作原理

电控变速器的 ECU 具有如下功能：控制换挡正时、控制锁止正时、自诊断和失效保护等。

1）换挡正时控制

电控变速器的 ECU 将换挡操纵手柄在各个位置（D 位、2 位或 L 位）及每个行驶模式（常规或动力）下的最佳换挡模式编程存入存储器中。

如图 3-34 所示，ECU 根据适当的换挡模式，以及来自车速传感器的车速信号和来自节气门位置传感器的节气门开度信号打开或关闭换挡电磁阀。这样，ECU 通过操纵各电磁阀可以打开或关闭通往离合器及制动器的液压通道，使变速器得以换高挡或换低挡。

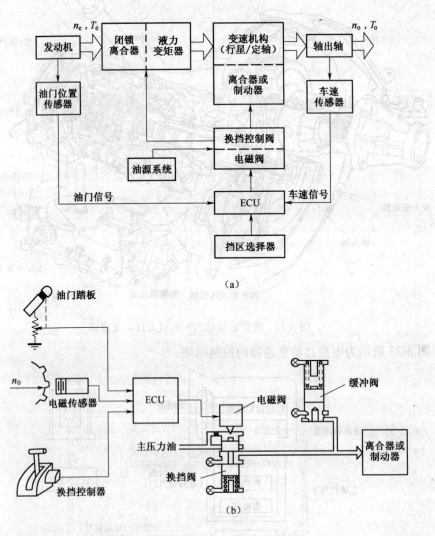

图 3-34　电控自动变速器的组成与原理
(a) 组成；(b) 控制原理。

156

2）锁止离合器的控制

ECU 将各种行驶模式（常规与动力）下锁止离合器的工作方式编程存入存储器中。根据该锁止方式，ECU 按照车速信号及节气门开度信号打开或关闭三号电磁阀。根据三号电磁阀是打开或关闭，锁止控制阀改变作用在变矩器压力的液压通道，以接合或分离锁止离合器。

3）巡航控制电脑信号

如果实际车速降至设定的巡航控制速度以下（大约 10km/h），则巡航控制 ECU 传送一个信号至 ECU，命令分离锁止离合器，同时不能换入超速挡。

3. 电控系统的部件

电控自动变速器的电子控制系统由传感器、电子控制单元（ECU）及执行器组成，换挡控制 ECU 及输入与输出信号关系如图 3-35 所示，其控制电路如图 3-36 所示。

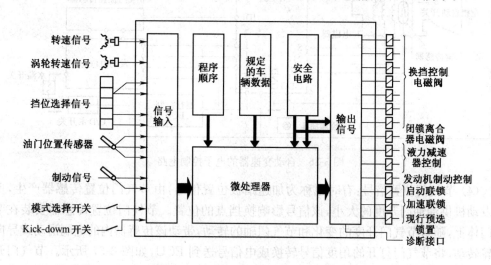

图 3-35 电控自动变速器的电控系统

自动变速器输入端的信号通常有：

（1）车速信号（转速信号）：该信号由变速箱输出轴上的转速传感器所产生，多用电磁型转速传感器，用来检测输出轴的转速。电脑根据车速传感器的信号计算出车速，并根据车速信号控制换挡。如果该传感器发生故障，则变速系统将保持在发生故障之前的挡位。

（2）涡轮转速信号：该信号反映液力变矩器涡轮转速的大小，也由电磁型转速传感器产生。

（3）挡位选择信号：该信号由选挡控制器产生，通过传感器将选择的位置以电信号的形式输入给 ECU，在发动机启动时只能选择在空挡位置。由前进挡转换到倒车挡，或由倒车挡转换到前进挡时，首先必须经过空挡选择位置。此外，若发动机转速高于怠速转速（如 900r/min），或是油门踏板被踩下，或是发动机点火开关处于"开"的位置时，变速箱不能从空挡位置开始接合挡位。在 ECU 中具有这种防止选择挡位的联锁，因而油门踏板必须处于怠速位置且发动机转速低于设定的怠速转速时，才能开始选择挡位。

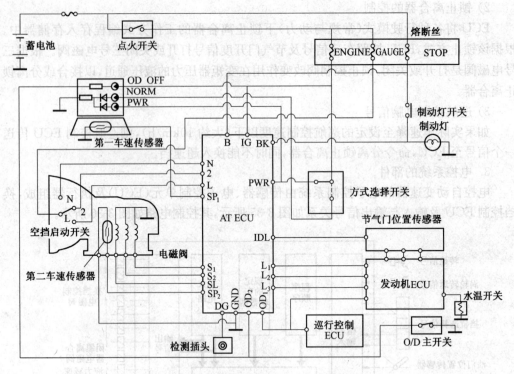

图 3-36　自动变速器的电子控制电路

（4）节气门位置信号：有时也称为加速踏板位置信号，由节气门位置传感器产生，反映发动机供油油门开度的大小，该信号影响换挡点的位置。节气门位置传感器安装在节气门体上，随着节气门开度的变化和节气门轴的转动，带动该传感器内的电刷滑动或导向凸轮转动，将节气门打开的角度信号转换成电信号送到 ECU，如图 3-37 所示。节气门开度传感器一方面用来检测节气门打开的角度，作为发动机负荷大小的参考信号；另一方面反映节气门开度变化的速度，以便反映驾驶员的驾车意图。

（5）制动信号：由制动踏板产生，当有该信号输入时，不能进行升挡操作。

（6）模式选择开关信号：是供驾驶员选择按动力型，还是按经济型换挡规律进行自动变速。行驶模式选择开关是提供给驾驶员用来选择所需行驶模式（常规或动力）的开关。在不同的车型上，行驶模式选择开关用不同的方式表现，大部分车型用 NORMAL（常规模式）、POWER（动力模式）表示，有些车型还有 ECONOMY（经济模式）。此外，还有部分车型用 SPORT（运动模式）、WINTER（雪地模式）等表示。ECU 为所选择的行驶模式选择换挡及锁止方式，并且相应地改变换挡正时及锁止正时。

（7）Kick—down（强制降挡开关）信号：也称为超车开关信号，强制降挡开关用来检测加速踏板打开的程度。当加速踏板超过节气门全开位置时，强制降挡开关接通，并向电控单元输送信号，这时电控单元按其内存设置的程序控制换挡，并使变速器降一个挡位，以提高汽车的加速性能。该开关放在发动机油门踏板的底下（图 3-37），当油门踏板踩到底时被触发，ECU 发送信号，变速箱首先自动降挡后，再沿最大的发动机动力特性曲线进行升挡，从而产生尽可能大的功率进行加速。因此超车时猛踩油门踏板到底，压下该开关后即可达到加速超车的目的。

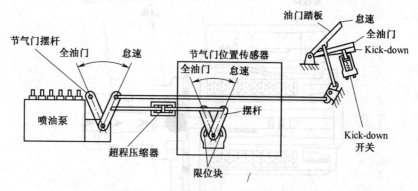

图 3-37　油门踏板和节气门位置传感器

（8）发动机冷却液温度信号：用发动机冷却液温度传感器检测发动机的冷却液温度。当冷却液低于预定温度时，如果变速器换入超速挡，发动机性能及车辆乘座的舒适性会受到影响。为了防止这种情况，在冷却液达到预定温度以前，信号便输入 ECU，以防止换入超速挡。

（9）空挡启动开关（挡位传感器）：空挡启动开关用来判断换挡操纵手柄所处的位置，防止发动机在动力挡位时启动，保证使用安全。另外，ECU 从位于启动开关中的挡位传感器获得变速器所在挡位的信息，然后确定适当的换挡方式。

（10）超速挡主开关：该开关可以使 ECU 确定可以超速挡行驶或不可以超速挡行驶的状态。当该开关接通时，如果各种条件满足时，ECT 将换入超速挡。当该开关断开时，便可以在任何情况下防止 ECT 换入超速挡。

（11）制动灯开关：制动灯开关用以判断制动踏板是否被踩下。当制动踏板被踩下时，制动灯开关输送信号给 ECU，ECU 便取消锁止离合器的结合，保证车辆的稳定行驶。

自动变速器电控系统的执行器主要是各种电磁阀。以下对常用的几种电磁阀进行介绍。

（1）换挡电磁阀：换挡电磁阀（简称电磁阀）是将电子控制信号转换为液压控制信号的元件，安装在控制变速的液压系统集成阀块上，实际上是一种电控液压换向阀。它接收换挡电子控制单元（ECU）发来的电控指令信号，通过其电磁铁的"开"（通电）与"关"（断电），驱动液压换向阀，实现液压油路的"通"与"断"，从而控制自动变速箱中换挡离合器或制动器的结合或分离，完成升挡或降挡操作。

常用的汽车换挡控制电磁阀有两种类型：

一种是二位二通电磁阀，其结构如图 3-38 所示。工作原理如图 3-39 所示，在电磁铁未通电时如图（a），其阀芯在弹簧力的作用下，将进油口（压力油口）打开，系统油压不能输入到换挡阀；当向电磁铁通电后如图（b），弹簧在电磁力的作用下压缩，将进油口关闭，系统油压输入到换挡阀实现换挡操作。一般进油口的油压为主压力油压，因而需要和节流孔一起使用，以保证主压力油压不会降低。

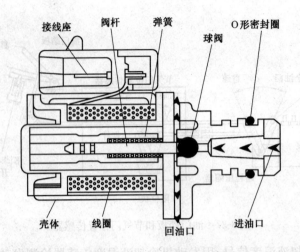

图 3-38 二位二通电磁阀结构

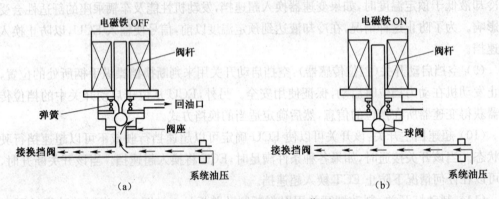

图 3-39 二位二通电磁阀工作原理

(a) 电磁阀未通电; (b) 电磁阀通电。

另一种是二位三通电磁阀,如图 3-40 所示,其工作原理类似于二位二通电磁阀。当未向电磁阀通电时,其阀芯在弹簧力的作用下,将压力油口堵住,使控制油口与回油口连通;当向电磁阀通电后,在电磁力的作用下压缩弹簧,将控制油口与回油路切断,与进油口的通路打开,实现换挡操作。这类换挡用电磁阀响应时间要求较低,一般在 50ms～70ms;供电电压主要有 12VDC 和 24VDC 两种,所需驱动功率一般只有 1 W～3W。最高控制压力一般不超过 3MPa,控制的流量较小(一般每分钟只有几升)。

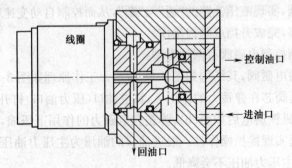

图 3-40 两位三通电磁阀

（2）电液比例压力控制阀：如图 3-41 所示为一种电液比例压力控制阀,用于换挡离合器充油压力的控制,由比例电磁铁控制一个双边节流阀所组成,其输出的控制压力与输入的控制电流成比例关系,如图 3-41(b)所示。控制电磁铁的电流大小一般与该阀所控制的压力大小有关,作为换挡离合器压力控制所采用的电液比例压力控制阀,最大控制压力通常在 3MPa 以下,所需的控制电流小于 100mA,控制电压为 24VDC 或 12VDC。在进行控制时,通过改变输入到比例电磁铁开关电信号"占空比"来实现控制电流大小的调节,如图 3-41(c)所示。占空比越大,相应于通过电磁铁线圈的电流越大,控制输出的压力也就越大。占空比的调整方法是采用脉宽调制(PWM)原理实现的。为了改善响应性能,通常在控制信号中加入 100HZ～200HZ 小幅值的颤振信号。

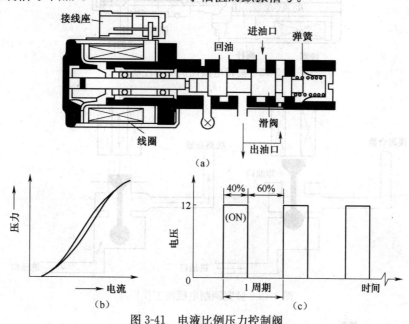

图 3-41　电液比例压力控制阀
(a) 结构;(b) 控制电流与压力的关系;(c) 开关信号的占空比。

图 3-42 所示为福特公司 AOD-E 自动变速箱上所采用的电液比例压力控制阀,用于系统供油压力的调节。在大的控制电流时,该控制阀的进油口关闭,产生最小的控制压力;控制电流为 0 时,控制阀的进油口开度最大,回油口关闭,产生最大的控制压力。随着控制电流的增大,电磁铁施加到控制阀芯上的作用力减小,回油口逐渐被打开,进油口逐渐减小,输出的控制压力也减小,从而达到调节控制压力的目的。变速挡位和发动机油门不同时,所需要的离合器最大供油压力不同,如低挡、大节气门开度时,需要的压力较大;高挡、小节气门开度时,需要的压力则较小。利用这种压力控制阀,可以实现在不同工况时,对液压系统压力不同需求的调节,从而可以减小液压油泵所需的平均驱动功率,提高其使用寿命,同时降低变速箱辅助系统的动力损失。

（3）脉宽调制(PWM)电磁阀:这种电磁阀的工作原理如图 3-43,其结构如图 3-44(a)所示。脉宽调制电磁阀实质上是一个高速响应的二位二通电液换向阀(也称为高速响应电磁阀),其响应时间一般在 3ms～4ms 左右,只具有开、关的功能,控制压力小于 3MPa。当通过控制阀的流量较小时,可以利用该阀直接控制离合器(或制动器);当控制的流量较大时,可以利用该阀与换挡阀组合进行控制。控制输出的压力,随控制输入与电磁铁电信号的占空比成比例变化关系,如图3-44(b)所示。占空比为0时,球阀将进油口全关闭,实现0压力输出;当占空比为100%时,球阀全打开不动,压力输出最大。

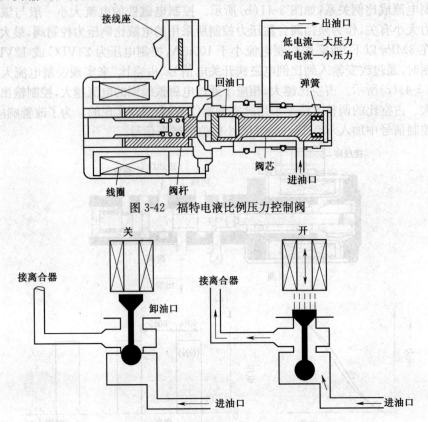

图 3-42 福特电液比例压力控制阀

图 3-43 脉宽调制电磁阀工作原理

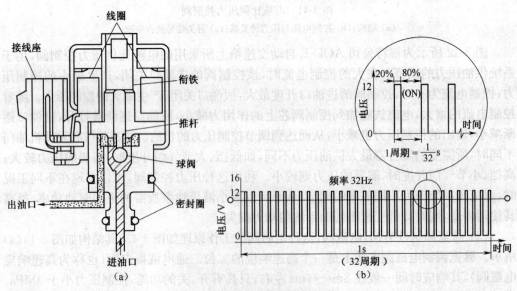

图 3-44 脉宽调制电磁阀结构

(a) 结构;(b) 占空比控制。

3.5.2　电控自动变速器的换挡方法

1. 换挡规律

自动变速是根据汽车的行驶参数来控制的,这些参数主要有车速、发动机节气门开度、发动机转速、液力变矩器涡轮转速和汽车加速度等,目前应用最多的是车速和发动机节气门开度两个参数信号。自动换挡点随控制参数间的变化规律,称为换挡规律,如图3-45所示(实线为升挡曲线,虚线为降挡曲线)。按照参与换挡控制的参数,目前主要有单参数和双参数两种类型。

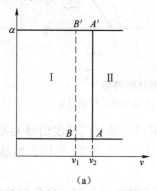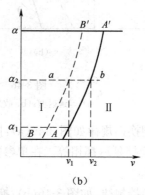

图 3-45　换挡规律
(a) 单参数;(b) 双参数。

(1) 单参数换挡规律,是通过一个控制参数进行换挡控制的。当控制参数达到预定值时,电子控制单元(ECU)自动发出换挡控制指令,接合合适的挡位。作为控制参数,可选择节气门开度、发动机转速或车速等。这种单参数控制方法,系统结构最为简单,但动力性和经济性的要求难以兼顾。为保证良好的动力性能,升挡点多设计在发动机最高转速点。

(2) 双参数换挡规律,是目前应用最多的形式。采用这种换挡控制,当两个控制参数(具有一定的比例关系)达到一定值时就自动发出换挡指令,接合合适的挡位。作为控制参数,最常用的是车速(v)和发动机节气门开度(α)。实际操作中,驾驶员可以通过控制节气门开度干预换挡,例如快速松开油门踏板时可以提前换入高挡,而猛踩油门踏板时则可以强制换入低挡。这种控制方法相对复杂,但可以选择最优的动力性或经济性进行换挡,或两者兼顾。

在图3-45的换挡规律中,自动变速的降挡点(图中的虚线)比升挡点(图中的实线)晚,称为换挡延迟(也称降挡速差),其主要作用如下。

(1) 保证换挡控制的相对稳定性。当自动换入新的挡位后,不会因为油门踏板振动或者是车速稍有升降时而重新换入原来的挡位。

(2) 有利于减少循环换挡(一会儿降到低挡,一会儿又升入高挡),避免对汽车行驶性能的有害影响。

(3) 驾驶员可以干预换挡,即可以通过控制油门踏板而改变换挡点,进行提前升挡或提前降挡。

（4）通过改变换挡延迟可以改变换挡点，以适应动力性、经济性等方面的不同需要。

按照换挡延迟的变化，换挡规律又可分为等延迟型、收敛型、发散型、组合型等，如图3-46所示，它们对动力性能和经济性能方面各有侧重。

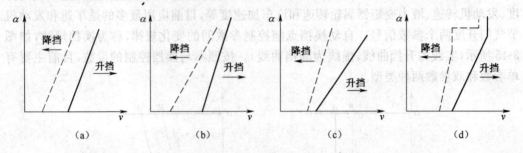

图 3-46　换挡规律的类型
(a) 等延迟型；(b) 收敛型；(c) 发散型；(d) 组合型。

① 等延迟型换挡规律如图 3-46(a)：换挡延迟与节气门开度信号无关，不管节气门开度信号的大小，换挡延迟都相等。在单参数换挡规律中常用，换挡次数最少，主要用于城市公共交通车辆。

② 收敛型换挡规律，如图 3-46(b)，换挡延迟随着节气门开度信号的增加而减小。大节气门开度时换挡延迟小因而有利于换入高挡，动力性好；小节气门开度时换挡延迟大，有利于减少换挡次数，可改善经济性；这种换挡规律用于经常在大节气门开度下工作的重型汽车上。

③ 发散型换挡规律，如图 3-46(c)，换挡延迟随着节气门开度信号的增大而增大。小节气门开度时换挡延迟小因而有利于换入高挡，燃油经济性好；大节气门开度时换挡延迟大，有利于减少换挡次数，这种换挡规律适用于行驶阻力变化不大，经常在小节气门开度下工作的轻型汽车。

④ 组合型换挡规律，如图 3-46(d)，是由两种以上换挡规律所组成，它可以在不同的节气门开度下得到不同的换挡规律。一般是在小节气门开度时以减少油耗和污染、提高舒适性为主；大节气门开度时则以提高动力性能为主。汽车实际上采用的都是组合型换挡规律。图 3-47 所示即为丰田 A-130 轻型汽车上 3 挡自动变速箱所采用的组合型换挡规律曲线，实线为升挡点曲线，虚线为降挡点曲线。该换挡规律基本上是由发散型换挡规律所组合而成，换挡控制器上共有两种选择，即"D"和"L"（选择"D"时，从 1 挡到 3 挡范围内自动换挡，选则"L"时在 1 挡与 2 挡之间自动换挡）。图中的双点画线为液力变矩器的闭锁与解锁控制规律，采用的是单参数等延迟型换挡规率，闭锁与解锁点只与车速（变速箱的输出轴转速）有关。

动力传动系统和汽车类型不同，换挡规律也不同。换挡规律的确定，一般需经过理论设计、台架与道路实验来完成。

此外，增加电子控制后，按照自动变速系统可实现汽车行驶的最佳动力或经济性指标，上述换挡规律还分为动力型换挡规律和经济型换挡规律（在液压自动变速箱中只能兼顾动力性与经济性的要求）。

164

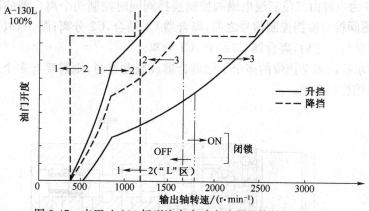

图 3-47　丰田 A-130 轻型汽车自动变速器的换挡规律曲线

所谓动力型换挡规律(一般标记为 P 或 S),是以汽车在行驶当中的动力性能(指最大车速、爬坡性能、加速性能等)最优为目标而设计的换挡规律,设计原则主要是充分发挥发动机的功率潜力,提高汽车平均行驶速度;所谓经济型换挡规律(一般标记为 E),是以汽车发动机的燃油消耗最低为目标而设计的换挡规律。通常在换挡控制器上有这两种控制模式的选择开关。

2. 换挡方法

下面以电液变速器的换挡过程为例,说明自动变速器的换挡方法。

电液换挡控制是通过电磁阀控制液压油来驱动换挡阀,实现升挡或降挡操作。图 3-48 给出了采用二位二通电磁阀控制一个二位三通换挡阀的换挡控制原理,它可以用于控制二个离合器的结合或分离。如图 3-48(a),当未向电磁阀发出换挡控制信号时,阀芯将换挡阀左端与液压系统回油通路关闭,压力油推动换挡阀芯保持在左端位置,离合器油缸进油通路与回油通路相通,使离合器处于分离状态;当向电磁阀发出换挡指令后,阀芯将换挡阀左端与回油通路打开,压力油经过节流孔后流向回油通路,换挡阀芯保持在右端位置,离合器油缸进油通路与供油通路相通,使离合器处于结合状态。在图示的结构中,由于电磁阀控制油路中有节流孔,因而主压力油的压力不会降低。

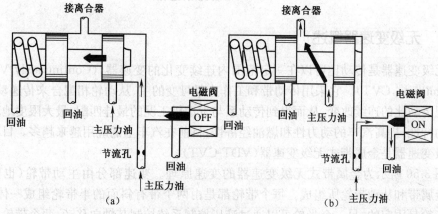

图 3-48　电液换挡控制原理
(a) 换挡前;(b) 换挡后。

图 3-49 为一种由二位三通电磁阀控制换挡阀同时控制两个离合器的原理。图 3-49(a)表示电磁阀接受换挡控制信号之前，离合器 C1 结合，C2 分离；图 3-49(b)表示电磁阀接受换挡控制信号之后，离合器 C2 结合，C1 分离。

如果要求控制多个挡位的多个不同离合器或制动器时，则需要有多个电磁阀和换挡阀来组成换挡控制系统。

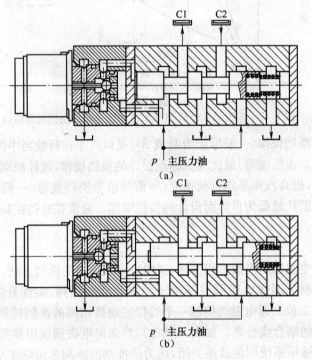

图 3-49　两个离合器的换挡控制
(a) 换挡前；(b) 换挡后。

3.6　无级变速器

3.6.1　无级变速器概述

无级变速器是传动比可以在一定范围内连续变化的变速器，(Continuously Variable Transmission，CVT)。它采用传动带和工作直径可变的主、从动轮相配合来传递动力，可以实现传动比的连续改变，从而得到传动系与发动机工况的最佳匹配，最大限度地利用发动机的特性，提高汽车的动力性和燃油经济性，目前在汽车上的应用越来越多。目前常见的无级变速器是金属带式无级变速器（VDT-CVT）。

图 3-50 所示为金属带式无级变速器的变速原理。变速部分由主动带轮（也称初级轮）、金属带和从动带轮所组成。每个带轮都是由两个带有斜面的半带轮组成一体，其中一个半轮是固定的，另一个半轮可以通过液压控制系统控制其轴向移动，两个带轮之间的中心矩是固定的。由于两个带轮的直径可以连续无级变化，所以形成的传动比也是连续无级变化的。

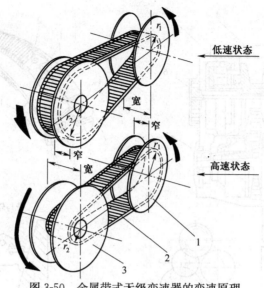

图 3-50　金属带式无级变速器的变速原理

1—主动带轮；2—金属传动带；3—从动带轮。

目前，国内常见的采用了无级变速器的有奥迪 A6、派力奥（西耶那、周末风）、飞度、旗云等车型。

3.6.2　无级变速器的基本组成和工作原理

无级变速器主要由无级变速传动机构和液压及电子控制系统两部分组成。

1. 无级变速传动机构

一般无级变速机构所形成的传动比在 0.44～4.69 之间，在其后需要增加主减速器，在其前一般还配有电磁离合器或带有锁止离合器的液力变矩器。图 3-51 所示为带液力变矩器的无级变速器。

如图 3-52 所示是无级变速器的关键部件金属带。它是由一层层带有 V 形斜面的金属片通过柔性的钢带所组成，靠 V 形金属片传递动力，而柔性钢带则只起支撑与保持作用。和普通的带传动不一样，这种带在工作的时候相当于由主动轮通过钢带推着从动轮旋转来传递动力。一般钢带总长约 600mm，由 300 块金属片组成，每片厚约 2mm，宽约 25mm，高约 12mm。每条带包含柔性的钢带 2 条～11 条，每条厚约 0.18mm。生产出能够传递高转矩和高转速的 V 形钢带，是当前无级变速传动的主要研究问题之一。

2. 无级变速传动的电子控制系统

1）控制系统的组成

图 3-53 所示为一种电液控制的电控无级变速传动的控制系统。系统中包括电磁离合器的控制和金属带变速控制。变速比由发动机节气门信号和主动带轮转速所决定，ECU 根据发动机的转速、车速、节气门位置、换挡控制器（一般仅有 P、R、N、D 选择）信号控制电磁离合器，以及控制带轮上液压伺服缸的压力，实现无级变速。一般在最高传动比（低挡）时控制压力最大，约 2.2MPa；在最低传动比（高挡）时的控制压力最小，约 0.8MPa。由于传动比的改变仅受节气门和主动带轮转速的控制，因而控制的灵活性相对受到了限制。

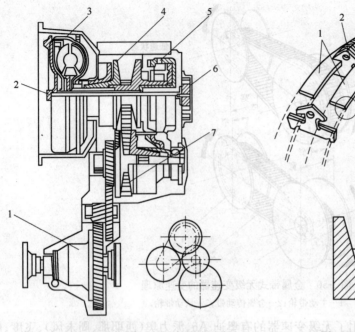

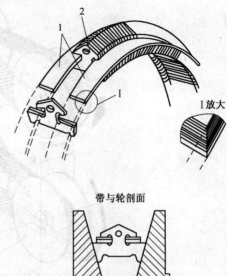

I放大

带与轮剖面

图 3-51 带液力变矩器的无级变速器

1—差速器；2—输入轴；3—液力变矩器；4—主动带轮；
5—前进倒车换挡机构；6—液压泵；7—从动带。

图 3-52 金属带的结构

1—柔性钢带；2—金属块。

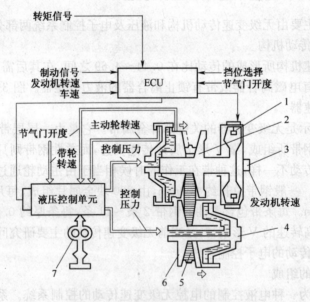

图 3-53 无级变速电子控制系统

1—电磁离合器；2—主动带轮；3—输入轴；4—输出轴；
5—钢带；6—从动带轮；7—液压泵。

2）控制方法

如图 3-54 所示，发动机的输入转速作为反馈信号，以节气门开度等作为控制输入信号，来控制带轮的压力、调节传动比的闭环电控无级变速传动控制系统。这是一个全部输

168

入和输出转速都能检测的闭环电子控制系统。驾驶员的意图是通过节气门开度及换挡控制器,输入到电子控制系统,并可以选择动力型(S)或经济型(E)的最佳换挡规律。根据发动机的转速和转矩,确定施加到主、从动带轮上的压力,并由发动机转速(对应于主动带轮转速)构成转速反馈闭环控制,根据转速的偏差信号决定升挡或降挡变速,并输出控制信号到电液比例控制阀,控制作用在两个运转带轮上的液压伺服缸的压力。

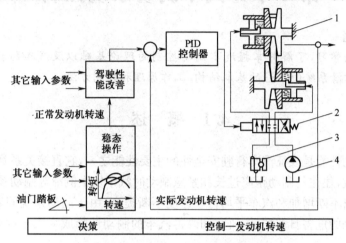

图 3-54　无级变速闭环控制原理
1—输入轴;2—控制阀;3—转矩传感器;4—液压泵。

思 考 题

1. 液力变矩器是怎样工作的?
2. 试说出液力偶合器和液力变矩器的传动特性,并画出其效率特性图。
3. 试画图说明实际使用的综合式液力变矩器的效率特性是怎样的,是如何实现的?
4. 电控式自动变速器的组成有哪些?
5. 自动变速器液压控制系统的执行机构有哪些?
6. 行星齿轮机构的组成有哪些? 其传动比与哪些因素有关? 说明三元件的齿数关系,其转速特性方程是什么?
7. 自动变速器换挡执行机构由哪些部分组成?
8. 试说明 5 挡辛普森式行星齿轮变速机构的各挡工作情况。
9. 按控制参数换挡规律的分类有哪些?
10. 什么是换挡延迟? 其主要作用是什么?
11. 按控制目标换挡规律的分类有哪些?
12. 按换挡延迟换挡规律的分类有哪些? 试说明各类型的特点。
13. 能根据图说明电液换挡的控制原理。
14. 电控变速器的 ECU 具有哪些功能?
15. 电控变速器的 ECU 需要接收哪些装置(或传感器)的信号?
16. CVT 传动的主要优点是什么? 简述无级变速器无级变速的基本原理。

169

第4章　汽车制动系统控制

【学习目标】

通过本章的学习，了解并掌握汽车制动控制的理论基础以及汽车防抱死制动系统（ABS）和驱动防滑系统（ASR）的基本结构、工作原理和控制方法。

4.1　概　述

汽车的制动性能是表征汽车行驶安全性的主要性能之一，它直接关系到行车安全性。重大的交通事故，往往与制动距离过长和紧急制动时汽车发生侧滑等制动系统问题有关。随着汽车拥有量不断增加和汽车平均行驶速度不断提高，由于制动系统问题导致的交通事故给人们带来的危害日益严重，研究和改善汽车的制动性能成为汽车设计与开发部门的重要课题。

评价一辆汽车制动性能的最基本指标是制动减速度、制动距离及制动时汽车的方向稳定性。制动减速度是指汽车制动过程中的最大减速度，它与制动器制动力（制动器摩擦片与制动鼓或制动盘之间产生的摩擦阻力）和轮胎-路面附着力（轮胎与路面之间产生的摩擦阻力）有关。制动距离是指在一定制动初速度下，汽车从驾驶员踩下制动踏板开始到停车为止驶过的距离。制动时汽车的方向稳定性是指制动过程中汽车按照指定方向轨迹行驶的能力。

最原始的制动控制只是驾驶员操纵一组简单的机械装置向制动器施加作用力，这时的车辆质量比较小，速度比较低，机械制动就足以满足车辆制动的需要。后来，随着汽车自身质量的增加，开始出现真空助力装置。随着科学技术的发展及汽车工业的发展，各大汽车公司开始采用液压制动技术。气动和液压制动都属于传统的制动控制系统，其作用只是均匀分配气体或油液压力。当踩下制动踏板时，主缸就将等量的压缩气体或油液送到通往每个制动器的管路，并通过一个比例阀使前后平衡。

传统制动控制方式存在的主要问题，即紧急制动时的车轮抱死。如果由于汽车紧急制动（尤其是高速行驶时）而使车轮完全抱死，汽车就会失去方向稳定性，这是非常危险的。若前轮抱死，将使汽车失去转向能力，汽车就会按照原来的行驶方向向前行驶。这时虽然汽车处于稳定状态，但是由于驾驶员不能通过操纵方向盘控制汽车行驶方向，从而很难躲避前方的行人或车辆等障碍物。若后轮抱死，汽车的制动稳定性将变差，只要有很小的侧向干扰力（侧风、路面倾斜、路面上有石块等），就会使汽车出现甩尾或调头（跑偏、侧滑）等危险情况。尤其在路面上有积水、冰或积雪等湿滑情况下，很容易出现车轮抱死，对行车安全造成极大的危害。而且，车轮抱死造成车轮拖滑，也会使轮胎局部磨损加剧，导致轮胎使用寿命降低。因此，在制动过程中，最佳的制动状态是车轮接近抱死又未完全抱死。这样既能保证汽车获得所需要的制动力，又不会失去行驶方向稳定性，这就需要对制动力施加控制。但是,在传统制动力控制方法中,是通过驾驶员踩下制动踏板使制动液(气体)压力增大而增大制动力,而在紧急制动过程中,驾驶员往往是将制动踏板踩到底,致使车轮抱死。所以,采用传统制动控制方法,很难实现对制动力进行有效控制而不使车轮在紧急制动过程中出现抱死现象。

为了解决这个问题,ABS 应运而生(Anti-lock Braking System)ABS,中文译为"防抱死制动系统"。它是一种具有防滑、防止车轮抱死等优点的汽车制动控制系统。ABS 是在常规制动装置基础上的改进型技术。ABS 既有普通制动系统的制动功能,又能防止车轮抱死,使汽车在制动状态下仍能转向,保证汽车的制动方向稳定性,防止产生侧滑和跑偏,是目前汽车上最先进、制动效果最好的制动装置。ABS 是一种制动干预系统,能够按照每个制动器的需要对油液(气体)压力进行调节。ABS 的功能就在于通过对制动油(气)压加以控制,达到对车轮的防抱死控制。当汽车制动时,安装在车轮上的传感器立即能感知车轮是否抱死,并将信号传给控制器。控制器能立即降低将要抱死车轮的制动力,车轮又继续转动,转动到一定程度,控制器又发出命令施加制动,这样不断重复,直至汽车完全停下来。通过"制动—松开—制动—松开"的循环工作,车辆始终处于临界抱死的间隙滚动状态。安装 ABS 后,能显著改善汽车制动性能,有效保证驾乘者的安全。ABS 集微电子技术、精密加工技术、液压控制技术为一体,是机电一体化的高技术产品。它的安装大大提高了汽车的主动安全性和操纵性。20 世纪 80 年代后期,随着电子技术的发展,ABS 得到大量推广和应用。

在汽车起步或加速时,有时因驱动力过大而使驱动轮高速旋转、超过摩擦极限而引起打滑,这与车轮抱死时的情形非常类似。此时,车轮同样不具有足够的侧向力来保持车辆的稳定,车轮纵向力也减少,影响加速性能。由此看出,防止车轮打滑与抱死都是要控制汽车的拖滑,所以在 ABS 的基础上发展了驱动防滑系统(Acceleration Slip Regulation,ASR)。汽车在不良路面,特别是在冰雪和泥泞路面上起步以及再加速时,ASR 将可以防止驱动轮出现打滑现象,以此改善车辆行驶方向稳定性和操控性。此外,ASR 还可以防止车辆在滑溜路面高速转弯时,汽车后部出现侧滑现象。总之,ASR 可以最大限度利用发动机的驱动力矩,保证车辆起步、转向和加速过程中的稳定性能。此外,ASR 还能减小车轮磨损和燃油消耗。ASR 是 ABS 在逻辑和功能上的扩展。ABS 在增加了 ASR 功能后,主要的变化是在电子控制单元中增加了驱动防滑控制逻辑系统,来监测驱动轮的转速。ASR 的硬件与 ABS 大部分相同,两者形成一个整体,发展成为 ABS/ASR 系统。目前,ABS/ASR 已在欧洲载货车新车中普遍使用,并且欧共体法规 EEC/71/320 已强制性规定在总质量大于 3.5 t 的载货车上使用 ABS/ASR。

在 ABS 基础上发展起来的另一种新系统是牵引力控制系统(Traction Control System,TCS)。在日本等地也称为 TRC 或 TRAC。ABS 控制 4 个车轮,而 TCS 只控制驱动轮,其制动原理与 ASR 系统如出一辙。当汽车加速时,TCS 将滑动控制在一定的范围内,从而防止驱动轮快速滑动。其功能在于提高牵引力和保持车辆行驶稳定性。没有配备 TCS 的汽车在湿滑路面上加速时,驱动轮极易打滑。其中,后轮驱动车辆将可能出现甩尾,前轮驱动车辆则容易出现方向失控,导致车辆向一侧偏移。配备 TCS 后,便能减轻汽车在加速时的驱动轮打滑程度,保证车辆正确转向。

然而 ABS/ASR 只是解决了紧急制动和加速时路面附着系数的利用,并可获得较短的制动距离及制动方向稳定性,但是它不能解决制动系统中的所有缺陷。因此 ABS/ASR 就进一步发展演变成电子控制制动系统(Electronic Braking System,EBS)。它包括 ABS/ASR 功能,同时可进行制动强度的控制。ABS 只有在极端情况下(车轮完全抱死时)才会控制制动,而 EBS 在部分制动时便可控制单个制动缸的压力,因此反应时间缩短,确保在每一瞬间都能得到正确的制动压力。近几年电子技术及计算机控制技术的飞速发展为 EBS 的发展带来了机遇。德国自 80 年代以来率先发展了 ABS/ASR 系统并投入市场,在 EBS 的研究与发展过程中也走在了世界的前列。

通常情况下,由于各个轮胎附着地面的条件不同,因此,汽车制动时,很容易因轮胎与地面的摩擦力不同,产生打滑、倾斜和侧翻等现象。为此,人们设计了电子制动力分配装置(Electric Brake force Distribution,EBD)。EBD 的功能就是在汽车制动的瞬间,分别计算出 4 个轮胎摩擦力数值,然后通过调整制动装置,达到制动力与摩擦力(牵引力)的匹配,以保证车辆的平稳和安全。EBD 主要是对 ABS 起辅助作用,提高 ABS 的功效。重踩制动踏板时,EBD 会在 ABS 作用之前,依据车辆的重量分布和路面条件,有效分配制动力,以使各个车轮得到更接近理想化的制动力分布。因此,EBD 是在 ABS 的基础上,平衡每一个车轮的有效抓地力,改善制动力的平衡,防止出现甩尾和侧滑,并缩短汽车制动距离,使汽车的安全性能得到进一步提高。

有关调查显示,约有 90% 的汽车驾驶员在紧急情况下制动时不够果断。为此人们设计了制动辅助系统(Brake Assist System,BAS)。BAS 能根据驾驶员踩下制动踏板的速度,探测车辆的行驶情况。紧急情况下,当驾驶员迅速踩下制动踏板力度不足时,BAS 便会启动,并在不足 1s 的时间内把制动力增至最大,从而缩短紧急制动距离。ABS 虽然能够缩短制动距离,但如果驾驶员采用点刹时,车轮往往不会抱死,ABS 没有机会发挥作用。BAS 则让现有的 ABS 具有一定的智能。当驾驶员迅速用力踩下制动踏板时,BAS 就会判断车辆正在紧急制动,从而启动 ABS,迅速增大制动力。

与 BAS 功能非常相似的是电子制动辅助系统(Electronic Brake Assist,EBA)。在一些非常紧急的事件中,驾驶员往往不能迅速地踩下制动踏板,EBA 就是为此设计。该系统利用传感器感应驾驶员对制动踏板踩踏的力度与速度大小,然后通过控制器判断驾驶员此次制动意图。如果属于非常紧急的制动,EBA 此时就会指示制动系统产生更高的油压(气压)使 ABS 发挥作用,从而使制动力快速产生,减少制动距离。而对于正常情况制动,EBA 则会通过判断不予启动 ABS。通常情况下,EBA 的响应速度都会远远快于驾驶员,这对缩短制动距离,增强安全性非常有利。此外,对于脚力较差的妇女及高龄驾驶员躲避紧急危险的制动,也帮助很大。有关测试表明,EBA 可以使车速高达 200km/h 的汽车完全停下的距离缩短 21m 之多,尤其是对在高速公路行驶的车辆,EBA 可以有效防止常见的"追尾"意外。

在一些高端车型上(比如奥迪、奔驰),人们又将 ABS、BAS 和 ASR 三个系统功能综合在一起,形成电子稳定程序(Electronic Stability Program,ESP)。在汽车行驶过程中,ESP 系统通过不同传感器实时监控驾驶员转弯方向、车速、油门开度、制动力,以及车身倾斜度和侧倾速度,以此判断汽车正常安全行驶和驾驶员操纵汽车意图之间的差距,然后通过调整发动机的转速和车轮上的制动力分布,修正过度转向或转向不足。ESP 在提高汽车行驶稳定性方面效果显著。ESP 能够实时监控驾驶员的操控动作、路面反应、汽车运动状态,并不断向发动机和制动系统发出指令。ABS等安全技术主要是对驾驶员的动作起干预作用,但不能调控发动机。ESP则可以通过主动调控发动机的转速,并调整每个轮子的驱动力和制动力,来修正汽车的过度转向和转向不足。当驾驶员操作不当或路面异常时,ESP会用警告灯提醒驾驶员。

ABS除了上述功能扩充外,汽车工程技术人员还计划把悬架和转向控制扩展进来,使车辆制动控制不仅仅是防抱死控制,更成为综合的车辆控制系统。这就是车辆动态控制系统(Vehicle Dynamic Control,VDC)。它可以在车辆起步、加速、制动、转弯过程中对每个车轮的转动进行控制,同时可以防止加速或制动过程中车身出现俯仰。例如Bosch公司开发的VDC能不断地对方向盘指示的行驶方向或转弯路径与汽车的实际位移进行比较。它综合考虑了汽车的稳定性、操纵性和制动性,以改善汽车的侧向稳定性和操纵性。

1995年,Bosch公司开发出行驶动力调节系统(Fahrdynamikregelung,FDR)。在制动和驱动加速过程中,FDR不仅能保持、改进ABS和ASR的基本作用,在横向动力学临界状态下,FDR系统还会自动地进行多次校正操作,起到了主动稳定支持功能,避免发生致命的伤害。

1998年,ITT公司汽车分部研制的新一代汽车防抱死制动系统,在路面较滑的情况下能较好地控制汽车滑动。该制动系统可由降低前轮的制动力来纠正汽车转向不足的状态,还可通过更有力地制动其中一个后轮,来纠正过度转向状态。ITT公司研制的偏航传感器是这套系统的关键,该传感器能确定汽车转弯时的速率。

由此可以看出,车辆制动控制系统的发展主要是控制技术的发展。这一方面是扩大控制范围、增加控制功能;另一方面是采用优化控制理论,实施伺服控制和高精度控制。

随着机电一体化技术在汽车工业中的广泛应用,未来将由高性能的微处理器和可控式电子执行元件来实现汽车的各种功能,它们将替代传统的机械部件,进一步提高现代乘用车的安全性与舒适性。Daimler-Chrysler公司研制的测控一体化制动控制系统(Sensotronic Brake Control,SBC)就是这样一种电子控制式制动系统。SBC就是使用电子脉冲,将驾驶员的制动命令传送到一个微处理器中,由它同步处理各种不同的传感器信号,并根据特定行驶状态计算每一个车轮的最佳制动力。这样,当在拐弯或者湿滑路面上制动时,SBC能提供比传统制动系统更好的主动安全性。SBC系统的高压储能及电控阀装置能保证最大制动压力更快产生作用。此外,该系统提供的附加功能可以减少驾驶员驾车中的操作强度,如交通拥挤辅助功能在走走停停的交通状态下,汽车可以在驾驶员松开加速踏板时自动制动。其柔和停车功能则可以让汽车在城市交通中特别柔和而平顺地停下来。

随着电子技术的发展,汽车制动系统的形式也在不断发生变化。线传制动(Brake-By-Wire,BBW)将成为未来制动控制系统的发展方向。它不同于传统的制动系统,因为它传递的是电信号,而不是液压油或压缩空气,可以省略许多管路和传感器。其显著的优点是:整个制动系统结构简单,省去了传统制动系统中的制动油箱(储气罐)、制动主缸、助力装置、液(气)压阀、复杂的管路系统等部件,使整车质量降低;制动响应时间短,提高了制动性能;无制动液(气体),维护简单;系统总成制造、装配、测试简单快捷,制动分总成为模块化结构;采用电线连接,系统耐久性能良好;易于改进,稍加改进就可以增加各种电控功能。

综上所述,现代汽车制动控制技术正朝着电子制动控制方向发展。BBW因其巨大的优越性,将取代传统的以液压或气压为主的传统制动控制系统而占据下一代制动控制系统的统治地位。同时,随着其它汽车电子技术,特别是超大规模集成电路的发展,电子元件的成本及尺寸不断下降,汽车电子制动控制系统将与其它汽车电子系统(电子悬架系统、主动横摆稳定系统、电子导航系统、无人驾驶系统等)融合在一起成为综合的汽车电子控制系统。未来的汽车中就不存在孤立的制动控制系统,各种控制单元集中在一个 ECU (Electronic Control Unit,ECU)中,并将逐渐代替常规的控制系统,实现车辆控制的智能化。一些智能控制技术,如神经网络控制技术等也会逐渐应用到汽车的制动控制系统中。

4.2 汽车制动控制的理论基础

4.2.1 汽车制动时的受力分析

汽车制动时受到的作用力及其方向,如图 4-1 所示。

从图中可以看出,汽车在制动过程中受到的作用力主要有制动器制动力和地面制动力。还有一个力是由于各个车轮上的垂直载荷引起的地面反作用力 F_z。制动器制动力是指在轮胎周缘为克服制动器摩擦力矩所需施加的力。制动器制动力仅由制动器结构参数所决定,即取决于制动器的型式、结构尺寸、制动器摩擦副的摩擦系数以及车轮半径,并与制动踏板力(制动时的液压或空气压力)成正比。地面制动力是使汽

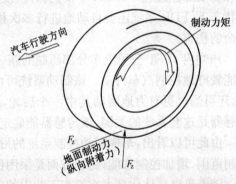

图 4-1 汽车制动时的受力分析

车制动而减速行驶的外力,它取决于两个摩擦副的摩擦力:①制动器内制动摩擦片与制动鼓或制动盘间的摩擦力,即制动器制动力;②轮胎与地面间的摩擦力,即轮胎-道路附着力。

地面制动力越大,制动减速度越大,制动距离也越短,所以地面制动力对汽车制动性能具有决定性的影响。

在制动过程中,当制动踏板力较小时,制动器摩擦力矩不大,地面制动力(即地面与轮胎之间的摩擦力)足以克服制动器摩擦力矩而使车轮滚动。显然,车轮滚动时的地面制动力就等于制动器制动力,且随踏板力增长成正比增长。当制动器踏板力或制动系压力上升到某一值时,地面制动力达到轮胎-道路附着力时,车轮即抱死不转而出现拖滑现象。也就是说,车轮抱死前,地面制动力等于制动器制动力,地面制动力随制动器制动力增加而增加。车轮抱死后,地面制动力等于地面附着力,地面制动力不再随制动器制动力增加而增加,而是取决于地面附着力。

汽车的地面制动力,首先取决于制动器制动力,但同时又受地面附着条件的限制。所以,只有汽车具有足够的制动器制动力,同时地面又能提供高的轮胎-道路附着力时,才能获得足够的地面制动力。

轮胎-道路附着力等于轮胎-道路附着系数 ϕ 与地面反作用力 F_z 的乘积。研究表明:

车轮与地面之间的附着系数 ϕ 除了与车轮状况、地面状况有关外,还与车轮的运动状态有关。车轮的运动状态一般用滑移率 S 表示。

4.2.2　滑移率与路面附着系数的关系

滑移率的定义为

$$S=\frac{v_\omega-r_{r0}\times\omega_\omega}{v_\omega}\times100\%$$

式中　v_ω——车轮中心的速度,即汽车车身的速度;

　　　r_{r0}——车轮的动力半径;

　　　ω_ω——车轮的角速度。

滑移率反映了车辆的运行状态:当 $S=0$ 时,为纯滚动;当 $S=1$ 时,为纯滑动;当 $0<S<1$ 时,既有滚动又有滑动。

典型路面上滑移率与路面附着系数的关系,如图 4-2 所示。

图 4-2 中的路面附着系数包括两种形式:①车轮纵向附着系数,它是指制动力与车轮垂直载荷之比;②车轮侧向附着系数,它是指侧向力与车轮垂直载荷之比。

从图中可以看出:在非制动状态下(滑移率为0),纵向附着系数等于0。在制动状态下,当 $S=$ 20%左右(15%～30%)时,纵向附着系数处于最大值附近,侧向附着系数也较大(50%～75%)。此时,能够提供最大的路面制动力,而且侧向附着力也比较大,在此之前的区域为稳定区域。所以,如果能将滑移率 S 控制在 20% 左右,就能够使车辆具有较好的制动稳定性。从图中还可以看出,

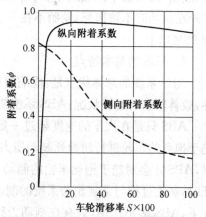

图 4-2　滑移率与路面附着系数的关系

随着滑移率的增大制动附着系数反而减少,侧向附着系数也下降很快,汽车进入不稳定区域。特别是当 $S=100\%$ 时,即车轮抱死拖滑时,纵向附着系数较小,制动效能差,而侧向附着系数接近 0,汽车失去转向和抵抗侧向力的能力,这是很危险的。附着系数的具体大小取决于道路的材料、状况以及轮胎的结构、胎面花纹和车速等因素。

从上面的公式可知,制动时驾驶员通过踩脚踏板控制制动力从而控制轮速大小,就可以对滑移率进行控制。但从前面的分析可知,在紧急制动过程中,驾驶员往往会将制动踏板踩到底,导致车轮抱死。所以,通过驾驶员的操作来控制滑移率几乎是不可能的,而要将滑移率 S 控制在 20% 左右的最佳数值就更难以实现。这正是传统制动控制系统在紧急制动时存在的问题。引入汽车电子控制,就可实现这个目的,这就是防抱死制动系统(ABS)。在实际控制中,ABS 能够将滑移率 S 控制在 20% 左右,以获得较大的纵向和侧向附着力,从而保证制动时汽车的方向稳定性。因此,所谓汽车防抱死制动系统(ABS),就是在汽车制动时,通过 ECU 来控制有关元件以调整制动力的大小,进而调整最佳滑移率,使汽车达到最佳制动效果的装置。

4.3 汽车防抱死制动系统(ABS)

4.3.1 ABS的基本功能和特点

1. ABS的基本功能

ABS的功能是在车轮将要抱死时,降低制动力,而当车轮不会抱死时又增加制动力,如此反复动作,使制动效果最佳。

ABS是一种具有防滑、防抱死等优点的安全制动控制系统。没有安装ABS系统的汽车,在遇到紧急情况时,来不及分步缓慢制动,只能一脚踩死。这时车轮容易抱死,加之车辆冲刺惯性,便可能发生侧滑、跑偏、方向不受控制等危险状况。而装有ABS的汽车,当车轮即将到达下一个抱死点时,制动在1s内可作用60次~120次,相当于不停地制动、放松,即类似于机械式"点刹"。因此,可以避免在紧急制动时方向失控及车轮侧滑,使车轮在制动时不被抱死;轮胎不在一个点上与地面摩擦,从而加大摩擦力,使制动效率达到90%以上。

2. ABS的基本特点

ABS系统的总体优点是:能缩短制动距离和制动时间;增加汽车制动时的方向稳定性;改善轮胎的磨损状况;ABS系统使用方便、工作可靠。

ABS只是在汽车的速度超过一定值以后(如5km/h或8km/h),才会对制动过程中趋于抱死的车轮进行防抱死制动压力调节。在制动过程中,只有当被控制车轮趋于抱死时,ABS才会对趋于抱死车轮的制动压力进行防抱死调节;在被控制车轮还没有趋于抱死时,制动过程与常规制动系统的制动过程完全相同。一般说来,在制动力缓缓施加的情况下,ABS多不作用,只有在制动力猛然增加使车轮转速骤消的时候,ABS才发生效力。在低附着系数路面(结冰、积雪等路面)上制动时,应一脚踏死制动踏板。ABS的另一主要功效是,制动同时可以打方向盘躲避障碍物。因此,在制动距离较短,无法避免碰撞时,迅速制动转向,是避免事故的最佳选择。

ABS是在原来普通制动系统之上,另增加了一套控制系统而成。普通制动系统的正常工作是ABS系统工作的基础。如果普通制动系统发生故障或失灵,ABS系统随即失去控制作用;倘若ABS系统发生故障,普通制动系统会照常工作,只是没有了防抱死的功能。

ABS都具有自诊断功能,能够对系统的工作情况进行监测,一旦发现存在影响系统正常工作的故障时将自动地关闭ABS,并将ABS警告灯点亮,向驾驶员发出警告信号,汽车的制动系统仍然可以像常规制动系统一样进行制动。

4.3.2 ABS的国内外发展概况

1. ABS的国外发展概况

1928年,提出ABS理论。

1932年,发布ABS专利。英国人霍纳莫姆在1932年申报了题为"制动时防止车轮压紧转动"的安全装置的专利。

Knorr 公司的 ABS 最早在火车上实践。

1936 年,德国 Bosch 公司申请的一项电液控制的 ABS 装置专利,促进了防抱制动系统在汽车上的应用。该公司将电磁传感器用于测量车轮转速,当传感器探测到车轮抱死拖滑时,调节装置启动,调节制动管路压力,这一思路一直延续至今。

1940 年末至 1950 年初,飞机采用 ABS。

自 20 世纪 50 年代,开始了将飞机用 ABS 向汽车移植的工作。

20 世纪 70 年代初,ABS 的控制器采用分离元件的电子线路式模拟计算机。

美国 Ford 公司在汽车上首先采用 ABS。

1957 年,Kelsey-Hayes 开始研究自动制动系统。同年,Chrysler 公司开始研究滑移控制制动系统。

1960 年上半年,Harry Ferguson Research 公司把 Maxaret ABS 组合成四轮控制式,安装在试验车上。

1968 年初,Kelsey-Hayes 公司完成了称为"Sure-Track"的单通道后二轮控制的真空助力 ABS 系统,并于 1969 年装于 Ford 公司的雷鸟、林肯大陆和马克 3 型汽车上。

1971 年,Chrysler 公司将 4 轮电子控制的 ABS 系统装于帝国牌汽车上,这是由 Bendix 公司发展的 4 轮 3 通道真空作用的系统,称之为"Sure-Brake"。

这些早期的 ABS 装置性能有限,性能不够理想,且成本高。从美国国家公路交通安全局(NHTSA)在这一时期关于 ABS 的规定也可以看出这一点。

美国国家公路交通安全局(NHTSA)在 1970 年开始为联邦机动车安全标准(FMVSS)制定制动标准,1971 年发布了用于气压制动系统的标准:卡车要求在干路上 60 英里/h 初速制动时制动距离为 245 英尺,并且所有车轮不能有短暂抱死,并确定生效日期为 1975 年 3 月 1 日。法规迫使大量的汽车装上了 ABS。但 ABS 的故障带来了大量的使用问题:如电磁干扰,模拟电路容易接收广播信息,衬片过度磨损的问题,牵引车与挂车相容的问题,导线的腐蚀与接线柱的接触不良,计算机的误判等。因此相继发生了一些制动事故。当时 NHTSA 的研究表明:ABS 的可靠性问题中各部件的责任比率分别为:传感器 41%,阀 16%,计算机 8%,不正确安装 3%,电气连接 1%,电磁波干扰 30%,从而迫使 NHTSA 撤消了 FMVSS121 中关于制动距离和车轮不抱死的要求。

20 世纪 70 年代早期和中期,模拟电路发展为集成电路,微处理器向数控电路方向转变,当时德国的 Teldix 公司生产的电子计算机采用模拟电路大约由 1000 个电子元件构成。

20 世纪 70 年代,Mercedes Benz 公司开始设想并在新闻界宣称要在轿车、载货车和大客车上使用电控式 ABS,但尚无成熟的、大批生产的产品。

Robert Bosch 公司于 1978 年 10 月将 ABS 装在 Mercedes Benz 公司生产的 450SE 轿车上。该系统是一种外加式系统(add-on),是 3 通道 4 轮系统,并且首次采用数字电路控制系统取代模拟电路。该 ABS 性能可靠、带有独立液压助力器。

1984 年,Mercedes Benz 公司开始在 S 级、SL 级轿车和 190E 汽油喷射汽车上成批装备 ABS。

20 世纪 80 年代，ABS 采用了微处理器，输入输出电路也朝着集成化的方向发展，同时 ABS 又向纵深扩展，如制动防滑装置 ASR 及速度限制器等。

1984 年，日本的空气制动公司(Nabco)获得了 Bosch 的生产许可证。

1984 年，Teves 开始大批量生产整体集成式 ABS。该系统是将数字显示、微处理器、助力器、复合主缸、液压制动助力器、电磁阀和 ABS 压力调节器集成于一体，1985 年安装在福特公司生产的林肯马克 VII 型轿车上。

1986 年，英国卢卡斯格林公司开始提供机械式制动防抱死系统-格林 SCS，而 Kelsey-Hayes 将单通道的后轮 ABS 安装在轻型卡车上，该系统在 20 世纪 80 年代后期得到了广泛的应用。

Bosch 公司在 1983 年将 ABS2 型改进为 ABS2S 型，用大规模集成电路替代分离元件，使 ECU 中的元器件数量减少到 60 个。1985 年又对 ABS2S 型的结构简化，推出经济型 Bosch ABS2E。1986 年，Bosch 公司首先推出了 Bosch ABS/ASR2U 型，安装在许多高级轿车上，如宝马、凌志、皇冠、凯迪拉克。

进入 20 世纪 90 年代，随着大规模集成电路和超大规模集成电路技术的出现，以及电子信息处理技术的高速发展，ABS 的发展越来越快，欧洲和美国、日本等均在高速发展ABS。ABS 已成为性能可靠、成本日趋下降、具有广泛应用前景的成熟产品。

Delco moraine NDH 在 1990 年开始生产 ABS VI 系统，该系统是由电机驱动一齿轮箱和螺杆来带动活塞的升降以改变油压。

1992 年，ABS 的世界年产量已超过 1000 万辆套，世界汽车 ABS 的装用率已超过20%。一些国家和地区(如欧洲、日本、美国等)已制定法规，使 ABS 成为汽车的标准设备。

1995 年，Bosch 公司开始生产 ABS5.3，其电路为微型混合电路，质量为 2.5kg，体积为 10cm×8cm×16cm。

目前，最新的 ABS 已发展到第 5 代。现今的 ABS 还具有多方面的功能，比如牵引力控制系统(TCS)、驱动防滑装置(ASR)、电子稳定程序(ESP)和制动辅助系统(BAS)。

2. ABS 的国内发展概况

新近颁布的《机动车运行安全技术条件》(国家标准)规定："从 2004 年 10 月 1 日起，总质量大于 12000kg 的长途客车和旅游客车、总质量大于 16000kg 允许挂接总质量大于10000kg 的挂车的货车及总质量大于 10000kg 的挂车必须安装符合 GB/T13594 规定的ABS。"

我国一些科研单位从卸压阀式机械 ABS 研究转到研制电子式多通道 ABS。西安华兴航空机轮公司利用原来研制飞机用 ABS 的技术研制成功了汽车用 ABS；重庆公路研究所也已研制成功货车用 ABS，但其功能都比较简单，且没有投入批量生产。重庆汽车配件厂是我国气制动系统方面的重要生产厂家，它引进了德国瓦布科(Wabco)公司气动元件制造技术。在 1992 年将 ABS 也包含过去，准备生产货车用 ABS。上海汽车制动系统有限公司是上海汽车工业总公司与美国 ITT 公司的合资公司，生产制动钳和制动分

178

泵,也组装 ABS。目前,国内部分新上市轿车的 ABS 由其供应。

4.3.3　ABS 的种类

1. 按照结构分类

按照结构可以将 ABS 分为两大类:整体式和分离式。

(1) 整体式是指制动总泵与蓄压器、液压调节元件做成一体,且无真空辅助液压元件。

(2) 分离式是指制动总泵与液压调节元件不做成一体,其总泵及真空辅助元件仍采用传统装置。

2. 按照控制通道分类

按照控制通道可以将 ABS 分为单通道、双通道、三通道和四通道式四种形式。这里的通道又称通路,是指在 ABS 中能够独立进行压力调节的制动管路。

(1) 单通道方式是指对某一个车轮进行控制。

(2) 两通道方式是指对两个前轮和两个后轮分别独立进行控制。如果以保证附着力较大的车轮不发生制动抱死为原则进行制动压力调节,称这种控制方式为高选控制;如果以保证附着力较小的车轮不发生制动抱死为原则进行制动压力调节,则称这种控制方式为低选控制。

(3) 三通道方式是指前轮左右独立控制,后轮综合控制。

(4) 四通道方式是指对四个车轮进行独立控制。

3. 按照控制参数分类

按照控制参数可以将 ABS 分为车轮滑移率控制、车轮减速度控制、车轮滑移率和车轮减速度综合控制三种形式。

4. 按照控制方式分类

按照控制方式可以将 ABS 分为机械式和电子式两种。

电子式 ABS 是根据不同的车型所设计,没有通用性;机械式 ABS 的通用性强。电子式 ABS 的体积大,机械式的 ABS 的体积较小,占用空间少。电子式 ABS 是在车轮抱死的刹那开始作用;机械式 ABS 在踩下制动踏板时就开始工作。电子式 ABS 的成本较高;机械式 ABS 比较经济实用。

4.3.4　ABS 的结构和工作原理

1. ABS 的基本结构

ABS 是在普通制动系统基础之上发展而成的、具有防抱死功能的制动控制系统。普通制动系统一般包括真空助力器、制动总泵(主缸)、储油箱、制动分泵(轮缸)、液压管路,其结构如图 4-3 所示。

现代 ABS 采用的控制方式、方法及结构形式各不相同,但除原有的传统常规制动装置外,一般 ABS 主要都具有以下三部分。

(1) 电子控制单元(ECU)。

(2) 传感器,主要是车轮转速传感器。

(3) 执行器,主要指电磁阀及制动压力调节器(液压调节器)。

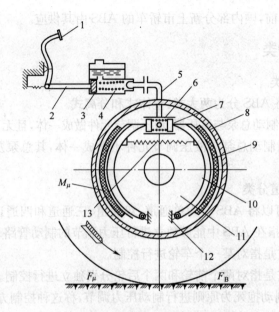

图 4-3 普通制动系统

1—制动踏板；2—推杆；3—主缸活塞；4—制动主缸；5—油管；

6—制动轮缸；7—轮缸活塞；8—制动鼓；9—摩擦片；10—制动

蹄；11—制动底板；12—支承销；13—制动蹄回位弹簧。

ABS 的基本结构如图 4-4 所示。

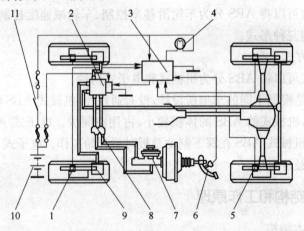

图 4-4 ABS 的基本结构

1—前轮转速传感器；2—制动压力调节装置；3—ABS 电控单元；4—ABS 警
告灯；5—后轮转速传感器；6—停车灯开关；7—制动主缸；8—比例分配阀；
9—制动轮缸；10—蓄电池；11—点火开关。

制动过程中，ABS 电控单元（ECU）3 不断地从传感器 1 和 5 获取车轮速度信号，并加以处理，分析是否有车轮即将抱死拖滑。

如果没有车轮即将抱死拖滑，制动压力调节装置 2 不参与工作，制动主缸 7 和各制动轮缸 9 相通，制动轮缸中的压力继续增大，此即 ABS 制动过程中的增压状态。

如果电控单元判断出某个车轮即将抱死拖滑,它即向制动压力调节装置发出命令,关闭制动主缸与该轮轮缸的通道,使该轮轮缸压力不再增大,此即 ABS 制动过程中的保压状态。

若电控单元判断出左前轮仍趋于抱死拖滑状态,它即向制动压力调节装置发出命令,打开左前制动轮缸与储液室或储能器(图中未画出)的通道,使左前制动轮缸中的油压降低,此即 ABS 制动过程中的减压状态。

电子控制单元(ECU)是整个 ABS 的核心,它负责接收传感器发送过来的信号,并向执行器发出指令,对制动压力实施控制。它们之间的关系如图 4-5 所示。

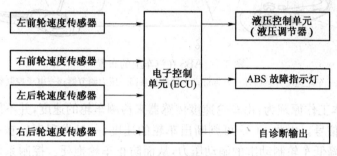

图 4-5　ABS 基本控制

传感器、电子控制单元和液压调节器在车上的连接关系如图 4-6 所示。

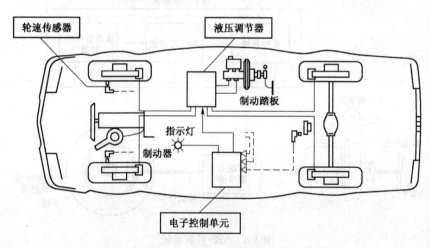

图 4-6　ABS 电子控制单元和基本输入、输出

它们在汽车上的布置如图 4-7 所示。

ABS 的控制软件,一般由防滑控制和安全检查保证两部分组成。主循环是相隔一定时间就循环一次,其功能主要是对各模块和子程序进行初始化,对控制标志进行重新设置,对地址和参数进行确认。安全保障主要是对系统的工作状态进行监视并作出检测和诊断,当发现存在影响系统正常工作的故障时,作出相应的响应。模式选择根据汽车的参考速度、车轮速度以及系统的故障决定是否进入 ABS 工作状态。分析子程序将计算的车轮运动特性与参考车速比较决定如何调用电磁阀的控制命令,门限值的设定、控制逻辑的

选择都是在此模块中实现。

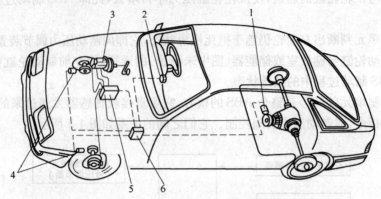

图 4-7 ABS 在汽车上的布置

1、4—车轮速度传感器；2—警告灯；3—制动总泵；5—压力调节器；6—电子控制器。

ABS 的基本工作原理为：由车轮速度传感器来检测车轮的速度，并不停地向 ECU（电子控制器）发出信号。由此 ECU 可判断出车轮的速度，一旦发现车轮被抱死，即发出指令，控制电磁阀降低车轮制动缸的制动压力，从而防止车轮抱死。控制系统组成如图 4-8 所示。

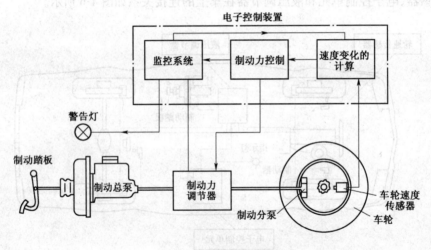

图 4-8 ABS 控制系统

在制动时，轮速传感器测量车轮的速度，如果一个车轮有抱死的可能时，车轮减速度增加很快，车轮开始滑转。如果该减速度超过设定的值，控制器就会发出指令，让电磁阀停止或减少车轮的制动压力，直到抱死的可能性消失为止。为防止车轮制动力不足，必须再次增加制动压力。在自动制动控制过程中，必须连续测量车轮运动是否稳定，应通过调节制动压力（加压、减压和保压）使车轮保持在制动力最大的滑转范围内。制动控制的参数一般为车轮的减速度、加速度以及滑动率的三者综合。控制过程如图 4-9 所示。

在制动开始时，制动压力和车轮角减速度增加，在阶段 1 末，即轮减速度达到设定的门限值 $-a$（这里指绝对值），相应的电磁阀转换到"压力保持"状态，同时形成参考车速并

182

在给定的斜率下作相应递减,滑动率的值是由参考车速计算得出,如果滑动率小于门限值,系统则进行一段保压(阶段 2),当滑动率大于门限值,电磁阀转换到"压力下降"的状态,即阶段 3,由于制动压力下降,车轮的角减速度回升,当达到$-a$值时,制动压力开始保持(第 4 阶段),当轮角减速度随着车轮的回升达到加速,达到门限值$+a$,这时压力仍然保持,让车轮进一步回升到门限值$+A$(表明是高附着系数路面),这时使制动压力再次增加(第 5 阶段),使车轮角加速度下降;当车轮角加速度再回到$+A$时,进行保压(第 6 阶段);车轮角加速度值回落到$+a$值,此时车轮已进入稳定制动区域,并且稍有制动不足,这一区域的制动时间要尽可能延长。因此,阶段 7 的制动压力采用小的阶梯上升,一般较初始压力梯度小得多,直到车轮减速度再次超过门限值$-a$值,以后的控制循环过程就和前面一样了。

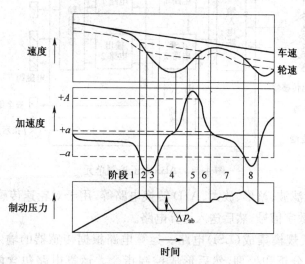

图 4-9 ABS 的控制过程

ABS 的制动效果如图 4-10 所示。

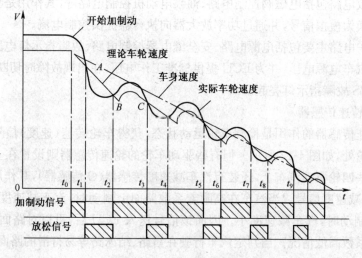

图 4-10 ABS 制动效果

183

2. ABS各个部件的工作原理

1) 电子控制单元(ECU)

其作用是接收轮速传感器的信号,然后计算出车轮滑移率 S 并进行判断,输出信号控制液压调节器的电磁阀,以调节制动压力。此外,ECU 还具有故障监控报警和故障自诊断等功能。其结构如图 4-11 所示。

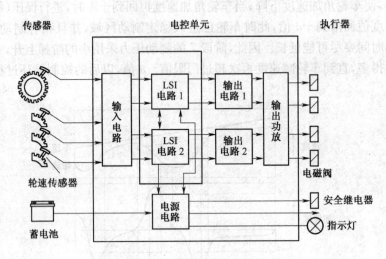

图 4-11　ABS电子控制单元

输入电路包括滤波、整形、放大、A/D 转换电路等,用于对轮速传感器信号进行预处理,并将其转换为数字信号,然后送入运算电路。

运算电路为大规模集成(LSI)电路。运算电路根据传感器的输入信号,按照设定的程序进行计算、分析和处理,然后形成控制指令。运算电路包含两个 LSI 电路,旨在确保系统工作的可靠性。这两个电路均通过输入电路接收传感器信号,并对其进行处理。如果处理结果不一致,则停止 ABS 工作,以防由于故障而导致错误控制。

输出功放电路包括电磁阀控制电路、油泵电动机控制电路等,其作用是将运算电路的控制指令转换为模拟信号,并通过功率放大器向执行器提供控制电流。

安全保护电路主要包括电源电路、安全继电器控制电路、故障指示灯电路等。其主要作用是监控汽车电源电压,并为 ECU 提供标准工作电压,在出现故障时切断 ABS 继电器电路并使 ABS 故障指示灯亮起。

2) 车轮转速传感器

车轮转速传感器的作用是检测车轮运动状态,获得车轮转速(速度)信号。一般都将其安装在车轮处,如图 4-12 所示。但有些驱动车轮的轮速传感器则设置在主减速器或变速器中。一些四轮驱动汽车上,还装有汽车减速度传感器(G 传感器),其作用是汽车制动时,获得汽车减速度信号。当汽车在高附着系数路面上制动时,汽车减速度大;在低附着系数路面上制动时,汽车减速度小。因而该信号送入 ECU 后,可以对路面进行区别,判断路面附着系数高低情况。当判定汽车行驶在雪路、结冰路等易打滑的路面时,采取相应控制措施,以提高制动性能。

轮速传感器的结构型式按工作原理可分为两种：电磁感应式和霍耳效应式。目前通常都采用电磁感应式，电磁感应式车轮转速传感器主要由传感头和齿圈(转子)组成。前、后轮转速传感器在车上的具体安装位置，如图 4-13 所示。

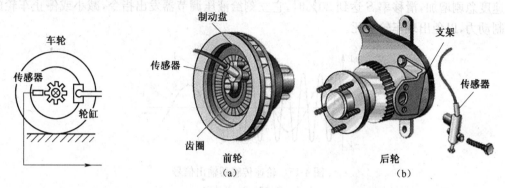

图 4-12 轮速传感器

图 4-13 车轮转速传感器的安装位置
(a) 前轮转速传感器；(b) 后轮转速传感器。

电磁感应式传感器根据极轴端部的形状，可分为凿式、圆柱式和菱形式三种。其中凿式、圆柱式传感器如图 4-14 所示。它们内部结构大同小异，其工作原理完全相同。

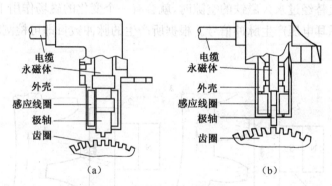

图 4-14 车轮转速传感器的形式
(a) 凿式轮速传感器；(b) 圆柱式轮速传感器。

传感器与普通的交流发电机原理相同。传感头与齿圈紧挨着固定。永久磁铁产生一定强度的磁场，齿圈在磁场中旋转时，齿圈齿顶和电极之间的间隙就以一定的速度变化，这样就会使齿圈和电极组成的磁路中的磁阻发生变化。其结果使磁通量周期性增减，在永久磁铁上的电磁感应线圈中就产生一交流信号，线圈两端产生的感应电压正比于磁通量增减速度，如图 4-15 所示。该交流信号的频率与车轮速度成正比，交流信号的振幅随轮速的变化而变化。测出交变电压的周期 T，设齿圈齿数为 z，齿圈转动角速度为

$$\omega = \frac{2\pi}{zT}$$

又因为

$$\omega = \frac{v}{r}$$

r 为车轮滚动半径。则车速为

$$v = \frac{2\pi r}{zT}$$

ECU 通过识别传感器信号的频率来确定车轮的转速。如果 ECU 发现车轮的圆周减速度急剧增加,滑移率 S 达到 20% 时,它立刻给液压调节器发出指令,减小或停止车轮的制动力,以免出现车轮抱死。

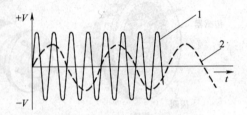

图 4-15　轮速传感器输出信号
1—高速时;2—低速时。

电磁式车轮传感器的缺点是:其输出信号随车速的变化而变化;响应过慢;抗电磁波干扰能力差。而霍耳式转速传感器就克服了这些缺点。它能保证在很低的速度下都有很强的信号。霍耳式转速传感器是利用霍耳效应的原理制成的。当磁性材料制成的传感器转子上的凸齿交替经过永久磁铁的空隙时,就会有一个变化的磁场作用于霍耳元件(半导体材料)上,使霍耳电压产生脉冲信号。根据所产生的脉冲数目即可检测转速。其过程如图 4-16 所示。

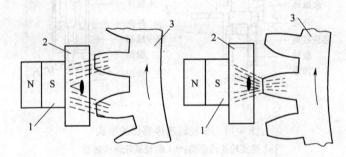

图 4-16　霍耳式转速传感器
1—磁体;2—霍耳元件;3—齿圈。

3) 执行器

ABS 中的主要执行器是电磁阀及制动压力调节器。其作用是接受 ECU 的指令,驱动调节器中的电磁阀动作,调节制动系的压力,使之增大、保持或减小,实现制动系压力的控制功能。根据制动压力装置与制动助力器的结构关系,分为分离式、组合式和整体式。液压调节装置含有电机驱动的回流泵、储压器(或蓄压器)、阻尼室、节流阀和两位液压电磁阀(2/2 电磁阀),如图 4-17 所示。

回流泵将制动分泵中排出的制动液泵回到制动总泵。储压器为在减压过程中大量回流的制动液提供暂时的储存所。阻尼器及其下游的节流装置能减少返回到制动总泵中的液压脉冲幅值,使噪声减少。

186

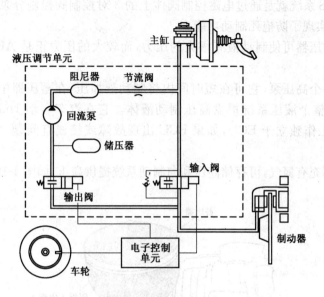

图 4-17 液压调节装置

ABS 是在普通制动系统的液压装置上加装液压调节器而形成的,因此,ABS 是在常规制动基础上工作的。在制动过程中,车轮还没有趋于抱死时,其制动过程与常规制动过程完全相同;只有车轮趋于抱死时,ABS 才会对趋于抱死车轮的制动压力进行调节。ABS 液压调节器装在制动总泵与分泵之间,如果是与总泵装在一起的为整体式否则为分离式。

整体式液压调节器除了普通制动系统的液压部件外,通常由电动泵、蓄压器、主控制阀、电磁控制阀体(三对控制阀)和一些控制开关等组成,如图 4-18 所示。

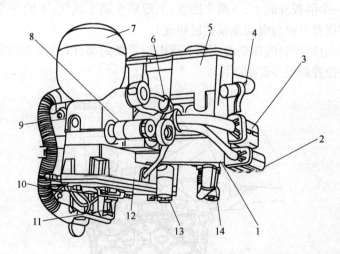

图 4-18 整体式液压调节器

1—制动主缸;2—调节器线束连接器;3—压力变换器和开关线束连接器;4—低压管;5—储液器;6—液面位置传感器;7—囊式蓄压器;8—左后轮比例阀;9—防护罩;10—增压变换器;11—双作用压力开关;12—液压调节器;13—右后轮比例阀;14—差压开关。

实质上 ABS 系统就是通过电磁控制阀体上的 3 对控制阀控制分泵上的油压迅速变大或变小,从而实现了防抱死制动功能。

电动泵和蓄压器可使制动液有很大的压力,而较大的压力正是 ABS 系统工作的基础。

电动泵是一个高压泵,它可在短时间内将制动液加压(在蓄压器中)到 14000kPa～18000kPa,并给整个液压系统提供高压制动液体。它在汽车启动 1min 内完成上述工作。电动泵的工作独立于 ECU,如果 ECU 出现故障或接线有问题,电动泵仍能正常工作。

蓄压器内部充有氮气,可存储高压和向制动系统提供高压,如图 4-19 所示。

图 4-19 蓄压器

蓄压器被一个隔板分成上、下两个腔室:上腔室充满了氮气;下腔室充满了来自电动泵的制动液(蓄压器下腔与电动泵泵油腔相通)。

主控制阀和电磁控制阀体是液压调节器中很重要的部件,是由它们完成防抱死制动的控制,其安装位置如图 4-20 所示。

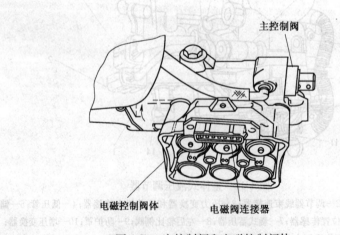

图 4-20 主控制阀和电磁控制阀体

电磁控制阀体固定在制动总泵和液压助力装置的一侧。阀体中有三对电磁控制阀：其中两对分别控制两个前轮的制动；一对控制两个后轮的制动。每对电磁阀中一个是常开输出阀，一个是常闭输入阀。

在防抱死控制时，主控制阀接通液压助力器的压力腔与总泵内的油室，关闭通向储油箱的回油路，提供连续的高压制动液，使 ABS 系统正常、有效的工作。防抱死系统停止工作时，主控制阀关闭液压助力器与总泵之间的油路，打开通向储油箱的回油油路，蓄压器的压力不再经总泵到制动分泵，而直接到回油油路。

电磁阀是由电磁线圈直接控制的阀，电磁线圈受 ECU 的控制。阀上有三个孔，分别通向控制主缸、车轮制动器轮缸和储能器。电磁线圈流过的电流由 ECU 控制，能使阀处于"升压"、"保压"、"减压"三种位置，即"三位"，如图 4-21 所示。

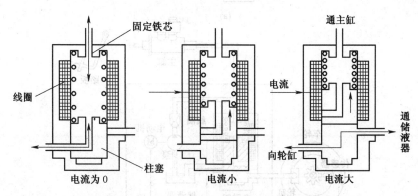

图 4-21　3/3 电磁阀的基本结构与工作原理

整个 ABS 控制的工作过程如图 4-23 所示。在普通制动系统的工作状态下，制动压力通过常开的输入电磁阀到制动分泵。如果系统进入防抱死制动状态，ECU 发出指令，使输入、输出电磁阀适时打开和关闭，让制动分泵的压力快速变化（增压或减压），防止车轮在制动时被完全抱死。ECU 控制速度很高，它可在防抱死制动过程中打开、关闭相应的输入、输出电磁阀，频率高达每秒 12 次。如果 ABS 出现故障，输入电磁阀始终常开，输出电磁阀始终常闭，使普通制动系统能正常工作而 ABS 不能工作，直到系统故障被排除为止。

（1）常规制动（升压过程）。电磁线圈中无电流通过，电磁阀位于"升压"位置，此时制动主缸与轮缸直通，由制动主缸来控制制动液直接进入轮缸，轮缸压力随主缸的压力而增减，此时 ABS 系统不工作，回油泵也不需工作，如图 4-22(a)所示。

（2）保持压力过程。当 ECU 向电磁线圈通入一个较小的保持电流（约为最大电流的 1/2）时，电磁阀位于"保持压力"的位置。此时轮缸和回油孔相互隔离密封，轮缸保持一定的制动压力，如图 4-22(b)所示。

（3）减压过程。当 ECU 向电磁线圈通一个最大电流时，电磁阀位于"减压"的位置，此时电磁阀将轮缸与回油通道或储蓄器接通，轮缸中的制动液经电磁阀流入储蓄器，轮缸压力下降，如图 4-22(c)所示。

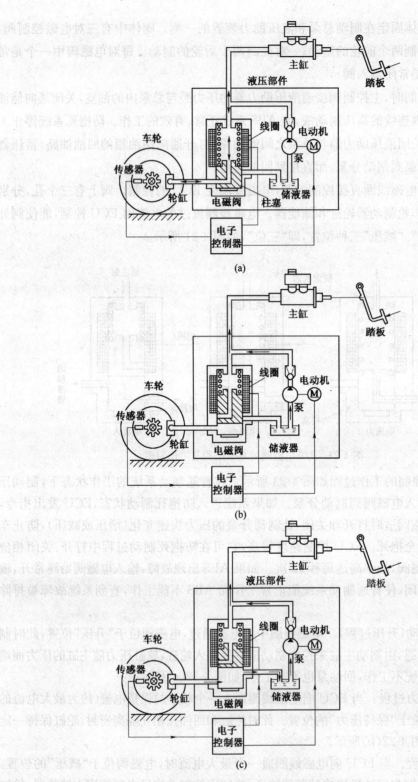

图 4-22　ABS 的工作过程
(a) 常规制动(增压过程)；(b) 保压过程；(c) 减压过程。

ABS 的工作原理：制动时，制动液由总泵经过制动力调节器传到分泵，这时轮速传感器感应轮速，并将信号反馈给 ECU，ECU 以每秒 10 次的速度计算出滑移率。若滑移率不是在 15%～30% 之间，则 ECU 控制制动力调节器，令其保持、降低或提高到传到分泵的油压，进而调整制动力，以防止车轮抱死。

4）警告开关

ABS 有两种警告开关：压力控制开关（Pressure Control Switch，PCS）和压力警告开关（Pressure Warning Switch，PWS）。其安装位置如图 4-23 所示。

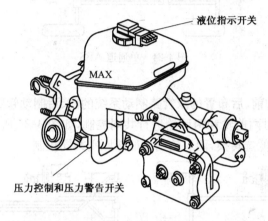

图 4-23　压力控制和压力警告开关

压力控制开关（PCS）是由一组触点组成，它独立于 ECU 而工作。一般位于蓄压器下面，监视着蓄压器下腔的液压压力。当液压压力下降到一定的数值（一般是 14000kPa）时，压力开关闭合，使电动泵继电器通电，触点闭合，电源通过此电路让电动泵运转。

压力警告开关（PWS）有两个功能。当压力下降到 14000kPa 以下时，先点亮红色制动系统故障指示灯，然后接着点亮琥珀色 ABS 故障指示灯，同时让 ECU 停止防抱死制动的工作。

分离式较整体式相比，除了由储液室代替蓄压器以外，液压控制元件和总泵分离开来，而其液压控制元件中各组件的结构、工作原理和整体式系统是相同的。

ABS 和传统制动的区别：ABS 增加了制动力调节器、轮速传感器、电子控制装置，所以该系统能够精确控制滑移率，灵活控制制动力的大小，从而防止制动时车轮抱死。

4.3.5　ABS 在汽车上的布置方式

前面提到，按照控制通道数目的不同，ABS 可以分为单通道、双通道、三通道和四通道四种形式，而其布置方式却多种多样。

1. 单通道 ABS

所有单通道 ABS 都是在前、后布置的双管路制动系统的后制动管路中设置一个制动压力调节装置，如图 4-24 所示。

对于后轮驱动的汽车只需在传动系统中安装一个转速传感器。对于前轮驱动的汽车，可以在两前轮和传动系中各安装一个转速传感器。当在附着系数分离的路面（又称对开路面）上进行紧急制动时，两前轮的制动力相差很大，为了保持汽车的行驶方向，驾驶员会通过转动方向盘使前轮偏转,以求用转向轮产生的侧向力与不平衡的制动力相抗衡,保持汽车行驶方向的稳定性。在两前轮从附着系数分离路面驶入附着系数均匀路面的瞬间,原来处于低附着系数路面而抱死的前轮,其制动力因附着力突然增大而增大。由于驾驶员无法在瞬间将转向轮回正,转向轮上仍然存在的侧向力将会使汽车向转向轮偏转方向行驶,这在高速行驶时是一种无法控制的危险状态。

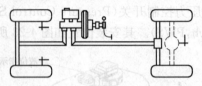

图 4-24　单通道 ABS

2. 双通道 ABS

双通道 ABS 在按前、后布置的双管路制动系统的前、后制动管路中,各设置一个制动压力调节装置,分别对两前轮和两后轮进行共同控制,如图 4-25 所示。两前轮可以根据附着条件进行高选和低选转换,两后轮则按低选原则共同控制。

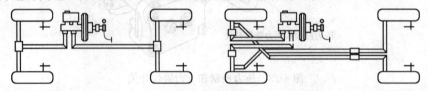

图 4-25　双通道 ABS

双通道 ABS 多用于制动管路对角布置的汽车上,两前轮独立控制,制动液通过比例阀(P 阀)按一定比例减压后传给对角后轮。

对于采用此控制方式的前轮驱动汽车,如果在紧急制动时离合器没有及时分离,前轮在制动压力较小时就趋于抱死,而此时后轮的制动力还远未达到其附着力的水平,汽车的制动力会显著减小。而对于采用此控制方式的后轮驱动汽车,如果将比例阀调整到正常制动情况下前轮趋于抱死时,后轮的制动力接近其附着力,则紧急制动时由于离合器往往难以及时分离,导致后轮抱死,使汽车丧失方向稳定性。

由于双通道 ABS 难以在方向稳定性、转向操纵能力和制动距离等方面得到兼顾,因此目前很少被采用。

3. 三通道 ABS

四轮 ABS 大多为三通道系统,而三通道系统都是对两前轮的制动压力进行单独控制,对两后轮的制动压力按低选原则共同控制,如图 4-26 所示。

按对角布置的双管路制动系统中,虽然在通往四个制动轮缸的制动管路中各设置一个制动压力调节装置,但两个后制动压力调节分装置却是由电子控制装置共同控制的,实际上仍是三通道 ABS。由于三通道 ABS 对两后轮进行共同控制,对于后轮驱动的汽车可以在变速器或主减速器中只设置一个转速传感器来检测两后轮的平均转速。

汽车紧急制动时,会发生很大的轴荷转移(前轴荷增加、后轴荷减小),使得前轮的附着力比后轮的附着力大很多(发动机前置前驱动汽车的前轮附着力约占汽车总附着力的 70%~80%)。对前轮制动压力进行独立控制,可充分利用两前轮的附着力对汽车进行制动,有利于缩短制动距离,并且汽车的方向稳定性却得到很大改善。

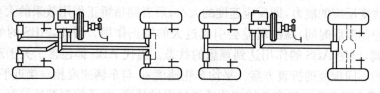

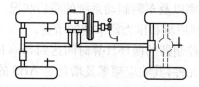

图 4-26　三通道 ABS

4. 四通道 ABS

对应于双制动管路的 H 型(前后)或 X 型(对角)两种布置形式,四通道 ABS 也有两种布置形式,如图 4-27 所示。

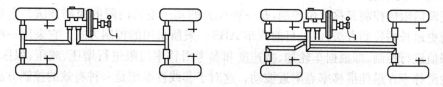

图 4-27　四通道 ABS

为了对四个车轮的制动压力进行独立控制,在每个车轮上各安装一个转速传感器,并在通往各制动轮缸的制动管路中各设置一个制动压力调节装置(通道)。

由于四通道 ABS 可以最大程度地利用每个车轮的附着力进行制动,因此汽车的制动效能最好。但在附着系数分离(两侧车轮的附着系数不相等)的路面上制动时,由于同一轴上的制动力不相等,使得汽车产生较大的偏转力矩而产生制动跑偏。因此,ABS 通常不对四个车轮进行独立的制动压力调节。

4.3.6　ABS 的控制算法

汽车防抱死制动控制是一个典型的反馈控制过程。如果把其中的车辆系统看作被控对象,轮速传感器看作反馈量的检测元件,防抱制动系统的基本原理和功能是:控制、调节制动管路压力,以控制、调节制动器摩擦制动力矩,使路面制动力处于最大值,即使车轮滑移率处于 15%～30%的范围内,从而保证制动过程中有较高的附着系数利用率,以提高制动效能,满足人们对制动性能的全面要求,即制动距离短、侧向稳定性良好、转向操纵性良好,保证汽车制动时有足够高的安全性和舒适性。

ABS 的工况实际是其特性的重复循环作用。在制动时产生滑移率过大时,必须在开始矫正作用之前预先察觉。同样,矫正机能也不是瞬时的,制动力和别的"滞后"因素引起可测察到的循环的时间滞后,如同在任意反馈控制系统中一样,积累的时间滞后引起了波动,即系统工作参数产生了高于和低于理想情况的振荡。

ABS 是一个反馈控制系统,它必须有适当的响应频率及增益效果。前者是指 ABS 对工作参数改变反应的能力,即反应速度的大小;后者则指矫正作用效果的大小。快的响应能有效地控制滞后时间,高的增益会引起过大的矫正作用。因此,ABS 的响应和增益两者必须协调,以使 ABS 的作用达到理想的状态。当代 ABS 都包含了关于理想系统的响应和增益的不同程度的折衷方案。平均车轮速度 ω_r 与车辆速度相对接近平行。

ABS 的响应频率取决于车轮转速传感器的采样精度、电子控制器的控制逻辑及循环计算速度、压力调节器的响应频率以及车辆制动系统的滞后状况。

ABS 的增益主要取决于控制逻辑和压力调节器的增益。

当代电子技术使 ABS 电子控制器的循环计算时间达到 5ms 以内。

压力调节器是 ABS 的执行元件,其响应频率及增益对 ABS 的性能起决定性作用。

汽车防抱死制动系统逻辑发展到现在,出现了各种各样的逻辑形式。但由于没有一个统一的逻辑优劣评价指标,只能根据实验结果进行多种工况的比较,这样给 ABS 的逻辑设计和优化带来了很大的不便。在这以前就有很多人已经进行了这方面的研究,有逻辑门限值控制、PID 控制、滑模变结构控制、模糊控制等。

1. 逻辑门限值控制

逻辑门限值控制又称双位控制,是一种经典的基于逻辑门限的控制方法。它是一种使用历史最长的控制方法,也是目前汽车 ABS 一般所采用的控制方式。它采用一些变量的门限值进行控制,即根据车轮加、减速度和参考滑移率门限进行增压、减压、保压控制,使车轮滑移率在最佳滑移率点附近波动。这对于非线性系统是一种有效的控制方法。这种方法系统可靠、控制参数较少、构成也较简单,但控制参数的调整需要较多的经验,附着系数的利用率由于存在速度波动也不是最高的,但由于其简单实用,所以大多数的实用产品都是采用这种方法控制。

逻辑门限值控制,是把车轮的加速度分为几个门限值,再辅之以车轮的滑移率门限值,并利用从减压切换到保压后的规定时间间隔里,根据可能出现的门限信号识别路面的特征,再根据识别结果,分别采用不同的控制逻辑,确保防抱死制动系统对路面状况的跟踪性能,保证在各种路面条件下都能取得期望的制动效果。车轮的角速度变化与制动力矩、附着系数和滑移率的变化有强烈的敏感性。在制动过程中,车轮抱死总是出现在相当大的角加速度时刻,所以一般把车轮角加、减速度作为主控制门限,同时考虑到驱动车轮滑动率直接反映出车轮的滑动程度,把滑动率作为辅助控制门限,将这两个门限值结合起来,以识别不同路况进行自适应控制。这种控制方法在制动时,能将车轮的速度控制在一定范围内。

这是一种基于经验的、有效的控制方法. 也是目前 ABS 广泛采用的方法。但由于门限值是通过反复不断的道路实验获得的。选择不同的门限值就会产生不同的控制逻辑,因此系统的控制逻辑比较复杂,波动大,难以有很强的鲁棒性。

2. PID 控制

PID 控制(Proportional,Integral and Derivative,PID)即比例、积分及微分控制,是基于滑移率的方法,即使实际滑移率控制在最佳滑移率点或它的附近。理论上讲这种系统是最佳的,但它的实施难度较大,特别是最佳滑移率点不易确定,所以这方面进行的理论研究及模拟工作比较多,但鲜有实际系统的控制。

194

这种控制算法用滑移率作为控制目标容易实现连续控制,可以提高 ABS 在制动过程中的平顺性,并能最大限度发挥制动效能。给出设定滑移率,和实际滑移率比较,计算出误差,然后确定一组最佳的比例、积分、微分参数,使车轮滑移率以最快的方式趋近设定滑移率。PID 控制必须具有识别路面特征的辩识功能,并有在线整定控制参数的功能。

3. 滑模变结构控制

基于滑模变结构理论引出的滑模变结构控制,是以经典的数学控制理论为基础的一种控制。它是变结构系统的一种控制策略。它与常规控制系统的根本区别在于控制的不连续性。系统由受控对象和一个变结构控制器组成。这种控制是一类特殊的非线性控制方法,它根据系统当时的状态、偏差及其导数值,在不同的控制区域,以理想开关方式切换控制量的大小和符号,使系统在切换线邻近区域来回运动,使系统在滑移曲线很小的领域内沿滑移换节曲线滑动,即滑动模态。该种滑动模态是可设计的,且与系统的参数及制动无关。

滑动模态变结构控制方法,可以有效地适用于车轮防抱死制动系统的非线性控制,对被控系统参数变化不敏感,抗干扰能力强,动态性能好,具有很好的鲁棒性和很强的自适应性。但它的算法有静差调节,很难保证静态精度,要求作动系统有较高的动作频率,且滑动运动在切换面附近切换时有抖动,对作动系统曲控能及可靠性要求太高,很难实施。

在上述几种控制方法中,逻辑门限值控制方法是一种使用历史最长的控制方法,也是目前汽车 ABS 常采用的控制方式,这是一种基于经验的控制方式。它采用一些变量(如加、减速度)的门限值进行控制,并附加一些辅助门限,这对于非线性系统是一种有效的控制方法。

逻辑门限值控制方式的优点是:首先,它不涉及具体的控制数学模型,从而免去了大量的数学计算,可提高系统的实时响应,使制动防抱死控制这一复杂的非线性问题得以简化;其次,它所需要的控制变量较少,尤其是可省去车速传感器,使系统结构简单,成本大大降低;此外,它的执行机构相对来说也比较容易实现。

逻辑门限值控制方式的缺点是:系统的控制逻辑比较复杂,控制也不够平稳,控制系统中的各种门限值都是经过反复试验得出的经验数据,还没有充分的理论根据,而且用逻辑门限值方式完成的 ABS 装置对各类车型的互换性不佳。当用这种控制方式为某一车型开发新的 ABS 装置时,需要较多的时间和大量的实验来确定和调整控制逻辑和控制参数,以达到最佳的防抱死制动效果。

从 PID 的动态调节过程可以看出,用滑移率作为控制目标必须解决这样一个问题,系统实时辨识路面的附着系数变化情况,自动地改变控制目标以跟踪路面附着系数的变化,使制动效能始终在最佳状态。由此可见,简单的 PID 控制器不能满足 ABS 在全工况的使用要求,它必须具备识别路面特征的辨识功能,并有在线整定控制器参数的功能。

滑动模态变结构法,在理论上具有很强的内在适应性,但滑动运动在换节线附近切换时由于系统的惯性而叠加抖动,所以在将此方法应用于实际之前,首先必须解决对系统的抖动问题。滑动模态变结构或最优控制法在理论上很成熟,它将车轮的角速度和角加速度作为状态变量对系统进行优化控制,在理论上可取得良好的防抱死制动性能。然而,滑动模态变结构或最优控制法都是现代控制理论中的控制方法,其应用的成功与否,关键在于数学模型是否正确。而实际上,这种动力学模型几乎不存在或不可控制,因为模型本身的参数识别精度就是问题,至关重要的车载分布(如装载质量和载客的多少及位置)在实际操作中也是随意的。并且,为了获得数学模型中所需要的相关控制参数及状态变量,它们均需要准确实时地确定车体的运动速度。然而,汽车在制动过程中车速与轮速并不相等,通过轮速来间接地求取车速,在准确性和实时性上都不能满足这两种控制方法的要求。就目前来看,能够满足要求的车速传感器,由于其成本相对太高而不可能采用。此外,实现这两种控制方式的电伺服机构也相应比较复杂,降低了系统的可靠性,因而在实际中采用的不多。同时,目前还有一些较新的方法在探索中,如模糊控制、神经网络控制、自寻优控制方法等。

4. 模糊控制

模糊控制方法模仿人的思维方式和人的控制经验,把人的经验形式化并引入控制过程,再运用较严密的数学处理,实现模糊推理,进行判断决策,以达到满意的效果。它首先将精确的数字量转换出模糊集合的隶属函数,然后根据控制器制定的模糊控制规则,进行模糊逻辑推理,得到一个模糊输出隶属函数,最后根据推理得到的隶属函数,用不同的方法找到一个具有代表性的精确值作为控制量,加到执行器上实现控制。

模糊控制也是一种基于经验的控制方法,但它的控制基于预先建好的一个规则库,在规则库中同时具有很多条控制规则,并且根据隶属度进行模糊推理和去模糊化,然后根据得到的控制量进行控制。这样,它就能把各种复杂工况下的特征用大量的经验性规则建立起来,共同来控制汽车的制动过程。因为每条规则只以一定的隶属度形式对最终结果产生影响,所以当外界有干扰时,只对最终结果产生较小的影响,系统的鲁棒性好。而且,模糊控制不基于模型,这使得它特别适用于解决非线性问题和复杂系统。又由于它是一种基于语言性的控制,可以把人的思维特点赋予机器,使 ABS 具有一定的智能,更能适应多变的工况,但模糊控制并没有有效通用的计算方法,只能依靠设计者的经验和反复调试,仍需以大量实验为基础。

模糊控制采用类似于人脑模糊推理方法,遵循一定的控制规律,采用基于运行经验的模糊算法。它不需要建立控制过程精确的数学模型,而是完全凭人的经验,将语言变量代替数字变量,利用微机取代人对被控对象进行自动控制。即当被调量发生变化时,根据查表法,产生一个新的调节器输出值,从而保证被调量稳定在期望值,这就是模糊控制系统区别于其他控制系统的特点所在。模糊控制可以对系统进行动态调控,不依赖对象的数学模型,便于利用人的经验知识,鲁棒性好,简单实用,但它主要依赖实验教据与专家知识构成控制规则,没有自学习能力。

5. 神经网络控制

人工神经网络智能是指利用工程技术手段,模拟人体神经网络的结构和功能的一种技术系统。它是一种高度非线性动力系统,具有信息分布存储、并行处理以及自学习等优点。神经网络控制是指在控制系统中采用神经网络对难以精确描述的复杂的非线性对象进行建模,或充当控制器,或优化计算,或进行推理,或进行故障诊断,以及同时兼有上述某些功能的适当组合的控制方法。利用神经网络控制的汽车防抱死系统,具有更好的性能,故在汽车防抱死控制系统中有广泛的应用前景。目前该方法处于理论研究阶段。

6. 自寻最优控制

自寻最优 ABS 控制是一种简单、方便、具有较好操纵性、制动性以及自适应性的系统。自寻最优 ABS 控制是近年来由于数字技术的迅速发展、逻辑控制原理的广泛应用而发展的一种新技术,即步进搜索和步进调整的自寻最优系统。其工作原理是:输入信号不作连续变化,是在起始状态的基础上作某一有限的变化,然后测量由于该输入信号的改变引起输出量变化的大小和方向。辨明了方向以后,再正式控制对象,使其按需要的方向运动,比连续系统具有更大的灵活性。

现有的 ABS 控制系统需要在整个控制系统设计之前,就确定控制系统的性质和特性;自寻最优控制系统采用的是连续"理解"和连续测量的控制设计原理,系统设计时不需要有关控制系统性质的确切知识,就能使控制系统具有高精度的控制性能。

由于自寻最优控制系统是根据路面和环境的变化,不断调整自身的控制参数,使其在最短的时间内跟随路况的变化,使被控参数达到最优或接近最优,具备了路面自动识别的功能,因而实现了车辆的安全行驶和安全驾驶。

通过以上介绍,可以看出 ABS 目前发展的特点如下。

(1) 扩大控制范围,提高驱动力控制和各车轮液压分配的调节能力。

(2) 用现代控制理论,实施伺服控制和高精度控制。

(3) 减小体积和质量,提高集成度,并简化安装工作。

(4) 拓展 ABS 功能,开发新技术。

4.3.7　ABS 软、硬件设计

ABS 硬件基本结构组成如图 4-28 所示,由轮速传感器、ECU 和执行器组成。由于轮速传感器和执行器为通用硬件,结构简单,只是加工、匹配和调整要求较高(在这里不对这两部分内容进行讨论)。

ECU 是 ABS 的核心,其硬件包括:输入输出电路、微处理器(CPU)、存储单元(只读存储器 ROM 和随机存储器 RAM)、供电系统和安全保障等部分。

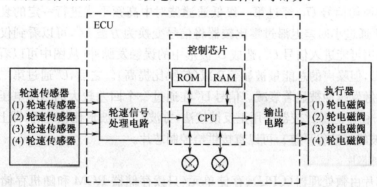

图 4-28　ABS 系统硬件结构

1. 输入电路

轮速信号是 ABS 的唯一信号来源。轮速信号处理电路的基本功能是对传感器信号进行预处理,将正弦电压形式的轮速脉冲信号进行滤波,转换为 TTL 方波输出。由于传感器信号的频率只与车轮的转速有关,通常 ABS 的电控单元(ECU)采用专门的信号处理电路将传感器信号转换为同频率的方波,再通过测量方波的频率或周期来计算车轮转速。

为了准确测量轮速,轮速信号处理电路具有以下功能。

(1)正弦波转换为同频率的方波,方波的占空比应适中。

(2)在车轮转速较低时(通常要求车轮转速对应的车速不高于4km/h),仍然能够输出与传感器输出信号同频率的方波信号。

(3)气隙因为振动在一定范围内变动时,仍然能够正确进行波形变换。

(4)电磁兼容性好,能够抑制噪声干扰。

根据要求,轮速信号处理电路包括两级迟滞比较器和低通滤波部分。电路的第一级包括低通滤波和小回差迟滞比较器,如图4-29所示。其作用是:在尽可能地保留有用的轮速信号的前提下滤去噪声。这一级迟滞比较器的回差较小(约0.1V),故而只要轮速传感器的原始信号正弦波的幅值大于0.1 V就可被保留下来转换为方波,而幅值小于0.1 V的噪声被滤去,只有当轮速传感器信号电压接近0V时的幅值大于0.1V的噪声被转化为方波边缘的毛刺进入下一级。第二级的低通滤波环节和大回差迟滞比较器,则可以有效地去除由于噪声干扰形成的毛刺。

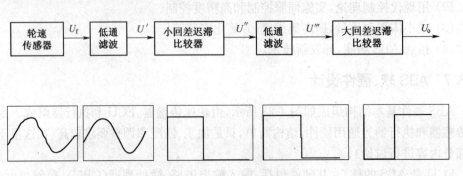

图4-29　轮速信号处理电路

传感器原始信号U_f,经过第一级低通滤波对中高频干扰进行一定的衰减得到信号U'。信号U'通过小回差迟滞过零比较器将信号变换为方波U'',可以看到仅当信号在零值附近时噪声可能进入信号U'',造成U''波形中的误触发脉冲(从图中可以看到误触发脉冲宽度极窄),但噪声的总能量被显著衰减(信噪比提高)。之后,U''通过第二级低通滤波得到U''',误触发脉冲被显著衰减。信号U'''在通过一个回差较大的迟滞电压比较器转换为方波U_o。由于迟滞比较器采用正反馈接法,方波U_o的波形比较理想(即上升沿与下降沿比较陡,波峰与波谷平整),可以直接供给控制芯片。

2. 控制芯片

控制芯片由微处理器(CPU)、存储单元(只读存储器 ROM 和随机存储器 RAM)组成。只读存储器(ROM)用于存储相关控制软件,随机存储器(RAM)用于制动过程中记录有关变量。ECU 一般采用两个完全相同的微处理器进行判断控制,它们按照存储在只读存储器中的软件对相同的输入结果进行同样的运算处理,在两个微处理器(CPU)之间通过交互式通讯对其产生的中间结果和最终结果进行比较,以确保形成的控制指令正确可靠。只有两个处理结果一样,才进入 ABS 制动模式,否则为常规制动模式。微处理器(CPU)还根据存储在只读存储器中的自检程序对系统的工作状态进行判别,必要时输出关闭系统的控制指令。

3. 输出电路

输出电路将微处理器形成的控制指令进行数/模（D/A）转换和放大后，或者进行脉宽幅度控制（PWM），向各执行元件输出控制信号，如图4-30所示。

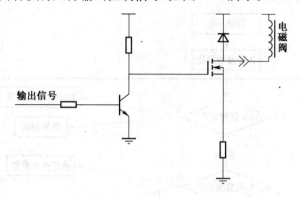

图4-30　输出电路

4. ABS软件设计

如图4-31所示，ABS控制模块的软件，由防抱死制动控制软件和安全监测软件组成。防抱死制动控制软件对经过输入电路预处理的轮速信号进行采样、计算和分析，得到本轮控制模式下车辆制动运动状态、车轮制动强度和路面状态，判断各轮下一循环应采取的控制模式，发出相应控制信号对制动压力进行调节。为了提高运算速度，控制软件以结构化汇编语言的形式写入只读存储器（ROM）中。安全监测部分对软件系统的工作进行实时监测，发现影响系统正常工作的故障时，关闭ABS控制系统，恢复常规制动。ABS控制流程如图4-32所示。

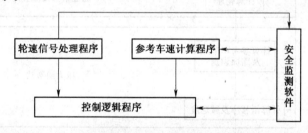

图4-31　ABS软件控制模块

防抱制动控制软件包括轮速信号处理程序、参考车速计算程序、控制逻辑程序。

1）轮速信号处理程序

轮速信号是控制过程的主要参数，因此对轮速信号的处理程序要多加重视。制动过程中轮速的变化很大，高速时每个控制周期的脉冲数较多，而低速时每个控制周期的脉冲数较少，因此为了保证轮速信号的精确度，在这里采用低速时的有效脉冲算法和高速时的累积脉冲算法。

2）参考车速计算程序

在汽车制动防抱死系统（ABS）开发中，准确地测量或估计实际车速仍是汽车工业的一个问题。ABS的控制目标是保持车轮滑移率始终在侧向附着系数较大、纵向附着系数最大的滑移率值附近，以保持车辆的方向稳定性和提高其制动效能。目前，汽车ABS控

199

制最常用的方法还是逻辑门限值,即依据车轮滑移率为主、车轮加减速度为辅来调节制动压力的方法。在计算滑移率的时候要用到车身速度,因此,准确估算参考车速也是提高ABS使用性能的方法之一。

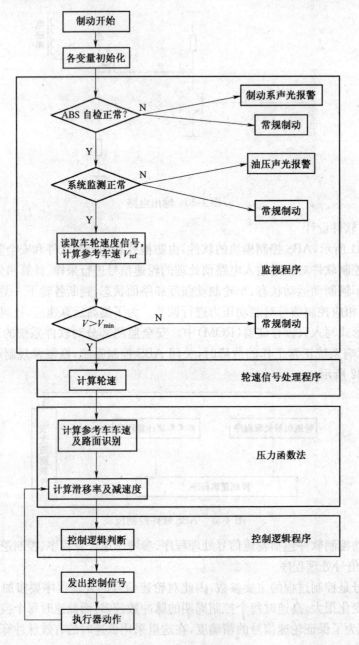

图 4-32　ABS 控制程序

由于技术保密的原因,ABS生产厂家对确定参考车速的方法不予公开。从目前文献资料上来看,参考车速的计算方法根据所用传感器情况可以分为两大类:

(1) 只使用车轮角速度传感器作为信号的方法,主要有最大轮速法、斜率法、综合法、递推法、自适应非线性滤波法等。

200

（2）除了车轮角速度传感器外，还使用测量车身加速度或其它，如横摆角速度的传感器等。此类方法除了具有普通常用的车轮角速度传感器外，根据具体系统不同的情况，添加纵向加速度传感器、横向加速度传感器、横摆角速度传感器等其它几类传感器。添加这些传感器必然导致车辆成本的增加，但相对第一类方法来说，汽车参考车速精度有所提高，且对不同路况的适应能力增强。由于增加了传感器，参考车速的确定也相应地变得复杂了。目前，常见方法主要采用卡尔曼滤波相关的一些方法，主要方法有基于模糊逻辑规则的卡尔曼滤波法、卡尔曼滤波和滚动时域估计（MHE）结合法、扩展卡尔曼滤波法等。

由于传感器价格的问题，普通汽车的 ABS 系统目前只是装配车轮角速度传感器。因此，单利用轮速信号是 ABS 确定参考车速的主要方法。这里主要介绍斜率法。

斜率法通过对大量试验数据的分析处理，确定了车辆在各种制动工况下所能达到的平均减速度。以此为依据，在 ABS 控制过程中，确定制动初始速度，进行路面状况和制动工况识别后，确定车辆减速度 a，根据公式 $V = V_o - at$ 实时计算速度值作为参考车速。该方法的优点是：若参数 V_o 和 a 确定准确，参考车速可较好地逼近实际车速。

由牛顿定律可知，紧急制动时，车轮受地面制动力和制动器制动力矩的作用，其动力学方程为

$$\begin{cases} F_x = -M \cdot V' \\ J\omega' = \mu F_x - T_b \end{cases}$$

而制动器制动力矩与制动轮缸压力之间的关系为

$$T_b = K \cdot P(t)$$

车身加速度由以上公式为

$$V' = -F_x/M = (K * P_t - J * \omega')/(R * M)$$

参考车速即可得到

$$V_{ref} = V_o + V' * \Delta t$$

由上述可知，给定出初始参数 V_o 和轮缸压力函数 P_t 即可计算参考车速的值。

3）控制逻辑程序

根据采集的轮速信号和选择的控制算法进行计算，发出控制指令，并循环此过程，直到车速为零。其控制流程如图 4-33 所示。

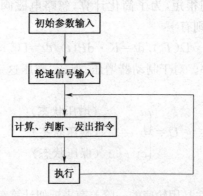

图 4-33　参考车速计算流程

ABS 压力调节元件如图 4-34 所示。

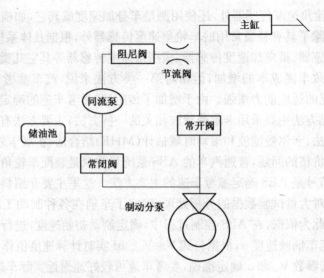

图 4-34　ABS 压力调节元件

电磁阀与制动压力之间的关系如下表所例。

电磁阀与制动压力之间的关系表

常 开 阀	常 闭 阀	调节状态
断电打开	断电关闭	增压
通电关闭	通电打开	保压
通电关闭	通电打开	减压
断电打开	通电打开	非正常状态

车轮制动器的制动力矩是制动管路压力的函数：

$$T_b = K \cdot P(t)$$

式中：K 为制动系数；$P(t)$ 为制动缸压力。

对上式求导，则

$$D(T_b)/dt = K \cdot dP(t)/dt$$

由于电磁阀的响应时间很短，为了简化计算，忽略电磁阀的响应时间，则 $d(T_b)/dt$ 就可以近似看作一个常数，则有

$$D(T_b)/dt = K \cdot dP(t)/dt = U$$

U 为增压或减压的速率。对于制动器增压、保压、减压这三种状态，可以表示为下面的形式：

$$U = \begin{cases} a & \text{（增压状态）} \\ b & \text{（减压状态）} \\ c & \text{（保压状态）} \end{cases}$$

4）加速度的计算方法

（1）直接微分法。该方法是用轮速的一阶差商来近似计算车轮加速度，即 $a = \Delta V/\Delta t$。

（2）线性拟合法。算法的思路是：在限定的小时间间隔内，对当前时刻和前若干个时刻的轮速值作线性最小二乘拟合，拟合得到的直线斜率就是所求的当前时刻车轮加速

度值。

（3）抛物线拟合法。该法的要点是：用来逼近轮速的曲线为抛物线，对拟合后的抛物线求导得到的导数值作为该时刻的车轮加速度值。

（4）五点插值求导法。该方法的出发点是：用四次多项式来近似描述轮速曲线，用该多项式的导数来近似表示车轮加速度值。

在高速区，轮速的脉冲周期比较短，若点数确定，脉冲周期越短就意味着这几点的时刻比较接近。当总时间间隔达不到一定值时，就会出现较多的毛刺。而在低速区时，各点的时间间隔较长，总的时间间隔并不是越长越好，间隔的增加至少会导致以下后果：车轮加速度延时增加，车轮加速度值偏小。

我们认为有一个最优拟合时间段，最优拟合时间段的大、小与影响轮速曲线的噪声水平密切相关。当噪声水平提高时，最优时间段也相应地加长。最优拟合时间段体现的是：真实的信号对于噪声必须要取得一定的优势后，拟合的结果才能符合实际的结果。

在这里选择第一种方法，即直接微分法来进行求解加速度的计算。

5）控制方法

方法一：以车论滑移率作为门限值控制。

前面已经给出地面附着系数与滑移率的关系曲线，在这里为了简化计算，把曲线简化成直线形式，以使附着系数与滑移率的关系便于计算，如图 4-35 所示。

附着系数 μ 与滑移率 S 的表达式为

$$\begin{cases} \mu=(\mu_h/S_o) \cdot S & (S \leqslant S_o) \\ \mu=(\mu_h-\mu_g \cdot S_o)/(1-so)-[(\mu_h-\mu_g)/(1-S_o)] \cdot S & (S > S_o) \end{cases}$$

式中：μ_h 为峰值附着系数；μ_g 为完全抱死时的附着系数；S_o 为峰值附着系数对应的滑移率。

从图 4-35 中可以看出，滑移率在 S_o 附近时，能保证车辆在制动时获得最大的路面附着系数，同时具有一定的侧向稳定性，能够避免车辆行驶过程中跑偏、侧滑、失去转向能力等现象的发生。给定一个理想滑移率，保证实际滑移率在理想值附近变化，就能实现以上功能。

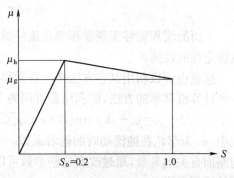

图 4-35 地面附着系数与滑移率的关系曲线

为此，可以给出一些模型参数的初始值，通过控制系统的计算判断车辆是否一直工作在最佳滑移率范围内，从而对执行机构发出控制指令，即实现增压、保压、减压三种状态之间的转换。

滑移率的计算公式： $S_b=1-W * R_d/V_{ref}$

地面制动力公式： $F_x=F_n * \mu=\mu * M * g$

地面制动力矩公式： $T_b \begin{cases} T_{b0} & (保压) \\ T_b+K_i \cdot t & (增压) \\ T_b+K_d \cdot t & (增压) \end{cases}$

根据以上公式，再给出模型参数及路面附着系数，就可以按编写控制程序。图 4-36 所示为 ABS 控制流程。

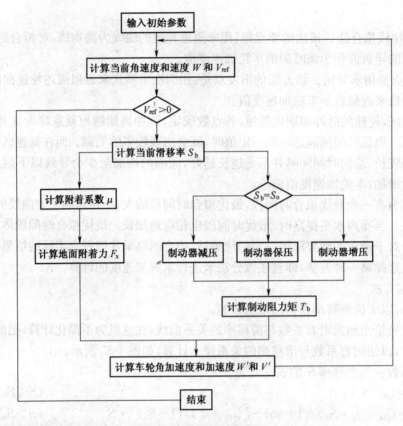

图 4-36 ABS 控制流程

上面的流程能够实现滑移率在最佳滑移率附近变动,从而获得最大附着系数、保持操纵稳定性的性能。

这里也可以利用其它方法来计算滑移率,以及来控制制动器压力的增减。举出另外一种计算滑移率的方法,即利用最常用的 H. B. Pacejka 提出的魔术公式:

$$\mu=\mu_o+A*\sin\{B*arctg[C*S-D(C*S-arctg(C*S))]\}$$

式中: μ_o 为车轮在纯滚动时的附着系数,一般情况下取为 0;A、B、C、D 为待定系数,都是与路面有关的常数,通过改变这些参数可以模拟不同的路面状况。图 4-37 是几种不同路面的模拟示意。

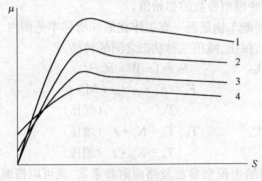

图 4-37 几种不同路面的模拟

图中各曲线参数如下：

曲线 1	$A=0.85$	$B=2.4$	$C=6.0$	$D=0.9$
曲线 2	$A=0.65$	$B=2.4$	$C=6.0$	$D=0.9$
曲线 3	$A=0.45$	$B=2.4$	$C=6.0$	$D=0.9$
曲线 4	$A=0.25$	$B=2.4$	$C=6.0$	$D=0.9$

根据上面的参数就可以模拟不同的路面状况，从而根据滑移率与附着系数的公式计算附着系数。

也可以应用另一种判断制动器增减压的方法，即给出理想滑移率的一个范围 S_{min} 和 S_{max}，当实际滑移率在这个范围内即 $S_{min} \leqslant S_b \leqslant S_{max}$ 时，保持压力不变；当 $S_b < S_{min}$ 时，增加压力；当 $S_b > max$ 时，减少压力。这种方法同样能够保持滑移率在期望值附近变化，而不会偏离期望值太远。

根据上面的控制算法，可以建立系统的仿真模型，模拟系统动态调节过程，同样可以看到滑移率的变化规律，也可以看到车速和轮速的变化。

4.3.8 ABS 系统控制性能的评价

当前，ABS 系统控制性能的评价方法主要有道路试验评价测定方法、基于制动效率的评价方法、基于制动距离的评价方法和基于制动性能的评价方法。

1. 道路试验评价测定方法

ECE 法规的 ABS 道路试验方法。道路试验是在空载条件下，且在平直具有良好附着系数路面上进行。一般在中、高附着系数路面上进行，如果在高附着系数路面上制动时，产生比较高的防抱制动控制循环振荡时，试验可以在较低附着系数路面上进行。法规主要是以道路试验来评价 ABS 性能，它的主要指标是要求附着系数利用率大于 75%。如果大于 100%，则要求重新测量附着系数，允许 10% 的误差，即 110% 以内认为是合理的。

2. 基于制动效率的评价方法

制动效率实际是一种制动距离的度量，在同一路面上，制动效率越高，即制动减速度越大，则制动距离越短。

性能好的 ABS 能有较好的制动距离和制动效率，因为它可以使车轮的运动状态处于峰值附着系数附近，而此处的附着系数较抱死时的附着系数大得多。但是控制不好，ABS则会使车轮的运动状态较多地处于轮胎特性的稳定区域。虽然车辆制动的稳定性好，但这时的附着系数都比较小，使制动效率低，制动距离加长。因此，ABS 总要在制动距离和制动稳定性之间作协调，最佳状况当然是既有短的制动距离，又有制动稳定性。但在实际工作中很难达到两者最优，这就需要对 ABS 能够进行有效的评价。单纯地讲，制动效率的高低无法正确地评价 ABS 性能，要建立起轮胎特性与制动效率的关系，才能反映 ABS的控制性能的优劣。

3. 基于制动距离的评价方法

制动效率尽管能与试验标准建立——对应的关系，但它是一种转化的量值，会有很多不确定因素。例如,如果路面附着系数测试计算得不准,就会导致最后的制动效率偏大或偏小。制动距离能最直观反映制动特性,可以建立一种简易的制动距离评价方法。

制动距离的评价比较直观,在研究 ABS 控制算法时,将 ABS 控制效果与极限工况和抱死工况进行比较可以直观地看出 ABS 的性能。ABS 的制动距离在模拟阶段可以评价,即车轮以峰值附着系数和以抱死时的附着系数制动,计算相应的制动距离。

4. 基于制动性能的评价方法

虽然制动距离能最直接地评价 ABS 的控制优劣,但在相同的制动距离下,也有不同的制动质量,如车轮轮速在控制过程中波动太大时,制动很不舒适,同时会产生耗能过多的现象。为评价这种 ABS 控制性能的优劣,采用 5 种统计指标:滑移率均值、滑移率方差、稳定系数、制动压力均值、制动压力方差。

滑移率均值与峰值滑移率越接近,并且滑移率方差越小,说明制动效率越高。滑移率方差值越大,说明采样点比较离散,也即速度波动较大,控制性能不优。稳定系数值越大,说明车轮较多地处于轮胎特性曲线的稳定区域,也即车轮具有较大的横向力,另一方面如果其值较小,则意味着制动效率不太高,这是一个矛盾的性能指标。制动压力均值越大,则耗能越大。制动压力方差大,则意味着控制的压力波动大、耗能大。

在上述几种制动性能评价方法中,ECE 法规的 ABS 道路试验方法,无法反映路面状况对制动性能的影响,即无法准确地估价在制动效率方面 ABS 所具有的潜能,不如制动距离的评价直观与准确;基于制动效能和制动距离的评价方法只是单纯地讲究制动距离的长短,并不能反映车辆制动的稳定性,并且制动距离评价只能就具体的事例来研究,缺少像制动效率那样具有相应的规范与方法,缺少一般的评价意义;基于制动性能的评价方法,由于采用了 5 种统计指标,对制动效率(滑移率均值、滑移率方差)、稳定性(稳定系数)、制动耗能度作了考虑,因而是一种较好的评价方法。

4.4　驱动防滑系统(ASR)

4.4.1　ASR 的作用

汽车制动防抱死系统(ABS)是汽车主动安全装置的代表,其作用是在制动过程中防止车轮抱死,提高车辆在制动过程中的方向稳定性、转向控制能力和缩短制动距离,使汽车制动更为安全有效。汽车驱动防滑系统(ASR)也是一种主动安全装置,可根据车辆的行驶行为使车辆驱动轮在恶劣路面或复杂路面条件下得到最佳纵向驱动力,能够在驱动过程中,特别在起步、加速、转弯等过程中防止驱动车轮发生过分滑转,使得汽车在驱动过程中保持方向稳定性和转向操纵能力及提高加速性能等,故又称为牵引力控制系统(TCS)。在日本等地还称之为 TRC 或 TRAC。

ASR 可视为 ABS 在技术上的自然延伸。在装备了 ABS 的汽车上,添加了发动机输出力矩的调节和驱动轮制动压力的调节功能后,ABS 所用的车轮转速传感器和压力调节器可全部为 ASR 所利用。ASR 和 ABS 在算法上相类似,许多程序模块可以通用,大大简化了程序结构,节省存储空间。因而在实际应用中可以把两者集成在一起,并将它们的控制逻辑也集成在一个控制器中,形成 ABS/ASR 集成系统。该系统主要由轮速传感器、ABS/ASR ECU、ABS 执行器、ASR 执行器、副节气门控制步进电机和主、副节气门位置传感器等组成。在汽车起步、加速及运行过程中,ECU 根据轮速传感器输入的信号,判定驱动轮的滑移率超过门限值时,就进入防滑转过程:首先 ECU 通过副节气门步进电机使副节气门开度减小,以减少进气量,使发动机输出转矩减小。ECU 判定需要对驱动轮进行制动介入时,会将信号传送到 ASR 执行器,独立地对驱动轮(一般是后轮)进行控制,以防止驱动轮滑转,并使驱动轮的滑移率保持在规定范围内。

基于 ABS/ASR 集成系统,可以开发出更多的车辆电子控制系统。例如电子制动力分配系统(EBD)、汽车行驶稳定性控制系统(ESP)、下坡辅助控制系统(Downhill Assist Control,DAC)、坡道起步辅助控制系统(Hill-start Assist Control,HAC)、转向制动控制系统(Cornering Brake Control,CBC)、汽车信息记录仪(Event Data Recorder,EDR)等。

可以看出,ASR 的作用是当汽车加速时将滑动率控制在一定的范围内,从而防止驱动轮快速滑动。其功能一是提高牵引力,二是保持汽车的行驶稳定。

驱动防滑控制系统是在行驶方面、加速方面解脱对驾驶员的高要求。驱动防滑控制系统的作用是维持汽车行驶时的方向稳定性,并尽可能利用车轮与路面间的纵向附着能力,提供最大的驱动力。驱动防滑控制系统通过自动施加部分制动或减少发动机功率输出的方式可使车轮的滑动率保持在最佳范围内,由此可防止驾驶员过分踩下油门踏板所带来的负效应,获得较好的行驶安全性及良好的起步加速性能。同时减少轮胎及动力传动系统的磨损。

在易滑路面上行驶时,没有 ASR 的汽车加速时驱动轮容易打滑;如果是后轮驱动的车辆容易甩尾,如果是前轮驱动的车辆容易出现方向失控。在转弯时,如果发生驱动轮打滑会导致整个车辆向一侧偏移。有 ASR 时,汽车在加速时就不会有或能够减轻这种现象,使车辆沿着正确的路线转向,如图 4-38 所示。

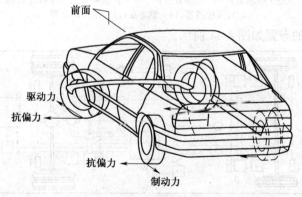

图 4-38　制动左后轮帮助汽车转向

ASR 的控制原理与 ABS 非常相似,如图 4-39 所示。

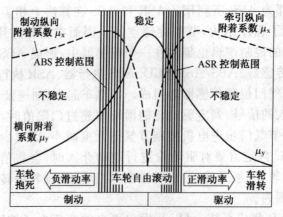

图 4-39 附着系数与滑移率的关系

4.4.2 ASR 的基本组成和工作过程

1. ASR 的基本组成

ASR 主要包括控制单元、车轮速度传感器、制动压力调节器、节气门位置传感器、节气门控制电机、油门踏板位置传感器（电子油门）、控制开关、指示灯等，如图 4-40 所示。

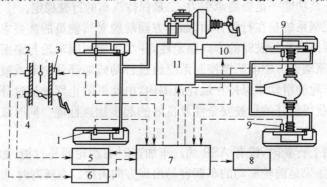

图 4-40　ASR 结构

1—前轮转速传感器；2—副节气门位置传感器；3—副节气门执行器；4—主节气门位置
传感器；5—电子控制装置；6—控制开关；7—电子控制装置；8—ASR 工作指示灯；9—后
轮转速传感器；10—驱动泵；11—压力调节器。

ASR 在车上的布置如图 4-41 所示。

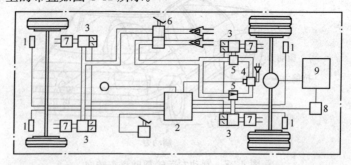

图 4-41　两轴货车 ABS/ASR 系统布置

1—轮速传感器；2—电子控制装置；3—ABS 压力调节器；4—ASR 控制阀；5—双向
阀；6—制动系统控制阀；7—制动气室；8—发动机力矩控制器；9—发动机。

208

2. ASR 工作原理

汽车在光滑路面上起步、加速等，或因驾驶员过分踩下油门而造成车轮滑转时，ASR 通过对车轮施加部分制动（ABS）或减少发动机输出功率（通过控制节气门开度），使车轮的滑动率保持在最佳范围内，以防止驾驶员过分踩下油门踏板带来的负效应，获得较好的行驶安全性及良好的起步加速性能。

3. ASR 实现方法

1）控制制动力

ASR 的制动压力调节装置通常与 ABS 共用，只需增加 ASR 电磁阀（位于通往驱动车轮制动轮缸的制动管路中）。

2）控制发动机输出功率

即控制节气门开度的种方法有：采用电子节气门；增加电控副节气门；轴荷转移（电控悬架汽车）。

装有 ASR 的车上，从油门踏板到汽油机节气门（柴油机喷油泵操纵杆）之间的机械连接被电控油门装置所取替。当传感器将油门踏板的位置及轮速信号送至控制单元（CPU）时，控制单元就会产生控制电压信号，伺服电机依此信号重新调整节气门的位置（或柴油机操纵杆的位置），然后将该位置信号反馈至控制单元，以便及时调整制动器。

传统发动机节气门操纵机构是通过拉索（软钢丝）或者拉杆，一端连接油门踏板（加速踏板），另一端连接节气门连动板而工作，如图 4-42 所示。这种传统油门应用范畴受到限制，并缺乏精确性。

与传统油门比较，电子油门（Throttle-By-Wire，TBW）明显的一点是可以用线束（导线）来代替拉索或拉杆。在节气门那边装一只微型电动机，用电动机来驱动节气门开度，所谓的"导线驾驶"，即用导线代替了原来的机械传动机构。其结构如图 4-43 所示。

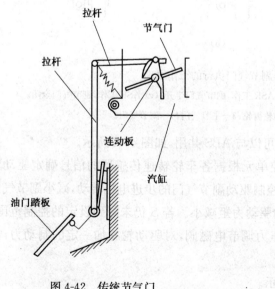

图 4-42　传统节气门

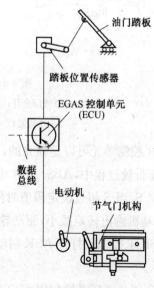

图 4-43　电子节气门

209

从图中可以看出,电子节气门控制系统包括:油门踏板、油门踏板位移传感器(安装在油门踏板内部,随时监测油门踏板的位置)、节气门位置传感器、ECU(电控单元)、数据总线、伺服电动机和节气门执行机构。

电子节气门的工作原理是:当监测到油门踏板高度位置有变化,会瞬间将此信息送往ECU,ECU对该信息和其它系统传来的数据信息进行运算处理,计算出一个控制信号,通过线路送到伺服电动机继电器,伺服电动机驱动节气门执行机构,数据总线则负责系统ECU与其它ECU之间的通信。由于电子油门系统是通过ECU来调整节气门的,因此电子油门系统可以设置各种功能来改善驾驶的安全性和舒适性。

电子节气门ASR的工作过程是:当ASR系统工作时,ECU就根据油门踏板的位置、车轮速度和方向盘转向角度等之间的不同而求出滑动率,通过减少节气门开度来调整混合气流量,以降低发动机功率来达到控制目的。而在ASR系统中,电子油门起到十分关键的作用,它涉及整个ASR系统中对车速控制、怠速控制等功能,使系统能迅速准确地执行指令。即当电子油门系统接受到ASR系统指令时,它对节气门控制指令只来自于ASR,这样就可以避免驾驶者的误操作。

主节气门为传统节气门,由加速踏板来控制。电控副节气门位于主节气门上方,为电控节气门,由控制单元通过步进电机控制。电控副节气门的工作原理如图4-44所示。

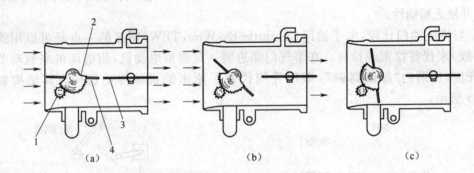

图 4-44　副节气门执行的工作原理

(a) ASR不工作,副节气门全开;(b) ASR工作,副节气门半开;(c) ASR工作,副节气门全闭。

1—小齿轮;2—凸轮齿轮;3—主节气门;4—副节气门。

ASR控制单元可以是独立的,也可以与ABS共用,如图4-45所示。

汽车行驶过程中,ABS/ASR电控单元根据各车轮转速传感器的信号确定驱动车轮的滑动率 S,当 S 超过设定限值时便控制驱动副节气门的步进电机转动,减小副节气门的开度,发动机输出转矩减小,驱动轮的驱动力矩减小。若 S 仍未降到设定的控制范围内,ABS/ASR电控单元打开ASR制动压力调节电磁阀,对驱动轮施加一定的制动力,如图4-46所示。

ASR制动液压系统如图4-47所示。

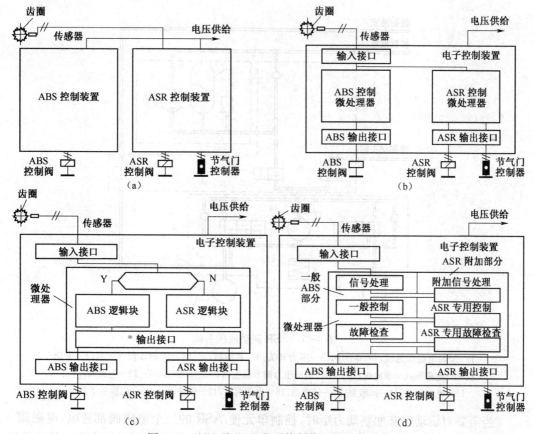

图 4-45 ABS 及 ASR 电子控制装置的组合形式

(a) 硬件、软件各自独立；(b) 除输入电路外硬件、软件均独立；
(c) 硬件(除输出电路外)共用，软件独立；(d) 大部分硬件及软件均共用。

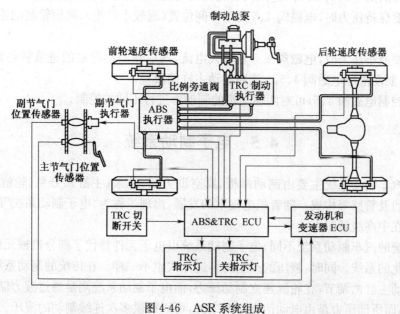

图 4-46 ASR 系统组成

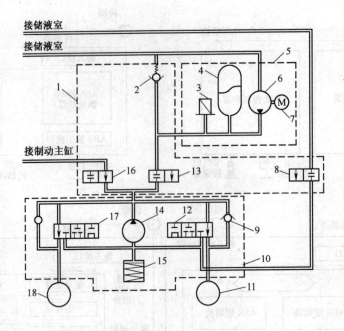

图 4-47　ASR 制动液压系统

1—ASR 电磁阀总成；2—单向阀；3—压力开关；4—蓄能器；5—制动供能装置；6—泵；7—电动机；8—电磁阀；9—单向阀；10—ABS 制动压力调节装置；11—左右驱动车轮；12—电磁阀Ⅳ；13—电磁阀Ⅱ；14—回液泵；15—储液器；16—电磁阀Ⅲ；17—电磁阀Ⅴ；18—右后驱动车轮。

当需要对驱动轮施加制动力矩时，控制单元使 ASR 的三个电磁阀都通电：电磁阀 3 将制动主缸至后制动轮缸的管路封闭；电磁阀 2 将蓄能器至 ABS 制动压力调节器的管路导通；电磁阀 1 将 ABS 制动压力调节器至储液室的管路导通。蓄能器中具有一定压力的制动液经开启的电磁阀 2、4、5 进入两后轮制动轮缸，驱动轮制动力增加。

当需要保持压力时，电磁阀 4、5 处于中间位置（通较小电流），两后轮制动轮缸的进出管路封闭。

当需要减小压力时，电磁阀 4、5 通较大电流，两后轮制动轮缸的进液管路封闭，出液管路沟通，制动液经电磁阀 4、5、1 流回制动主缸储液室。

分别控制电磁阀 4、5，可对两驱动轮的制动力进行不同的控制。

4.5　电子制动系统

普通汽车制动系统主要由制动踏板、真空助力器、总泵（主缸）、分泵（轮缸）、制动鼓（或制动盘）及管路等构成。随着机电技术的发展，出现了称为"电子制动系统"的新技术，已经应用在中高级轿车上。

与传统的汽车制动系统不同，电子制动系统以电子元件替代了部分机械元件，是一个机电一体化的系统。同时，液压的产生与传递方式也不一样。在传统的制动系统中，驾驶员通过制动主缸的调节，在轮缸建立制动压力，而电子制动系统则是通过液力储压罐提供制动压力，而所储压力是由电动活塞泵产生的，可以提供多次连续制动的液压。电子制动的控制系统一般由传感器、ECU（电子控制单元）与执行器（液压控制单元）等构成。制动踏板和车轮制动器之间的动力传递是分离的，在制动过程中，制动力由 ECU 和执行器控制。如图 4-48 所示。

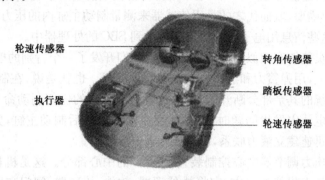

轮速传感器

转角传感器

踏板传感器

执行器

轮速传感器

图 4-48　电子制动系统

　　驾驶员进行制动操作时，踏板行程传感器探知驾驶员的制动意图，把这一信息传给 ECU。ECU 汇集轮速传感器、转向角传感器等各路信号，根据车辆行驶状态计算出每个车轮的最大制动力，再发出指令给执行器的储压罐执行各车轮的制动。高压储压罐能快速而精确地提供轮缸所需的制动压力，根本不需驾驶员费心考虑。同时，控制系统也接收其它电子辅助系统（如 ABS、ESP 等）的传感器信号，从而保证最佳的减速度和行驶稳定性。

　　如博世（Bosch）公司研制开发的电子液力制动系统（Electro-hydraulic Brake，EHB），当驾驶员进行制动时，ECU 计算各车轮最佳的制动压力，然后独立调节每个车轮的制动压力。EHB 的显著特点是制动舒适性的提高。此系统的使用，可以使制动压力在没有驾驶员直接参与的条件下自动调节。

　　再如 Daimler-Chrysler 公司开发的电子控制制动系统（Sensotronic Brake Control，SBC）。在汽车运行中，SBC 将踏板行程传感器等信息反馈到 ECU，ECU 发出指令给执行器进行各车轮的制动。SBC 系统最重要的特征是采用高灵敏的传感器精确监测驾驶员和车辆的运动变化，根据踏板行程传感器的加速度来识别驾驶员是否要进行紧急制动，并做出迅速反应，启动高压储压罐液压迅速将制动盘制动，能显著缩短制动距离。

　　SBC 是充满创意的电子控制式制动系统，它使用电子脉冲，将驾驶员的制动命令传送到一个微处理器中，由它同步处理各种不同传感器信号，并根据特定行驶状态计算每一个车轮的最优制动力。这样，当在拐弯或者湿滑路面上制动时，SBC 能提供比传统制动系统更好的主动安全性。SBC 系统的高压储能及电控阀装置能保证最大制动压力更快发挥作用。

　　此外，该系统提供的附加功能可以减少驾驶员驾车中的操作强度，如交通拥挤辅助功能：在走走停停的交通状态下，汽车可以在驾驶员松开加速踏板时自动制动。它的柔和停车功能则可以让汽车在城市交通中，特别柔和而平顺地停下来。

　　SBC 是随着机电一体化在汽车工业中的广泛应用而出现的，它是采用高性能的微处理器和可控式电子执行元件来实现各种功能，从而替代传统的机械部件，进一步提高汽车的安全性与舒适性。SBC 将传统的液力制动系统转变为更强大的机电一体化系统。它的微处理器被集成到车辆的信息模块中,并且能够处理从不同电子控制装置传来的信息。通过这种方法,电子脉冲和传感器信号就可以很快地转换成制动信号,从而给驾驶员带来显著的安全感和舒适感。在 SBC 中,电子元件将替代当前制动系统中大量使用的机械元件,调压器也不再需要,取而代之的是用传感器来测量制动主缸内的压力以及制动踏板运动的速度,并将这些信息用电子脉冲的形式传送到 SBC 的处理器中。

为了让驾驶员能够有相似的制动感觉,工程师们开发了一个特别的模拟器,将它连接到前后制动主缸上,用弹簧力和液压力来推动制动踏板。也就是说,在制动过程中,执行元件是完全和系统的其余部分断开的,它只负责记录发出的任何制动命令。只有出现严重错误或车辆蓄电池内发生问题时,SBC 才会自动使用前后制动主缸,并在制动踏板和前轮制动器之间迅速建立液力联系,以保证车辆安全减速。

每个车轮的压力调节器中心控制装置是 SBC 的中心部分。这是机械学与电子学相互作用并发挥其最大优势的地方,它将微处理器、软件、传感器、阀门和电动泵结合在一起,以实现高效的动态制动管理。

除了接收与制动踏板运动有关的信息外,SBC 处理器还接收来自其它电子辅助系统的传感器信号。例如,ABS 提供的车轮转速信息;ESP 从转向角度、回转率、横向加速度等传感器接收到的有关信息等。制动控制装置最后通过信息通道与当前驾驶状态进行通信。这种高度复杂的计算结果将产生快速制动指令,从而保证与特定驾驶状况相适应的最佳减速度和行驶稳定性。由于 SBC 分别计算了每个车轮所需的制动力,因此制动系统便能够非常精确地控制制动器。高压储能器容纳了可以在 14kPa~16kPa 压力下进入制动系统的制动液。SBC 处理器调节这个压力并控制与储能器相连的电动泵,这就保证了比传统制动系统更短的响应时间。另一个优点就是,即使在发动机关闭时,依然可以有充足的制动力。

液压装置主要包括 4 个所谓的"轮压调节器",它们产生所需的制动压力并把它传送到制动器。这样,可以响应微处理器的指令,使得每个车轮都能分别平稳减速,以达到最好的行驶稳定性和最优的减速度。这些过程均由安装在轮压调节器中的压力传感器来监控。

SBC 系统最重要的性能特点是在压力形成过程中,它具有极高的动态特征,并使用高灵敏度的传感器精确监控驾驶员与车辆的动作。以紧急制动为例,SBC 可以通过加速器识别驾驶员施加在制动踏板上的动作,以此作为紧急制动的线索,并迅速作出回应:在高压储能器的协助下,SBC 系统提高制动线路中的压力,并迅速将制动压向制动盘,让它们快速抓住驾驶员踩下制动踏板的瞬间。其结果就是:装备 SBC 的运动型车在 120km/h 的速度下制动,其制动距比装备传统制动系统的车型减少了大约 3%。在电子液压技术的帮助下,制动辅助系统的性能也得到了进一步提高。当这个系统执行制动命令实现自动紧急停车时,迅速产生的制动压力和车轮制动器的自动预警可以缩短制动距。

SBC 不仅是在紧急制动时体现其价值,其它关键情况也同样。例如,在突然转向的危险情况下,SBC 系统会与电子稳定程序(ESP)相互作用,通过向各个车轮发出精确的制动脉冲以及/或者减小发动机转速,来保证车辆在突然转向过程中的安全性。SBC 在此显示了强大的动态性和精确性。正是由于有来自 SBC 高压储能器更快、更精确的制动脉冲,ESP 才能在车辆即将脱距行驶轨道时,及时、平稳将其稳定下来。

试验表明:在 SBC 的参与下,ESP 可以通过快速、精确的制动脉冲工作更加有效,并能显着地减少汽车的突然转向。同时,驾驶员的转向压力随之减少。有了 SBC 和 ESP,驾驶员在控制行驶中的汽车时就可以减少很多困难。在弯道上制动,SBC 能提供比传统制动系统更高的安全性。可变制动力分配在积极影响汽车的转向跟随性方面有独到的优势。传统制动系统通常给内、外侧车轮以相同的制动压力,而 SBC 提供了根据情况合适分配制动力的可能性。因此,系统会自动增加外侧车轮的制动压力,因为外侧车轮承受较高的垂直载荷允许传送更大的制动力。同时,内侧车轮的制动力会减少,以产生弯道时所需的较高回转力。其结果是产生更稳定的制动行为及最优的减速值。

尽管有了创新的 SBC 制动控制系统,设计工程师们依然坚持前、后车轴可变制动力控制的原理。他们设计的系统工作方式是:在从高速慢下来的时候,大部分制动力继续作用在前轴上,这避免了潜在而危险的后轴制动抱死。在低速或部分制动时,系统会自动增加后轴分配的制动力,以改进制动系统的回应,并使前、后制动片的磨损更均匀。

SBC 踏板在制动系统中的分距式设计和采用机电一体化的均衡压力控制均提高了制动的舒适性,特别是在急剧减速或 ABS 系统运作的时候。ABS 运作中常有的制动踏板振动将不再发生。通过在驾驶模拟器的研究表明,几乎 2/3 的驾驶员在 ABS 运动时开始感到震惊:不敢再增加制动力,甚至把脚从制动踏板上挪开一会,这样将使他们的汽车的制动距离加长。驾驶模拟器中的实验表明:在冰雪覆盖的路面上,车辆在 60km/h 的速度制动时,ABS 将使制动距离平均加长 2.10m。

SBC 在日常的驾驶中有额外的优势:如在湿滑路面、红绿灯前减速、交通堵塞或上坡起步时,作用尤为明显。

SBC 中具有被称为柔顺停车的功能。由于机电一体化高精度的压力控制,使得车辆在红绿灯前频繁减速时,能温和而平滑停止。在湿滑路面上,系统将按固定时间间隔产生短制动脉冲,保证弄干制动碟片上的水膜,使 SBC 在最佳效能下工作。这种自动干燥制动盘功能在汽车挡风玻璃雨刷工作时,会以固定的间隔时间被启动。驾驶员甚至感觉不到这些超精确的制动脉冲。

SBC 系统还有一种称为交通阻塞辅助系统的功能。它能在汽车静止时被巡航控制杆启动,好处是在停停走走的交通状态下,驾驶员只需要控制加速踏板,右脚一旦离开加速踏板,SBC 就会减慢车速并以稳定的速度将车停下。交通阻塞辅助系统可以持续工作到车速达 60km/h 时,而在高速时它会被自动切断。在斜坡行驶时,SBC 的起步辅助功能可以防止汽车向后或向前滚动。驾驶员只需迅速而急剧地踩下制动踏板,便可启动起步辅助功能。如果驾驶员加速,起步辅助功能会松开制动,使汽车平滑起步。

电子技术在制动系统中的出现,为工程师们带来了崭新而前景无限的机会,它不仅只限于改善汽车的安全性和舒适性。因为 SBC,他们在实现长期目标上又前进了一大步。也就是说,借助于摄影机、近距雷达和先进的遥控导航系统,SBC 可以使未来的汽车沿着道路自动行驶。

此外,Bosch 公司在液压基础上开发了一种导线制动系统,即电液制动,如图 4-49 所示。其制动压力由一个高压蓄能器提供,该系统中,各轮的闭环压力控制系统控制着每个制动轮的压力,包括输入、输出阀、压力感应器和相应的算法,在通常制动模式下,主制动轮缸由液压踏板运动模拟装置控制。该系统综合了 ABS、ASR 和 VDC 的功能,利用车轮制动缸压力和制动压力比例信息对控制进行了优化。在前、后轴和左、右轮之间使用了电子制动力分配系统。

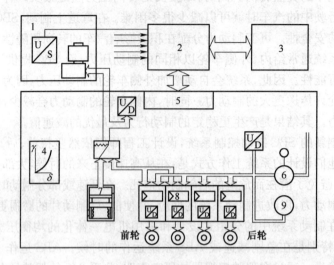

图 4-49　电液制动原理

1—制动器；2—ABS、ASR 和 VDC 控制器；3—信号接口；4—往复转变；5—智能接口；6—液压供应器；7—踏板行程模拟器；8—车轮制动压力调节器；9—高压蓄能器。

电子制动系统具有以下显著优点。

（1）提供平稳的停车功能，能使停车过程平顺柔和。

（2）提供制动片的清干功能。当车辆在湿滑路面上行驶时，系统会在固定间隔时间发出微弱的制动脉冲，用来清干制动片上的水膜，以保证可靠的制动。

（3）塞车辅助制动功能，在发生塞车的情况下，驾驶员只需控制油门踏板。一旦把脚从油门踏板上挪开，系统会自动施加一定的制动力以减速停车。这样，驾驶员就不需要在油门踏板和制动踏板之间频繁的轮换。

（4）起步辅助功能，可防止汽车向后或向前溜动。当车辆在斜坡上处于停止状态时，迅速、有效的踩一下制动踏板，然后踩油门踏板，此功能就开始起作用，松开制动使车辆平稳起步，简化了通常麻烦的斜坡起步过程。

完全电路制动 BBW 是未来制动控制系统的发展方向。毋庸置疑，由于具有不可克服的缺点，当今使用液压油或空气作为传力介质的传统制动系统，必将被全电制动所取代。全电制动不同与传统的制动系统，因为其传递的是电，而不是液压油或压缩空气，可以省略许多管路和传感器，缩短制动反应时间。全电制动的结构如图 4-50 所示。

全电制动系统主要包含以下部分。

（1）电制动器。其结构和液压制动器基本类似，有盘式和鼓式两种，执行器是电动机。

（2）电制动控制单元（ECU）。它接收制动踏板发出的信号，控制制动器制动；接收驻车制动信号，控制驻车制动；接收车轮传感器信号，识别车轮是否抱死、打滑等，控制车轮制动力，实现防抱死和驱动防滑。因未来的车辆，各种控制系统如卫星定位、导航系统、自动变速系统，无级转向系统，悬架系统等的控制系统与制动控制系统高度集成，所以 ECU

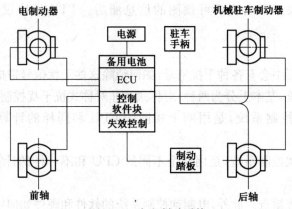

图 4-50 全电制动系统

还得兼顾这些系统的控制。

（3）轮速传感器。准确、可靠、及时地获得车轮的速度。

（4）线束。给系统传递能源和电控制信号。

（5）电源。为整个电制动系统提供能源，与其它系统共用（可以是各种电源，也包括再生能源）。

从结构上就可以看出，这种全电路制动系统具有其它传统制动控制系统无法比拟的优点：

（1）整个制动系统结构简单，省去了传统制动系统中的制动油箱、制动主缸、助力装置、液压阀、复杂的管路系统等部件，使整车质量降低。

（2）制动响应时间短，提高制动性能。

（3）无制动液，维护简单。

（4）系统总成制造、装配、测试简单快捷，制动分总成为模块化结构。

（5）采用电线连接，系统耐久性能良好。

（6）易于改进，稍加改进就可以增加各种电控制功能。

全电制动控制系统是一个全新的系统，给制动控制系统带来了巨大的变革，为将来的车辆智能控制提供条件。但要想全面推广，还有如下问题需要解决。

1. 驱动能源问题

采用全电路制动控制系统，需要较多的能源，一个盘式制动器大约需要 1000W 的驱动能量。目前，车辆 12V 电力系统提供不了这么大的能量，因此，将来车辆动力系统采用高压电，加大能源供应，可以满足制动能量要求，同时需要解决高电压带来的安全问题。

2. 控制系统失效处理

全电制动控制系统面临的一个难题是制动失效的处理。因为不存在独立的主动备用制动系统，因此需要一个备用系统保证制动安全，不论是 ECU 元件失效，传感器失效还是制动器本身线束失效，都能保证制动的基本性能。但决不是回到传统制动控制的老路上去。实现全电制动控制的一个关键技术是系统失效时的信息交流协议，如 TTP/C。系统一旦出现故障，立即发出信息，确保信息传递符合法规最适合的方法是多重通道分时区

(TDMA)，它可以保证不出现不可预测的信息滞后。TTP/C 协议是根据 TDMA 制定的。

3. 抗干扰处理

车辆在运行过程中会有各种干扰信号，如何消除这些干扰信号造成的影响，目前存在多种抗干扰控制系统，基本上分为两种：对称式和非对称式抗干扰控制系统。

对称式抗干扰控制系统，是用两个相同的 CPU 和同样的计算程序处理制动信号。

非对称式抗干扰控制系统，是用两个不同的 CPU 和不一样的计算程序处理制动信号。

两种方法各有优缺点。此外，电制动控制系统的软件和硬件如何实现部件化，以适应不同种类的车型需要；如何实现底盘的部件化，是一个重要的难题。只有将制动、转向、悬架、导航等系统综合考虑进来，从算法上部件化，建立数据总线系统，才能以最低的成本获得最好的控制系统。

电制动控制系统首先用在混合动力制动系统车辆上，采用液压制动和电制动两种制动系统。这种混合制动系统是全电制动系统的过度方案。由于两套制动系统共存，使结构复杂，成本偏高。

随着未来技术的进步，上述的各种问题会逐步得到解决，全电制动控制系统会真正代替传统的以液压为主的制动控制系统。图 4-51 为这种全电制动控制系统的配置方案。

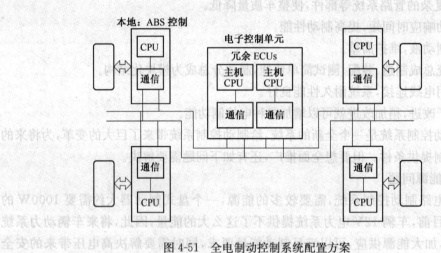

图 4-51　全电制动控制系统配置方案

思 考 题

1. ABS 的主要优点有哪些？
2. 汽车制动防抱死装置（ABS）的特点是什么？
3. 汽车制动防抱死装置（ABS）的作用是什么？
4. 了解汽车制动防抱死装置的发展。

218

5. 画图说明制动过程中滑动率 S 与附着系数的关系及结论。

6. 了解滑动率 S 在汽车驱动和制动过程中的变化。

7. 汽车制动时滑移率控制在什么范围内最佳？

8. 了解制动压力调节器的作用和工作原理。

9. 了解 ABS 中车轮有哪些控制方式？

10. ABS 的控制参数有哪些？

11. 了解汽车制动防抱死装置的分类。

12. 了解 ABS 的控制技术。

13. 汽车制动防抱死装置（ABS）的组成是什么？

14. 车轮速度传感器的作用和组成？

15. 车轮速度传感器的工作原理是什么？

16. 汽车制动防抱死装置（ABS）电子控制机构如何工作的？

17. ASR 系统的实现方法有哪些？

第5章 动力转向控制系统

【学习目标】

通过本节的学习,了解并掌握电控动力转向系统和四轮转向系统的结构、工作原理及功能。

5.1 概　述

汽车转向系统按转向的能源不同可分为:机械转向系统和动力转向系统两类。机械转向系统是依靠驾驶员操纵方向盘的转向力来实现车轮转向;动力转向系统则是在驾驶员的控制下,借助于汽车发动机产生的液体压力或电动机驱动力来实现车轮转向。所以,动力转向系统也称为转向动力放大装置。

动力转向系统由于使转向操纵灵活、轻便,在设计汽车时对转向器结构形式的选择灵活性增大,能吸收路面对前轮产生的冲击等优点,因此已在各国的汽车制造中普遍采用。

但是,目前汽车上广泛应用的动力转向系统一般具有固定的放大倍率,这种动力转向系统的主要缺点是:如果所设计的固定放大倍率的动力转向系统是为了减小汽车在停车或低速行驶状态下转动方向盘的力,则当汽车以高速行驶时,这一固定放大倍率的动力转向系统会使转动方向盘的力显得太小,不利于对高速行驶的汽车进行方向控制;反之,如果所设计的固定放大倍率的动力转向系统是为了增加汽车在高速行驶时的转向力,则当汽车停驶或低速行驶时,转动方向盘就会显得非常吃力。

电子控制技术在汽车动力转向系统的应用,使汽车的驾驶性能达到令人满意的程度。电子控制动力转向系统在低速行驶时可使转向轻便、灵活;当汽车在中高速区域转向时,又能保证提供最优的动力放大倍率和稳定的转向手感,从而提高了高速行驶的操纵稳定性。如图 5-1 所示,在车速大小不同时,通过控制,电控转向系统可实现在两种不同的特性线之间转换。低速时提供较大的转向助力,使驾驶员操纵力减小。高速时,增加转向阻力,使驾驶员的操纵力加大,不再感觉飘,使转向操纵轻便,并提高了操纵稳定性。

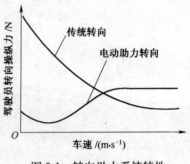

图 5-1　转向助力系统特性

因而,电控动力转向系统称为汽车动力转向系统的发展方向,将在汽车上得到越来越广泛的应用。

电子控制动力转向系统(Electronic Control Power Steering,EPS),根据动力源不同又可分为液压式电子控制动力转向系统(液压式 EPS)和电动式电子控制动力转向系统(电动式 EPS)。

液压式 EPS 是在传统的液压动力转向系统的基础上增设了控制液体流量的电磁阀、车速传感器和电子控制单元等,电子控制单元根据检测到的车速信号,控制电磁阀,使转向动力放大倍率实现连续可调,从而满足高、低速时的转向助力要求。

电动式 EPS 是利用直流电动机作为动力源,电子控制单元根据转向参数和车速等信号,控制电动机扭矩的大小和方向。电动机的扭矩由电磁离合器通过减速机构减速增扭后,加在汽车的转向机构上,使之得到一个与工况相适应的转向作用力。

5.2　液压式电子控制动力转向系统

电子控制动力转向系统(EPS)在低速时,可以减轻转向力以提高转向系统的操纵性;在高速时,则可适当加重转向力,以提高操纵稳定性。液压式电子控制动力转向系统是在传统的液压动力转向系统的基础上,增设电子控制装置而构成的。

根据控制方式的不同,液压式电子控制动力转向系统又可分为流量控制式、反力控制式和阀灵敏度控制式三种形式。

5.2.1　流量控制式 EPS

图 5-2 所示为凌志牌轿车采用的流量控制式动力转向系统。由图可见,该系统主要由车速传感器、电磁阀、整体式动力转向控制阀、动力转向油泵和电子控制单元等组成。电磁阀安装在通向转向动力缸活塞两侧油室的油道之间,当电磁阀的阀针完全开启时,两油道就被电磁阀旁路。流量控制式动力转向系统就是根据车速传感器的信号,控制电磁阀阀针的开启程度,从而控制转向动力缸活塞两侧油室的旁路液压油流量,来改变方向盘上的转向力。车速越高,流过电磁阀电磁线圈的平均电流值越大,电磁阀阀针的开启程度越大,旁路液压油流量越大,液压助力作用越小,使转动方向盘的力也随之增加。这就是流量控制式动力转向系统的工作原理。

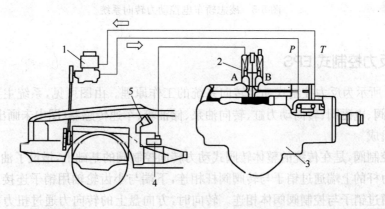

图 5-2　流量控制式动力转向系统(凌志牌轿车)
1—动力转向油泵;2—电磁阀;3—动力转向控制阀;4—ECU;5—车速传感器。

图 5-3 所示为该系统电磁阀的结构。图 5-4 为电磁阀的驱动信号。由图中可以看出,驱动电磁阀电磁线圈的脉冲电流信号频率基本不变,但随着车速增大,脉冲电流信号

的占空比将逐渐增大,使流过电磁线圈的平均电流值随车速的升高而增大。

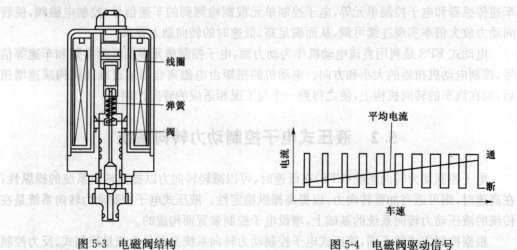

图 5-3 电磁阀结构

图 5-4 电磁阀驱动信号

图 5-5 所示为凌志轿车电子控制动力转向系统的电路。

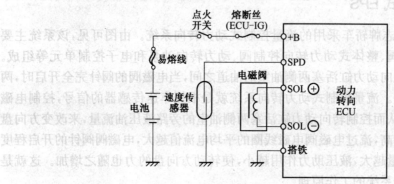

图 5-5 凌志轿车电控动力转向系统

5.2.2 反力控制式 EPS

图 5-6 所示为反力控制式动力转向系统的工作原理。由图可见,系统主要由转向控制阀、分流阀、电磁阀、转向动力缸、转向油泵、储油箱、车速传感器(图中未画出)及电子控制单元等组成。

转向控制阀,是在传统的整体转阀式动力转向控制阀的基础上,增设了油压反力室而构成。扭力杆的上端通过销子与转阀阀杆相连,下端与小齿轮轴用销子连接。小齿轮轴的上端部通过销子与控制阀阀体相连。转向时,方向盘上的转向力通过扭力杆传递给小齿轮轴。当转向力增大,扭力杆发生扭转变形时,控制阀体和转阀阀杆之间将发生相对转动,于是就改变了阀体和阀杆之间油道的通、断关系和工作油液的流动方向,从而实现转向助力作用。

分流阀是把来自转向油泵的机油,向控制阀一侧和电磁阀一侧进行分流的阀。按照车速和转向要求,改变控制阀一侧与电磁阀一侧的油压,确保电磁阀一侧具有稳定的机油流量。

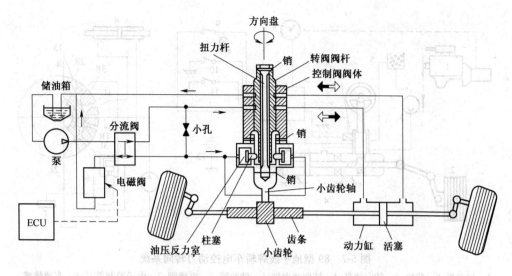

图 5-6　反力控制式转向系统的组成

固定小孔的作用,是把供给转向控制阀的一部分流量分配到油压反力室一侧。

电磁阀的作用,是根据需要将油压反力室一侧的机油流回储油箱电子控制单元(ECU)根据车速的高低线性控制电磁阀的开口面积。当车辆停驶或速度较低时,ECU 使电磁阀的通电电流增大,电磁阀开口面积增大,经分流阀分流的机油,通过电磁阀重新回流到储油箱中,所以作用于柱塞的背压(油压反力室压力)降低。于是柱塞推动控制阀转阀阀杆的力(反力)较小,因此只需要较小的转向力就可使扭力杆扭转变形,使阀体与阀杆发生相对转动而实现转向助力作用。

当车辆在中高速区域转向时,ECU 使电磁线圈的通电电流减小,电磁阀开口面积减小,所以油压反力室的油压升高,作用于柱塞的背压增大,于是柱塞推动转阀阀杆的力增大,此时需要较大的转向力才能使阀体与阀杆之间作相对转动(相当于增加了扭力杆的扭转刚度),而实现转向助力作用。所以,在中、高速时可使驾驶员获得良好的转向手感和转向特性。

5.2.3　阀灵敏度控制式 EPS

阀灵敏度控制式 EPS 是根据车速控制电磁阀,直接改变动力转向控制阀的油压增益(阀灵敏度)来控制油压的方法。这种转向系统结构简单、部件少、价格便宜,而且具有较大的选择转向力的自由度,可以获得自然的转向手感和良好的转向特性。

图 5-7 所示为 89 型地平线牌轿车所采用的阀灵敏度控制式动力转向系统。该系统对转向控制阀的转子阀做了局部改进,并增加了电磁阀、车速传感器和电子控制单元等。

转子阀的可变小孔分为低速专用小孔(1R、1L、2R、2L)和高速专用小孔(3R、3L)两种,在高速专用可变孔的下边设有旁通电磁阀回路。图 5-8 所示为该系统的阀部等效液压回路。

其工作过程是:

当车辆停止时,电磁阀完全关闭,如果此时向右转动方向盘,则高灵敏度低速专用小孔 1R 及 2R 在较小的转向扭矩作用下即可关闭,转向油泵的高压油液经 1L 流向转向动

223

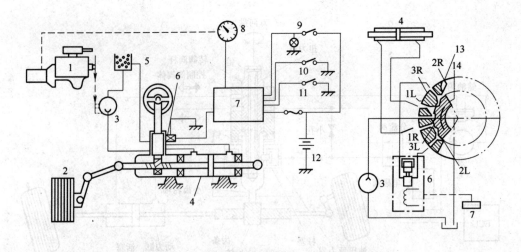

图 5-7 89型地平线牌轿车电控动力转向系统

1—发动机;2—前轮;3—转向油泵;4—转向动力缸;5—储油箱;6—电磁阀;7—电子控制单元;8—车速传感器;9—车灯开关;10,11—空挡开关;12—蓄电池;13—外体;14—内体。

力缸右腔室,其左腔室的油液经 3L、2L 流回储油箱。所以,此时具有轻便的转向特性,而且施加在方向盘上的转向力矩越大,可变小孔 1L、2L 的开口面积越大,节流作用越小,转向助力作用越明显。

随着车辆行驶速度的提高,在电子控制单元的作用下,电磁阀的开度也线性增加,如果向右转动方向盘,则转向油泵的高压油液经 1L、3R 旁通电磁阀流回储油箱。此时,转向动力缸右腔室的转向助力油压就取决于旁通电磁阀和灵敏度低的高速专用可变孔 3R 的开度。车速越高,在电子控制单元的控制下,电磁阀的开度越大,旁路流量越大,转向助力作用越小;在车速不变的情况下,施加在方向盘上的转向力越小,高速专用小孔 3R 的开度越大,转向助力作用也越小,当转向力增大时,3R 的开度逐渐减小,转向助力作用也随之增大。由此可见,阀灵敏度控制式动力转向系统可使驾驶员获得非常自然的转向手感和良好的速度转向特性。

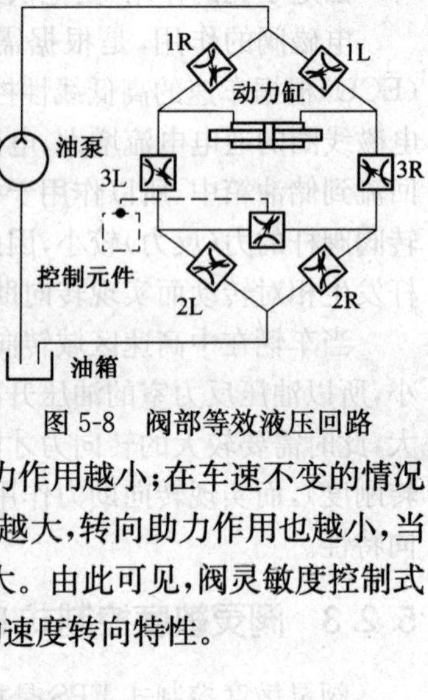

图 5-8 阀部等效液压回路

5.3 电动式电子控制动力转向系统

由于工作压力和工作灵敏度较高,外廓尺寸较小,因而液压式动力转向系统获得了广泛的应用。在采用气压制动或空气悬架的大型车辆上,也有采用气压动力转向的。但这类动力转向系统的共同缺点是结构复杂、消耗功率大,容易产生泄漏,转向力不易有效控制等。近年来,随着微机在汽车上的广泛应用,出现了电动式电子控制动力转向系统(电动式 EPS)。

5.3.1 电动式 EPS 的组成、原理与特点

电动式 EPS 通常由扭矩传感器、车速传感器、电子控制单元(ECU)、电动机和电磁离

合器等组成,如图 5-9 所示。电动式 EPS 是利用电动机作为助力源,根据车速和转向参数等,由电子控制单元完成助力控制。

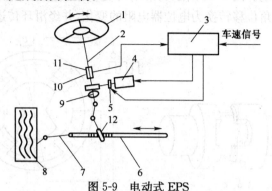

图 5-9 电动式 EPS

1—方向盘;2—输入轴;3—电子控制单元;4—电动机;5—电磁离合器;
6—转向齿条;7—横拉杆;8—转向轮;9—输出轴;10—扭力杆;11—扭矩
传感器;12—转向齿轮。

电动式 EPS 的工作原理:当操纵方向盘时,装在方向盘轴上的扭矩传感器不断地测出转向轴上的扭短信号,该信号与车速信号同时输入到电子控制单元。电控单元根据这些输入信号,确定助力扭矩的大小和方向,即选定电动机的电流和转向,调整转向辅助动力的大小。电动机的扭矩由电磁离合器通过减速机构减速增扭后,加在汽车的转向机构上,使之得到一个与汽车工况相适应的转向作用力。

此外,电动式 EPS 有许多液压式动力转向系统所不具备的优点。

(1) 将电动机、离合器、减速装置、转向杆等各部件装配成一个整体,这既无管道也无控制阀,使其结构紧凑、质量减轻。一般电动式 EPS 的质量比液压式 EPS 质量小 25% 左右。

(2) 没有液压式动力转向系统所必须的常运转转向油泵,电动机只是在需要转向时才接通电源,所以动力消耗和燃油消耗均可降到最低。

(3) 省去了油压系统,所以不需要给转向油泵补充油,也不必担心漏油。

(4) 可以比较容易地按照汽车性能的需要设置、修改转向助力特性。

5.3.2 电动式 EPS 主要部件的结构及工作原理

1. 扭矩传感器

扭矩传感器的作用:测量方向盘与转向器之间的相对扭矩,以作为电动助力的依据之一。图 5-10 所示为无触点式扭矩传感器的结构及工作原理。在输出轴的极靴上分别绕有 A、B、C、D 四个线圈,方向盘处于中间位置(直驶)时,扭力杆的纵向对称面正好处于图示输出轴极靴 AC、BD 的对称面上。当在 U、T 两端加上连续的输入脉冲电压信号 U_i 时由于通过每个极靴的磁通量相等,所以在 V、W 两端检测到的输出电压信号 $U_o = 0$。转向时,由于扭力杆和输出轴极靴之间发生相对扭转变形,极靴 A、D 之间的磁阻增加,B、C 之间的磁阻减少,各个极靴的磁通量发生变化,于是在 V、W 之间就出现了电位差。其电位差与扭力杆的扭转角 θ 和输入电压 U_i 成正比。如果比例系数为 K,则有

$$U_o = KU_i\theta$$

所以,通过测量 V、W 两端的电位差就可以测量出扭力杆的扭转角,于是也就知道了方向盘施加的转动扭矩。图 5-11 所示为滑动可变电阻式扭矩传感器的结构。它是将负载力矩引起的扭力杆角位移转换为电位器电阻的变化,并经滑环传递出来作为扭矩信号。

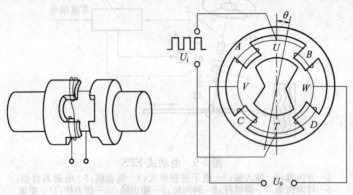

图 5-10　无触点式扭矩传感器

2. 电动机

　　电动式 EPS 用电动机与启动用直流电动机原理上基本相同,但一般采用永磁磁场。其最大电流一般为 30A 左右,电压为 DC12V,额定转矩为 10N·m 左右。

　　转向助力用直流电动机需要正反转控制,图 5-12 所示为一种比较简单适用的控制电路。a_1、a_2 为触发信号端。当 a_1 端得到输入信号时,晶体管 T_3 导通,T_2 得到基极电流而导通,电流经 T_2、电动机 M、T_3 搭铁而构成回路,于是电机正转;当 a_2 端得到输入信号时,电流则经 T_1、M、T_4 搭铁而构成回路,电机则因电流方向相反而反转。控制触发信号端电流的大小,就可以控制通过电动机电流的大小。

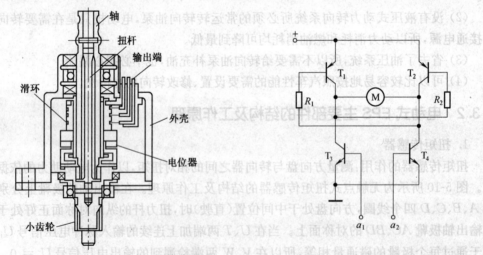

图 5-11　滑动可变电阻式扭矩传感器　　　　图 5-12　电动机正反转控制电路

3. 电磁离合器

　　图 5-13 为单片干式电磁离合器的工作原理。当图 5-11 滑动可变电阻式扭矩传感器的电流,通过滑环进入电磁离合器线圈时,主动轮产生电磁吸力,带花键的压板被吸引与

226

主动轮压紧,于是电动机的动力经过轴、主动轮、压板、花键、从动轴传递给执行机构。

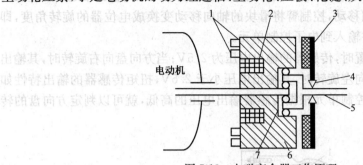

电动机

图 5-13　电磁离合器工作原理
1—滑环;2—线圈;3—压板;4—花键;5—从
动轴;6—主动轮;7—滚珠轴承。

电动式 EPS 一般都设定一个工作范围。如当车速达到 45km/h 时,就不需要辅助动力转向,这时电动机就停止工作。为了不使电动机和电磁离合器的惯性影响转向系统的工作,离合器应及时分离,以切断辅助动力。此外,当电动机发生故障时,离合器会自动分离,这时仍可利用手动控制转向。

4. 减速机构

减速机构是电动式 EPS 不可缺少的部件。目前实用的减速机构有多种组合方式,一般采用蜗轮蜗杆与转向轴驱动组合式,也有的采用两级行星齿轮与传动齿轮组合式。为了抑制噪声和提高耐久性,减速机构中的齿轮有的采用特殊齿形,有的采用树脂材料制成。

5.3.3　电动式 EPS 实例

图 5-14 所示为 Alto 汽车电动式 EPS 配件布置。该系统由扭矩传感器、车速传感器、电子控制单元、电动机和减速机构组成。扭矩传感器(滑动可变电阻型)、电动机和减速机构制成一个整体(图 5-15),安装在转向柱上,电磁离合器安装在电动机的输出端旁,电子控制单元安装在司机座位下面。

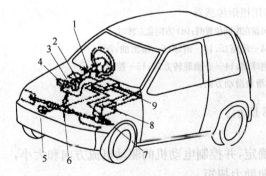

图 5-14　Alto 汽车电动式 EPS 布置
1—车速传感器;2—扭矩传感器;3—减速机构;4—
电动机与离合器;5—发电机;6—转向齿轮;7—发动
机转速传感器;8—蓄电池;9—电子控制单元。

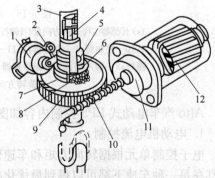

图 5-15　Alto 汽车电动式 EPS 内部结构
1—扭矩传感器;2—控制臂;3—传感器轴;4—扭杆;
5—滑块;6—球槽;7—连接环;8—钢珠;9—涡轮;
10—蜗杆;11—离合器;12—电动机。

图 5-16 所示为 Alto 车用扭矩传感器的结构。当转向系统工作时,施加在方向盘上

的转向力经输入轴、扭杆传递给输出轴,扭杆的扭曲变形使输入轴与输出轴之间发生相对扭转,与此同时滑块沿轴向移动,控制臂将滑块的轴向移动变换成电位器的旋转角度,即将转矩值变换成电压量,并输入到电子控制单元。

当方向盘处于中间位置时,传感器的输出电压为 2.5V;当方向盘向右旋转时,其输出电压大于 2.5V;当方向盘向左旋转时,其输出电压小于 2.5V,扭矩传感器的输出特性如图 5-17 所示。因此,电子控制单元根据传感器输出电压的高低,就可以判定方向盘的转动方向和转动角度。

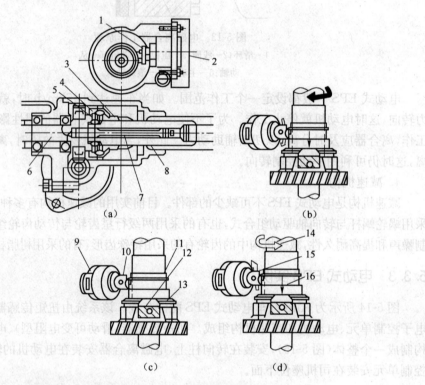

图 5-16　Alto 车用扭矩传感器

(a) 传感器结构;(b) 方向盘右转时;(c) 方向盘在中间位置时;(d) 方向盘左转时。
1、10—控制臂;2—电位器;3、11—滑块;4—环座;5、13—钢球;6—输出油;7—扭杆;8—输入油;9—扭矩传感器;12—钢球槽;14—心轴旋转方向;15—控制臂旋转方向;16—滑块滑动方向。

Alto 汽车电动式 EPS 控制内容如图 5-18 所示。

1. 电动机电流控制

电子控制单元根据转向力矩和车速信号确定,并控制电动机的驱动电流方向和大小,使其在每一种车速下都可以得到最优化的转向助力扭矩。

2. 速度控制

当车速高于 43km/h～52km/h 时,停止对电动机供电的同时,使电动机内的电磁离合器分离,按普通转向控制方式工作,以确保行车安全。

3. 临界控制

这是为了保护系统中的电动机以及控制组件而设的控制项目。在转向器偏转至最大

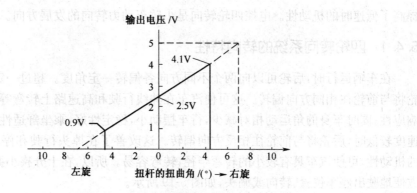

图 5-17　扭矩传感器输出特性

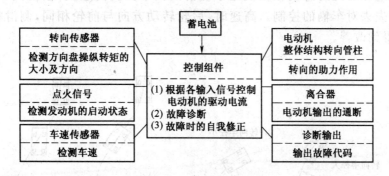

图 5-18　电动式 EPS 控制

（即临界状态）时，由于此时电动机不能转动，所以流入电动机的电流达最大值。为了避免持续大电流使电动机及控制组件发热损坏，所以每当较大电流连续通过 30s 后，系统就会控制电流使之逐渐减小。当临界控制状态解除后，控制系统就会再逐渐增大电流，一直达到正常的工作电流值为止。

4. 自诊断和安全控制

该系统的电子控制单元具有故障自诊断功能，当电子控制单元检测出系统存在故障时都可显示出相应的故障代码，以便采取相应的措施。当检测出系统的基本部件如扭矩传感器、电动机、车速传感器等出现故障而导致系统处于严重故障的情况下，系统就会使电磁离合器断开，停止转向助力控制，力图确保系统安全、可靠。

5.4　电控四轮转向系统

前面介绍的主要是电控两轮转向控制系统（2WS），这是目前汽车上广泛应用的转向控制系统。通过控制转向力，保证汽车停驶或低速行驶时转向轻便，高速行驶时，又确保安全。

现在一些汽车使用了四轮转向系统（4WS）。汽车行驶时，四轮转向系统可以让汽车的前轮和后轮同时发生偏转。四轮转向系统具有后轮转向机构（安装在后悬架上），使驾驶员在操纵方向盘时转动前、后四个车轮，不仅提高了高速时的稳定性和可控性，而且提高了低速时的机动性。电控四轮转向是小轿车动力转向的发展方向。

5.4.1 四轮转向系统的转向特性

在车辆运行时,后轮可以向两个不同方向各偏转一定角度。超过一定行驶速度时,后轮将与前轮往相同方向偏转。这可使汽车在并线行驶和高速路上转弯等情况下有很好的响应性;同时车身的角运动相对减少,行车摆动小,稳定性好,乘坐舒适性提高。汽车行驶速度较低时,后轮将与前轮往相反方向偏转。这改善了在掉头行驶和停车入库等工况下的机动性,可使汽车具有较小的转弯半径,转弯容易。所以,在十分狭小拥挤的地方,也可方便地驶出停车位置、转向或调头,如图 5-19 所示。

当汽车高速转弯时,离心力使车辆后部产生侧向移动的趋势,从而使后轮发生侧向滑动,车速和转向的急剧程度决定了侧滑的大小。侧滑过大,会使汽车发生横向旋转,从而失去对车辆的控制。高速时,后轮转动方向与前轮相同,侧滑将减轻,汽车稳定性得到改善。

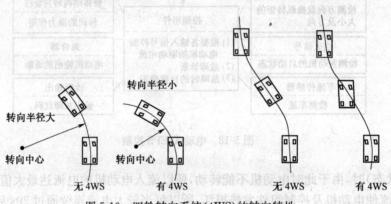

图 5-19 四轮转向系统(4WS)的转向特性

如图 5-20 所示,后轮转角与前轮转角成一定比例,且方向一致时,转向性能类似于 2WS。但后轮与前轮转动方向相同时,横摆角度减小;中、高速行驶时,汽车转向稳定性和操纵能力均得到改善。

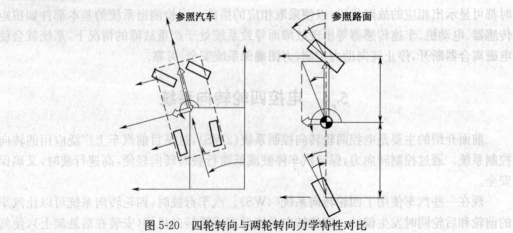

图 5-20 四轮转向与两轮转向力学特性对比

5.4.2 四轮转向系统的分类

常见的四轮转向系统有三种:机械式、液压式和电控式四轮转向系统。

1. 机械式四轮转向系统

机械式四轮转向系统是最早开发的四轮转向系统,包括前轮的齿轮齿条转向系和前、后转向系之间的传动轴。随着前轮偏转,转向力通过传动轴传到后轮。在机械式四轮转向系统中,有时也为后轮加装第二套转向器来帮助转向。机械式四轮转向系统只在汽车高于某一行驶速度时起作用,并且起作用时,前、后轮只能往相同方向偏转。

2. 液压式四轮转向系统

第二代四轮转向系统利用液压系统来控制转向。这种类型的四轮转向系统的后轮只能偏转 1.5°左右,并且也只有在速度高于 22mile/h 时才起作用。开始时,基本的齿轮齿条转向器使前轮偏转,同时把部分转向液压送到后轮转向系统的控制阀中,控制该控制阀的位置。前轮向某一方向偏转时,该滑阀向一个方向移动;前轮向另一方向偏转时,该滑阀向与前面相反方向移动。

以后,该滑阀控制着第二套液压回路工作。这个回路利用由差速器驱动后转向油泵产生的压力油为动力。这些压力油接着又驱动一个齿轮齿条转向器像前轮一样工作。但第二个齿轮齿条转向器只能在很小的范围内移动。后轮的偏转角不得超过 1.5°。

3. 电控式四轮转向系统

目前,四轮转向系统越来越多地使用电子和计算机控制。电控式四轮转向系统,如图 5-21 所示,允许后轮与前轮以相同的方向偏转(在高速时)或者以相反的方向偏转(在低速时)。下面主要介绍电控四轮转向系统的组成和原理。

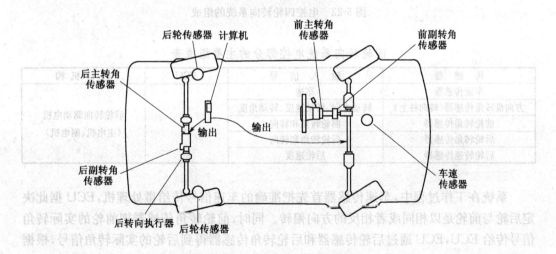

图 5-21 电控式四轮转向系统

5.4.3 电控四轮转向系统的组成

1992 年,电控四轮转向系统出现在本田序曲汽车上。

231

电控四轮转向系统的组成如图 5-22 所示。可见，前轮转向器和后轮转向执行器之间没有任何机械连接装置，后轮转向执行器是由安装在左后座椅后部的行李箱内的转向电控模块来控制。其电子控制系统的主要组成有传感器（方向盘转角传感器、车速传感器、前轮转角传感器、后轮转角传感器和后轮转速传感器等）、电子控制单元（ECU）和后轮转向驱动电机组成，如下表所列。ECU 根据方向盘转角、车速和前轮转角等信号来计算并控制后轮。

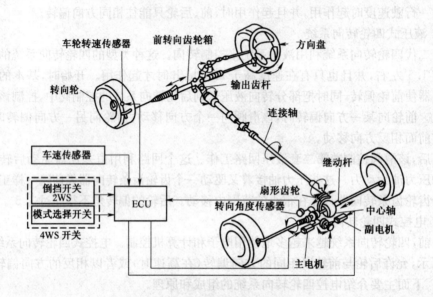

图 5-22　电控四轮转向系统的组成

四轮转向系统电控部分的主要组成表

传　感　器	输　入　信　号	ECU	执　行　机　构
车速传感器	车速		
方向盘转角传感器（转向柱上）	转动方向、转动速度、转动角度		后轮转向驱动电机
前轮转角传感器	前轮转角和转向		（主电机、副电机）
后轮转角传感器	后轮转角和转向		
后轮转速传感器	后轮速度		

　　系统在工作过程中，车速传感器首先把准确的车速信号传给微处理机，ECU 据此决定后轮与前轮是以相同或者相反的方向偏转。同时，前轮转角传感器把前轮的实际转角信号传给 ECU，ECU 通过后轮传感器和后轮转角传感器得到后轮的实际转角信号，根据这些输入信号，分别控制前、后轮转向器各自的偏转量。

　　转向角度传感器（图 5-23）为电位计式，安装在转向器内，其电压大小表示转向角度和方向。

　　驾驶员转动方向盘确定了前轮转动方向和角度，同时带动前轮的输出齿杆，通过连接轴将前轮转动方向和角度传入后轮执行机构中。后轮驱动电机有主电机和副电机两个电机组成，如图 5-24 所示。电动机接收 ECU 的控制信号，带动继动杆左右移动，驱动后轮偏转。

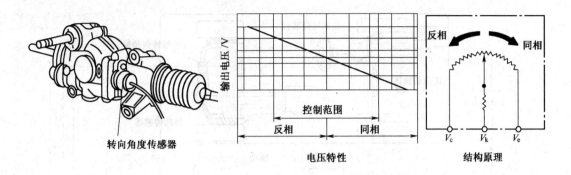

图 5-23　转向角度传感器

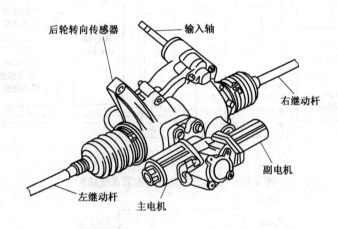

图 5-24　后轮转向执行机构

四轮转向系统的控制过程：ECU 主要根据车速大小控制执行机构中电机的转动，如图 5-25、图 5-26 所示。

第一种控制方法是：

当车速＜预定值（如 40km/h）时，反相转动后轮；

当车速＞预定值（40km/h）时，同相转动后轮。

实际控制中，为了提高稳定性存在一个速差，即：

当车速＜40km/h 时，反相转动后轮；

当车速＞60km/h 时，同相转动后轮；

当 40km/h ＞ 车速＜60km/h 时，执行机构保持不动。

第二种控制方法是：

在汽车行驶时，协调控制后轮转动。当汽车转向、侧向风力、制动等引起侧滑时，系统控制后轮的转动，可提高汽车行驶的稳定性。

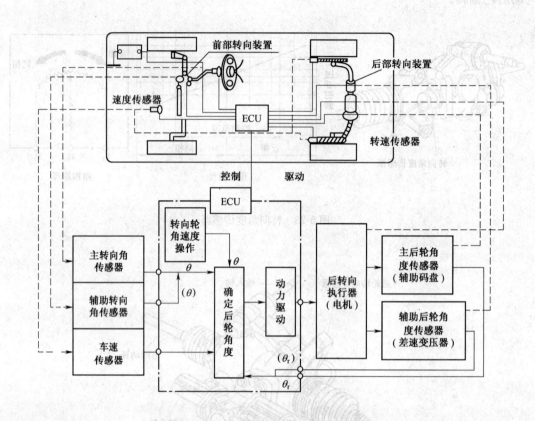

图 5-25　全电子四轮转向控制系统结构

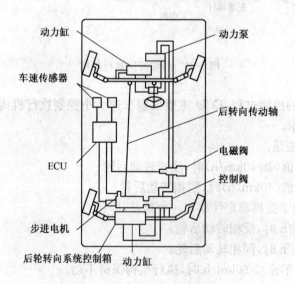

图 5-26　车速响应型电液四轮转向系统

思 考 题

1. 动力转向系统的优点有哪些?
2. 液压式电控动力转向系统有哪些类型?
3. 了解各种液压式电控动力转向系统的工作原理。
4. 试说说电动式 EPS 的组成和工作原理。
5. 四轮转向系统的转向特性是什么?
6. 四轮转向系统的分类有哪些?
7. 简述四轮转向系统的工作原理。

第6章 汽车行驶系统及控制

【学习目标】
通过本章的学习,了解并掌握汽车电控悬架系统、汽车巡航系统和汽车导航系统的基本结构、工作原理和控制方法。

6.1 概　述

汽车行驶系统的作用是接受由传动系统传来的扭矩,并通过驱动轮与路面间的附着作用,产生路面对汽车的牵引力;传递并承受路面作用于车轮上的各种反力及其所形成的力矩;尽可能缓和行驶时由于路面不平对车身造成的冲击和振动,并且与转向系统很好地配合,实现汽车行驶方向的正确控制,从而保证汽车的行驶平顺性和操纵稳定性。

汽车行驶系统一般由车架、车桥、车轮和悬架组成。

车架是汽车的基体,是全车的装配和支承基础,它将汽车的各相关总成连接成一个整体。

车桥通过悬架与车架连接,支承着汽车大部分质量,并将车轮的牵引力或制动力,以及侧向力经悬架传给车架。

车轮和轮胎与地面直接接触,用于支承汽车车体质量,缓和由于路面不平引起的冲击,接受和传递制动力和驱动力,将地面反力传至汽车,使汽车产生运动或被制动;轮胎具有抵抗侧滑和自动回正的能力,使汽车正常转向,保持汽车直线行驶。

悬架的作用是:把车架与车桥弹性连接起来,吸收或缓和车轮在不平路面上受到的冲击和振动,传递各种作用力和力矩。它一般由弹性元件、导向装置和减振器三部分组成。悬架可分为独立悬架和非独立悬架两类。独立悬架的特点是:每一侧车轮单独通过弹簧悬挂在车架下面,汽车行驶中,当一侧车轮跳动时,不会影响另一侧车轮的工作。独立悬架中多采用螺旋弹簧和扭杆弹簧作为弹性元件,并配用导向装置和减振器。独立悬架在轿车上广泛应用;非独立悬架的特点是,两侧的车轮分别安装在同一整体式车轿上,车轿通过弹性元件与车架相连。这种悬架在汽车行驶中,当一侧车轮跳动时,另一侧车轮也将随之跳动;非独立悬架中广泛采用钢板弹簧作为弹性元件,在中、重型汽车上普遍采用。

与汽车行驶系统相关的主要电控装置是电控悬架系统、汽车巡航控制系统和汽车导航系统。

汽车不同的行驶状态对悬架有不同的要求。一般行驶时,需要柔软一点的悬架以求舒适感,当急转弯及制动时,又需要硬一点的悬架以求稳定性。此外,汽车行驶的不同环境对车身高度的要求也是不一样的。一成不变的悬架无法满足这种矛盾的需求,只能采取折中的方式去解决。在电子技术发展的带动下,可以采用电子控制悬架来满足这种需求,称为电控悬架,目前比较常见的是电控空气悬架形式。

汽车巡航系统能够使汽车保持定速行驶,从而减轻驾驶员的工作强度。汽车导航系统是指从简单的定位帮助到路径确定的所有装置。

6.2　电控悬架系统

6.2.1　概述

汽车车架或车身若直接安装到车桥上,则会由于道路不平而上下颠簸振动,从而使车上的乘员感到不舒服或者使货物损坏。因此,汽车上必须装有具有缓冲、减振和导向作用的装置。轮胎、悬架和座椅都能起到缓冲、减振作用,其中悬架装置起到主要作用。

悬架是车架与车桥(或承载式车身与车轮)之间所有传力连接装置的总称,其主要作用是弹性地连接车桥与车架或车身,提供横向、纵向稳定性,提供车重在地面上有选择的分配;缓和行驶中车辆受到的由不平路面引起的冲击力,保证乘坐舒适和货物完好;迅速衰减由于弹性系统引起的振动,保证与地面的附着力,把路面作用于车轮上的垂直反力(支承力)、纵向力(牵引力和制动力)、侧向力及其反力所造成的力矩传递到车架(或车身),提供克服障碍的能力;起导向作用,使车轮按一定轨迹相对车身运动,全面改善汽车的机动性,包括最高行驶速度、牵引特性、制动性能等,以保证汽车正常行驶。

由于路面对车轮的垂直反力为冲击载荷,很大的冲击力传递到车身或车架时,可能会引起汽车机件的早期损坏,并使乘员感到极不舒适。为了缓和冲击,悬架中装有弹性元件,使车架(或车身)与车桥或车轮间作弹性连接。弹性元件受到冲击后将产生振动,当振动超过人体所适应的垂直振动频率,就会使人感到不舒适并引发疲劳。因此,汽车悬架的设计必须适合行驶平顺性和安全性的要求。

悬架一般由弹性元件、导向装置、减振器和横向稳定杆等组成,如图 6-1 所示。

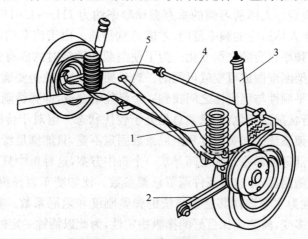

图 6-1　汽车悬架组成

1—弹性元件;2—纵向推力杆;3—减振器;4—横向稳定杆;5—横向推力杆。

弹性元件用来承受并传递垂直载荷、缓和不平路面、紧急制动、加速和转弯引起的冲击或车身位置的变化。常见的弹性元件:钢板弹簧、螺旋弹簧、扭杆弹簧、油气弹簧、空气弹簧和橡胶弹簧。

减振器用来衰减由于弹性系统引起的振动。减振器的类型有:筒式减振器、阻力可调式减振器和充气式减振器。

导向装置用来使车轮按一定运动轨迹相对车身运动,同时起传递力的作用。通常,导向装置由控制摆臂式杆件组成,有单杆式或多连杆式的。钢板弹簧作为弹性元件时,它本身兼导向作用,可不另设导向装置。在有些轿车和客车上,为防止车身在转向等情况下发生过大的横向倾斜,在悬架系统中加设有横向稳定杆,目的是提高侧倾刚度,使汽车具有不足转向特性,改善汽车的操纵稳定性和行驶平顺性。

理想的悬架应该做到:能在车辆载荷变化的情况下,实现车高调整;使车高适应路面状况和行驶车速的变化,从而提高汽车的操纵稳定性和通过性;在转弯、加速、减速等车辆受力不平衡的情况下,实现车辆的姿态调整;在不平路面行驶情况下,调节系统刚度及阻尼特性,在一定程度上隔绝路面不平度对车的扰动。

所以,悬架系统控制的目的就是,尽可能减轻由路面不平引起的、并由车轮传递到车身的冲击和振动力,以改善汽车乘坐的舒适性;减少车体高度的变化,以提高汽车行驶的稳定性。

一个由弹簧和减振器构成的轿车悬架系统,为了更有效地减缓路面不平而引起的车体振动,以保持乘坐舒适性(通过车体或车身某部位的加速度响应来评价),希望弹簧刚度较小;而在转弯、制动时,为使车体的倾斜或前、后的俯仰较小,以保持操纵稳定性(借助车轮的动载来度量),则要求弹簧刚度较大。

弹簧软,车体加速度减小,舒适性增加,但导致车体位移增加,由此产生车体重心的变动,会引起轮胎负荷变化的增加,平稳性变差;弹簧硬,操纵稳定性提高,但硬的弹簧导致汽车对路面不平度很敏感,舒适性变差。由此给系统参数选择带来了矛盾。

汽车的固定频率是衡量汽车平顺性的重要参数,它由悬架刚度和悬架弹簧支承的质量(簧载质量)所决定。人体所习惯的垂直振动频率约为 $1Hz\sim1.6Hz$,车身振动的固有频率应接近或处于人体适应的频率范围,才能感觉舒适。由于汽车的载重量经常会发生变化,因此其固有频率也会随之而变化。为了使空载和满载时的固有频率保持一定或变化很小,需要把悬架刚度做成可变或可调的。对悬架的设计,就是要确定其弹簧或减振器的参数,使系统在平顺性与稳定性之间找到一个最佳结合点,即弹簧刚度和减振器的阻尼系数能随汽车运行状况而变化,使悬架总是处于较优状态。但对于传统悬架(被动悬架)系统而言,由于悬架系统的弹簧刚度和阻尼系数固定不变,只能满足特定的道路状态和速度要求,使系统在舒适性和稳定性之间寻求一个折中方案,这种折中只可能在特定工况下是最优的,但不能随路况、车速等条件调节悬架参数。比如赛车以操纵稳定性为主,而高级轿车则以平顺性为主来选择其悬架系统的弹簧刚度和阻尼系数。赛车由于行驶速度高,道路条件复杂多变,需要确保良好的操纵稳定性,为此以牺牲一定的平顺性为代价;豪华轿车一般行驶环境良好,为确保良好的平顺性,则以牺牲一定的操纵稳定性为代价,如图 6-2 所示。

为了使悬架系统适应在不同道路条件下行驶,保证乘坐的舒适性和安全性,各种悬架控制技术和方法得到了很大的发展。按照控制形式不同,悬架系统可分为被动悬架、半被动悬架、半主动悬架和主动悬架。

（1）被动悬架。指弹簧和减振器参数固定的悬架，如图 6-3 所示。装有被动悬架的汽车，其姿态（状态）只能被动地取决于路面、行驶状况和汽车的弹性元件、导向装置以及减振器这些机械零件。

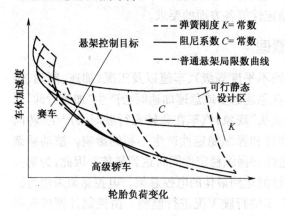

图 6-2　汽车悬架舒适性和安全性之间的关系

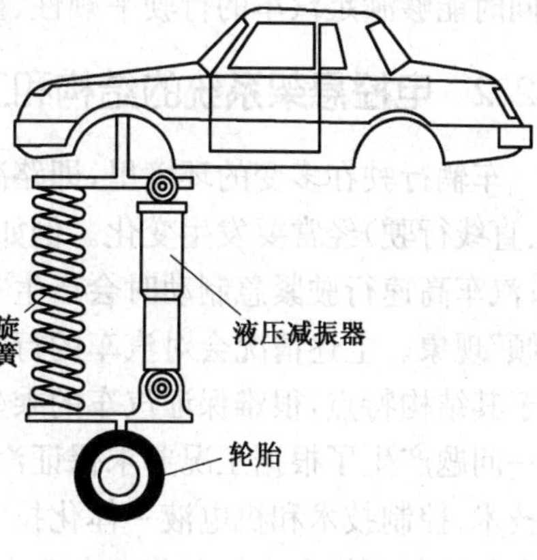

图 6-3　被动悬架

（2）半被动悬架。指悬架的一些参数可由司机根据路面载荷等条件在一定范围内调节，使悬架性能总是处于最优状态附近的悬架。因弹簧刚度在选定后很难改变，一般将阻尼分为几个等级，由司机选择或根据传感器信号自动选择所需要的阻尼级。其阻尼力大小的调整，是通过改变油液流通孔的截面积实现的。驾驶员可根据道路条件和车速等情况，选择不同的阻尼级。如要求舒适时，可选择较小的阻尼值，降低系统固有频率，以减小对车身的冲击；如需要高速赛车的感觉时，可选择高阻尼值，以利于安全性的提高。

（3）半主动悬架。指悬架元件中弹簧刚度和减振器阻尼系数之一可以根据需要进行调节控制的悬架。通常，它是在半被动悬架的基础上，通过 ECU 进行控制，使减振器阻尼按照行驶状态的动力学要求作无级调节，使其在几毫秒内由最小变到最大，对阻尼变化响应快。半主动悬架是一种电子控制悬架，它可根据道路条件和行驶速度自动地调整阻尼值，以提高汽车的安全性、操纵稳定性和舒适性。

被动悬架、半被动悬架及半主动悬架的阻尼力变化范围，如图 6-4 所示。

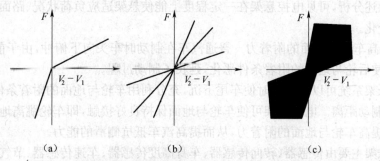

图 6-4　被动悬架、半被动悬架及半主动悬架的阻尼力变化范围

(a) 被动悬架；(b) 半被动悬架；(c) 半主动悬架。

由图可知，被动悬架阻尼只能在一条线上变化，半被动悬架可在几条线上变化，而半主动悬架则可在整个平面内变化。在有些情况下，半主动悬架可达到被动悬架不能达到的区域。

（4）主动悬架。指能根据车辆的运动状态和路面情况适时调节悬架的刚度和阻尼，使其处于最优减振状态的悬架。它不仅可以连续控制阻尼特性，而且可调节悬架刚度，因而同时能够满足汽车的行驶平顺性、操纵稳定性等各方面的要求。

6.2.2 电控悬架系统的结构和工作原理

车辆行驶在多变的环境里，即路况（路面不平度等级）、车速以及工况（加速、制动、转向、直线行驶）经常要发生变化。例如汽车在急速起步或急速加速时会产生"加速后仰"现象；汽车高速行驶紧急制动时会产生"制动点头"现象；汽车在急转弯行驶时会产生"转向侧倾"现象。上述情况会对汽车的行驶平顺性和操纵稳定性产生不利的影响。被动悬架由于其结构特点，很难保证汽车的乘坐舒适性和操纵稳定性同时达到最佳。因此，为解决这一问题产生了根据工况要求保证汽车的性能达到最佳的电控悬架。电控悬架采用传感器技术、控制技术和机电液一体化技术对汽车的行驶工况进行监测。由控制计算机根据一定的控制逻辑产生控制指令控制执行元件产生动作，保证汽车具有良好的行驶性能。半主动悬架通常采用对悬架阻尼进行调控的方式。由于其结构简单，对悬架特性的改善明显且易于实现，是目前汽车上采用较多的电控悬架形式。

电控悬架具有下列主要功能。

（1）调节车身高度。汽车载荷变化时，电控悬架系统能自动维持车身高度不变，汽车即使在凸凹不平道路上行驶也可保持车身平稳。

（2）提高车辆的行驶平顺性和操纵稳定性，抑制车辆姿态的变化（后仰、点头、侧倾）。

当汽车急速起步或加速行驶时，由于惯性力及驱动力的作用，会使车尾下蹲产生"后仰"现象。电控悬架能够及时地改变悬架的俯仰角刚度，抑制后仰的发生。当汽车在高速行驶中紧急制动时，由于惯性力和轮胎与地面摩擦力的作用，会使车头下沉产生制动点头现象。电控悬架能使汽车在这种工况下车头的下沉量得到抑制。当汽车急转弯时，由于离心力的作用汽车车身向一侧倾斜，转弯结束后离心力消失。汽车在这样的工况下会产生汽车车身的横向晃动。电控悬架在这种工况下能够减少车身倾斜的程度、抑制车身横向摇动的产生。

通过上述分析，可见电控悬架在一定程度上能使悬架适应负荷状况、路面不平度和操纵情况的变化。

（3）提高车轮与地面的附着力。普通汽车在制动时车头向下俯冲，由于前、后轴载荷发生变化，使后轮与地面的附着条件恶化，延长了制动过程。

电控悬架系统可以在制动时使车尾下沉，充分利用车轮与地面的附着条件，加速制动过程，缩短制动距离。电控悬架可使车轮与地面保持良好接触，即车轮跳离地面的倾向减小，因而可提高车轮与地面的附着力，从而提高汽车抵抗侧滑的能力。

电控悬架主要由传感器（转向传感器、车身高度传感器、车速传感器、节气门位置传感器、重力加速度传感器）、电控悬架 ECU 和执行器（压缩机控制继电器、空气压缩机排气阀、空气弹簧进/排气电磁控制阀、模式控制继电器）等组成，如图 6-5 所示。

电控悬架系统有转向传感器、车身高度传感器、车速传感器、节气门位置传感器、重力

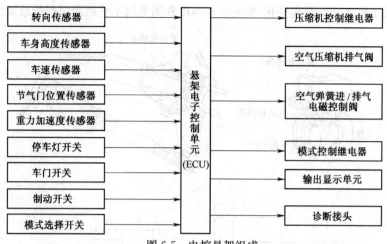

图 6-5 电控悬架组成

加速度传感器以及车门开关、制动开关、模式选择开关、停车灯开关等接收信号,这些信号经过电控单元 ECU 的运算处理,进行车身高度、弹簧刚度和阻尼系数的控制,保持车辆平顺性和操纵稳定性。空气压缩机产生的压缩空气送入空气弹簧的空气室中,ECU 根据汽车高度信号,控制压缩机和排气阀充气或排气,使空气弹簧伸长或压缩而控制车辆高度。同时,ECU 根据车速、转向、加速、制动、车高等信号,通过控制阀改变空气弹簧主、副气室间的流通面积,进行弹簧刚度的调节;并通过控制减振器中的旋转阀,通、断油孔改变节流孔的数量,使阀体中减振液的流通快慢发生变化,从而改变减振器的阻尼系数。

1. 传感器

1) 转向传感器

转向传感器装在转向柱上,用来检测转向时的转向角度和汽车转弯的方向,并将这些信息提供给 ECU,以在转弯时提高汽车操纵稳定性,防止出现侧倾。转向传感器由一个带孔圆盘和两个光电传感器组成,其外形和工作原理如图 6-6 所示。

开有 20 个孔的圆盘随方向盘一起转动,圆盘的两侧为由发光二极管和光敏晶体管组成的光电传感器,它们两者之间的光线变化随着圆盘遮挡或通过转换成"通"或"断"信号。当操纵方向盘时,有槽圆盘随着一起转动而引起发光二极管发出的光线"通"或"断"信号,这种信号是与方向盘转动成正比的数字信号。通过判断两个光电传感器信号的相位差可以判断转弯方向。此时,当 ECU 判断方向盘的转动角度和车速大于设定值时,ECU 会使弹簧刚度和减振力增加。ECU 根据两信号发生器输出端通、断变换的速率,即可检测出转向轴的转动速率;通过计数器统计通、断变换的次数,即可检测出转向轴的转角。此外,设计时将两个信号发生器通、断变换的相位错开 9°(图 6-6)。汽车直线行驶时,信号 S_1 处于通断的中间位置(高电平,断状态)。转向时,根据信号 S_1 和下降沿处信号 S_2 的状态,即可判断出转动的方向。在图 6-6 中,信号 S_1 由断状态变为通状态(低电平)时,如果信号 S_2 为通状态,则为左转向;如果信号 S_2 为断状态,则为右转向。

2) 车身高度传感器

在每个悬架上都装有一只车身高度传感器。前轮车身高度传感器安装在下摆臂与车架横梁之间(图 6-7),后轮车身高度传感器安装在悬架摆臂和车架之间(图 6-8)。通过它们监测车身与悬架下臂之间的距离变化,检测汽车高度和因道路不平坦而引起的悬架位移量。

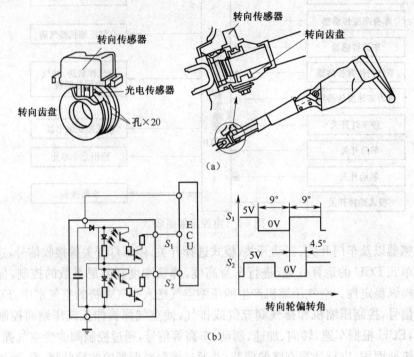

图 6-6 转向传感器
(a) 传感器结构;(b) 传感器内部电路。

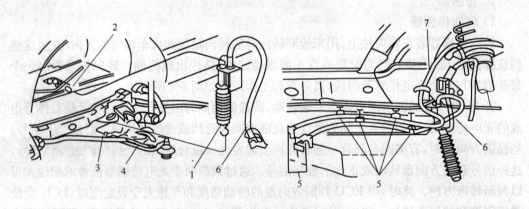

图 6-7 前轮车身高度传感器
1—车身高度传感器;2—上球头销;3—下球头销;4—下摆臂;5—导线线束固定夹;6—车身高度传感器
线束;7—减振器线束。

车身高度传感器有:磁性滑阀式、霍耳式和光电式三种形式。

(1) 磁性滑阀式车身高度传感器(图 6-9)上端有一个磁性滑阀,当汽车高度发生变化时,滑阀在传感器下壳内上下运动。传感器下壳内有两个电控开关(超高开关、欠高开关),通过线束与控制模块连接。当高度正常时,两电控开关都断开。车高增加时,磁性滑阀上移,超高开关闭合,控制模块打开相应的空气弹簧阀和排气阀,空气弹簧排气,改正超高的离地高度;车高降低时,磁性滑阀下移,超高开关断开,欠高开关闭合,控制模块使压缩机继电器通电,并打开相应的空气弹簧阀,空气弹簧充气,改正欠高的离地高度。

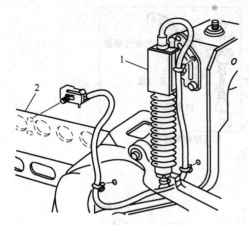

图 6-8　后轮车身高度传感器
1—车身高度传感器;2—后悬架支架。

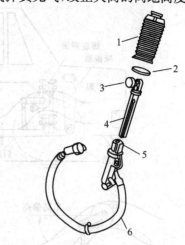

图 6-9　磁性滑阀式车身高度传感器
1—防尘罩;2—卡子;3—球头螺钉;4—磁性滑阀;5—阀
壳与电控开关;6—导线线束。

(2) 霍耳式车身高度传感器(图 6-10)为电控可旋转式高度传感器,主要包括一个永磁转子和一个霍耳元件,为电控可旋转式高度传感器,主要利用永磁转子的转动和霍耳元件的霍耳效应产生车高电压信号。悬架的运动使永磁转子旋转,使霍耳元件上的电压信号变化,电压信号与标准车高、超高和欠高成比例。

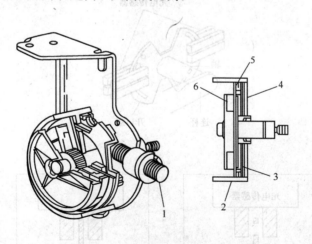

图 6-10　霍耳式车身高度传感器
1—连接线盒;2—传感器芯;3—霍耳效应开关 B;4—线路板;
5—霍耳效应开关;6—永磁转子。

(3) 光电式车身高度传感器由轴(靠连杆带动旋转)、遮光盘(装在轴上,上面刻有窄缝—将转角数码化)和四组光电耦合元件组成,如图 6-11 所示。

车身高度传感器内部电路和信号,如图 6-12 所示。

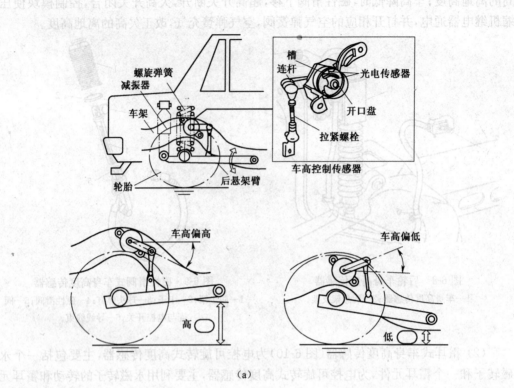

螺旋弹簧
减振器
车架
轮胎
后悬架臂

槽
连杆
光电传感器
开口盘
拉紧螺栓
车高控制传感器

车高偏高
高

车高偏低
低

(a)

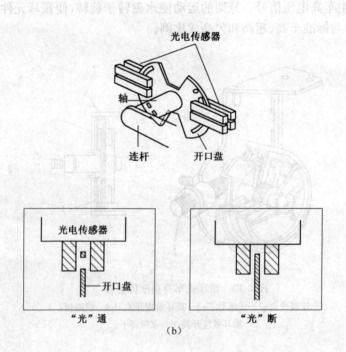

光电传感器
轴
连杆
开口盘

光电传感器
开口盘
"光"通

"光"断

(b)

图 6-11　光电式车身高度传感器
(a) 车身高度传感器工作原理；(b) 光电传感器。

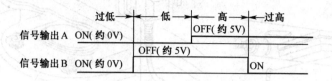

传感器		
A	B	车高位置
0	0	过低
0	1	低
1	1	高
1	0	过高

图 6-12　车身高度传感器内部电路和信号

车高传感器装于车身上,并通过传动轴、连杆与悬架臂相连接,而连杆随着汽车高度的变化而上、下摆动。不同车高时,由于开口圆盘位置的变化,而使光电传感器发出的光线通或断,检测车高信息。光电传感器是由发光二极管与遮光器的光敏晶体管组成。开口圆盘与连杆组合成一个组件一起上、下旋转,两个光电传感器在开口圆盘的两侧,车高变化时由于开口圆盘位置的变化,使发光二极管发出的光线被开口圆盘遮挡或通过,从而检测出不同的车高信号,并将它们转换送至 ECU。

3) 车速传感器

车速传感器与发动机共享,一般安装在变速器输出轴上,或车速表软轴的输出端内,检测出转速信号,ECU 接收该信号与方向盘转动角度信号,计算出车身的侧倾程度,如图6-13 所示。

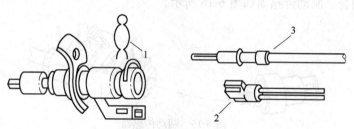

图 6-13　车速传感器

1—弹簧卡环;2—车速传感器接头;3—车速表软轴。

4) 节气门位置传感器

节气门位置传感器可以间接检测汽车加速度信号。ECU 利用此信号作为防下坐控制的一个工作状态参数。

5) 重力加速度传感器

如图 6-14 所示,重力加速度传感器安装在汽车的四角。后重力加速度传感器安装在车架后部,靠近后悬架支架处;前重力加速度传感器安装在减振器支架上,它将车身垂直方向的加速度信息变成相应的电压信号传给控制单元,如图 6-15 所示。

6) 停车灯开关

停车灯开关是当踩下制动踏板时,停车灯开关便接通,ECU 接收这个信号作为防点头控制用的一个起始状态。

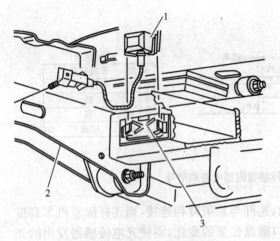

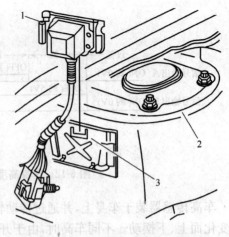

图 6-14　后部重力加速度传感器　　　　图 6-15　前部重力加速度传感器
1—加速度传感器；2—后悬架支架；　　　　1—加速度传感器；2—前减振器拱座；
3—传感器防松片。　　　　　　　　　　　3—传感器防松片。

7）车门开关

车门开关是为了防止行驶过程中车门未关闭而设置的。

8）制动开关

制动开关为安装在制动阀总成上的常开式开关。当制动压力达到 2758 kPa 时，制动传感器开关闭合。制动传感器如图 6-16 所示。

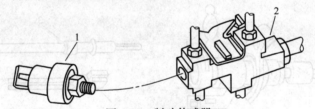

图 6-16　制动传感器
1—制动传感器；2—制动器控制阀总成。

9）模式选择开关

模式选择开关用来选择悬架的"软"、"中"或"硬"状态，ECU 检测到该开关的状态后，操纵悬架控制执行器，从而改变减振器的弹簧刚度和阻尼系数。

2. 执行机构

执行机构主要包括空气弹簧组件（空气弹簧、空气弹簧阀、空气压缩机、压缩机继电器）和可调阻尼减振器执行装置。ECU 对汽车行驶的状态进行车高、弹簧刚度和阻尼系数的调节，使车辆的性能得到提高。

1）空气弹簧

电控悬架用空气弹簧代替传统悬架的螺旋弹簧或钢板弹簧，在其气室内充入空气而具有弹性功能（见图 6-17、图 6-18）。空气弹簧安装在前后悬架的减振器上，在下摆臂和车架横梁之间。其不同之处为：前悬架弹簧下端用卡子连在下摆臂上；后悬架弹簧下端用螺栓固定在下摆臂上。每个空气弹簧都有一个进、排气电磁阀。由于轿车前悬架空气弹簧比后悬架空气弹簧承受更多的质量，所以前悬架空气弹簧较大。空气弹簧约比传统螺

246

旋弹簧软 1/3,汽车乘坐舒适性好。

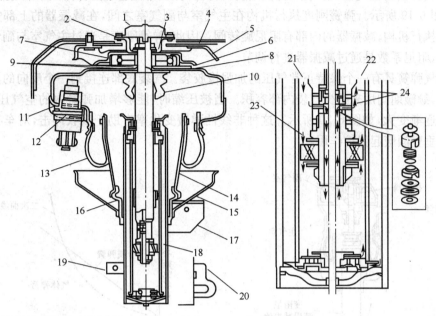

图 6-17　前空气弹簧和减振器总成

1—执行器总成;2—回弹座;3—轴承/座垫圈;4—回弹盘;5—上支架总成;6—O 形圈;7—径向球轴承;8—上跳盘/O 形卡环;9—O 形卡环;10—上跳缓冲块(微孔聚氨酯);11—电磁阀和过滤器总成;12—电磁阀弹簧夹;13—空气弹簧总成;14—气体;15—挡板;16—减振器总成;17—横向稳定杆支架;18—油液;19—防滑制动传感器支架;20—定位片;21—回弹;22—压缩;23、24—油液通道(用于软模式)。

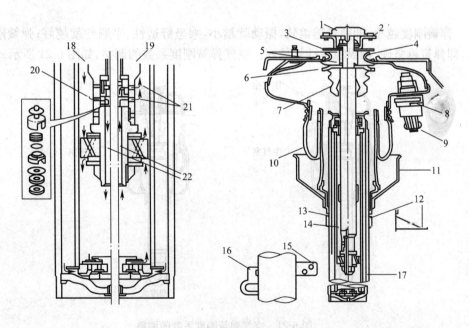

图 6-18 后空气弹簧和减振器总成

1—执行器总成;2—回弹座;3—上跳盘/O 形卡环;4—双通道上支架总成;5—O 形卡环;6—上跳盘/O 形卡环;7—上跳缓冲块;8—电磁阀弹簧夹;9—电磁阀和过滤器总成;10—空气弹簧总成;11—挡板;12—横向稳定杆支架;13—气体;14—油液;15—制动管总成;16—定位片;17—减振器总成;18—回弹;19—压缩;20、21—油液通道(仅用于软模式);22—油液通道(仅用于硬模式)。

空气弹簧由主气室、副气室、弹簧刚度执行机构阻尼转换执行机构和液压减振器等组成,如图 6-19 所示。弹簧刚度执行机构在主气室与副气室之间,在减振器的上部安有阻尼转换执行机构,减振器的内部有阻尼旋转阀。因此,弹簧刚度是通过主气室与副气室进行调节,阻尼系数是通过减振器进行调节。

空气弹簧具有一个保持正常气压的加强橡胶袋。气袋底部连接到一个反向的活塞状的座上,颠簸期间用来减少气袋内部容积。当被压缩时,能够增加弹簧内的空气压力,使其刚性逐渐变大,如图 6-20 所示。这种非线性弹簧变化率有助于吸收冲击,对车身在悬架上下垂直颠簸起保护作用。

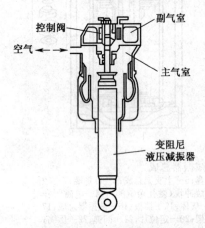

图 6-19 空气弹簧的结构

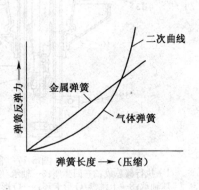

图 6-20 空气弹簧的特性

弹簧刚度越小,即弹簧越柔软,振动就越小,乘坐舒适性、平顺性就越好;弹簧刚度越大,即弹簧越坚硬,操纵稳定性就越好。空气弹簧刚度系数的调整,如图 6-21 所示。

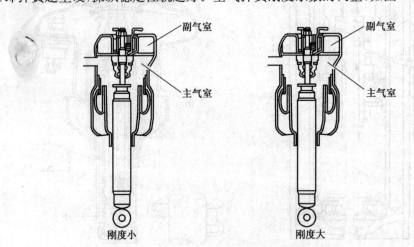

图 6-21 空气弹簧刚度系数的调整

弹簧刚度调节机构如图 6-22 所示。弹簧刚度的调节,通过弹簧刚度执行机构开闭主气室与副气室之间的隔板进行,改变气室的容积而改变弹簧的刚度,增大容积使刚度变小,减小容积可增加刚度。ECU 根据车辆状态信号及时调节弹簧刚度:高速行驶时转换为大刚度;低速行驶时转换为小刚度;在制动时,使前弹簧刚度增加;在加速时,使后弹簧刚度增加;而在转弯时,调节左、右弹簧刚度以减少侧倾。有的空气弹簧通过控制阀改变主、副气室之间的流通面积来调节空气弹簧刚度,可实现弹簧刚度的"软/中/硬"三级转换控制。在城镇公路或高速公路行驶,弹簧刚度调节为"软";在高速行驶(速度大于 110 km/h 时)或在弯曲道路上行驶时,弹簧刚度调节为"中";而在加速、转弯等情况时,弹簧刚度调节为"硬",以减小汽车高度的变化提高操纵稳定性。一般减小空气弹簧刚度会使汽车增大侧倾、下坐或点头。因此,弹簧刚度的控制多数情况下是和汽车高度和阻尼系数的调节相结合使用,以便于从总体上改善平顺性。

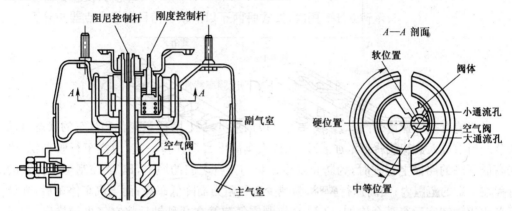

图 6-22　空气弹簧刚度控制阀

空气弹簧刚度控制阀的执行机构(图 6-23)安装在减振器的顶部,与减振器阻尼控制执行机构设计在一起。电机接收 ECU 的控制信号,通过齿轮传动带动刚度控制杆转动,调节刚度控制阀处于不同的位置,从而改变主、副气室之间的流通面积。该阀开度最大时,弹簧刚度为软,全关闭时弹簧刚度为硬,开口较小时弹簧刚度为中。

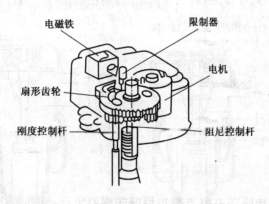

图 6-23　空气弹簧刚度控制执行机构

由于空气黏性阻力的作用,空气弹簧的刚度频率特性如图 6-24 所示。中等刚度条件下,悬架振动处于低频率区时,刚度接近于软的设置;而悬架振动在高频率区时,刚度接近

于硬的设置。为了在较低的频率时获得中等的弹簧刚度,较小的流通面积的直径一般为
2 mm。

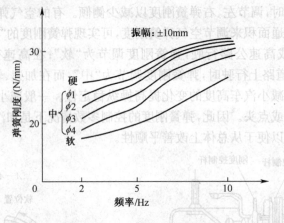

图 6-24　空气弹簧刚度频率特性

　　对于装有空气弹簧的汽车,其高度可以根据乘员人数、载质量变化和汽车的状态自动
调节。当乘员人数和载质量增加或减少时,汽车高度自动保持一定,使汽车行驶平稳;当
在高低不平的路面上行驶时,为防止发生车架与车身之间的撞击,ECU 控制悬架弹簧的
行程在一定的范围内;当高速行驶时,为减少空气阻力而降低车高;而当汽车停车后,乘员
下车或货物卸完后车高会增加,ECU 会控制空气弹簧在几秒钟后将空气少量排出,为保
持汽车外形的美观而降低车高保持标准车高。因此,车高控制包括自动高度控制、高速行
驶时的车高控制和驻车时的车高控制三种功能。

　　车高控制执行机构有空气弹簧阀、空气压缩机和主气室。车高控制主要是利用空气
弹簧中主气室空气量的多少来进行调节。当 ECU 接收到车高传感器、车速传感器、车门
开关等传来的信号,经过处理判断,若是增加车高,则控制执行机构向空气弹簧主气室充
气增加空气量,使汽车高度增加;若是降低车高,则控制执行机构打开排气装置向外排气,
使空气弹簧主气室的空气量减少而降低汽车高度,如图 6-25 所示。

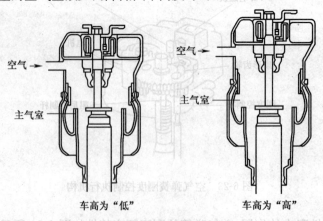

图 6-25　车身高度控制

空气弹簧阀(图 6-26)安装在空气弹簧顶部,是两位两通电磁滑阀,通常关闭。线圈通电时,阀芯移动将空气弹簧的通道打开,空气弹簧进气或排气。

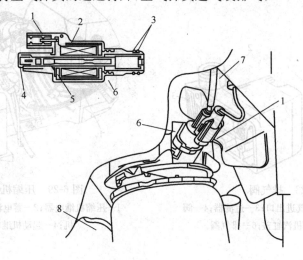

图 6-26　空气弹簧阀
1—导线插座;2—电磁线圈;3—O 形密封圈;4—空气管路接
头;5—气阀;6—空气弹簧阀;7—空气管路;8—空气弹簧。

空气压缩机(图 6-27)为单活塞的曲轴和连杆机构,采用直流电动机作为动力源驱动压缩机工作,通过活塞在汽缸内上下运动实现高压空气源的形成。汽缸顶端装有进、排气阀。排气阀(图 6-28)通常关闭,用来给系统排气。当需要给空气弹簧排气时,空气弹簧阀和排气阀必须同时通电,且压缩机关闭。

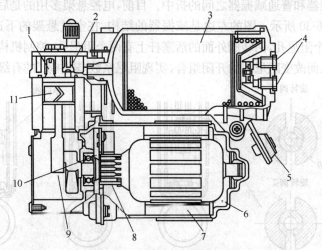

图 6-27　空气压缩机
1—进气阀;2—排气阀;3—干燥器;4—空气管路接头;5—橡胶隔
振垫;6—电动机电枢;7—激磁线圈;8—整流子;9—连杆;10—电
刷;11—活塞。

压缩机继电器(图 6-29)控制压缩机电动机工作电源的通断,它采用 12 V 电源。

251

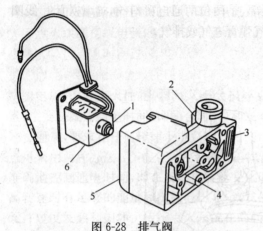

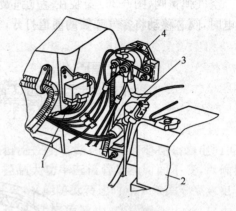

图 6-28　排气阀

1—O形密封圈；2—空气进出口；3—过滤器；4—阀
座；5—空气压缩机汽缸盖；6—排气阀。

图 6-29　压缩机继电器

1—压缩机继电器；2—蓄电池；3—空气压缩
机；4—起动机继电器。

2）减振器

电控悬架中的减振器阻尼控制有：主动阻尼控制和半主动阻尼控制两种形式。

主动阻尼控制为连续变化的阻尼控制。要实现连续阻尼控制，减振器中需要有一个可以在最大和最小节流孔流通面积之间连续变化的阻尼控制阀。

半主动阻尼控制为"开/关"型阻尼控制，在减振器结构中采用较为简单的控制阀，仅需在"最大、中等、或最小"的流通面积之间进行有级调节，控制阀的结构和控制方法大为简化，同时也降低了控制系统的复杂性。

通常，根据不同的路面条件和不同的行驶要求，有"软、硬"两种阻尼工况或"软、中、硬"三种，是主动减振器和普通减振器之间的折中。目前，电控悬架多用的是后者。这种减振器的结构原理如图 6-30 所示。图的左边是减振器的结构，在空气悬架的下边，与控制杆连接的回转阀上有 3 个阻尼孔，回转阀外面的活塞杆上有两个阻尼孔，控制机构可以带动控制杆使回转阀旋转，从而改变阻尼孔的开闭组合，实现阻尼系数"软中硬"的有级转换。

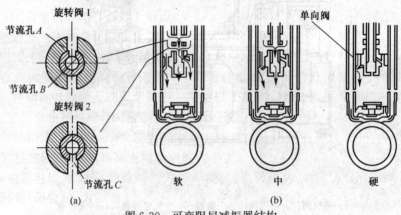

图 6-30　可变阻尼减振器结构

（a）减振器结构；（b）减振器内部回路。

通过驱动设置在减振器顶部的电机，来控制旋转阀 1 或 2 到不同位置，以得到不同的阻尼。当需要将阻尼系数调节为"软"状态时，控制杆带动回转阀旋转一角度处于图中位

252

置所示,此时 $A-A$、$B-B$、$C-C$ 3 个截面的阻尼孔全部开通,悬架的阻尼系数最小;若需要将阻尼系数调节为"中"状态时,同样控制杆带动回转阀又旋转一角度处于图中位置所示,此时只有 $B-B$ 截面中的小阻尼孔开通,而 $A-A$、$C-C$ 两个截面中阻尼孔被关闭,悬架阻尼系数处于中间;若需要将阻尼系数调节为"硬"状态时,同样控制杆带动回转阀又旋转一角度处于图中位置所示,此时 $A-A$、$B-B$、$C-C$ 3 个截面的阻尼孔全部关闭,仅靠减振器中的单向阀产生阻尼,悬架阻尼系数为最大。

因此,电控悬架 ECU 根据转向操作、节气门位置、速度、加速度等信号调节悬架阻尼系数的"软中硬",控制汽车制动、加速、急转弯时产生的汽车姿态变化,从而提高汽车的平顺性和操纵稳定性。

阻尼转换执行机构安装在减振器的上部,它由直流电机、扇形齿轮、控制杆、电磁铁和限制器等组成,如图 6-31 所示。电控悬架 ECU 根据接收到的信号,使直流电机驱动扇形的减速齿轮左右转动,通过控制杆带动减振器中的回转阀旋转,有级地改变阻尼孔的开闭,从而改变阻尼系数即减振阻力。扇形齿轮的转动方向依赖于电流的方向。若同时给电机和电磁阀供电,则使扇形齿轮停在中间位置。

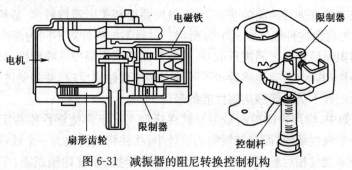

图 6-31　减振器的阻尼转换控制机构

3) 控制单元

控制单元位于行李箱中,如图 6-32 所示。

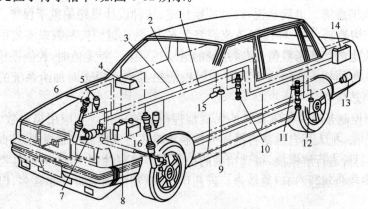

图 6-32　电控悬架系统
1—液压管;2—控制信号;3—传感器信号;4—控制仪表板;5—储压器;6—前执行油缸;7—液压泵;8—转向角传感器;9—纵横向加速度传感器;10—后执行缸;11—伺服电机;12—轮毂加速度传感器;13—储压器;14—控制单元;15—横摆陀螺仪;16—油箱。

3. 电控悬架的控制方法

目前,电控悬架的控制方法很多,主要有多工况综合控制、最优控制、预测控制、自适应控制、鲁棒控制、变结构控制、模糊控制等几种方法。

(1)多工况综合控制方法,应用经典反馈控制理论,主要是使汽车的行驶性能在加速工况、制动工况、转向工况以及换挡等工况下其行驶性能得到优化。多工况综合控制方法因其易于实现而具有实际应用的意义。

(2)最优控制方法,应用现代反馈控制理论建立系统的状态方程,同时提出控制目标以及加权系数,进而找到最优控制方案。包括全状态反馈最优控制及部分状态反馈最优控制。其中,全状态反馈最优控制方法,由于所需要的车身绝对位移等控制变量难以获得,因而应用起来比较困难。而部分状态反馈最优控制方法根据那些易于测量的部分状态信号估计出所需的全部状态,因此,比较实用。

(3)预测控制方法,通过对车辆前方道路状况的提前检测,使系统可以提前进行操作。避免了由于控制元件以及执行元件的响应滞后而带来的不良后果,提高了车辆系统的性能。预测控制方法不仅可以减少对能量的需求,而且也能改善行驶性能。但这种理论是基于对未来信息进行预测的基础上的,故所需要相关元器件较多,造价较高。

(4)悬架的自适应性表现在两个方面:首先,悬架能够针对不同的路面输入自动地在乘坐舒适性与操纵稳定性之间进行取舍,既在好路面下强调操纵稳定性,而在坏路面下则强调乘坐舒适性;其次,悬架能够针对不同的车辆参数做出反应,并自动进行调整,使控制器在新的参数配置下仍然能够达到性能的最优。

(5)在悬架中,应用鲁棒控制是为使其在任何工况下都能够性能稳定。悬架系统本质上属于一个非线性系统,而在控制器的设计中,往往将其简化为一个线性系统。汽车实际运行在一个多变且相对恶劣的环境中,由于噪声干扰、系统建模误差、车辆参数多变等原因,原本在理论仿真和正常条件下控制性能良好的控制器就很可能出现失稳的情况。鲁棒控制很好地解决了这个问题。但因为它主要考虑的是控制器的稳定性,是在稳定性的前提下寻找满意解。也就是说,以性能换稳定,这种设计思想偏重于保守。

(6)变结构控制,是一种控制系统的综合方法,是通过切换函数来实现的。当系统的状态变量所决定的切换函数值,随着系统的运动达到某一特定值时,控制系统就由一种结构转变为另一种结构。变结构控制的一大优点是:其滑动模态对加给系统的干扰和摄动具有完全的自适应性。

(7)模糊控制是对人脑所具有的模糊推理机能的模拟。它应用模糊数学的知识,模拟人的思维方法,把人用自然语言描述的控制策略改造成模糊控制规则,按此规则确定控制量,再对控制量进行解模糊,得到精确的控制值。模糊控制中,关键就是控制规则的确定,它是许多专家经验和知识的结合。近几年,对模糊控制的研究非常多,但真正实用的却非常少。

6.3 汽车巡航系统

巡航控制系统(Cruise Control System),也称定速(或恒速)控制系统,它是在驾驶员无需操作油门踏板的情况下,能够根据汽车行驶阻力的变化,自动地增减节气门开度,保证汽车以某一固定的预选车速行驶的控制系统,适用于在高速公路上长时间行驶。随着现代汽车技术和高速公路的发展,在发达国家,无论是运输业还是个人,汽车都已成为长距离运输的主要交通工具。在高速公路上长时间高速行驶时,驾驶员长时间操纵加速踏板得不到活动,容易造成疲劳,从而带来安全隐患。自 20 世纪 60 年代开始,美国、日本等一些先进国家将巡航控制系统装在中、高级轿车上。当该系统工作时,汽车可按驾驶员选定的车速恒速行驶,无须再操纵加速踏板,减轻了驾驶员的疲劳,提高了汽车行驶安全性。由于减少了不必要的、人为因素引起的车速的变化,还可以节省燃料的消耗。早期巡航控制系统的车速通常设置在 40 km/h ~ 65 km/h 之间。随着道路条件的改善,车速设置值也随之增加。

巡航控制系统主要具有以下优点。

(1)提高汽车行驶时的舒适性。这种优越性在郊外或高速公路上尤为显著,大大减轻了驾驶员的负担,使驾驶更为轻松。

(2)节省燃料,具有一定的经济性和环保性。启动这一系统后,可使汽车燃料的供给与发动机功率之间处于最佳的配合状态,并减少废气的排放。

(3)保持汽车车速的稳定。汽车无论在上坡、下坡、平路上行驶,或是在风速变化的情况下行驶,只要在发动机功率允许的范围内,汽车的行驶速度都保持不变。

6.3.1 汽车巡航控制系统的基本组成

汽车巡航控制系统主要由主控开关(包括控制开关和解除开关)、车速传感器、巡航控制 ECU 和执行机构四部分组成,图 6-33 所示。

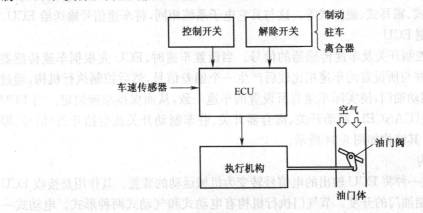

图 6-33 汽车巡航控制系统的组成

1. 主控开关

主控开关包括控制开关和解除开关:控制开关是杆式或按键式组合开关,装在转向柱或方向盘等驾驶员容易接近的地方;控制开关用于打开和关闭系统,设置希望的车速以及选择其它的控制细节。

控制开关包括主开关和选择开关:主开关(MAIN)是巡航控制系统的按钮式电源开关。选择开关为手柄式控制开关,有五种选择功能:SET(设置)、COAST(减速或滑行)、ACC(加速)、RES(恢复)和 CANCEL(取消)。其中,SET/COAST 使用同一开关,RES/

ACC 使用同一开关。它们可实现的功能为设定车速、加速、减速、恢复、解除等。

1) SET(设置)

在主开关接通的情况下,当车速在巡航控制范围(40km/h～200km/h)内时,按下 SET/COAST 开关,巡航控制单元储存此时的车速,并以此车速稳速行驶,即进行巡航行驶。

2) COAST(减速或滑行)

当汽车巡航行驶时,按下 SET/COAST 开关,执行元件的电机关闭节气门,汽车不断减速。当松开开关时,控制单元储存此时车速,并以此车速稳速行驶。

3) ACC(加速)

当汽车巡航行驶时,按下 RES/ACC 开关,执行元件将节气门开大,汽车加速。当松开开关时,控制单元储存此时车速,并以此车速稳速行驶。

4) RES(恢复或再设置)

按下 RES/ACC 开关,可恢复巡航控制方式,并以设置的车速行驶。

5) CANCEL(取消)

按下该开关,可将汽车从巡航控制行驶状态解除出来。

巡航控制系统还有其它几个解除开关:制动开关、离合器开关、驻车制动开关和空挡开关。在汽车巡航行驶过程中,当驾驶员踩下制动踏板或离合器踏板、拉驻车制动器或将变速器挂入空挡,都将使汽车从巡航控制过程中解除出来。

2. 车速传感器

车速传感器装于变速器输出轴端,由输出轴齿轮驱动。车速传感器有多种结构型式:磁脉冲式、光电式、霍耳式、磁阻式等。这与其它电子系统相同,将车速信号输送给 ECU。

3. 巡航控制 ECU

ECU 接收控制开关及车速传感器的信号。当设置车速时,ECU 先根据车速传感器信号计算车速,并与所设置的车速相比较后产生一个偏差信号,然后控制执行机构,通过一套连杆机构驱动油门,使实际车速与所设置的车速一致,从而保持车速恒定。当 ECU 接收到解除开关(CANCEL、制动开关、离合器开关、驻车制动开关或空挡开关)信号,即结束巡航控制。其结构如图 6-34 所示。

4. 执行机构

执行机构是一种将 ECU 输出的电信号转变为机械运动的装置。其作用是接收 ECU 的控制信号,控制油门的开度。节气门执行机构有电动式和气动式两种形式。电动式一般采用步进电机或直流电机控制,而气动式采用由进气歧管真空度控制的气动活塞式结构。

(1) 电动式执行机构如图 6-35 所示,它是由安全电磁离合器、控制电机、涡轮蜗杆机构、末端齿轮、连杆机构、连杆位置传感器等组成。

其工作原理:当电磁离合器通电结合后,控制电流通过控制电机依次驱动涡轮、涡杆和末端齿轮,然后再通过一个连杆机构驱动发动机油门。连杆的位置由连杆轴上的传感器进行检测,并将控制臂的位置信号反馈给巡航 ECU。ECU 通过比较连杆的实际运动和控制目标,来控制电机的旋转。连杆轴上设有对应油门完全关闭和完全打开时的开关,当这些开关闭合时,电机控制电流切断。当汽车制动或处于空挡位置时,油门全关闭。当

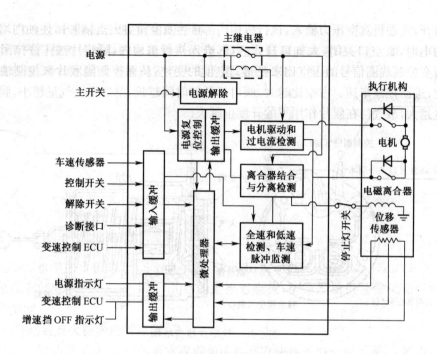

图 6-34 巡航控制 ECU 的结构

巡航系统出现故障,而油门处于全开位置时,汽车将失控而飞驰。所以,当驾驶员踩下离合器踏板或制动踏板,或变速器处于空挡,或拉起手刹时,由离合器开关、制动开关、空挡开关或手刹开关等信号直接控制离合器,使其分离,使巡航控制执行机构对油门控制不起作用。安全电磁离合器能够保证在车速超过巡航控制期间设定的车速约 15km/h 以上,或电动机、电路发生故障和电动机锁死等情况下,能够使电动机与控制臂脱离并且关闭发动机。

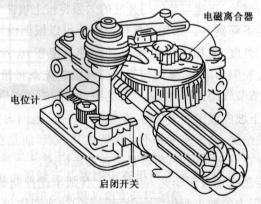

图 6-35　电动式执行机构

(2) 气动式执行机构如图 6-36 所示,它是由真空膜片盒、拉线、空气电磁阀、真空电磁阀、释放电磁阀等组成。

其工作原理:执行器膜盒内的膜片与节气门拉线相连,当线圈通电时,大气口关闭,真

257

空口打开,发动机真空压力输入,执行机构内部产生真空度,吸出隔膜片,使油门增大。线圈不通电时,真空口关闭,大气口打开,空气进入执行机构内,隔膜片被弹簧拉回。ECU通过改变控制线圈信号的占空比来控制真空度的变化,从而控制隔膜片来控制油门开度的变化,进而控制车速。占空比越大,阀口打开的时间越长,空气室空气量越小,膜片室的真空度越大,节气门在膜片作用下的开度也越大。

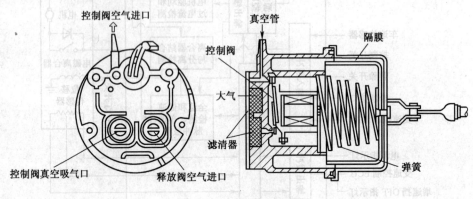

图 6-36　气动式执行机构

6.3.2　汽车巡航控制系统的工作原理

　　将汽车在平坦的路面上行驶时车速与油门开度的关系曲线数字化,并储存在 ECU 的 ROM 中。ECU 根据稳定性要求设置了具有一定斜率的控制线,如图 6-37 所示。巡航控制时,当汽车在平坦的路面上车速为 v_0 时,按下设置(SET)开关,系统控制节气门开度为 O 点。当汽车以速度 v_0 在平坦路面行驶时,车速与节气门开度的关系将按平路曲线变化,一旦进入巡航控制状态,节气门开度已处于 O 点,故不需进行任何调节。当汽车遇到上坡路段时,行驶阻力增加,车速与节气门开度的关系将按上坡曲线变化。若不及时调整节气门开度,车速将会下降到 v_1。采用巡航控制系统可以根据设计的具有一定斜率的控制线,自动调节节气门开度,使其从 O 变为 A,将车速稳定在 v_A 点,取得新的平衡。当汽车遇到下坡路段时,行驶阻力减小,车速与节气门开度的关系将按下坡曲线变化,同样控制系统也沿控制线调节节气门,其开度从 O 变为 B,车速在 v_B 点取得平衡。因此,汽车行驶阻力在上述上坡和下坡曲线中间变化时,车速在 $v_A \sim v_B$ 范围内变化。

　　显然,自动调节的结果,汽车速度并不是保持在某一点,而是在一定的速度范围内变动,即与设定车速间存在一定的误差,所以是一种动态恒速。

　　在设计时,若使控制线垂直于车速,从理论上看则车速控制的误差(波动)可减少为零,但这样一来,行驶阻力的微小变化都会引起节气门快速变化,容易产生较大的振荡,即产生游车现象。因此,应综合考虑控制车速误差范围与游车问题,并选择适当的控制线斜率。

　　为了防止汽车失控,车速控制系统设置了高速和低速限制电路,当车速高于 $v_{上限}$ 或低于 $v_{下限}$ 时,系统自动停止工作。低速限制还有另一个作用:若传感器有故障或电路断开而无车速信号时,系统视车速为零而自动停止工作。

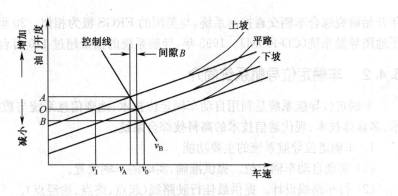

图 6-37　巡航控制原理

6.4　汽车导航系统

6.4.1　概述

汽车导航系统是近年兴起的一种汽车驾驶辅助设备,驾驶者只要将目的地输入汽车导航系统,系统就会根据电子地图自动计算出最合适的路线,并在车辆行驶过程中提醒驾驶员按照计算的路线行驶。在整个行驶过程中,驾驶者根本不用考虑该走哪条路线就能快捷地到达目的地。

目前的汽车导航系统包括两部分:全球定位系统(GPS)和车辆自动导航系统。汽车导航设备一般是由 GPS 天线、集成了显示屏幕和功能按键的主机以及语音输出设备构成。由于车内安装位置有限,一般汽车导航设备和汽车视像音响合成在一起,可以播放CD、VCD 和 DVD,其中 DVD 驱动器负责读取电子地图 DVD 光盘,因此,一些汽车导航系统又称为 DVD 导航系统。汽车最初的导航装置只是简单的指南针、里程计等。

美国在 1895 年制作了第一张用于汽车驾驶的交通图。20 世纪初,开始在公路上建立路标,并为道路编号。20 世纪 60 年代末,美国公路局提出电子路径引导系统 ERGS(Electronic Route Guidance System),提出了中央动态导航的概念。70 年代末,开发出自动路径导航系统(Automatic Route Control System),利用航位推算和地图匹配算法进行定位。一旦确定车辆在行驶路径中的位置,就产生引导指令并显示。80 年代中期,一种称为 Navigator 的汽车自动导航系统面市。它配有数字地图数据库,采用推算定位和地图匹配技术,能把车辆当前的位置直接显示在电子地图上。但以上系统结构复杂,体积庞大,价格昂贵,无法获得广泛应用。

进入 20 世纪 90 年代,车辆定位导航系统进入实用阶段。GPS 为全球范围内的用户提供了一种廉价、实用的定位手段,使车辆定位导航系统进入发展高潮。从单一的车辆定位与导航,发展到能够进行道路和车辆双向信息交换的智能车辆/道路系统,进而演变成集交通基础设施智能化、交通工具智能化、交通管理智能化为一体的智能交通系统(ITS)。

日本是当今车辆定位与导航系统和智能交通系统发展最为成功的国家之一,在 1971

年开始研究综合车辆交通控制系统,与美国的 ERGS 极为相似。20 世纪 80 年代,出现电子地图导航系统(CD-ROM)。1995 年,导航系统的销量超过 120 万台。

6.4.2 车辆定位导航系统简介

车辆定位导航系统是利用自动车辆定位技术、地理信息系统与数据库技术、计算机技术、多媒体技术、现代通信技术的高科技综合系统。

1. 车辆定位导航系统的主要功能

(1) 实现自动车辆定位。提供准确、实时的车辆位置。

(2) 行车路线设计。提供最佳行驶路线(起点、终点、途经点)。

(3) 路径引导服务。出行过程中提供语音,或图形化的实时引导指令。

(4) 综合信息服务。提供与电子地图有关的信息检索与查询服务,如停车场、旅游景点、宾馆、饭店等;

(5) 无线通信功能。接收实时交通信息广播、实现报警、求助、通信等。

2. 车辆定位导航系统的组成

典型的车辆定位导航系统由 8 个主要功能模块组成,如图 6-38 所示。

(1) 电子地图数据库(必不可少)。

(2) 地理信息系统引擎,以操作和查询电子地图数据库的接口。

(3) 定位模块(定位传感器和数据处理电路)。

(4) 地图匹配模块。

(5) 路径规划模块。

(6) 路径引导模块。

(7) 无线通信模块(增强车载导航系统的功能)。

(8) 人机交互界面。

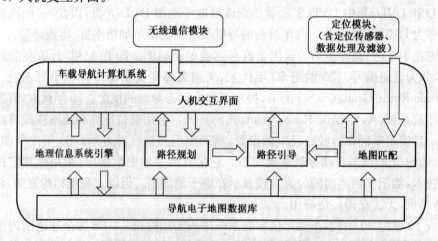

图 6-38 智能车辆定位与导航系统原理框图

3. 定位导航系统的分类

1) 地基电子导航系统

由在世界各地的适当地点建立的无线电发射参考站组成。接收机通过接收参考站发射的无线电信号,并由此计算接收机到发射站的距离来确定自己的位置。其缺点是:只能确定海平面和地平面上运动物体的水平位置,即只能进行二维定位。

2) 天基电子导航系统

由 1957 年第一颗人造地球卫星发射成功而产生。

按车辆定位导航系统在 ITS 中的应用,可分为以下三个层次。

(1) 自主导航系统:不需与外部进行通信联系。

(2) 单向通信系统:由交通信息中心和车载导航系统组成,信息中心向路网中的汽车广播道路交通状况,但收不到车辆的反馈信息。

(3) 双向通信系统:交通中心在为车辆提供信息服务的同时,也能获得车辆的当前位置、目的地和预定行驶路线等。能进行准确的拥堵预报和即时流量疏导,从而实现对交通流的动态监控、动态预测和动态管理。

6.4.3 车辆定位导航系统的结构和工作原理

定位是实现导航功能的前提和基础。目前,移动目标定位技术主要有独立定位、地面无线电定位和卫星定位等三种形式。

1. 独立定位导航系统

独立定位导航系统又分为电子地图导航、惯性导航(大型客机),如图 6-39 所示。其特点是完全自主,不需使用通信设备,受外界因素的影响小。

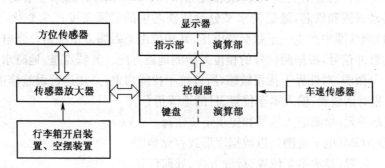

图 6-39 导航行驶系统的组成

1) 电子地图导航系统

电子地图导航系统主要由传感器、人机对话装置、控制单元、CD-ROM(电子地图)和显示装置组成。

(1) 传感器。

车速传感器:测量车速,检测已行驶距离。

方向传感器:用于测定汽车的方位,它能固定指向一个方向。当汽车转弯时,通过方向传感器测出转角,与汽车速度传感器相配合,即可测出汽车运动轨迹。目前有气流式方向传感器(测转角)(参见惯性导航系统部分)、地磁式方向传感器(测汽车行驶方向)两种。

地磁式方向传感器的作用是探测地磁方向,从而检测汽车的行驶方向,它为双线圈发电机型地磁矢量传感器。它由铁芯、两个地磁线圈、光电断续器、电动机、修正部分等组成,如图 6-40 所示。

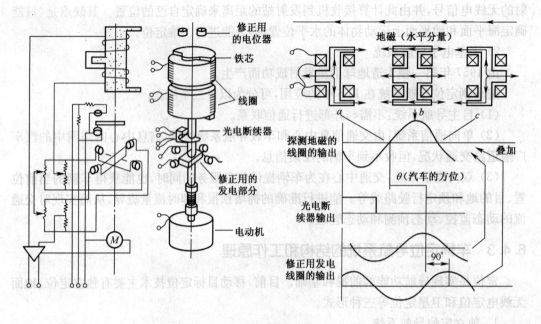

图 6-40　地磁式方向传感器的结构和工作原理

地磁式方向传感器的上、下线圈的相位相反,故垂直方向的磁感应电动势相互抵消,用电动机转动线圈和铁芯,地磁的水平分量使铁芯中的磁通密度产生变化,从而建立磁场,在地磁检测线圈中产生一正弦交变电压,其相位由地磁场方位决定。光电断续器发出相位固定的脉冲信号,根据两信号的相位差检测地磁方向。其特点是:地磁水平分量的磁感应强度十分微弱,对外界干扰很敏感,所以抗干扰能力差,必须进行误差修正。

（2）人机对话装置:输入本车位置、目的地等指令。

（3）控制单元:检测输入信号和提供定位信息。

（4）CD-ROM（电子地图）:以数据库形式存储地图。

（5）显示装置:显示本车位置、行驶方向、导航信息。

其特点是:根据车速传感器和方向传感器求出汽车的行驶轨迹,并能根据电子地图计算出到目的地所剩距离及行驶方向,然后在显示器上显示。

2）惯性导航系统

惯性导航系统即电子陀螺仪,利用氦气的惯性来检测方位。它主要由方位传感器(气体速度陀螺)、车速传感器、控制单元以及操作和显示装置组成,如图 6-41 所示。

陀螺仪通过测定汽车转向角速度,并对该角速度进行积分,来检测方向的变化。陀螺仪有气体流率差陀螺仪和光纤维陀螺仪两种形式。

气体流率差陀螺仪的基本工作原理如图 6-42 所示。气泵以设定的流率泵送氦气,通过设有两条热线的探测器,测量流过这两条热线的气体流率的变化,可得到汽车的转弯角速度。氦气从气泵喷嘴喷出后膨胀,通过热线。直线行驶时,氦气均匀地流过两热线,两热线冷却均匀,保持温度平衡,桥式电路组成的方向检测电路输出为 0。行驶方向变化时,产生复合向心力,气流方向改变,气流冲刷两热线的方式不同,热力平衡破坏,产生输出电压。电压大小,即反映转向角速度的大小。

262

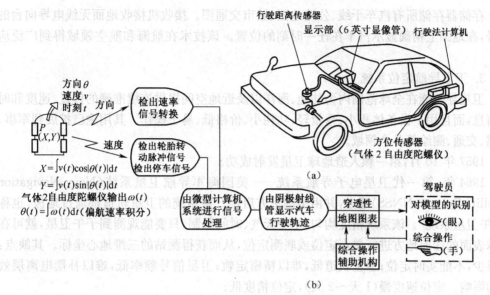

图 6-41　汽车惯性导航系统

(a) 系统布置；(b) 系统组成。

图中标注文字：

行驶距离传感器

显示部（6英寸显像管）　行驶法计算机

方位传感器（气体2自由度陀螺仪）

(a)

方向 θ　速度 v　时刻 t　方向

$P(X,Y)$

速度

$X=\int v(t)\cos|\theta(t)|\mathrm{d}t$

$Y=\int v(t)\sin|\theta(t)|\mathrm{d}t$

气体2自由度陀螺仪输出 $\omega(t)$

$\theta(t)=\int \omega(t)\mathrm{d}t$（偏航速率积分）

检出速率信号转换

检出轮胎转动脉冲信号检出停车信号

由微型计算机系统进行信号处理

由阴极射线管显示汽车行驶轨迹

穿透性地图图表

综合操作辅助机构

驾驶员

对模型的识别（眼）

综合操作（手）

(b)

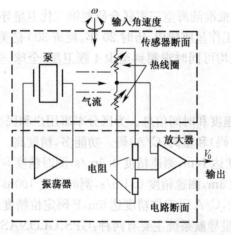

图 6-42　气体流率差陀螺仪的工作原理

图中标注文字：ω　输入角速度；传感器断面；泵；热线圈；气流；振荡器；电阻；放大器；V_0；输出；电路断面

2. 地面无线定位导航系统

该系统利用道路信标进行导航定位。信号机安装在交叉路口,发射机沿道路布设,在城市约相隔 2 km 设置一个（装在路灯杆上）,在郊外相隔 10 km 设置一个。当汽车到达时,车内导航接收装置根据接收到的信号,便可确定汽车所在的位置。利用车内显示装置,可在屏幕上观察汽车所在地区和任意时刻的位置。

无线电定位的依据是电磁波的恒定传播速率和路径的可预测性原理,常用技术如下。

(1) 到达时间(TOA)：通过测量从多个已知位置的发射机传来的无线电信号到达接收端的时间来确接受收机的位置。

(2) 到达角度(AOA)。

(3) 到达时间差(TDOA)。

263

存储器存储所有汽车干线、公路地图、城市交通图。接收机接收地面无线电导向台的信号,在地图上精确显示汽车在任一时刻的位置。该技术在航海和航空领域得到广泛应用。

3. 卫星导航定位系统

卫星导航能在全球范围内为陆地、海洋以及近地空间提供连续准确的位置、速度和时间信息,而且用户设备体积小、重量轻、功耗小、价格低、易于操作。其用途已扩展到军事、遥感、交通、测绘等各个领域。

1957年10月,第一颗人造地球卫星发射成功。

1964年,第一代卫星电子导航系统——美国海军导航卫星系统(Navy Navigation Satellite System,NNSS)建立,并由美国军方启用。该系统的卫星轨道都通过地极,也称"子午卫星系统"。该系统精度均匀,不受天气、时间限制,只要能观测到子午卫星,就可在地球表面的任何地方进行单点定位或联测定位,从而获得测站的三维地心坐标。其缺点:卫星少,不能实时定位;卫星轨道低,难以精密定轨;卫星信号频率低,难以补偿电离层效应的影响。定位速度慢(1天~2天),定位精度低。

1967年,将星历解密,以供民用服务:海上石油勘探、钻井定位、海底电缆铺设、海洋调查与测绘。

1973年,美国国防部批准陆海空三军联合研制第二代卫星导航系统,即GPS。

1993年,24颗GPS工作星座建成,历时20年,耗资300亿美元。其具有以下特点。

(1) 地球上任何地点均可同时观测到至少4颗卫星,全球、全天候连续三维定位,即全球地面连续覆盖。

(2) 实时定位。

(3) 三维位置,三维速度和时间信息。为区分军事用户和民事用户的定位精度,采用两种伪随机码,即精码(P码)和粗码(C/A)码。功能多,精度高。

C/A码单点定位精度达14m,测速精度0.3m/s,测时精度500ns。

P码单点定位精度达3m,测速精度0.1m/s,测时精度100ns。

若采用差分定位方法,C/A码定位精度达5m,P码定位精度达1m。

目前,可供选择的卫星导航系统主要有两种:GPS、GLONASS。

GLONASS全称是全球轨道卫星导航系统(Global Orbiting Navigation Satellite System),是苏联研制,并为俄罗斯继续发展的第二代全球卫星导航系统。其整体结构、信号组成定位原理和系统功能等都与GPS相似,并能与GPS抗衡。

GLONASS与GPS的主要区别是信号分割体制不同:GLONASS使用FDMA(频分多址)扩频体制区分不同的卫星,即不同的卫星发射不同频率的信号,但所有卫星信号上调制的伪随机码都相同;GPS采用CDMA(码多分址)方式,所有卫星都使用相同的频率,而载波上调制的伪随机码不同。理论上,GPS的定位精度比GLONASS高。因GPS使用的伪码速率比GLONASS高一倍,分辨率也高一倍。从星座分布的情况比较:GLONASS能为高纬度地区提供更好的覆盖;GPS的优势在中、低纬度。由于GLONASS的信号接收技术比较复杂,接收机开发难度大,所以生产GLONASS接收机的厂家很少,市场占有率小,技术支持也不成熟,影响了GLONASS的广泛应用。

GPS(Global Positioning System)全称为授时与测距导航系统/全球定位系统,如图

6-43所示。GPS可精确、连续地为用户提供七维信息：三维位置、三维速度、一维时间。它由空间卫星部分、地面控制部分和用户接收机部分组成。其中，空间星座和地面监控系统由美国政府管理并维护。

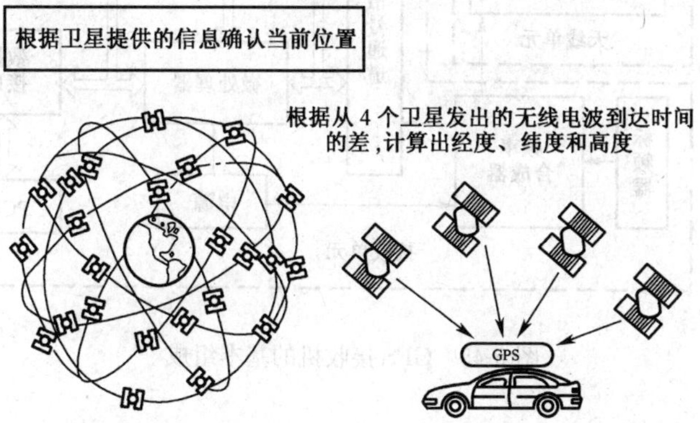

根据卫星提供的信息确认当前位置

根据从4个卫星发出的无线电波到达时间的差，计算出经度、纬度和高度

GPS

图 6-43　GPS定位系统

空间卫星部分由 24 颗卫星组成一个分布网络，分别分布在 6 条离地面 2 万千米、倾斜角为 55°的地球准同步轨道上，每条轨道上有 4 颗卫星，如图 6-44 所示。其中 21 颗工作卫星，3 颗备用卫星。卫星上采用铷原子钟作为频率标准，并连续不断地发送导航信号。GPS 卫星每隔 12h 绕地球一周，使地球上任一地点能够同时接收 7 颗～9 颗卫星的信号。

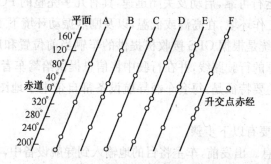

图 6-44　GPS空间卫星分布

地面控制部分由分布在全球的 1 个主控站、3 个注入站(大西洋、印度洋和太平洋)和 5 个监测站组成。负责完成数据采集、故障诊断、跟踪监测、卫星调度、导航电文编辑和注入等工作。它们主要用来测量和计算每颗卫星的星历，编辑成电文发送给卫星，即卫星所提供的广播星历。它们负责对每颗卫星进行观测，并向主控站提供观测数据。主控站收到数据后，计算出每颗卫星在每一时刻的精确位置，并通过 3 个注入站将它传送到卫星上去，卫星再将这些数据通过无线电波向地面发射。

用户接收机部分实现定位导航功能，其构成视用途而定，其组成如图 6-45 所示。

汽车导航系统中的 GPS 信号接收机接收卫星发送的信号，根据卫星信号计算出地面接收机的当前位置。如果地面接收机同时收到 4 颗以上的卫星信号，就能根据卫星的精

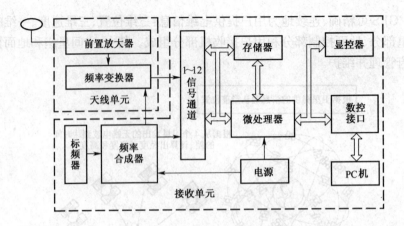

图 6-45 GPS 接收机的基本组成

确位置及发送信号的时刻,通过计算求得当前地点的位置。汽车导航系统通过车轮传感器、地磁传感器和偏航传感器等 3 种传感器获取数据,确定汽车的速度和位置。车轮传感器记录车轮的速度,产生的脉冲信号用于定时计算行驶距离和方向变化。地磁传感器通过励磁绕组感应出电压脉冲,测量出沿途地磁场水平分量的大小与起始点磁场的比较,为车载电脑提供补偿数据。电子地图能够存储汽车运行区域的所有数据,车载电脑与存储道路网络数据不断比较判断,更正定位误差从而确定最佳行驶路径。

目前,先进的汽车导航系统多用单片机结构,嵌入式操作系统,软件代码存储于 ROM 中,代码简洁,运行可靠,启动及关闭迅速,具有几乎完整的 PC 组件和输入、输出端口,适应汽车恶劣的工作环境,在高温或低温,以及剧烈振动环境下工作可靠性高。

汽车自动导航系统是根据 GPS 接收机提供的车辆当前位置和用户输入的车辆目的地、参照电子地图计算的行驶路线,并在行驶中将信息提供给驾车者。目前世界上应用较多的是自主导航,其主要特征是:每套车载导航设备都自带电子地图,定位和导航功能全部由车载设备完成。

它的工作过程主要有以下步骤。

(1) 输入数据信息。出发前,车主将目的地输入到导航设备中,在系统显示的电子地图上直接点击选取地点,或是借助某种输入方法,将目的地名称输入到系统中。根据输入设备的不同,可以有不同的地名输入方法,依靠按键或触摸屏可以实现几乎所有的操纵功能。为了便利,目前人们也在开发语音识别技术的产品。

(2) 显示电子地图。汽车导航系统中,至关重要的一部分是存储在光盘或内置存储器(如硬盘)中的电子地图,电子地图中存储了一定范围内的地理、道路和交通管制信息,与地点对应存储了相关的经、纬度信息。汽车导航主机从 GPS 接收机得到经过计算确定的当前点经、纬度,通过与电子地图数据的对比,就可以随时确定车辆当前所在的地点。一般汽车导航系统将车辆当前位置默认为出发点,在用户输入了目的地之后,导航系统根据电子地图上存储的地图信息,就可以自动计算出一条最合适的推荐路线。在有的系统中,用户还可以指定途中希望经过的途径点,或指定一定的路线选择规则(如不允许经过高速公路、按照行驶路线最短的原则等)。推荐的路线将以醒目的方式显示在屏幕上的地

266

图中。同时,屏幕上也时刻显示出车辆的当前位置,以提供参考。如果行驶过程中,车辆偏离了推荐的路线,系统会自动删除原有路线,并以车辆当前点为出发点重新计算路线,并将修正后的路线作为新的推荐路线。

汽车自动导航系统的输出设备包括:显示屏幕和语音输出设备。

显示屏幕一般是个100mm～150mm(4英寸～6英寸)的液晶显示屏(如需要手写识别作为输入,显示屏表面还有一张透明的触摸屏作保护),它的屏幕可以由几十万个点阵组成,全屏幕有30多万个像素,常用分辨率有640×480或774×435,可以支持高清晰度图像和DVD放像功能。主要显示内容包括:地图(包括相应的道路名称、公路编号、重要地点名称等)、车辆的当前位置、推荐路线等,根据用户的设定还可以显示附近的维修站、加油站、停车场及其它公共服务单位的名称及地理位置等信息,以方便用户需要。

汽车导航系统的推广与应用关键是电子地图。用户购买装备有导航系统的车辆时,还能得到一张刻录了电子地图的CD-ROM光盘。用户在开启车辆导航系统之后,必须把这张CD-ROM插入导航设备的光盘驱动器中,系统需要道路信息时都会到CD-ROM上去获取。例如丰田威驰DVD导航系统,它在副驾驶座下面有一个DVD驱动器,专门读取电子地图DVD光盘。

随着城乡建设及道路变化,电子地图光盘也会定期更换。但就是最新版的电子地图也不能保证准确无误。针对这种情况,汽车导航系统又需要增加一定的辅助支援系统。目前在应用汽车导航系统比较广泛的地区(如欧美和日本),汽车公司或其它商业公司建立的呼叫中心或公共交通信息电台,通过GSM移动通信形式发短消息或电台发送的最新的交通信息提供给汽车上的导航设备,可以对汽车上电子地图的信息随时进行修正。

目前,一些厂家在轿车上还装用音响导航系统,如日本丰田汽车公司在其生产的Cel-sior轿车上使用过音响导航系统。驾车时,只要给该系统输入目的地的坐标,即可得到正确的导航。在彩色液晶显示屏幕上显示目的地周围道路并发出声音,使驾驶人员知道该往哪个方向行驶。

思 考 题

1. 电子悬架系统调整的主要参数是什么? 它常用的传感器有哪些?
2. 简述巡航控制系统的工作原理。
3. 定位导航系统有哪些功能?
4. GPS系统是由哪些部分组成的? 各有何作用?

第7章 其他电子控制系统

【学习目标】

通过本章的学习,了解安全气囊和汽车空调的基本结构、工作原理和控制方法以及车用网络的基本工作原理。

7.1 安 全 气 囊

7.1.1 概述

随着高速公路的发展和汽车性能的提高,汽车的行驶速度越来越高,乘车人员的安全也受到越来越大的威胁,使得事故更为频繁,所以汽车的安全性就变得尤为重要。

汽车的安全性分为:主动安全和被动安全两种。

主动安全是指汽车防止发生事故的能力,主要有操纵稳定性、制动性能、平顺性等。汽车上的主动安全装置主要有防抱死制动系统(ABS)、牵引力控制系统(TCS)、电子稳定程序(ESP)等。

被动安全是指在万一发生事故的情况下,汽车保护乘员的能力。汽车上的被动安全装置主要有安全带、安全气垫、防撞式车身和安全气囊(SRS,意为辅助约束系统)等。由于现实的复杂性,有些事故是难以避免的,因此被动安全性也非常重要。安全气囊作为被动安全性的研究成果,由于使用方便、效果显著、造价不高,所以得到迅速发展和普及。

1953 年 8 月 18 日,美国人约翰·赫特里特获得了"汽车缓冲安全装置"的美国专利,他发明的安全气囊系统是纯机械式的气囊系统。压缩空气装在一个圆柱形的压力容器中,用一个弹簧装置来传感车的减速情况。当汽车减速度达到一定值时,通过弹簧移动将阀门打开,气体便从压力容器充入几个气囊中并使其膨胀。这些气囊既可在方向盘上或在仪表盘上,用以保护驾驶员,也可放在前排座椅的背后,用以保护后排乘客。这正是今天所用安全气囊的雏形。

20 世纪 80 年代,美国、德国、日本等均投入人力和物力对安全气囊进行开发,使安全气囊的性能日趋完善,并迅速地进入实用阶段。

1973 年,美国通用汽车公司首先采用现代气囊系统。

1981 年,梅塞德斯奔驰公司首先采用烟火式锁紧卷收器,为采用汽车安全气囊铺平了道路。

1984 年,美国联邦政府将汽车被动安全装置纳入法规,要求从 1987 年开始到 1994 年使轿车装配气囊率逐步达到 100%。

1992 年,美国联邦政府法律规定,1994 年以后出厂的新车必须装备驾驶座 SRS 气囊系统和自动安全带。

1993 年,在美国政府的提议下,通过了目前世界上最严格的汽车安全法规 FMVSS-208,随后,欧洲也通过了 ECER94 法规,只有安装汽车安全气囊系统,才能满足上述法规要求。

1994 年,欧美各大汽车公司将汽车安全气囊系统做为标准装备,安装在轿车和轻卡上。

1998 年,日本丰田公司首次提出智能型安全气囊系统概念。

1999 年,美国福特公司研制成功世界首套智能型安全气囊系统。

安全气囊的种类和特点如表 7-1 所列。

表 7-1 安全气囊的种类和特点

分 类 依 据	种 类	特 点
总体结构	机械式气囊	无电源、电路、配线
	电子式气囊	用传感器检测信号,ECU 处理后控制气囊充气
数量	单气囊	只装备驾驶员席气囊
	双气囊	装备驾驶员席气囊及前排乘员席气囊
	多气囊	装备 3 个或 3 个以上的气囊系统
功用	正面气囊	为正面碰撞设计
	侧面气囊	为侧面碰撞设计

7.1.2 电子式安全气囊的组成

安全气囊系统主要由碰撞传感器、安全气囊电控单元(SRS 电脑)、指示灯和气囊组件四部分组成,如图 7-1 所示。

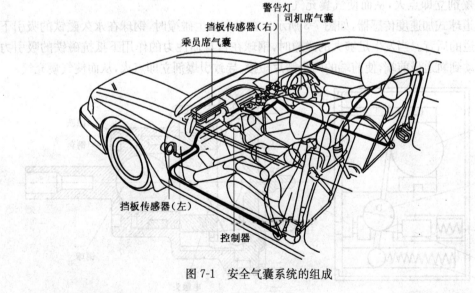

图 7-1 安全气囊系统的组成

1. 碰撞传感器

碰撞传感器是安全气囊系统中主要的控制信号输入装置。其作用是在汽车发生碰撞时,检测汽车碰撞的强度信号,并将信号输入安全气囊控制单元,安全气囊控制单元根据碰撞传感器的信号来判定是否引爆充气元件使气囊充气。在安全气囊系统中,一般装有

2 个~4 个碰撞传感器,左前、右前挡泥板各装 1 个,有的前面保险杠中间还装有 1 个,有的车内还装有 1 个。碰撞传感器的种类如表 7-2 所列。

表 7-2　碰撞传感器的种类

分类依据	种　　类	
功用	车前传感器	左前碰撞强度传感器
		右前碰撞强度传感器
	中央传感器	
	安全传感器	
总体结构	机械式传感器	重锤式加速度传感器
		轨道球式加速度传感器
	机电式传感器	滚柱卷簧式加速度传感器
	电子式传感器	压电式加速度传感器
		压阻式加速度传感器
		电容式加速度传感器
	集成式传感器	电容式加速度传感器
		压阻式加速度传感器

　　重锤式加速度传感器如图 7-2 所示。在没有发生碰撞时,传动杆在预紧弹簧的作用下,将钢球推向左端,点火针在预紧弹簧的作用下顶住传动杆的 D 形块。当发生足够大的碰撞时,钢球在惯性力的作用下向右移动,推动传动杆向右转动,从而使传动杆的 D 形块向右转动,以释放点火针。点火针在预紧力的作用下向右猛烈推进,击中针刺引爆剂,导致引爆剂立即点火,从而使气囊充气。

　　轨道球式加速度传感器,如图 7-3 所示。在没有发生碰撞时,钢球在永久磁铁的吸引下紧靠轨道的后背。当发生足够大的碰撞时,钢球在自身惯性力的作用下抵抗磁铁的吸引力向前移动到轨道最前端,使前端的两个簧片短接,导致引爆剂立即点火,从而使气囊充气。

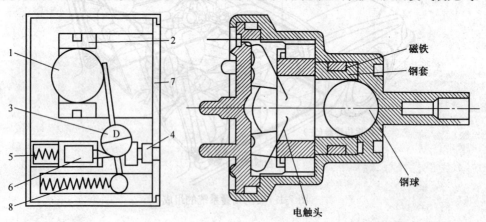

图 7-2　重锤式加速度传感器　　　　　图 7-3　轨道球式加速度传感器

1—惯性钢球;2—轨道;3—"D"形块;4—引爆剂
(点火器);5、8—弹簧;6—点火针;7—壳体。

滚柱卷簧式加速度传感器如图 7-4 所示。在正常情况下,偏心转子和偏心重块在螺旋弹簧弹力的作用下,顶靠在与外壳相连的止动块上,此时,旋转触点与固定触点不接触,开关关闭。当汽车发生碰撞时,偏心重块由于惯性力将带动偏心转子克服弹簧弹力产生偏转。当碰撞强度达到设定值时,偏心转子偏转角度将使旋转触点与固定触点接触而闭合,此时碰撞传感器向安全气囊控制单元输入一个接通信号。安全气囊控制单元只有收到碰撞传感器输入的接通信号时,才会去引爆充气元件。

　　压电式加速度传感器如图 7-5 所示。在发生碰撞时,传感器受到冲击,质量块的惯性力作用在压电晶体上,压电晶体在力的作用下产生电荷。电荷的大小与加速度的大小直接相关,通过测量电荷就可以知道加速度的大小。

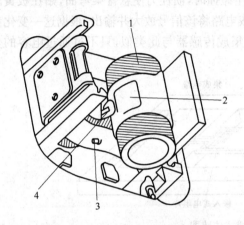

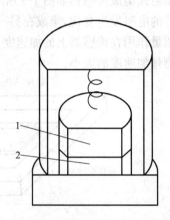

图 7-4　滚柱卷簧式加速度传感器
1—滚轮;2—动触点;3—卷簧;4—定触点。

图 7-5　压电式加速度传感器
1—惯性质量块;2—压电晶体。

　　压阻式加速度传感器如图 7-6 所示。在发生碰撞时,惯性块的惯性力使弹簧弯曲,贴在板簧的应变片的电阻发生变化,根据这一变化量就能测量作用在传感器上的加速度。

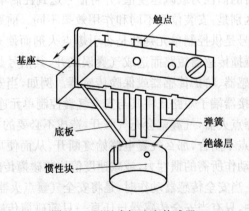

图 7-6　压阻式加速度传感器

　　电容式加速度传感器如图 7-7 所示。在发生碰撞时,惯性块的惯性力使平弹簧弯曲,从而改变惯性质量与定片之间的相对距离或面积,导致电容发生变化,根据这一变化量就能测量作用在传感器上的加速度。

271

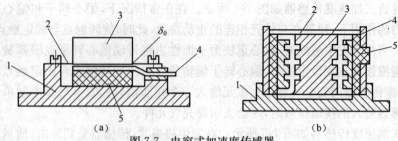

图 7-7 电容式加速度传感器

1—基座；2—平弹簧；3—惯性质量；4—定片；5—绝缘物。

压阻式集成传感器如图 7-8 所示。在发生碰撞时，惯性力使悬臂梁弯曲，贴在板簧的应变片的电阻发生变化，集成在另一端的集成电路将该信号放大并输出，根据这一变化量就能测量作用在传感器上的加速度。电容式集成传感器与此类似，只不过通过电容的变化来测量加速度的大小。

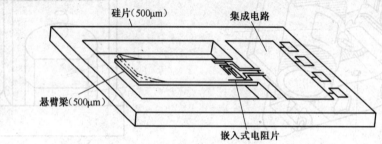

图 7-8 集成式传感器

车前碰撞强度传感器用于检测汽车遭受碰撞的激烈程度。安全传感器与碰撞强度传感器串联，用于防止安全气囊产生误爆现象。安全传感器一般与安全气囊控制单元组装在一起，安装在驾驶室中部变速杆前后的装饰板下面。安全传感器与前部碰撞传感器都是检测车辆发生碰撞时的惯性力或减速度值，并将信号送到控制单元。

它们之间的主要区别是：安装位置不同和作用效果不同。前部碰撞传感器负责检测碰撞的激烈程度，其信号是供控制单元判断是否引爆点火剂而使充气剂给气囊充气。安全传感器是防止前部碰撞传感器短路而造成气囊误胀开，其信号是供控制单元确定是否发生碰撞，又称侦测传感器、防护传感器或保险传感器。例如，当安装或检查前碰撞传感器时，如果不慎将其连接器端子短路或将其与安全气囊控制单元连接的连接器端子短路，那么控制单元就会引爆点火器，气囊就会充气胀开，造成不必要的损失。设置安全传感器后，如果安全传感器触点不闭合，那么气囊电路始终断开，从而便可避免气囊误爆。在一般情况下，安全传感器动作所需的惯性力，或减速度值比前碰撞传感器动作所需的惯性力或减速度值要小一些。当安全传感器动作时，是将安全气囊点火器的电源电路接通。

在安全气囊系统中，只有当安全传感器与任意一只前碰撞传感器，并同时接通时，气囊回路才能接通，气囊才可能充气。

2. 安全气囊电控单元

安全气囊电控单元是安全气囊系统的控制中心，主要由信号处理电路、备用电源电路以及保护电路和稳压电路组成，如图 7-9 所示。

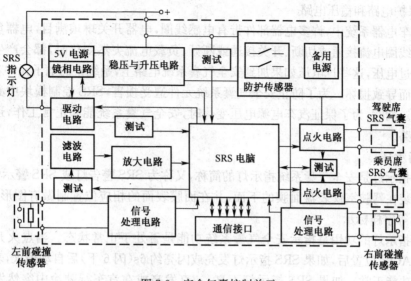

图 7-9 安全气囊控制单元

其功用是接收碰撞传感器及其他各传感器输入的信号,判断是否点火引爆气囊充气,并对系统故障进行自诊断。安全气囊电控单元还要对控制组件中关键部件的电路(如传感器电路、备用电源电路、点火电路、安全气囊指示灯及其驱动电路)不断进行诊断测试,并通过安全气囊指示灯和存储在存储器中的故障代码来显示测试结果。仪表盘上的安全气囊指示灯可直接向驾驶员提供安全气囊系统的状态信息。控制单元存储器中的状态信息和故障代码,可用专用仪器或通过特定方式从串行通信接口调出,以供装配检查。

1) 信号处理电路

信号处理电路主要由放大器和滤波器组成。其功用是对传感器检测的信号进行整形、放大和滤波,以便 SRS 电脑能够接收、识别和处理。

2) 备用电源电路

安全气囊系统有两个电源:一个是汽车电源(蓄电池和交流发电机);另一个是备用电源。备用电源又称为后备电源或紧急备用电源。备用电源电路由电源控制电路和若干个电容器组成。在单安全气囊系统的控制组件中,设有一个电脑备用电源和一个点火备用电源。在双安全气囊系统的控制模块中,设有一个电脑备用电源和两个点火备用电源,即两条点火电路各设一个备用电源。点火开关接通 10s 之后,如果汽车电源电压高于 SRS 电脑的最低工作电压,那么电脑备用电源和点火备用电源即可完成储能任务。

备用电源的功用是:当汽车电源与 SRS 电脑之间的电路切断后,在一定时间(一般为6s)内,维持安全气囊系统供电,保持安全气囊系统的正常功能。当汽车遭受碰撞而导致蓄电池和交流发电机与 SRS 电脑之间的电路切断时,电脑备用电源能在 6s 之内向电脑供给电能,保持电脑测出碰撞、发出点火指令等正常功能;点火备用电源能在 6s 之内向点火器供给足够的点火能量引爆点火剂,使充气剂受热分解给气囊充气。时间超过 6s 之后,备用电源供电能力降低,电脑备用电源不能保证电脑测出碰撞和发出点火指令;点火备用电源不能供给最小点火能量,SRS 气囊不能充气胀开。

3）保护电路和稳压电路

在汽车电器系统中，许多电器部件带有电感线圈，电器开关琳琅满目，电器负载变化频繁。当线圈电流接通或切断、开关接通或断开、负载电流突然变化时，都会产生瞬时脉冲电压即过电压，这些过电压如果加到安全气囊系统电路上，系统中的电子元件就可能因电压过高而导致损坏。为了防止安全气囊系统元件遭受损害，SRS 控制模块中必须设置保护电路。同时，为了保证汽车电源电压变化时，安全气囊系统能够正常工作，还必须设置稳压电路。

3. 指示灯

SRS 指示灯是安全气囊系统指示灯的简称，又称为 SRS 警告灯或 SRS 警示灯。SRS 指示灯安装在驾驶室仪表盘面膜的下面，并在面膜表面的相应位置制做有图形或 SRS、AIRBAG 等字样标示。

SRS 指示灯的功用是指示安全气囊系统功能是否处于正常状态。当点火开关接通"ON"或"ACC"位置后，如果 SRS 指示灯发亮或闪亮约 6s(闪 6 下)后自动熄灭，表示安全气囊系统功能正常。如果 SRS 指示灯不亮、一直发亮或在汽车行驶途中突然发亮或闪亮，表示自诊断系统发现安全气囊系统有故障，应及时排除。自诊断系统在控制 SRS 指示灯发亮或闪亮的同时，还会将所发现的故障编成代码存储在存储器中。检查或排除安全气囊系统故障时，首先应用专用检测仪器或通过特定方式从诊断插座或通信接口调出故障代码(通常称为故障码)，以便快速查寻与排除故障。实践证明：在汽车遭受碰撞，气囊已经胀开后，故障码一般难以调出。如此设计的目的是：要求在 SRS 气囊引爆后，必须更换 SRS 电脑。

4. 气囊组件

正面 SRS 气囊组件的功用是：保护驾驶员与乘员的面部和胸部，防止方向盘、挡风玻璃、仪表台和前排座椅伤害人体。侧面 SRS 气囊组件的功用是：保护驾驶员与乘员头部和腰部，防止车门或车身伤害人体。

驾驶员席气囊组件安装在方向盘的中央，前排乘员席气囊组件安装在正前方的仪表台上。

驾驶员席 SRS 气囊组件主要由气囊装饰盖、SRS 气囊、气体发生器和装在气体发生器内部的点火器组成。

SRS 气囊是用聚酰胺织物制成，内层涂有聚氯丁二烯，用以密闭气体。气囊在静止时，像降落伞一样折叠成包，安放在气体发生器上部与气囊饰盖之间。气囊开口一侧固定在气囊的安装支架上，先用金属垫圈与气囊支架的座圈夹紧，然后用铆钉铆接。此外，固定气体发生器的专用螺栓也穿过金属垫圈和支架座圈将气体发生器固定在一起，以便承受气体的冲击。

气囊的饰盖表面模压有撕印，以便使气囊充气时撕裂饰盖，并减小冲出饰盖的阻力。目前，气囊的材料是由 420d、630d、840d 的尼龙或尼龙 66 织物制成(d 代表织物纤维度单位：旦尼尔)。气囊在具有良好的耐磨性和防裂性能的同时，机械强度高，使用寿命长，表面涂膜容易与涂层接合牢固等优点。气囊织物必须进行不少于 50 项的特性试验。

气囊的大小依制造公司不同而有所不同。在日本和欧洲，由于安全带使用率高，气囊体积都较小(约 40L)；在美国，由于安全带使用率低，所用的气囊体积较大(约 60L)。

气囊一般在汽车遭受碰撞后 10ms 内开始充气,从开始充气到完全膨胀开的整个时间约为 30ms。它沿转向柱偏挡风玻璃方向膨开,防止驾驶员面部与挡风玻璃、胸部与方向盘发生碰撞。气囊背面或顶部有 2 个～4 个排气孔,当驾驶员在惯性力的作用下,压到气囊上时,气囊便从排气孔排气,持续时间不到 1s,从而吸收驾驶员与气囊碰撞的动能,使人体不受伤害。近来研制出一种新的可呼吸气囊,它并没有排气孔。有的气囊内设拉绳,用以控制其胀开的形状。

气体发生器又称为充气器,其功用是在点火器引爆点火剂时,产生气体向气囊充气,使气囊胀开,如图 7-10 所示。

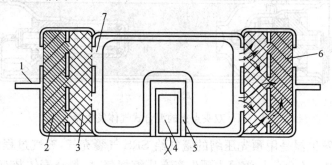

图 7-10　烟火式气体发生器

1—法兰盘;2—细滤器滤网;3—粗滤器滤网;4—点火器;5—助燃剂;6—氮气出口;7—燃烧室。

气体发生器用专用螺栓和螺母固定在气囊支架上,只有用专用工具才能进行装配。驾驶员席气体发生器一般都做成圆形,便于安装。

气体发生器由上盖、下盖、充气剂和金属滤网组成,其壳体由上盖和下盖两部分组成。上盖有若干个气孔,下盖有安装孔,便于安装。上、下盖冷压成一体,壳体内装有充气剂、滤网和点火器。滤网用以过滤充气剂和点火剂燃烧后的渣粒。

充气剂大都采用叠氮化钠(氮化钠有剧毒)片状合剂。因为它的制作工艺成熟,用氮化钠的药片质量可以调节气囊发生器的充气特性。大多数气囊采用热效反应产生氮气使气囊充气。在点火器引爆点火剂时,点火剂会产生大量的热量,氮化钠受热立即分解,产生大量的氮气,充入气囊。

点火器外包铝箔,安装在气体发生器的中央位置。

其功用是:在碰撞传感器和防护传感器将气囊电路接通时,引爆点火剂,产生热量使充气剂分解。

其结构主要由引爆炸药、药筒、引药、电热丝、电极和引出导线等组成。

点火器所有部件都装在药筒内。点火剂包括引爆炸药和引药。引出导线与气囊连接插座连接,连接器中设有短路片。当连接器插头与插座未完全结合时,短路片将两根引线短路,防止静电或误通电,将电热丝电路接通造成气囊误胀开。

其工作情况是:当 SRS 电脑发出点火指令时,电热丝电路接通,电热丝迅速红热引爆引药,引爆炸药瞬间产生大量的热量,药筒内温度急剧升高并冲破药筒,使充气剂受热分解,放出氮气充入气囊。

前排乘员席 SRS 气囊组件安装在驾驶室乘员席正前方手套箱与仪表台之间。乘员席气囊都是沿挡风玻璃向乘员面部和胸部方向膨开,以保护乘员的面部和胸部。

乘员席 SRS 气囊组件的组成和工作原理与驾驶员席气囊组件基本相同,仅结构上有所不同。

乘员席 SRS 气囊用专用的螺栓安装在气囊组件支架上。由于乘员与气囊的距离比驾驶员离气囊的距离长,所以,乘员席的气囊的体积要比驾驶员席气囊体积大(约 200L)。

乘员席 SRS 气囊组件中的气体发生器为复合式气体发生器,为长筒形,其用药质量约为 500g,如图 7-11 所示。

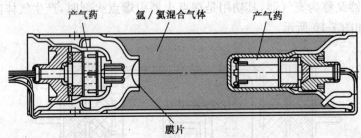

图 7-11 双头点火的混合式气体发生器

复合式气体发生器是用预先压缩的氩气给 SRS 气囊充气,充气过程由 SRS 电脑控制点火器进行控制。在氩气压缩筒内预先充有压缩氩气,燃料仓壳体装有加热燃料和点火器,充气孔常开,直接与气囊相通。

其工作过程是:当汽车碰撞信号送到 SRS 电脑时,电脑立即发出点火指令,点火器引爆点火剂后,一方面用冲击销冲破封闭氩气用的爆破圆片,使低温氩气充入气囊;另一方面引燃加热燃料,对低温氩气进行加热。加热后的氩气使气囊迅速膨开。加热的目的是为了补偿氩气在体积变大后的气体温度下降。

7.1.3 安全气囊系统的工作原理

为了说明安全气囊的基本原理,这里首先说明汽车发生事故时造成乘员伤亡的原因。

当汽车发生碰撞事故时,汽车和障碍物之间的碰撞称为一次碰撞,一次碰撞的结果导致汽车速度急剧下降,速度从 35km/h 降到零的时间约 150ms 左右;乘员和汽车内部结构之间的碰撞称之为二次碰撞,由于惯性的作用,当汽车急剧降速时,乘员要保持原来的速度向前运动,于是就发生了乘员和方向盘、仪表板、挡风玻璃等之间的碰撞,从而造成了乘员的伤亡。

汽车安全气囊的工作原理是:在发生一次碰撞后,二次碰撞前,迅速在乘员和汽车内部结构之间打开一个充满气体的袋子,使乘员扑在气袋上,避免或减缓二次碰撞,从而达到保护乘员的目的。由于乘员和气袋相碰时,因振荡造成乘员伤害,所以,一般在气囊的背面开两个直径 25mm 左右的圆孔。这样,当乘员和气囊相碰时,借助圆孔的放气可减轻振荡,放气过程同时也是一个释放能量的过程,因此可以很快地吸收乘员的动能,有助于保护乘员。

当汽车受到前方一定角度范围内的高速碰撞时,安装在汽车前端的碰撞传感器和与SRS 电脑安装在一起的防护碰撞传感器,就会检测到汽车突然减速的信号,传感器触点闭合,将减速信号传到 SRS 电脑;SRS 电脑中预先设置的程序,经过数学计算和逻辑判断后,立即向 SRS 气囊组件内的电热点火器(电雷管)发出点火指令,引爆电雷管,点火剂

(引药)受热爆炸(即电热丝通电发热引爆炸药)。点火剂引爆时,迅速产生大量热量,充气剂(叠氮化钠固体药片)受热分解释放大量氮气充入气囊,气囊便冲开气囊组件的装饰盖板鼓向驾驶员,使驾驶员头部和胸部压在充满气体的气囊上,在人体与车内构件之间铺垫一个气垫,将人体与车内构件之间的碰撞变为弹性碰撞,通过气囊产生变形来吸收人体产生的动能,达到保护人体的目的。整个工作过程如图 7-12 所示。

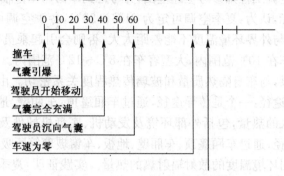

图 7-12　安全气囊系统工作过程

(1) 碰撞约 10ms 后,气囊达到引爆极限,气囊组件中的电雷管引爆点火剂,并产生大量的热量,使充气剂(叠氮化钠药片)受热分解,驾驶员尚未动作。

(2) 碰撞约 40ms 后,气囊完全充满,体积最大,驾驶员向前移动,安全带斜系在驾驶员身上并收紧,部分冲击能量已被吸收。

(3) 碰撞约 60ms 后,驾驶员头部及身体上部压向气囊,气囊背面的排气孔在气体和人体压力作用下排气,利用排气节流作用吸收人体与气囊之间弹性碰撞产生的动能。

(4) 碰撞约 110ms 后,大部分气体已从气囊逸出,驾驶员身体上部回到座椅靠背上,汽车前方恢复视野。

(5) 碰撞约 120ms 后,碰撞危害解除,车速降低至零。

由此可见,在 SRS 气囊系统动作过程中,气囊动作时间极短。从开始充气到完全充满的时间约为 30ms,从汽车遭受碰撞开始,到气囊收缩为止,所用时间极为短暂,仅为120ms 左右,而人的眼皮眨一下所用时间约为 200ms 左右。

7.2 汽 车 空 调

7.2.1 概述

汽车空调是汽车空气调节系统的简称,其目的是在任何气候和行驶条件下,都能为乘员提供舒适的车内环境。人们对环境的要求常因体质、年龄、性别、习惯和健康状况而不同。但正常情况下,多数人的要求大致是相同的。适宜的温度、适宜的湿度、适宜的气流和清洁的空气,构成了空调三要素:温度、湿度和洁净度。一个完整的汽车空气调节系统是通过调节温度、湿度、风速和换气等,来达到营造车厢内舒适环境的目的。

人体舒适感觉的三要素是温度、湿度、风速。现在一些汽车虽然有冠以"空调系统"的装置,但仅是起到调节温度的作用,作用是不全面的。人们对冷暖的感觉不仅决定于温度的高低,也受到湿度和风速的影响。温度相同而湿度和风速不同,也会产生不同的温感。

根据温度、湿度、风速与人体舒适感的关系,美国、日本等国家通过实验制定出相关的舒适环境指标。

美国有关工程师协会制定了舒适图,认为:夏季温度为 25℃,相对湿度为 50% 时,感到舒适的人最多。日本认为:夏季温度为 19℃~23℃,相对湿度为 60%~70% 时,感到舒适的人最多。汽车空调工程师参考上述范围,并考虑到车窗与车壁辐射热的影响,制定了汽车舒适性环境指标,认为:夏季空调可定为 21℃~25℃,冬季空调可定为 25℃~28℃。同时认为:车内温度与外界环境温度不能差距太大,否则会引起乘员不适。一般认为:车内车、外的温差,轿车在 10℃ 范围内,大型客车在 8℃~12℃ 范围内。

汽车空调的效果,与车身隔热质量和玻璃传热程度关系密切。由车外传入车内的热负荷,主要通过两个途径:一个是传导途径,通过车厢篷顶、车厢壁、地板、前围隔板、车窗玻璃等传热面而侵入的热量,包括外部环境及发动机、底盘机械件及电机等散发出的热量;另一个是辐射途径,通过车厢篷顶、车厢壁、地板、车窗玻璃等所吸收的辐射热,包括太阳直射辐射热与周围环境温度的散射辐射热的热量。实践证明:夏季通过车窗玻璃侵入的太阳直射辐射热,与周围环境温度的散射辐射热的热量,对空调效果的影响相当大,采取相关措施可以降低 20%~30% 的制冷负荷。因此,很多轿车采用具有反射红外线的隔热玻璃做车窗玻璃。为了减少车厢热负荷,就必须注意车厢的密封性和隔热性,车厢的密封性和隔热性优劣,不但反映了空调利用率的高低,也反映了车辆运行噪声的大小程度。特别要指出的是:追求车厢的密封性好,并不等于与外界隔绝。轿车乘载空间小,乘员排出的二氧化碳、汗味、烟味使车内空气会很快受到污染,为了维持舒适条件必须要有最小限度的换气量,这种换气量也就是当车门及车窗闭合时,仍能从车外引入新鲜空气的程度。

车内换气一般采用动压通风及强制通风方式:动压通风是利用汽车行驶时产生的风压,在适当位置开设进风口及排气口,实现自然通风;强制通风是采用小型电动风扇强制将外界新鲜空气引入。中高级轿车多采用动压通风与强制通风结合的方式,并通过空气过滤器等净化装置进行气体过滤,同时与冷风装置、暖风装置组合在一起,形成整体式的空调系统。

汽车空调的作用就是使车厢内的空气温度、相对湿度、空气流速和空气的净洁度达到人体所需的舒适范围,并能预防或除去附在风窗玻璃上的雾、霜和冰雪,以确保驾驶员的视野清晰与行驶安全。

因此,要求汽车空调能够急速降温、急速暖车;不受天气或行驶状态的影响;车厢内空气流动要自然畅通、安静;尽可能不影响发动机的燃油消耗及动力性;具有良好的耐振性;由于空调机的动力来自于汽车,发动机转速大幅度变化,压缩机必须具备较大的制冷能力和采用特殊的温度自动控制手段。

汽车空调的发展经过了单一暖风系统、单一制冷系统、冷暖一体化空调、自动控制的汽车空调系统和微机控制的汽车空调系统等五个阶段。

汽车空调系统主要由制冷系统、暖风系统、通风系统、空气净化系统和控制系统组成。制冷系统对车内空气或由外部进入车内的新鲜空气进行冷却或除湿,使车内空气变得凉爽舒适。暖风系统主要用于取暖,对车内空气或由外部进入车内的新鲜空气进行加热,达到取暖、除湿。通风系统将外部新鲜空气吸进车内,起通风和换气作用。同时,防止风窗玻璃起雾。空气净化系统除去车内空气中的尘埃、臭味、烟气及有毒气体,使车内空气变得清洁。控制系统对制冷和暖风系统的温度、压力进行控制,同时对车内空气的温度、风量、流向进行控制,完善了空调系统的正常工作。

传统空调是人工调控的,在空调控制面板上有一个温度调节旋钮,实际上是一个可变电阻装置,它与蒸发器内的温度感应电阻组成串联电路,当温度改变时,电路的阻值发生变化,从而控制压缩机的电磁离合器,当温度低时,将离合器分离,空调停止工作;当温度高时,将离合器合上,空调继续工作。这样的控制方式比较简单,但温控调节粗糙。

自动空调能自动控制车内的温度、湿度及空气流量,使车厢内部自动维持在某一指定的温度。它能够依据车厢温度自动调节出风温度,具有平滑柔顺性,温控调节精细。此外,自动空调有自检装置,可以及早发现故障隐患。

自动空调控制系统由四部分组成:①传感器部分,专门负责温度信息反馈;②系统"控制中枢",即空调器控制部件 ECU;③控制部件,包括空调系统冷凝器电动机、蒸发器电动机等,包括混合气流电动机、气流方式电动机,用以控制冷暖气组合、开启或关闭正面、侧面和脚部的出风口;④自检及报警部分。

轿车自动空调典型的电控系统感应器包括:冷却剂湿度传感器、车内温度传感器、外部温度传感器、车速传感器、节气门位置传感器、热负荷传感器、蒸发器温度传感器、水温传感器等。

它们将信号传递到计算机,计算机检测全部的变量参数以及乘员选定的温度要求,用这些数值计算出控制点值,将控制点温度与实际温度相比较,用两者之差作为参考值来控制冷气或暖风以及空气流量。其中,水温传感器位于发动机出水口,它将冷却水温度反馈至 ECU,当水温过高时 ECU 能够断开压缩机离合器而保护发动机,同时也使 ECU 依据水温控制冷却水通往加热芯的阀门。有些轿车的自动空调还装有红外温度传感器,专门探测乘员面额部的表面皮肤温度。当传感器检测到人体皮肤温度时,也反馈到 ECU。这样,ECU 有多种传感器的温度数据输入,就能更精确地控制空调。乘员只要操作旋钮或按键,设置所需温度及风机转速,以后一切事情都由自动空调控制系统办理了。随着集成电路成本降低和人们对舒适性需求的增大。目前,装配自动空调的轿车越来越多。

汽车空调系统按功能,可分为单一功能和组合式两种:单一功能是指制冷、暖风各自独立,自成系统,一般用于大、中型客车上;组合式是指制冷、暖风合用一个鼓风机、一套操纵机构。这种机构又可分为制冷、暖风分别工作和制冷、暖风可同时工作两种方式,多用于轿车上。

按驱动方式分为非独立式和独立式两种:非独立式汽车空调系统的空调制冷压缩机由汽车本身的发动机驱动,制冷性能受发动机工况的影响较大,工作稳定性较差。尤其是低速时制冷量不足,而在高速时制冷量过剩,并且消耗功率较大,影响发动机动力性。一般用于制冷量相对较小的中、小型汽车上;独立式汽车空调系统的空调制冷压缩机由专门的空调发动机(也称副发动机)驱动,制冷性能不受汽车主发动机工况的影响,工作稳定,制冷量大,但由于加装了一台发动机,不仅成本增加,而且体积和质量增加。多用于大、中型客车上。

按控制方式又分为手动调节、电控气动自动调节、全自动调节和微机控制的全自动调节。

7.2.2 制冷循环和制冷剂

液体蒸发时有降低周围物体温度的特点,如酒精等。汽车空调采用的制冷剂是氟里昂,它在低温下很容易蒸发,无毒,不腐蚀金属。当制冷剂变为气态时,从周围吸收热量(制冷)。当凝集成液态时,就向周围散发热量(供暖)。

1. 制冷循环

制冷循环,是指制冷剂在汽车空调内从液体蒸发成气体,又从气体凝集成液体,并不停地进行循环的过程。通常气体被压缩后温度升高,一经降温即可变成液体,压力降低后又可蒸发成气体。在制冷循环中,由压缩机压缩氟里昂气体(冷冻剂),被压缩过的高压高温气体经冷凝器冷却凝集成液体,液态冷冻剂通过膨胀阀的节流作用降低其气压而被蒸发,蒸发时从周围空气中吸收热量。

汽车空调冷却系统由压缩机、冷凝器、储气干燥器、膨胀阀和蒸发器等组成,如图7-13所示。

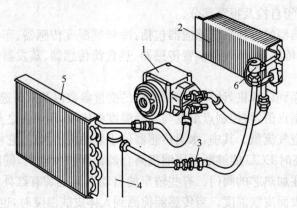

图 7-13 汽车空调系统的组成

1—压缩机;2—蒸发器;3—观察窗;4—储液干燥器;5—冷凝器;6—膨胀阀。

汽车空调分高压管路和低压管路。高压侧包括压缩机输出侧、高压管路、冷凝器、储液干燥器和液体管路;低压侧包括蒸发器、积累器、回气管路、压缩机输入侧和压缩机机油池。汽车空调和家用空调制冷原理是一样的,都是利用 R12 或是 R134a 压缩释放的瞬间体积急剧膨胀就要吸收大量热能的原理制冷(由于 R12 对大气臭氧层的破坏,出于环保的要求发达国家从 1996 年开始改用 R134a 做制冷剂)。汽车空调的构造和家用的分体空调类似,它的压缩机往往是安装在发动机上,并用皮带驱动(也有直接驱动的),冷凝器安装在汽车散热器的前方,而蒸发器在车里面,工作时,从蒸发器出来的低压气态制冷剂流经压缩机变成高压高温气体,经过冷凝器散热管降温冷却变成高压低温的液体,再经过储液干燥器除湿与缓冲,然后以较稳定的压力和流量流向膨胀阀,经节流和降压最后流向蒸发器。制冷剂一遇低压环境即蒸发,吸收大量热能。车厢内的空气不断流经蒸发器,车厢内温度也就因此降低。液态制冷剂流经蒸发器后再次变成低压气体,又重新被吸入压缩机进行下一次的循环工作。在整个系统中,膨胀阀是控制制冷剂进入蒸发器的机关,制冷剂进入蒸发器太多就不易蒸发,而太少冷气又会不够,因此膨胀阀是调节中枢。而压缩机是系统的心脏,系统循环的动力源泉。尽管汽车空调的空调系统的原理与其它空调系统是相同的,但汽车空调是移动式车载的空调装置,它与固定式空调系统相比,动转条件更恶劣。由于汽车行驶的振动,空调系统的制冷剂比固定式空调更容易泄漏,空调系统的维修与保养也比固定式空调频繁。空调装置中风路系统在吸入新风时常常会将尘土吸入,堵塞过滤网及蒸发器。在清洗过程中,又往往会把制冷剂泄放到大气中去,造成臭氧层消耗,破坏了环境。

制冷剂在系统中的循环分为以下四个过程。

(1) 压缩过程:压缩机将低压(147kPa)、低温(0℃)的制冷剂气体压缩成高压(1471kPa)、高温(70℃～80℃)的气体。

(2) 冷凝过程:将压缩机来的高温高压气体与环境空气交换热量,当温度降至40℃～50℃时,便凝集成液态。

(3) 膨胀过程:膨胀阀的节流作用将高压、液态制冷剂变为低压(147kPa)、低温(−5℃)的雾状。

(4) 蒸发过程:节流后的低压、低温制冷剂在蒸发器中吸收车内热量而蒸发。

2. 制冷剂

制冷系统借助制冷剂的状态变化达到制冷目的。制冷剂的种类很多,目前常用的是氟里昂 R12(CF_2CL_2)。现有替代 R12 的制冷剂是 R134a(CH_2FCF_3),其性能与 R12 接近,但不破坏臭氧层。R12 在常温常压下为无色、无味、无毒气体。在标准大气压下,蒸发温度为−29.8℃,适当加压保持液态。凝固温度为−158℃。适合小型冷气机。R12 有如下特性。

(1) 高温、低压下易液化,在通常大气压及低温下易蒸发,蒸发潜热大。

(2) 化学性能稳定,一般温度下无变化,不会燃烧和爆炸,但遇明火时即产生有毒光气。

(3) 无毒、无臭味(泄漏时,不易发现)。

(4) 对金属和橡胶件无腐蚀作用。

(5) 与润滑油无亲和作用。

(6) 渗透性很强,对密封件要求高。

7.2.3　制冷系统主要组成部件的工作原理

1. 压缩机

(1) 功用:压缩机是空调制冷系统的心脏,是一种使制冷剂在系统内循环的动力源。压缩机把蒸发器中吸收热量后产生的低温低压冷冻剂蒸气吸入后进行压缩,升高其压力和温度之后送往冷凝器,使制冷剂在冷却循环中进行循环,由蒸发器吸收的热量在通过冷凝器时散发掉。

(2) 种类:往复式、旋转式、刮片式、滚动活塞式、涡旋式。

① 往复式压缩机。往复式压缩机由发动机带动压缩机曲轴旋转,通过连杆使活塞在汽缸内做往复运动,曲轴旋转一周,制冷剂在活塞下降冲程中被吸入汽缸,活塞上升冲程中被压缩,如图 7-14 所示。

•曲轴连杆机构:由活塞、活塞销、连杆、曲轴、轴承、曲轴箱组成,其作用是将曲轴的旋转运动转换为活塞的往复运动,使制冷剂吸入汽缸并被压缩。

•进排气阀:由进气阀片、排气阀片、阀门板组成。当活塞下行时,缸内压力降低,制冷剂推开进气阀进入汽缸。活塞上行时,制冷剂被压缩,当其压力升高到一定值时,排气

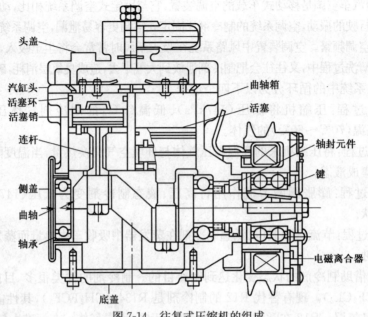

图 7-14　往复式压缩机的组成

阀被打开,高温、高压的制冷剂被排出汽缸。

·润滑机构:空调压缩机常采用压力润滑和飞溅润滑两种方式。压力润滑是靠压缩机主轴后端的油泵,将润滑油经油道压往各润滑表面。飞溅润滑是利用高速旋转的曲轴将曲轴箱中的润滑油带起,并靠高速旋转的曲轴所产生得离心惯性力,将其抛往各运动部件的润滑表面。

② 旋转斜盘式压缩机:旋转斜盘式压缩机的结构如图 7-15 所示。当打开制冷系统开关时,压缩机电磁离合器吸合,发动机通过带传动使压缩机主轴转动起来。斜盘随主轴一起转动,并推动摇板摆动。摇板盘圆周分布有 7 个球节,通过球头连杆与活塞相连。当摇板摆动时,就使某些活塞上行而压缩制冷剂,推开排气阀,将高压气态制冷剂压入冷凝器;另一些活塞下行而使进气阀被吸开,吸进气态制冷剂。每个汽缸活塞在摇板的驱动下不断的上下行交替进行,实现对制冷剂的抽吸和压缩,并使其循环流动。

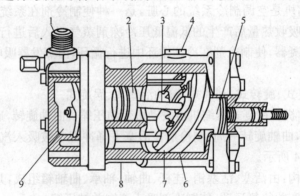

图 7-15　旋转斜盘式压缩机

1—高低压管接口;2—活塞;3—齿盘;4—加油塞;5—轴承;6—驱动斜盘;
7—摇板;8—壳体;9—进排气阀。

2. 冷凝器

(1) 作用。冷凝器的冷凝指的是其管道内的制冷剂散热从气态凝成液态。其原理与发动机的散热水箱相近（区别只在于水箱的水一直是液态而已），所以它经常被安装在车头，与水箱一起，共同享受来自前方的凉风。冷凝器是一种热交换器，其作用使将压缩机排出的高温、高压气体制冷剂的热量吸收并散发到车外空气中，用冷凝风扇强制循环车外空气进行冷却，使气态制冷剂变为高温、高压的液态制冷剂。

(2) 位置。为保证良好的通风散热性，冷凝器一般安装在水箱前面，且与水箱在同一垂直平面内（中型客车安装在车身两侧或车身后侧，并用高速冷凝风扇提高散热能力）。

(3) 种类。汽车常用的冷凝器，一般有管片式和管带式两种，如图 7-16 所示。

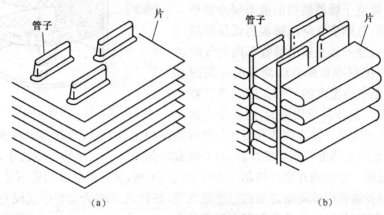

图 7-16　冷凝器
(a) 管片式；(b) 管带式。

① 管片式冷凝器。由铝制或铜质圆管套上铝质散热片组成。片与管组装后经胀管处理，使散热片与圆管紧密接触，成为冷凝器总成。

② 管带式冷凝器。管带式冷凝器由多孔扁管与 S 形散热片焊接而成。这种散热器加工工艺较复杂，但散热效率较高。冷凝器安装时，从压缩机输出的气态冷冻剂一定要从冷凝器上端入口进入，从冷凝器下端入口输出。若装错会导致制冷系统压力升高，使冷凝器有胀裂危险。

3. 储液干燥器

储液干燥器实际上是一个储存制冷剂及吸收制冷剂水分、杂质的装置。它既相当于汽车的油箱，为泄露制冷剂多出的空间补充制冷剂，它又像空气滤清器那样，过滤掉制冷剂中掺杂的杂质。

储液干燥器中还装有一定的硅胶物质，起到吸收水分的作用。制冷剂 R12 溶水能力很差，若系统内有水分，易在膨胀阀处形成冰结晶，阻止制冷剂的流动。系统中的水分还会与制冷剂 R12 起化学作用，形成腐蚀性强的盐酸，损坏系统中的钢制零件。它还可以储存制冷剂，随时向循环系统提供所需要的制冷剂，同时补偿系统的微量渗漏。制冷系统中进行循环的制冷剂数量，随着热负荷的变化而变化。

储液干燥器中的过滤装置随时清除系统中的杂质、污物，防止其进入制冷剂中而堵塞膨胀阀。

储液干燥器主要由滤网、干燥剂、储液罐、目镜、高压阀、低压开关、引出管路等组成，如图 7-17 所示。

滤网用于除去异物。干燥剂从制冷剂中吸收水分。储液罐用于储存制冷剂。目镜用于观察制冷剂量。高压阀用于保护系统，在异常高温、高压下可将制冷剂放出来，防止爆炸。低压开关用于当高压系统一侧的压力异常低时，停止压缩机工作。

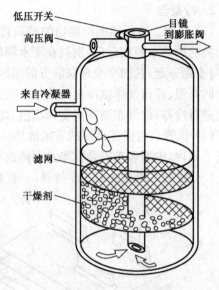

图 7-17　储液干燥器

4. 膨胀阀

膨胀阀安装在蒸发器的入口上。其作用是从冷凝器、储液干燥器输出的液态制冷剂经膨胀阀节流后，急剧膨胀降压降温为低压湿蒸气（雾状），然后进入蒸发器中吸收车内空气的热量。它能根据制冷负荷自动调节制冷剂的流量，达到控制车内温度的目的。进入蒸发器的制冷剂量要与制冷负荷相适应，这就要求膨胀阀的开启度要适量。膨胀阀的开启度与制冷负荷相比过大时，蒸发器中液体制冷剂的量就会过多，会降低蒸发器热交换性能，还会使制冷剂液体进入压缩机汽缸中，造成制冷剂液体冲缸故障。膨胀阀开启度与制冷负荷相比过小时，又会使制冷剂量不足，使制冷剂液体在进入蒸发器管内流动的途中就已经蒸发完，在此之后的蒸发管中就没有可供蒸发的制冷剂，只有蒸气被过热，从而使车内温度升高。

膨胀阀主要由阀体、膜片、推力杆、球阀、调节弹簧、毛细管和感温包组成。

按平衡方式不同，膨胀阀分为内平衡式和外平衡式两种。

1）平衡式膨胀阀

内平衡式膨胀阀的结构如图 7-18 所示。当蒸发器出口温度增加，感温包感知后，包内和毛细管内的气体膨胀，推动膜片向下移动，推动推力杆，球阀克服弹簧阻力，打开阀门，制冷剂流量增加。离开蒸发器的制冷剂流量增加时，其温度下降，感温包感知后，内部气体收缩，膜片上的压力减小，使阀门关闭。这种结构比较简单，多用于蒸发器出入口压力变化不大的小型空调系统。

2）外平衡式膨胀阀

外平衡式膨胀阀的结构如图 7-19 所示。这种膨胀阀将蒸发器出口处的压力传往膜片，这个地方靠近感温包，阀门的开启度更容易通过空吸作用和压缩机转速的变化进行调节。它多用于制冷剂在蒸发器中受流动阻力。膨胀阀的开启度取决于感温包的压力 P_1、蒸发器出口的压力 P_2 和弹簧压力 F。感温包内的压力 P_1 向下压膜片；蒸发器出口处的压力 P_2 向上压膜片；弹簧力 F 向上推球。当压缩机停机时，蒸发器周围的温度不变，蒸发器出口处的压力等于感温包内的压力，即 $P_1 = P_2$，则 $P_1 < P_2 + F$，因而在弹簧力作用下，向上推球将阀关闭，无制冷剂流出。当压缩机工作时，在 P_1、P_2 和 F 的共同作用下球阀处于开启状态。当 $P_1 = F + P_2$ 时，球阀开度保持一定，制冷剂的流出量为定值。室温较低，蒸发器的热负荷较少，蒸发器出口处温度（感温包温度）较低，$P_1 < P_2 + F$，球阀开度减小，制冷剂流出量减少，降低制冷能力。室温较高，蒸发器的热负荷增加，制冷剂吸收热

量多,蒸发器出口处温度(感温包的温度)较高,$P_1 > P_2 + F$,球阀开度增大,制冷剂流出量增多,增大制冷能力。

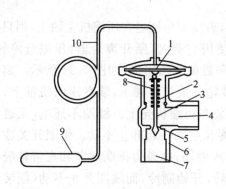

图 7-18　内平衡式膨胀阀

1—膜片;2—内平衡口;3—针阀;4—蒸发器出口;
5—阀座;6—阀体;7—通储液罐的进口;
8—弹簧;9—遥控温包;10—毛细管。

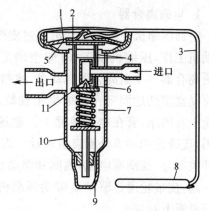

图 7-19　外平衡式膨胀阀

1—膜片;2—温包压力;3—毛细管;4—推杆;
5—蒸发器出口压力;6—阀座;7—过热调整弹簧;
8—遥控温包;9—弹簧压力;10—阀体;11—针阀。

5. 蒸发器

蒸发器与冷凝器正好相反,它是制冷剂由液态变成气态(即蒸发)吸收热量的场所。由鼓风机吹来的暖气流通过蒸发器的散热片和管子,从膨胀阀流出的低温低压制冷剂进入蒸发器后,从暖气流中吸收大量的热量而沸腾。当暖气流流过蒸发器时,其中的水分在蒸发器上凝结成水滴之后,水及空气中的尘污通过排放口排出车外。

目前采用的蒸发器有管片式、管带式和层叠式三种形式。管片式和管带式蒸发器的基本结构,与管片式及管带式冷凝器的基本结构相同。层叠式蒸发器由多层有序排列的矩形铝制薄板和夹在这些薄板之间的蛇形散热片组成,如图 7-20 所示。从膨胀阀来的低压雾状制冷剂进入蒸发器底部的管,在那里吸收车内热量,由于热交换很迅速,所以制冷剂很快沸腾蒸发。蒸发产生的气泡向上运动,使上部箱内完全成为气化了的蒸气。

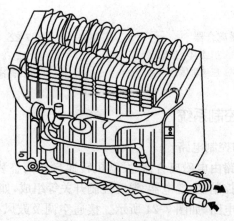

图 7-20　层叠式蒸发器

7.2.4 空调系统的控制装置

1. 电磁离合器

空调压缩机主轴由发动机通过皮带轮驱动，若皮带轮固定在压缩机主轴上，则只要发动机工作，压缩机就工作，即空调工作。不使用空调时，断开离合器，压缩机停转。电磁离合器主要由离合器驱动盘、皮带轮总成和磁场线圈组成，如图 7-21 所示。离合器驱动盘刚性地固定在压缩机主轴端部。皮带轮总成带有轴承，装在压缩机轴上，皮带轮上有凹座，套在电磁线圈上。磁场线圈固装在压缩机壳上。线圈不通电，无磁力作用，皮带轮和轴承外圈自由转动—而轴承内圈和主轴一起静止不动。恒温开关或压力开关闭合，线圈有电流，线圈和驱动盘之间形成磁场，电磁力把驱动盘和皮带轮吸合在一起，皮带轮通过驱动盘带动压缩机主轴旋转，开始制冷，而线圈静止不动（固装在压缩机壳上）。

2. 鼓风机

鼓风机强迫空气流过蒸发器进行热交换。它置于罩中的多叶片风扇（装在电动机上）。鼓风机由两部分来控制：由空调开关（A/C）控制鼓风机继电器，与空调系统同步工作；由鼓风机开关直接控制，可使鼓风机以不同转速运转。鼓风机的转速通常有 3 挡～4 挡，其控制电路如图 7-22 所示。

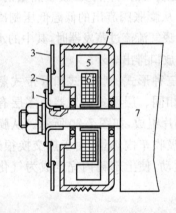

图 7-21　电磁离合器
1—压力板；2—弹簧片；3—引铁；4—带轮；
5—铁芯；6—线圈；7—压缩机体。

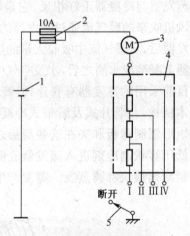

图 7-22　鼓风机控制电路
1—蓄电池；2—熔断器；3—电动机；
4—调速电阻；5—开关。

7.2.5 汽车空调的控制系统

1. 空调制冷系统的控制电路

空调制冷系统的电路由电磁离合器、发动机转速自动调整装置、风扇电动机、安全电路、压力开关电路、温度控制器、继电器、温度控制开关等组成，如图 7-23 所示。

一种最简单的基本电路，如图 7-24 所示。接通空调及鼓风机开关后，电流从蓄电池经鼓风机开关后分两路。

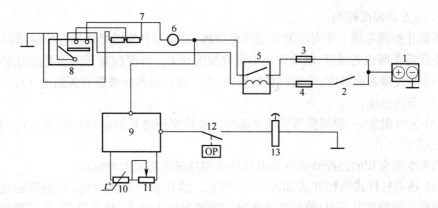

图 7-23 空调制冷系统的控制电路

1—蓄电池;2—点火开关;3、4—熔断丝;5—继电器;6—风扇电动机;7—电阻器;8—风量调节开关;
9—放大器;10—热敏电阻;11—温度控制开关(可变电阻器);12—压力开关;13—电磁离合器。

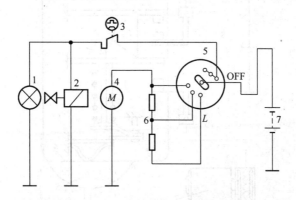

图 7-24 一种最简单的基本电路

1—指示灯;2—电磁离合器;3—温控器;4—鼓风机;5—鼓风机开关;
6—鼓风机调速开关;7—蓄电池。

(1) 一路:温控器 3—电磁离合器 2—搭铁(压缩机运转)(与电磁离合器并联的指示灯 1 通电,指示灯亮)。

(2) 二路:

① 鼓风机开关的 L 点—鼓风机调速电阻 6 的两电阻—鼓风机—搭铁。由于电流流经两个电阻,鼓风机转速最低。

② 鼓风机开关的 M 点—鼓风机调速电阻 6 的 一个电阻—鼓风机—搭铁。由于电流流经一个电阻,鼓风机转速升高。

③ 鼓风机开关的 H 点—鼓风机—搭铁。由于电流不流经电阻,鼓风机转速最高。

当车厢内温度高于设定温度时,温控器触点闭合,压缩机运转;当车厢内温度低于设定温度时,温控器触点断开,电磁离合器断电,压缩机停转,指示灯灭,鼓风机仍在工作。空调停止工作后,车内温度上升,当车内温度高于设定温度时,温控器触点又闭合,电磁离合器通电,压缩机再工作,从而使车厢内保持在设定温度范围内。

287

2. 蒸发器温度控制

为防止空调系统工作时蒸发器过冷而结冰,需要对蒸发器温度进行控制,同时为了能够任意设定车厢内的温度,制冷系统中设有温度开关。温度控制开关感受的温度如下。

(1) 蒸发器表面温度:安装在蒸发器中,出厂时已经调好最低开关温度 T_0。

(2) 车内温度。

(3) 大气温度:一般根据蒸发器表面温度来控制压缩机的运行与停止。$T > T_0$,开关闭合,压缩机工作。

汽车空调常用的温控开关有热力杠杆式和热敏电阻式两种形式。

(1) 热力杠杆式温控开关如图 7-25 所示。膜片盒内有制冷剂,毛细管贴在蒸发器上。当蒸发器温度升高时,膜片盒内的制冷剂蒸发压力增大,膜片拱曲,经过弹性支架推动挺杆使弹簧片转动,触点闭合,压缩机工作。

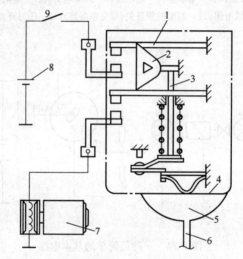

图 7-25 热力杠杆式温控开关

1—触点臂;2—弹簧片;3—挺杆;4—膜片;5—膜片盒;6—毛细管;
7—压缩机;8—蓄电池;9—空调开关。

(2) 热敏电阻式温控开关,如图 7-26 所示。负系数的热敏电阻安装在蒸发器出口。放大器中,B 点电位高、低由热敏电阻的阻值决定。B 点电位低,V_3 截止,V_4 导通,电磁离合器接合,压缩机工作。B 点电位高,V_3 导通,V_4 截止,压缩机停止工作。

温度调节器(恒温开关)通过检测蒸发器出口处的温度,控制压缩机的开与停。温度调节器包括检测蒸发器出口温度的感温包、触点、毛细管、控制触点闭或断的波纹管和温度调节螺钉。当蒸发器出口处的温度降低时,波纹管内的气体收缩;反之,当出口处的温度上升时气体膨胀。出口温度低于调定值时,触点断开,压缩机停止工作。出口温度高于调定值时,触点闭合,压缩机开始工作。

热敏电阻式温度开关(除霜开关)的感温元件是负热敏电阻。热敏电阻安装在蒸发器翅片间,用导线与晶体管式电路系统相连。热敏电阻将温度变化转变为电阻变化,通过电路控制电磁离合器离合,使压缩机开或停,从而调节车厢内温度和防止蒸发器结冰。

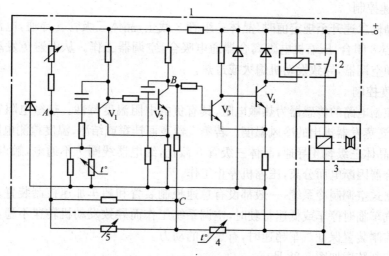

图 7-26　热敏电阻式温控开关
1—放大器；2—继电器；3—电磁离合器；4—热敏电阻；5—温度调整电阻。

3. 蒸发压力控制

由于有膨胀阀对制冷剂的流量进行自动控制，所以空调器可以在不同的热负荷状态下发挥最大的冷却效果。如果空调器在低温高湿度条件下运行，冷凝器的冷却效果非常高，而蒸发器的负荷又非常小，会使制冷剂在蒸发器中产生一个很大的蒸发压力（温度）降，这是无法通过膨胀阀来进行控制的，因此蒸发器将结冰。

为防止蒸发器结冰，常用热控开关法和空吸节流阀法两种方法：当蒸发温度为 0℃时，R12 的压力为 206kPa。因此，制冷剂的压力高于 206kPa 时，蒸发器将不会结冰；空吸节流阀可以控制制冷剂，以高于 206kPa 的压力在蒸发器内流通。

4. 转速与温度控制

在发动机怠速或低速运转时接通空调器，发动机常会因负荷增加而熄灭或产生过热现象。为避免发生上述问题，汽车空调系统采用了转速控制电路。为避免蒸发器表面挂霜或结冰采用了温度控制电路。转速与温控电路由发动机转速检测电路、温度检测电路及继电器组成，如图 7-27 所示。

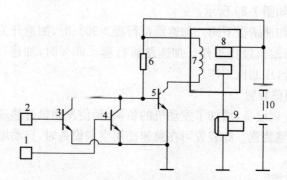

图 7-27　转速与温度控制电路
1—温度检测电路；2—发动机转速检测电路；3、4、5—晶体三极管；
6—电阻；7—继电器线圈；8—触点；9—压缩机；10—电源。

1) 转速控制

当发动机怠速升至规定值时,晶体三级管 3 截止,晶体三级管 5 导通,电流经继电器线圈 7,触点 8 闭合,压缩机电磁离合器通电吸合,空调器工作。从而避免发动机在低速运转时驱动空调器,导致发动机熄火或过热。

2) 温度控制

温度控制电路的传感器为热敏电阻,具有负的电阻温度特性。热敏电阻安装在蒸发器出口,检测蒸发器排出的冷风温度。若蒸发器表面挂霜或结冰,温度检测电路输出相应的电压量,晶体三级管 4 导通,晶体三级管 5 截止,继电器线圈 7 不通电,触点断开,压缩机电磁离合器因断电而分离,压缩机停止工作。

非独立式空调制冷系统,一般都设有怠速控制装置和超车加速控制装置。怠速控制装置防止汽车临时停车或低速行驶时,空调系统工作而导致发动机转速不稳,甚至熄火。超车加速控制装置保证汽车超速时,有足够的动力。

怠速控制装置如图 7-28 所示。

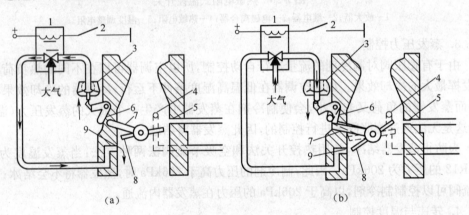

图 7-28　怠速控制装置
(a) 空调不工作时;(b) 空调工作时。
1—真空转换电磁阀;2—空调开关;3—真空膜片阀;4—怠速喷油孔;5—主喷油孔;
6—限位器;7—节气门控制杆;8—节气门;9—真空孔。

加速控制装置如图 7-29 所示。

加速开关位于加速踏板下面。加速踏板行程＞90％时,加速开关闭合,延迟继电器使电磁离合器分离,压缩机停止工作。加速踏板行程＜90％时,加速开关断开后延时十几秒,电磁离合器接合,压缩机工作。

5. 怠速自动调整装置

怠速时,使用空调设备,增加了发动机的负荷,易使发动机过热或熄火。因此,汽车上装备了怠速自动调整装置。此装置可在怠速使用空调设备时,自动增大节气门开度,提高发动机的怠速转速。

6. 空调保护系统

1) 低压保护

环境温度低或系统泄漏造成系统内制冷剂不足,都会造成低压侧压力过低。如果低压侧压力过低,压缩机应停止工作。空调系统中备有以下几种低压控制装置,如图 7-30 所示。

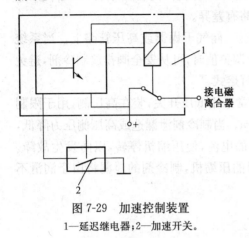

图 7-29 加速控制装置

1—延迟继电器;2—加速开关。

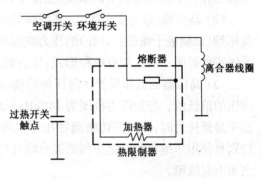

图 7-30 过热保护电路

(1) 环境温度开关。环境温度很低时(如低于 2℃),空调器不需要工作,环境温度开关则切断通向电磁离合器的电流,压缩机不能启动。环境温度开关只感应环境温度,不要把它装在易感受发动机散热的位置上。只要环境温度在 17.78℃～12.78℃ 范围内,环境温度开关应旁通主开关和延时继电器,允许风机运转。空调压缩机或风机在较低气温时工作,可降低车厢空气湿度。如在阴雨潮湿寒冷的天气使用汽车,可防止车窗结露或结霜。

(2) 过热开关。过热开关安装在紧靠压缩机入口处,是一个温度传感开关、常开开关。过热,是一种无相应压力升高的温度增加现象。当空调系统制冷剂漏失,压力下降时,会引起蒸发器中剩余的制冷剂过热,此时过热开关起作用。当过热开关感测到升高的温度和低的压力时,开关闭合形成一个接地电路。正常情况下,电流通过空调与环境开关后,经热限制器中的熔断器,通向压缩机的电磁离合器。若系统缺少制冷剂,过热开关闭合,使电路接地,接通热限制器中热力熔断器的加热器,加热器通电熔化熔断器,断开至离合器电路,压缩机停止工作。

2) 高压保护

当制冷系统内有空气、制冷剂过多、发动机过热、通过冷凝器的空气流量不足、高压管路凹瘪时,会造成空调系统高压侧压力过高,因此空调系统装有高压保护装置。常用的保护装置有高压切断开关、高压阀和高压侧的低压保护。

(1) 高压切断开关。高压切断开关,如图 7-31 所示,装在储气干燥器上或高压管路中,用以限制系统

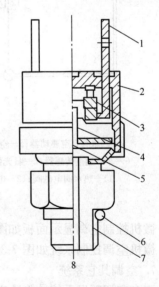

图 7-31 高压保护开关

1—接线柱;2—外壳;3—触点;4—推杆;5—膜片;6—O 形圈;7—接头;8—压力导入口。

291

的最高压力。当高压侧任何一个地方的压力上升到 2760kPa，此开关断开，使压缩机停止运转，并对系统进行保护。当压力降到 1380kPa 时，开关闭合，离合器结合，压缩机开始继续工作。不同车型的空调系统，工作压力调定略有差异。

（2）高压阀（压力安全阀）。高压阀装在压缩机、储气干燥器或高压管路上。当系统高压侧（如储液干燥器出口处）的压力或温度超过调整值时，可从安全阀排放制冷剂，避免系统零件爆裂。高压阀有两种形式：压力阀式和可熔式。

（3）高压侧的低压保护。高压侧的低压保护常采用低压开关，装在高压侧，用于限制高压的最低值。最低压力范围为 140kPa～280kPa。当制冷剂泄漏造成高压侧压力降低，低于最低压力时，此开关切断通往压缩机离合器的电流，使压缩机停转，以防发生故障。特别是使用压缩机油与制冷剂的混合物进行润滑的压缩机，制冷剂的泄漏将由于润滑不当而引起故障。

空调自动调温系统如图 7-32 所示。

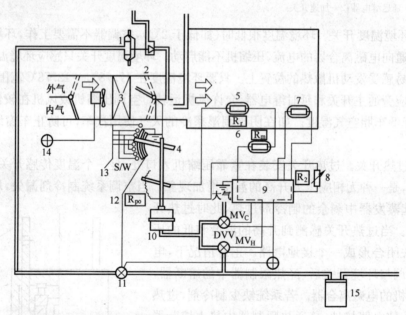

图 7-32 空调自动调温系统

1—热水阀真空驱动器；2—空气混合风门；3—蒸发器；4—功率伺服器；5—车内温度传感器；
6—车外温度传感器；7—日光强度传感器；8—温度设定电阻；9—空调 ECU；10—真空驱动器；
11—热水阀电磁阀；12—电位器；13—风机调速开关；14—加热器继电器；15—真空罐；
$MV_C、MV_H$—真空转换器（DVV）。

微机控制空调显示面板如图 7-33 所示。

微机空调控制系统如图 7-34 所示。

7. 空调其它系统

汽车空调暖风系统使将冷空气送入热交换器，吸收某种热源的热量，从而提高空气的温度，并将热空气送入车内的装置。不论是利用何种热源，热量都是通过热交换装置传递给空气，并通过风机把热空气送入车室，将热交换器、风机和机壳组合在一起的装置，称为空气加热器。根据热源不同汽车暖风系统可分为以下几种形式。

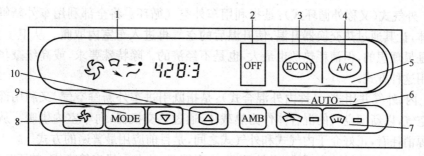

图 7-33 微机控制空调显示面板

1—显示屏;2—停用开关;3—经济(ECON)运行开关;4—空调开关;5—车外温度显示按钮;
6—风向转换开关;7—风窗玻璃除霜开关;8—鼓风机开关;9—模式转换按钮;10—车内温度调节按钮。

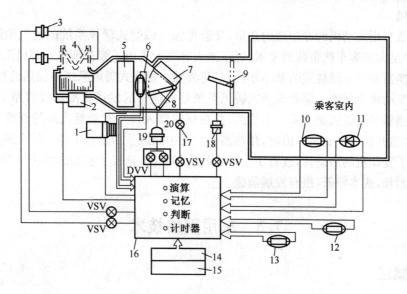

图 7-34 微机空调控制系统

1—压缩机;2—鼓风机;3—真空驱动器;4—回风风门;5—蒸发器;6—蒸发器传感器;7—加热器;8—温度门;
9—出风口转换风门;10—乘客室内温度传感器;11—日照传感器;12—车外温度传感器;13—发动机冷却液
温度传感器;14—运行方式开关;15—温度设定开关;16—微型计算机;17—热水阀;18—转换风门真空驱动
器;19—反馈电位器;20—温度风门控制电磁阀。

(1) 水暖式暖风系统(非独立式暖风系统):利用发动机冷却液的热量,多用于轿车、大型货车及采暖要求不高的大客车上。

(2) 气暖式暖风系统:利用发动机排气系统的热量,多用于风冷式发动机汽车上。

(3) 独立燃烧式暖风系统:装有专门燃烧的机构,多用于在大型客车上。

(4) 综合预热式暖风系统:既利用发动机冷却液的热量,又装有燃烧预热器的综合加热装置,多用于大客车。

根据空气循环方式,汽车暖风系统又可分为以下几种形式。

(1) 内气式(又称内循环式):是指利用车内空气循环。将车室内部空气(用过的)作为载热体,让其通过热交换器升温,使升温后的空气再进入车室内取暖。这种方式消耗热源少,但从卫生标准看,是最不理想的。

293

（2）外气式（又称外循环式）：是指利用车外空气循环。将全部利用车外新鲜空气作为载热体，让其通过热交换器升温，使升温后的空气再进入车室内取暖。从卫生标准看，外气式是最理想的，但消耗热源也最大，也是不经济的。除特殊要求，或高级豪华轿车空调才采用这种方式。

（3）内、外气并用式（又称内外混合式）：是指既引进车外新鲜空气，又利用部分车内的原有空气，以新旧空气的混合体作为热载体，通过热交换器，向车室内供暖。从卫生标准的热源消耗看，正好介于内气式和外气式之间，是目前应用最普遍的方式。

非独立式暖风系统（水暖式）由鼓风机、小水箱（加热芯）、风扇等组成，其原理是：小水箱用胶管与发动机冷却系相连，冷却水先使小水箱升温，然后将通过小水箱的新鲜空气加热。新鲜空气的采集一般是利用汽车速度，经进风口吹入。当汽车速度减慢或停车时，可用风扇鼓风。

为了既利用发动机的冷却液的热量，又避免独立燃烧式暖风系统的废气泄漏窜入车室，同时满足大型客车热负荷的要求，近年来大客车上采用了综合预热式暖风系统。该系统的热交换器和独立燃烧式的基本相同，只是将独立燃烧式暖风系统中加热的新鲜空气，改为加热发动机冷却液。综合预热式暖风系统是在通常的发动机冷却液管路上，并联一条装有预热器与水暖式暖风系统的管路，并在预热器入口与发动机之间的管路上装有一水泵，当水温升到或降到某一值时，预热器会自动中断或重新进行工作。综合预热式暖风系统提高了发动机的启动性，改善了发动机的冷却状况，延长了发动机的使用寿命。这种装置暖风柔和，成本较低，很有发展前途。

7.3　车用网络技术

7.3.1　概述

随着汽车工业的发展以及电子技术的进步，以更好的舒适性和更高的运行性能为目标的车用电子设备越来越多也越来越复杂。为了减少因过多线束造成的重量增加和可靠性变差，同时使这些设备更好更安全地协同工作，各大汽车厂商从20世纪70年代末就开始进行车用网络的研究。最初，车用网络只有高档汽车中才采用，而且多为各厂商自行研制的通信协议。当汽车的发展要求性能价格比尽可能高的时候，车用网络协议的标准化研究在国外迅速发展起来。到20世纪90年代初，协议的研发到了相对成熟的阶段，从车身舒适性控制部件到动力系统控制部件都成为车用网络包罗的对象。而且由于车用电气的种类繁多，对网络的传输速度和成本要求差异较大，因此呈现出多元化的趋势。

这些车用协议中，较为突出的是BOSCH公司于20世纪80年代初提出的CAN（Controller Area Network）。还有一些适合不同传输速率等级及特殊用途的网络协议，如低速的LIN、中高速的SAE J1939、用于诊断的KWP2000、用于X-by-wire的TTP、多媒体应用中的MOST等协议。由于这些协议最终的应用，将受制于配套的电子元器件的研发以及汽车厂商的使用情况，所以，很多大的汽车厂商和大的芯片制造商纷纷结盟开展协议的研发。同时，他们为了使自己的协议获得更多的应用和认同，公开了很多协议内核，这对于车用网络的发展起到了极大的推动作用。同时，车用网络也正在从车辆上的试验阶段进入到批量化实用阶段。

随着汽车电子技术的发展及对汽车性能要求的不断提高,汽车上的电子装置越来越多,如发动机电子控制装置、自动变速器、ABS、安全气囊、电控悬架、巡航控制系统、电控动力转向装置,以及车身部分的电动门窗、电动后视镜等,且随着汽车性能的提高,这个趋势仍是不可遏制的。

一辆用传统布线方法设计的高档车中,其电线的长度可达 2km,电气节点数可能高达 1500 个,并且保持大约每 10 年增长 1 倍的发展速度。在这种状况下,粗大的线束与汽车中有限的可用空间之间的矛盾越来越尖锐,而且也成为汽车轻量化和进一步电子化的最大障碍。计算机网络化的发展为解决此问题提供了可能。

通过网络将汽车上各种电子装置与设备连接起来,实现相互之间的信息共享,既减少了线束,又可更好地控制和协调汽车的各个系统,使汽车性能达到最佳,同时提高驾驶和乘坐的舒适性和安全性。通过电子装置的网络化,可以使设计简化、布线标准化,从而使布线工作量减少,大大改善由于线束过多造成可靠性降低的问题,并且模块化的设计使汽车的生产装配,以及售后维修更为简单。

汽车是移动平台,它的联网技术不同于一般的计算机网络。因为一般的计算机网络主要是解决用户对网络资源的共享,其主要目的是试图解除距离上的约束,解决通信容量和负载均衡的问题。而用于移动平台上的网络,除了要满足资源共享以外,它还要满足各功能子系统的实时性要求,同时通过信息的交换达到功能综合的目的,它特别强调网络的可靠性和实时性。而汽车的潮湿、振动、尘土、油污、温度变化范围大,以及电动汽车中强电系统,对弱电系统在近距离内的强电磁干扰等恶劣工作环境,对电子装置之间的数据可靠通信提出了近乎苛刻的要求。

7.3.2　车用网络协议发展概况

早期的车用网络研究中,总线只应用于高档汽车中,数量很少,各厂家出于自身利益的考虑,都有自己的定义。随着原来只用于高档汽车的网络概念逐步扩展到大批量的经济型汽车上,人们觉得有必要制定相应的标准,以使各零部件生产厂能规范设计和降低成本。为此,许多汽车生产厂和有关的标准化组织经过多年的努力制定了一系列网络标准。

早期汽车内部通信多采用点对点的连线以及集中式的网络结构,而近年来发展的重心则在分布式网络上。这是因为汽车上使用的电子设备越来越多,相互之间的关系越来越复杂,而且信号的功能分类和实时性要求也不同,不是简单的网络结构就能保证其实时性、可靠性和高效性的。因此,分布式网络及其相应的标准是汽车电子的发展方向和研究对象。

汽车本身性能发展的需求,以及网络硬件的发展状况,使得它对网络协议的要求越来越多样化。出于成本和性能的考虑,网络协议的分类越来越细。研究表明一辆先进的汽车中电气部分所需的网络至少要 7 种:SAE 的三类、诊断、气囊、移动通信以及 X-by-wire。

1. SAE 网络协议

SAE 网络协议包括低速(A 类)、中速(B 类)、高速(C 类)三类网络。

低速(A 类)网络主要是针对车身控制,如车灯、车门、车窗等信号的采集以及反馈。

其特征是信号多但实时性要求低,因此实现成本要求低。从低速网络协议的发展来看,其趋势将是每个节点成为一个智能的传感器、执行器以及连接器。目前,LIN 在这个级别的网络标准中处于主流地位。

SAE 最初提出中速(B 类)、高速(C 类)网络主要是针对数据通信以及数据共享的,传输速率为 10kbps～125kbps,CAN 和 SAE J1850 是 B 类中最为典型的一个网络标准。高速网络的传输速率在 125kbps～1Mbps 之间,主要面向实时性要求较高的控制单元,如发动机、电动机等。它的特点是实时性高,且很多控制单元有自己完整的 ECU。因此,高速网络的从物理层到数据链路层的设计要求和低速是不同的。以 CAN 为基础的一系列协议,如 CAN2.0、ISO11519、ISO11898 以及 SAEJ1939 等在中、高速网络中有着相当的应用。

2. 诊断协议

随着汽车性能要求的不断提高,有越来越多的电子技术应用到汽车控制之中,这在极大地优化汽车技术性能的同时,也使得汽车的控制系统变得越来越复杂,这些复杂的电子装置一旦出现故障,就会带来很大的困难。因此,需要采用诊断系统来对汽车内传动系统、控制系统各个部分的工作状态进行自动检查和监测,以便及时发现隐患,保证汽车的安全运行。

汽车自诊断系统的功能主要包括:发现故障、故障分类、故障报警、故障存储以及故障处理。为了迅速诊断故障部位,提高维修效率,世界各大汽车厂家纷纷开发汽车故障自诊断系统。同时,随着局域网技术对汽车进行控制成为汽车技术发展的必然趋势,汽车的故障诊断也正在由一个单独的系统发展成为车辆网络的一部分。

现代汽车自诊断系统是自成体系,不具有通用性,因而不利于推广,给汽车的售后服务和维修造成了很大的困难。因此,诊断系统必须规范标准,统一其诊断模式和诊断接口,只用一台仪器便可对各种车辆进行诊断和检测,这必将大大推进汽车自诊断系统的发展。

为此,ISO 和 SAE 都针对汽车的总线控制技术制定了相应的车辆诊断标准,以便于对总线控制车辆实施故障诊断。诊断方面有以下的标准及协议。

1) ISO 9141

规定了诊断系统的电气要求。其中主要包括信号和通信规范;串行通信之前的 ECU 初始化;传递信息的关键字格式和时序要求;对于诊断仪的要求;对于 ECU 的要求;对于线路的要求。

2) ISO 9141-2

它是对 ISO 9141 的进一步补充:具体规定了道路车辆上与排放相关的车载电子控制单元(ECU)与 SAE J1978 中规定的 SAE OBDII 诊断工具之间,进行数字信息交换的设置要求。其内容与 ISO 9141 类似。

3) ISO 14229

它根据 ISO 7498 中的 OSI(开放系统互联)基本参考模型提出了对诊断系统的要求,使得诊断仪可以控制对于道路车辆上通过串行数据连接嵌入的车载电子控制单元(如电子燃油喷射、自动变速器、ABS 等)的相关诊断功能,而不必考虑串行连接的具体形式。它规定了相关诊断参数,以及对诊断管理功能单元、数据传输功能单元、存储数据传递功能单元、输入/输出控制功能单元和上传/下载功能单元的具体要求。

4) ISO 14230

它主要包括四部分内容:物理层、数据链路层、应用层以及对排放相关系统的要求。

在第一部分中,提出了信号和通信规范、诊断仪要求、ECU 要求、线路要求。

在第二部分中,根据 ISO 7498 中的 OSI(开放系统互联)基本参考模型提出了对诊断系统的要求,使得诊断仪可以控制,对于道路车辆上通过串行数据连接嵌入的车载电子控制单元的相关诊断功能,类似于 ISO 14229。

在第三部分应用层中,提出了实施 ISO 14229 中规定的诊断维修的具体要求,其中主要包括对诊断管理、数据传输、存储数据传递、输入/输出控制和上传/下载等各功能单元的具体要求。

在第四部分中,规定了与排放相关的有关物理层、数据链路层、时序和诊断维修的要求。

5) SAE J1979

本标准说明了有关实施与排放相关的测试数据的诊断模式,以满足美国加州车载诊断(OBDII)和联邦车载诊断(OBD)的要求。其中主要规定了 9 种诊断模式及其相关技术要求和各种诊断模式的功能特点、信息数据格式。

6) SAE J2190

本标准进一步完善了 SAE J1979。它定义的与排放相关的诊断模式要多于 SAE J1979,并且还包括与排放无关的一些数据的诊断。它说明了诊断仪与车辆电子模块之间的数据传递。它定义的信息,可以在 SAE J1850 或 ISO 9141-2 中定义的串行数据链路上使用。

3. X-by-wire

X-By-Wire 是对车辆上与安全相关的线控系统的一种别称。其中的"X"代表任何与安全相关的线控应用,如转向、制动、动力传动或悬架控制。由于 X-By-Wire 用电气部件替代以往的机械和液压部件,从而获得更好的安全性、可靠性、有效性、可维护性、紧凑性以及使用寿命长、成本低等显著的优点。

X-By-Wire 的应用,可以将驾驶员从常规操作中解放出来,并帮助驾驶员处理紧急情况,从而大大提高了整车的安全性。

X-by-Wire 的通信类型最初被归于 C 类网络中,但它有着自己以下独特的需求。

(1)通信必须具有很强的确定性。

(2)通信系统必须很好地支持组件,子系统独立开发后能很好地集成入上级主系统。

(3)通信系统必须支持备用系统连接。

(4)必须支持备用系统的分布,以避免同时出现故障。

(5)必须由一个独立的设备检测总线,以避免一个节点永久占用总线。

(6)分布式控制必须实现同步,所以全部节点都需要一个时间基准。

(7)分布式的应用必须了解所有接入网络中的部件现有状态,即成员设备。

(8)必须支持网关与其它不同网络的连接。

虽然有 CAN、A-BUS、VAN、J1850-DLC、J1850、HBCC 等与安全相关的协议,但它们并不能满足上述的特定需求,它们缺乏确定性、同步性和容错性,所以不能用于 X-by-wire

系统的通信。

由维也纳大学和奔驰研究院共同研制的 TTP(TimeTriggeredProtocol)是专门为 X-by-Wire 设计的通信协议。它是一种集成的时间触发协议,用于访问 TDMA(时分多路访问)介质的实时系统。由于它采用的是时间触发,而不是其它,如 CAN 等协议的事件触发的机制,因此它具备高效高准确性的数据传输、成员设备、容错的时钟同步设备(全局时间基准)、支持模式改变、迅速的错误检测、分布式冗余管理。X-by-Wire 由于可靠性、实时性的要求高,故成本也较高。

4. 其它网络协议

随着移动通信的发展,汽车上的移动多媒体也将成为一项车用配置。移动多媒体需要以下 3 种不同的网络及协议。

(1) 低速。用于一般的通信及诊断,速率约为 250kb/s。

(2) 高速。用于实时的声音及图象流,主要采用光纤传输,速率可达数百兆位每秒。

(3) 无线。预计将用于移动电话,目前可采用的技术为蓝牙技术。

由于安全气囊是汽车上安全性要求最高的设备,因此针对它的特点专门进行了一系列协议的研究。它将包括点火、传感等至少两条总线,必须支持包括引爆、加速计、座椅传感器、安全带等在内的 64 个节点。目前,尚无具有明显优势的协议,未来的协议应该综合现有协议的优点。

7.3.3 主要车用网络协议介绍

1. CAN

在前面介绍的网络协议中,CAN 具有相当的技术优势,它主导着车用中、高速网络协议。因此以 CAN 标准为基础研发了一系列协议,有 CAN 2.0A、CAN 2.0B、ISO11519、ISO11898、SAE J1939 等,它们的传输速率跨越了低速到中高速的很宽的一段工作范围。在 20 世纪 90 年代中后期,CAN 基本主导了车用网络总线标准。

CAN 作为一种多主总线,支持分布式实时控制的串行通信网络,其通信介质可以是双绞线、同轴电缆或光纤。由于汽车的工作环境恶劣及电磁干扰,所以一般选用屏蔽双绞线,即使双绞线中有一根断路,或有一根接地,甚至两根线短接,总线都能继续工作。在汽车各系统的应用中,总线的位速率最大可达 1Mb/s(传输距离 40m)。

CAN 总线具有以下主要特性。

(1) 无破坏性的基于优先权竞争的总线仲裁。

(2) 可借助接收滤波的多地址帧传送。

(3) 具有错误检测与出错帧自动重发送功能。

(4) 数据传送方式可分数据广播式和远程数据请求式。

其最大特点是:废除了传统的站地址编码,而代之以对通信数据块进行编码,即任一节点所传送的数据信息不包含传送节点或接收节点的地址。信息的内容通过一个标识符(ID)作上标记,在整个网络中,该标识符是唯一的。网络上的其它节点接收到信息后,每一节点都对这个标识符进行测试,以判断信息内容是否与己有关。若是相关信息,则它将得到处理;否则,它即被忽略。这一方式称为多播。采用该方式的优点是:可使网络内的节点个数在理论上不受限制,也可使不同的节点同时接收到相同的数据。数据段长度最多为 8 字节,既能满足一般要求,又可保证通信的实时性。

标识符还决定了信息的优先权。ID 值越小,其优先权越高。当存在 2 个或 2 个以上节点争用总线时,CAN 采用 ID 进行仲裁。CAN 确保发送具有最高优先权信息的节点,以获得总线使用权,而其它的节点自动停止发送。总线空闲后,这些节点将自动重发信息。

CAN 采用载波侦听多路访问/冲突检测(CSMA/CD)法,它能通过无损仲裁解决由于多站同时发送数据而产生的冲突。CAN 总线上的数据采用位填充不归零编码(NRZ+5bit stuffing),可具有两种互补的逻辑值之一,即显性和隐性。显性电平用逻辑“0”表示,而隐性电平用逻辑“1”表示。而位填充的方法为在 5 个连续相同的电平后加入一个反转电平的补码位。可以解决 NRZ 的方式可能因为长的 1 或 0 字符串而造成基线漂移,以及编码方和解码方的时钟同步性方面的问题。总线按照“线与”机制对总线上任一潜在的冲突进行仲裁,显性电平覆盖隐性电平。而发送隐性电平的竞争节点和显性电平的监听节点将失去总线访问权并变为接收节点。

按照 ISO 有关标准,CAN 的网络结构可分为数据链路层和物理层这两个主要层次。其拓扑结构则为总线形式,因此也更多地称为 CAN 总线。

有关层次方面的描述主要涉及到协议、总线帧格式和电平等内容。下面就总线帧格式作些介绍。

CAN 通信接口集成了 CAN 协议的物理层和数据链路层功能,可完成对通信数据的成帧处理,包括位填充、数据块编码、循环冗余检验及优先级判别等项工作。在系统中,数据按照携带的信息类型可分为 4 种帧格式。

(1) 数据帧。用于节点间传递数据,是网络信息的主体。CAN2.0A 采用的是 11 位的标识符,而 CAN2.0B 采用的标识符为 29 位,其格式如表 7-3 所列。

表 7-3　CAN 数据帧格式

链路层帧格式								
SOF	标识	控 制 位			数据	CRC	应答	EOF
1bit	11bit 或 29bit	远端请求 1bit	保留 2bit	数据长度 3bit	0～8byte	16bit	2bit	7bit
帧起始	仲裁域	控制域			数据域	校验域	确认域	帧结束

CAN 数据帧由 7 个位域构成。

① 帧起始域:以 1 位的主控电平作为帧的起始标识。

② 仲裁域(信息标识符):数据帧的标识,根据冲突原则,值越小,优先越高。

③ 控制域包括:远端请求、保留位和数据长度。

远端请求:用来区别是数据帧还是远端请求帧。

数据长度:数据区的长度,以字节为单位。

④ 数据域:用户数据,0～8 个字节。

⑤ 校验域(CRC):16 位的循环冗余校验码。

⑥ 确认域(应答位):其作用是通过将发送方的应答空隙位上的隐性电平置为主控电平来进行确认。如果这个主控电平不出现,则发送者判定为发送错误。

⑦ 帧结束标识：由 7 位隐性电平组成。最后，帧之间至少要有 3 位隐性电平的帧间隙。

（2）远程帧。由在线单元发送，用于请求发送具有相同标识符的数据帧。其帧格式与数据帧基本相同，但没有数据区。

（3）出错帧。是检测总线出错的一个信号标志，由两个不同区构成：第一个区由来自不同节点的错误标志叠加；第二个区为错误界定符。CAN 协议采用 CRC 检验并可提供相应的错误处理功能，保证数据通信的可靠性。

（4）超载帧。由超载标识和超载界定符组成，表明逻辑链路控制层要求的内部超载状态，并将由媒体访问控制层的一些出错条件而被启动发送。用于扩展帧序列的延迟时间。

2. LIN

20 世纪 90 年代末，由 Motorola、Austin、Volcano（通信公司）以及数家汽车厂商如 Audi、BMW、DaimlerChrysler、Volvo、Volkswagen 组成的工业联盟，共同推进了 LIN 的研制和实用。LIN 的提出主要面向对性能、带宽及复杂性要求不高的低速网络。它采取了基于 ISO9141 NRZ 的传输模式。它是单线单主多从的协议，采用车用 12V 电池供电，数据传送由主节点控制。

它与 CAN 相比的优势在于：LIN 的生产及器件成本比 CAN 低，传输线为单线，取消了 CAN 所需的 5V 电压调节器；它采用的是 UART/SCI 接口硬件，和大多数微控制器一样，而 CAN 的接口是非标的；它采用的自同步方式避免了给从节点外加晶振。

LIN 以其性价比高灵活性好以及多方强大技术支撑的特点在低速网络中有望成为主流标准，并可通过网关作为 CAN 的子网接入多元系统中，使得系统更具可控性。

它的主要特性是：

（1）单主/多从结构，不存在需要仲裁的问题。

（2）低成本的基于 UART/SCI 的接口硬件。

（3）自同步方式避免从节点外加晶振。

（4）延迟时间有限。

（5）低成本的单线结构。

（6）传输速率达 20kb/s。

（7）可选帧长。

（8）配置灵活。

1）物理层

（1）LIN 的物理层为单线，每节点为带上拉电阻线与总线，如图 7-35 所示。

（2）LIN 的节点数并未由标识符的数目限定，而是受物理层的特性所限。一般 LIN 的推荐节点为不超过 16 个，否则网络阻抗将下降，抗干扰能力也将下降。每增加一个节点将使网络阻抗下降将近 3%。

（3）网络最长线路应不超过 40m。

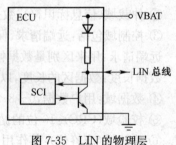

图 7-35　LIN 的物理层

（4）主节点终端阻抗为 1kΩ，从节点终端电阻为 30kΩ。

（5）电平见下表：

逻辑值	位值	电压
显性	0	地
隐性	1	电池电压

2）数据帧

LIN 的数据帧格式如图 7-36 所示。

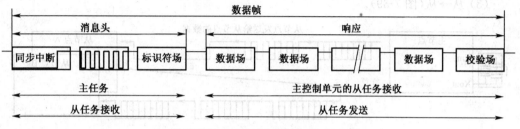

图 7-36　LIN 数据帧格式

主节点控制发出的消息头由一个同步中断场开始，接着是一个同步场、标识场。从节点接收后返回的响应是选定字长（2 字节、4 字节或 8byte）的数据场和一个校验场。主节点的从任务接收到的为从节点返回的响应。数据场中有字间空间，消息头和响应之间有帧间空间。

（1）消息头（HEADER fields）

① 同步中断场。同步中断是为了让从任务能够与总线达到同步。

② 同步场。同步场中在 8 位时间里有 5 个下降沿。

③ 标识符场。标识符场表示了消息的内容和长度。本场有 6 位标识位和 2 位奇偶校验位。

（2）响应场（RESPONSE fields）

① 数据场。数据场格式为通常的 SCI 或 UART 的串行数据格式（8N1-coding），每个数据场有 10 位，起始位为显性电平，后面 8 位数据（低位在前），停止位为隐性电平。

② 校验和场。主要的错误检测包括：位错误；校验和错误；标识符奇偶校验错误；从节点不响应错误；同步场不连续错误；总线无反应错误。

3）通信方式

LIN 有以下 3 种通信方式：

（1）主→从（图 7-37）。

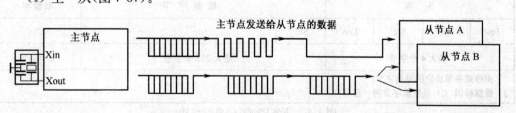

图 7-37　LIN 中主节点到从节点的发送

（2）从→主（图 7-38）。

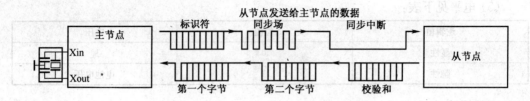

图 7-38　LIN 中从节点到主节点的发送

（3）从→从（图 7-39）。

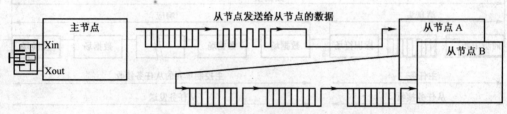

图 7-39　LIN 中从节点到从节点的发送

消息传输可由主节点到从节点，也可在从节点之间进行。主任务只由主节点具备，它发送消息帧的头。从任务则可以主从节点都具备，它可以发送消息的响应。

3. 故障诊断协议

ISO 14230 的工作名称是 KWP2000，它代表 Keyword Protocol 2000，即关键字协议 2000。

1）ISO 14230 简介

ISO 14230 由三部分组成。

（1）ISO 14230 的第一部分定义物理层。它实际上就是在 ISO 9141-2 中定义的物理层，但是扩展到可以工作在 24V 系统中。这意味着凡是满足 ISO 9141-2 的车辆、模块或测试设备，只需对软件进行修改，就能满足 KWP2000 接口需求。

（2）ISO 14230 的第二部分定义数据链路层。其中包括信息格式和时序。它们兼容 ISO 9141-2，但是也提供了额外选项。其中包括头部是否带有地址信息和长度信息。信息最大可达 255 字节长。另外还定义了通信初始化方法。

（3）ISO 14230 的第三部分定义了 ISO 14229 中描述的诊断维修实施方法。

2）信息结构

（1）组成：信息结构主要有 3 部分，即头部、数据字节和校验和，如图 7-40 所示。

头　部				数　据　字　节		校验和
Fmt	Tgt[1]	Src[1]	Len[1]	SId[2]	Data[2]	CS
最大 4 个字节				最大 255 个字节		1 个字节
[1] 由格式字节决定的可选字节；						
[2] 维修标识（ID）是数据字节的一部分						

图 7-40　KWP2000 信息帧结构

（2）具体含义

头部

① Fmt:格式字节。

格式字节包含 6 位长度信息和 2 位地址模式信息。通过关键字通知诊断仪是否使用头部信息。

A1	A0	L5	L4	L3	L2	L1	L0

其中:A1 和 A0 用来定义要使用的头部信息格式。

A1	A0	模　式
0	0	不带地址信息
0	1	例外模式(CARB)
1	0	带地址信息,物理地址
1	1	带地址信息,功能地址

A1,A0＝01(CARB)是一种例外模式。CARB 使用格式字节 ＄68(0110 1000)和 ＄48(0100 1000)。有关详细信息参见 ISO 9141-2 和 SAE J1979。

L5…L0:定义从数据区开始(包括维修标识字节)到校验和字节(不包括)的信息长度。信息长度可以是 1 字节～63 字节。如果 L0 到 L5＝0,那么包含附加长度字节。

② Tgt:目标地址字节。

这是信息的目标地址,并且总是和源地址字节一同使用。发送给 ECU 的请求信息中的目标地址可以是物理或功能地址。发送给诊断仪的响应信息中的目标地址应该是诊断仪的物理地址。物理地址可以是 5 波特地址字节或根据 SAE J2178-1 发送地址。目标地址可选,只有在多模式总线拓扑结构中必需。对于点对点连接可以省略。对于 CARB 信息,这个字节在 ISO 9141-2 或 ISO 14230-4 中定义。

③ Src:源地址字节。

这是发送设备的地址。它应该是物理地址,与物理目标地址有可能相同。诊断仪的地址在 SAEJ2178-1 中有所说明。这个地址可选(总是和目标地址字节一同使用),只有在多模式总线拓扑结构中必需。对于点对点连接可以省略。

④ Len:长度字节。

如果头部字节中的长度(L0 到 L5)设置为 0,则提供这个字节。它允许用户传递数据域长度超过 63 个字节的信息。对于更短的信息,可以将其省略。这个字节定义从数据区开始(包括维修标识字节)到校验和字节(不包括)的信息长度。数据长度可以是 1 到 255 个字节。最长信息可以是 260 字节。对于数据域长度小于 64 字节的信息有两种可能:长度可能包含在格式字节中或附加字节中。不要求 ECU 支持所有两种可能,通过关键字将 ECU 的工作能力通知给诊断仪。

3) 头部字节的使用

根据上面的定义,有以下 4 种不同的信息格式,如图 7-41 所示。

Fmt:格式字节;Tgt:目标地址(可选);Src:源地址(可选);Len:附加长度字节(可选);SId:维修标识(ID)字节;Data:(取决于维修);CS:校验和字节。

数据字节。根据使用的长度信息,数据区可以包含多达 63 个或 255 个信息字节。数

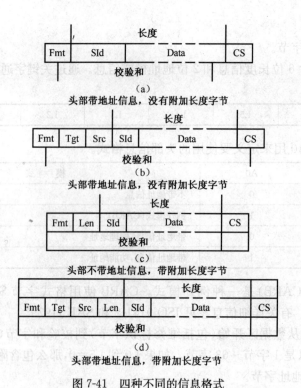

图 7-41　四种不同的信息格式

据区的第一个字节是维修标识(ID)字节。其后可以跟随取决于所选维修的参数和数据。

校验和字节。校验和字节(CS)插在信息块的末尾,定义为除校验和之外的信息中所有字节的 8 位简单求和。

时序。在常规操作中,时序参数之间的关系,如图 7-42 所示。

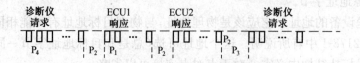

图 7-42　时序参数之间的关系

值	说　明
P_1	ECU 响应字节之间的时间
P_2	诊断仪请求和 ECU 响应之间或两个 ECU 响应之间的时间
P_3	ECU 响应结束和新的诊断仪请求开始之间的时间
P_4	诊断仪请求字节之间的时间

4) 关键字

通过关键字,ECU 通知诊断仪有关它所支持的头部、时序和长度信息。所以某个 ECU 不必支持所有可能性。

对于关键字的解码在 ISO 9141 中定义,关键字可以用图 7-43 表示。

图中:1) 为二进制数据开始位;2) 为最低位(LSB);3) 为最高位(MSB);4) 为奇偶

304

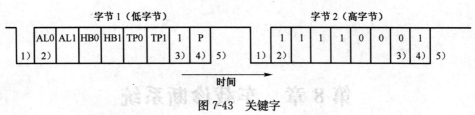

	字节1（低字节）										字节2（高字节）								
1)	AL0 2)	AL1	HB0	HB1	TP0	TP1	1 3)	P 4)	5)	1)	1 2)	1	1	1	0	0	0	1 3)	1 4)	5)

时间 →

图7-43　关键字

校验位;5)为二进制数据停止位。

思 考 题

1. 什么是汽车的被动安全性？如何确定安全气囊的点火时刻？
2. 汽车安全气囊系统是由哪些部分组成的？各有何作用？
3. 简要说明汽车空调系统的工作原理。
4. 常见的车用网络有哪些种类？各采用何种协议？

第 8 章 车载诊断系统

【学习目标】
通过本章的学习,了解车载诊断系统的基本结构和工作原理。

8.1 概　述

　　汽车诊断是指在汽车整车或其总成不解体的条件下,运用科学的方法和手段,根据汽车工作的症状来判断汽车的技术状况、查明故障部位及原因的技术。汽车诊断是为了确定在用车辆的技术状况是否正常、有无异常或故障,以便及时地对车辆进行保养或修理,保证汽车安全行驶和可靠的工作。通过汽车诊断,可以寻找故障的确切部位和发生的原因,从而确定排除故障的方法。此外,还可以通过汽车诊断对汽车技术状况进行全面检查,比较汽车技术状况与标准参数相差的程度,从而确定汽车能否继续行驶或应采取的对策。

　　汽车诊断包括主观诊断和客观诊断:主观诊断是由有经验的维修人员凭借感官直观检查、判断汽车的技术状况和故障情况;客观诊断是用检测设备来测定汽车各总成或系统的技术状况,即不解体检验。仪表诊断和计算机诊断均属此类。

　　凭借仪器设备,对汽车进行性能测试和故障检查能够测试出汽车各项工作性能指标,并可在汽车或总成不解体的情况下,发现故障及其产生的原因。这主要用于汽车保养前的诊断和汽车维修后的质量检验。车辆监理部门也将其用于对车辆进行定期监督检验。

　　20 世纪 80 年代初,汽车工业发达国家的许多汽车制造商就开始广泛使用电喷发动机。随着控制系统越来越多,各控制系统之间需要共同使用一些传感器和开关的信号,例如发动机电控系统和自动变速器控制系统都需要转速传感器、节气门位置传感器和挡位开关信号等。过去 ECU 与电器部件之间都是点对点的单一通信,互相之间很少有联系。这样的电控系统必然导致电路十分复杂,可靠性低。此外,当电控系统出现故障时,也需要将电控系统中存储的故障消息,能与汽车外的检测设备(微机或解码器)实现通信。

　　随着汽车总线技术的应用和发展,诊断技术也由过去的分散、单一诊断变得更集成化。20 世纪 80 年代中后期,在电喷发动机控制系统中应用了第一代车载故障诊断系统 OBD(On Board Diagnostics)。以后,车载故障诊断系统逐步在微机控制的自动变速器、防抱死制动系统、安全气囊、巡航系统中相继得到应用。该系统能在电控装置的工作过程中,随时监测系统中各部分的工作状况。当电控系统出现故障时,故障信息存储在微机中,汽车维修人员按规定方法跨接诊断连接器中的相应端子,然后根据跨接线上发光二极管 LED 灯或仪表盘上故障报警灯的闪烁规律来读取故障信息,从而对汽车电控系统的故障进行分析、诊断。但当时世界各大汽车制造公司所采用的故障连接器故障代码和通信协议等都不相同,给汽车电控系统的故障诊断和维修带来诸多不便,车载故障诊断系统也未能充分发挥其应有的作用。因此,1994 年美国汽车工程师学会(SAE)在第一代车载故障诊断系统的基础上,制定了第二代车载故障诊断系统 OBD Ⅱ。

OBD Ⅱ与以前的所有车载自诊断系统不同之处在于有严格的排放针对性,其实质性能就是监测汽车排放。当汽车排放的一氧化碳(CO)、碳氢化合物(HC)、氮氧化合物(NO_x)或燃油蒸发污染量超过设定的标准,故障灯就会点亮报警。

虽然 OBD Ⅱ对监测汽车排放十分有效,但驾驶员接受不接受警告全凭"自觉"。为此,比 OBD Ⅱ更先进的 OBD Ⅲ产生了。OBD Ⅲ主要目的是使汽车的检测、维护和管理合为一体,以满足环境保护的要求。OBD Ⅲ系统会分别进入发动机、变速箱、ABS 等系统ECU 中去读取故障码和其它相关数据,并利用小型车载通信系统,如 GPS 导航系统或无线通信方式将车辆的身份代码、故障码及所在位置等信息自动通告管理部门。管理部门根据该车辆排放问题的等级对其发出指令,包括去哪里维修的建议,解决排放问题的时限等,还可对超出时限的违规者的车辆发出禁行指令。因此,OBD Ⅲ系统不仅能对车辆排放问题向驾驶者发出警告,而且还能对违规者进行惩罚。

8.2　车载诊断系统 Ⅱ (OBD Ⅱ)

8.2.1　OBD Ⅱ的基本原理

"OBD Ⅱ"是"On Board Diagnostics Ⅱ",即Ⅱ型车载诊断系统的缩写。为使汽车排放和驱动性相关故障的诊断标准化,OBD Ⅱ规定采用标准化的 16 针诊断座(DLC)、标准化的电子协议、标准化的诊断码(DTC)、标准化的技术。这样一来,从 1996 年开始,凡在美国销售的全部新车,其诊断仪器、故障编码和检修步骤必须相似,即符合 OBD Ⅱ程序规定。随着经济全球化和汽车国际化的程度越来越高,作为驱动性和排放诊断基础,OBDⅡ系统得到越来越广泛的实施和应用。OBD Ⅱ程序使得汽车故障诊断简单而统一,维修人员不需专门学习每一个厂家的新系统。可以说,OBD Ⅱ给维修人员的诊断检修工作带来了空前的便利。

在 OBD Ⅱ计划实施之后,任一技师可以使用同一个诊断仪器诊断任何根据标准生产的汽车。OBD Ⅱ成熟的功能之一是当系统点亮故障灯时,记录下全部传感器和驱动器的数据,可以最大程度地满足诊断维修的需要。面对各国日益严格的汽车排放法规,OBD Ⅱ监视排放控制系统效率的目标是:随着汽车运行中效率的降低,根据联邦测试步骤,当汽车排放水平已达到新车排放标准的 1.5 倍时,点亮故障灯并存储故障码。此外,OBD Ⅱ还要求配置某些附加的传感器硬件,如附加的加热氧传感器,装在催化转换器排气的下游。采用更精密的曲轴或凸轮轴位置传感器,以便更精确地检测是否缺火,全部车型配置一个新的 16 针诊断接口。这样一来,计算机的能力大大提高,不仅能够跟踪部件的损坏,而且满足了汽车排放的严格限制。

在汽车使用中,车载诊断功能能够对各传感器、执行器和连接线路进行不断地监测,如果出现工作不正常现象,主控制器 ECU 则对故障的内容以代码的形式储存在存储器内,同时控制警告指示灯点亮,给驾驶员以提示,如图 8-1 所示。

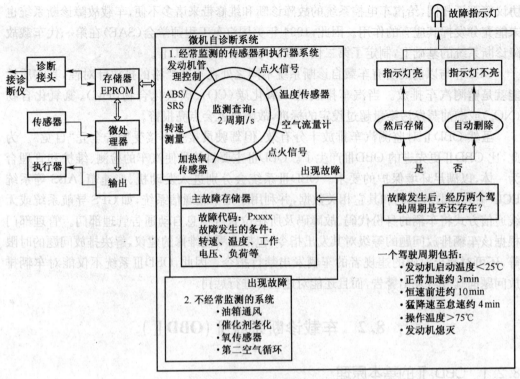

图 8-1　车载诊断原理

　　控制系统在正常工作时,主控制器 ECU 的输入和输出信号都是在一个规定的范围内运行,当控制电路的信号出现异常时,ECU 中的诊断系统就判定该电路信号出现故障。电路的异常情况分为以下 3 种。

　　(1) 第一是电路的信号超出规定范围,这主要是用来检查传感器故障。例如,冷却液温度传感器(CTS)在正常工作时,其输出电压在 0.1V～4.8V 范围内,如超出这一范围,诊断系统则判定为故障信号。如在运行中发现这些故障,ECU 或者用一个预设的值代替传感器信号,让 ECU 按正常流程工作;或者转入其它运行方式,如出现 MAF 故障后,由空气质量流量法转入速度—密度法,出现 EGO 故障后,由 A/F 闭环控制转向开环控制等。

　　(2) 第二是主控制器 ECU 在一段时间内接收不到传感器的信号,或接收到的信号在一段时间内不变,诊断系统也会判定为故障信号。这主要用来检查执行器的故障,如氧传感器在正常工作时其输入电压应在 0.1V～0.9V 内波动不少于 8 次/10s。

　　(3) 第三是主控制器 ECU 中的诊断系统偶然发现一次不正常的输入信号时,不会诊断为故障信号,只有不正常的输入信号多次出现或持续一定时间,才会判定为故障信号,如转速信号是一个脉冲信号,发动机转速在 100r/min 以上时丢失几个信号,ECU 不会判定为故障。

　　当主控制器 ECU 中的诊断系统检测到故障信号后,便立刻将故障信息以故障代码的形式存储到储存器中,同时点亮警告灯,以显示故障信息。OBD Ⅱ 故障诊断代码的含义,如图 8-2 所示。

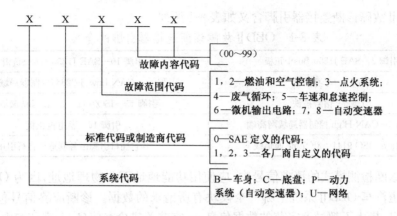

故障内容代码 (00~99)

故障范围代码 1,2—燃油和空气控制;3—点火系统;
4—废气循环;5—车速和怠速控制;
6—微机输出电路;7,8—自动变速器

标准代码或制造商代码 0—SAE定义的代码;
1,2,3—各厂商自定义的代码

系统代码 B—车身;C—底盘;P—动力
系统(自动变速器);U—网络

图 8-2 OBDⅡ故障代码各位的含义

在装备 OBDⅡ系统的车辆上,所有的故障代码都以英文字母开头,后面跟随 4 个数字。如:P0101、C1234、B2236 等。开头的字母表示被监测到的故障系统:P 为动力系统;B 为车身系统;C 为底盘系统;U 为网络或数据通信传输系统故障码。

在 OBDⅡ诊断仪与 OBDⅡ随车诊断系统通信的过程中,应遵循以下一些约定,以使通信能正常进行,并确保不会干扰 OBDⅡ系统内部的正常通信。

(1)单请求多应答:在某些汽车上,由于安装了多个控制模块,此时可能会出现一个请求信号对应多个应答信号的情况。即使是单模块的汽车,在某些条件下也有可能出现单一请求多个应答的情况。因此,OBDⅡ诊断仪应尽量避免这种类型的请求信号。

(2)应答时间:OBDⅡ系统应在收到请求信号后 100ms 内发出应答信号,否则诊断仪将认为无应答信号,在 100ms 以外收到的信号都将被诊断仪忽略。

(3)请求信号之间的最小间隔:OBDⅡ系统对诊断仪所发请求信号的最小时间间隔并无特殊要求,即在某个请求信号的应答信号或无应答信号(100ms 后)到达后,即可发送下一个请求信号。

(4)无数据应答:无应答信号包含两层含义,其一是 OBDⅡ系统不支持诊断仪所请求的模式,其二是尽管支持但目前无数据。当此类情况发生时,OBDⅡ系统不发送任何信号给诊断仪,也就是说,发送了一个 100ms 延时的无应答信号。

(5)应答信号的最大值:当传感器发送给 OBDⅡ系统的数据值超过系统规定值时,OBDⅡ系统应发送一个规定的最大值给诊断仪($FF 或 $FFFF)。同时,诊断仪应能判断出该值已非正常值,并显示出来。这种情况在实时诊断中通常不会出现,但在某些特殊情况下,如当汽车以 260km/h 的速度行驶出现熄火现象时,该瞬时的帧将作为固定帧被保存,这将是重要的诊断信息。

OBDⅡ故障诊断接头如图 8-3 所示。

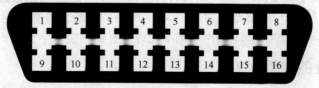

图 8-3 OBDⅡ故障诊断接头

OBDⅡ故障诊断连接器引脚含义如表 8-1 所列。

表 8-1　OBDⅡ故障诊断连接器引脚的含义

引脚 2—SAE J1850 Bus＋正极	引脚 10—SAE J1850 Bus—负极
引脚 4—车身搭铁	引脚 14—CAN Low(J-2284)控制器局域网低端
引脚 5—信号搭铁	引脚 15—ISO9141—2　L Line 激活线
引脚 6—CAN High 控制器局域网高端	引脚 16—蓄电池正极
引脚 7—ISO 9141—2K Line 通信线	其它插口引脚由各制造厂自行引用

　　在各诊断检测模式的请求信号中,应使用功能地址而非物理地址,因为 OBDⅡ诊断仪并不知道汽车 OBDⅡ系统中哪一个模块有所请求的数据。诊断应答信号包含一个三字节头信息,最大不超过七字节的数据信息,一字节差错检查信息,一字节帧内应答信息。

　　在所有诊断信号中,前 3 个字节都是头字节:第一个字节的值依赖于 OBDⅡ通信网络的速率以及信号的类型(请求还是应答);头字节的第二个字节的值依赖于该信号是请求信号还是应答信号,分别取 ＄6A 或 ＄6B;头字节的第三个字节的值是信号发送方的源地址。对于诊断仪的请求信号来说,在通常的诊断情况下,该地址值可取 ＄F1,其它一些检测工具可取 ＄F0 至 ＄FD 之间的值。应答信号的地址值是独立于请求信号,由 OBDⅡ系统决定的。汽车生产厂商应避免在 OBDⅡ系统的内部通信中使用诊断专用的头字节格式。诊断数据的格式如表 8-2 所列。

表 8-2　诊断数据格式

头字节			数据字节							差错检查	帧内应答
类型	目的地址	源地址	＃1	＃2	＃3	＃4	＃5	＃6	＃7	差错检查	帧内应答
诊断请求信号(10.4kb/s)											
68	6A	Fx	最大 7 字节							有	无
诊断应答信号(10.4kb/s)											
48	6B	Addr	最大 7 字节							有	无
诊断请求信号(41.6kb/s)											
61	6A	Fx	最大 7 字节							有	有
诊断应答信号(41.6kb/s)											
41	6B	Addr	最大 7 字节							有	有

　　数据字节的最大长度不可超过 7 个字节。在数据字节中,第一个字节标明诊断模式,其余 6 个字节的取值依赖于诊断模式和实际的数值。每一种模式中诊断信号的数据字节长度都是有规定的,如模式一和模式二的数据字节长度依赖于其 PID 值;而模式五的数据字节长度依赖于其检测 ID 值。这有利于诊断仪正确的接收数据。

　　所有的诊断信号都应使用 CRC 编码为其差错检查字节,并紧跟数据字节之后。在现在使用的 OBDⅡ系统中,通信速率为 41.6kb/s 网络的诊断信号被规定必须含有帧内应答字节,而通信速率为 10.4kb/s 的网络则不允许含有帧内应答字节。

8.2.2　OBDⅡ的诊断协议

　　汽车 OBDⅡ技术的核心是汽车总线协议。目前,汽车上存在多种汽车总线协议和标准,它们在功能和特点方面的侧重点都有所不同。按照 SAE 的规范,将汽车总线协议分为 3 类:Class A、Class B 和 Class C。

(1) Class A 协议,是面向传感器/执行器控制的低速网络,数据传输位速率只有 1kb/s～10kb/s,主要应用于电动门窗、座椅调节、灯光照明等控制。Class A 类协议的实施可以大大减少汽车线束的使用量。

(2) Class B 协议,是面向独立模块间数据共享的中速网络,位速率一般为 10kb/s～100kb/s,主要应用于电子车辆信息中心、故障诊断、仪表显示、安全气囊等系统,以减少冗余的传感器和其它电子部件。

(3) Class C 协议,是面向高速实、时闭环控制的多路传输网,最高位速率可达 1Mb/s,主要用于悬架控制、牵引控制、先进发动机控制、ABS 等系统,以简化分布式控制和进一步减少车身线束。其中,最为重要的车辆网络 ClassC 标准是 CAN。

由此可见,SAE 的网络分类仅仅是功能上的分类,A 类面向低水平的传感器/执行器控制,B 类侧重于参数共享,C 类面向实时控制。三类网络功能均向下涵盖,即 B 类支持 A 类网的功能,C 类网能同时实现 B 类和 A 类网功能。

典型的 A 类网应用,如汽车防盗报警系统。由于车门开关及行李厢开关等信号只在一定的情况下产生,正常时没有信号,所以对数据传输速率要求极低,低速 A 类网就能充分满足系统要求,并且和传统的系统设计相比,车身线束大大减少,设计更为简单方便。

当大量共享数据需要在车辆各智能模块间进行交换时,A 类网不再胜任。可采用 B 类网络系统。带有 OBDⅡ随车诊断系统的汽车电控系统,是建立在 B 类数据通信网络协议基础上的。目前,在汽车 OBD 系统中普遍采用的汽车通信协议包括:SAEJ1850,ISO 9141-2,ISO 14230-4 和 ISO 15765-4。SAE J1850 协议是由美国汽车工程协会 SAE 制定。其主要特点是总线仲裁、低成本、无主和单总线拓扑。SAE J1850 协议,又称 CLASS 2 协议,支持两种方式:脉宽调制(PWM41.6kb/s)和可变脉宽调制(VPW 10.4kb/s)。

SAEJ1850 标准,是 B 类网络数通信协议中比较常用的一种数据通信,是实现故障诊断与测试平台与控制器 ECU 之间信息互传的唯一通道通信协议,是实现数据通信的基础通信双方必须遵守相同的约定方,可实现准确的数据传送和数据解码。通信协议的选择,直接关系着故障诊断测试系统的通用性和可移植性。

B 类网络采用一种对等的控制方式。因为没有主控节点,所以当检测到总线上有空闲时,任何一个节点都有相等的机会开始一个数据发送。然而,并非所有节点的地位都是相同的,帧优先是存在的,优先级最高的帧总是能够完成,不会发生数据丢失现象。

B 类数据网络主要应用了 OSI 参考模型 7 个层中的 3 个,即物理层、数据链路层、应用层,如图 8-4 所示。

1. 应用层

在 OSI 模型的最顶端是应用层,该层建立了不同的输入、输出设备之间的应用关系,其中包括人的操作。将网络中的数据从一个字节传送到另一个字节,包括操作信息和诊断信息(运行工况参数数据和故障码)。只要按规定接通规定接口,就可以得到上述信息。此外,在某些法规规定的诊断中也要指明应用层的要求。

B 类数据网络的应用层,是在网络中将数据从一个节点传到另个节点或多个节点,这种消息的传输应支持操作和诊断的需要。

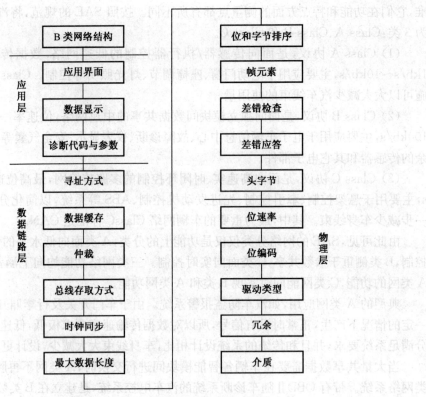

图8-4 ISO OSI 模式的 SAE J1850 结构

1）普通汽车操作消息

在非诊断模式时，所传输的消息称为普通汽车操作消息，这些消息被用来完成从网络的发送节点到一个或多个接受节点的数据通信。这些消息在 SAE 的标准中有详细定义。在 SAEJ2178 标准中，一部分消息是已经规定的，另一部分是保留未用的，有待汽车生产厂商自己去定义。

2）诊断消息

B 类数据通信网络，在最初设计时就考虑到其诊断的功能，即为该种网络所设计的故障，诊断仪将通过网络来诊断汽车控制系统的故障。这些诊断程序可以包括法定诊断、工业标准诊断以及生产厂商所特指的诊断程序。SAEJ1979 和 SAEJ2190 定义了一套公认的测试模式，这些测试模式适用于诊断，也是为诊断目的预留的。

诊断参考数据 SAEJ1979 和 SAEJ2190 规定了测试模式和帧格式，使车外的故障诊断仪可以得到汽车中有关数据。

3）帧过滤

网络接口设备应该具备帧的过滤的功能，以使得对于特定的节点，只接受那些所需要的帧。因为 B 类数据网路使用物理地址和功能地址两种帧地址，因此帧过滤设备应该检查开始几个字节，而不是只检查第一个字节，以确定其目的地址。帧过滤的主要功能是：通过减少节点所接收到帧数目，从而减少与网络操作有关的软件和过程的负担。

312

2. 数据链路层

数据链路层的主要功能是:将位或标志转化为有效的、无差错的帧或数据。一个典型的数据链路层的应用是将并行数据转化为串行数据,或者是提供位同步。数据链路层的另一个主要功能是出错检查。当有错误发生时,数据链路层或者是对其出错检查,或者通知上一层。因此,数据链路层的内容包括:地址策略、网络存取和数据同步、帧元素结构、差错检查和应答等。数据链路层的特性包括:地址策略、网络存取和数据同步、帧元素和结构、差错检查及差错响应。

1) 地址策略

B类数据网络规定了两种地址策略-物理地址和功能地址,并且这两种地址可以在网络中共存。两种地址服务于不同的任务,在同一网络中灵活运用这两种地址很有用的。

(1) 物理地址。当帧只在两个设备之间交换时,是基于它们所在网络内的物理地址的,网络内的每个节点都必须分配一个唯一的物理地址。这种地址策略应用于当通信引入特殊的节点,而并非其它存在于网络上的节点时。诊断仪的接入就是这种情况。此时,对这种特殊模块的确认是很重要的(注:诊断仪所发送请求信号中的地址是功能地址,而非物理地址)。

(2) 功能地址。帧在网络上多个设备之间的传输是基于帧的功能地址的。每个节点被分配一系列与它相关的功能,或者发送,或者接收,并且这些节点可以位于网络的任何地方。这种地址策略用于功能的物理位置不是很重要,并且可以从一个模块转移到另一个模块中。在功能地址中,消息的功能是主要的,而非节点的位置。

2) 网络存取和数据同步

网络接口设备采用种多次存取仲裁,一种基于网络协议的、非破坏性的按位仲裁,以有效的解决同时存取总线的情况。当节点检测到总线上有空闲时,就可以向总线上存取数据,当同时有两个或两个以上节点存取时,就采用仲裁,以解决冲突的产生。因为网络上并没有离散的时钟信号,节点信号的同步依赖于网络上传输的位或标志。

(1) 全消息缓存。全消息缓存是指个或多个消息存在于网络接口设备的入口处。全功能缓存以硬件的代价减低了软件的负担。若同时采样帧过滤,也可以更有效地降低软件的负担。

(2) 字节缓存。字节缓存是指接收到消息或传递消息的每个字节,都被单独地缓存于接口设备中。字节缓存的另一功能,是为接口设备与网络上帧的同步提供时钟信号。

3) 网络格式元素和结构

通常,网络中的数据是按以下述格式传输的。

Idle,SOF,DATA_0,…,DATA_N,CRC,EOD,NB,IFR_1,…,IFR_N,EOF,IFS,idle其中,各元素的功能分别如下。

(1) SOF(Start of Frame)标志位用来唯一地确定一帧的开始,不计入CRC校验码。

(2) EOD(End of Data)元素是数据帧发送方用来表示发送结束的标志。当帧内存在IFR(in-frame Response)时,IFR通常是跟在EOD后面,而在EOF前面的。

(3) EOF(End of Frame)元素用来表示帧的结束。当帧中最后的数据传输完毕后,总线将保持低电平状态,此时,所有的接收方都认为传输已经结束。

(4) IFS(Inter-Frame Response)是用来在帧连续传输时,为不同的节点作适当的同

313

步信号。在 IFS 最小周期结束之前，传输方不能在总线上开始传输。然而，接收方必须与其它在 EOF 最小周期后出现的 SOF 同步，以此来调节不同时钟的误差。

（5）NB(Normalization Bit)仅用于采用可变脉宽调制的设备中。对可脉宽调制来说，帧内应答的第一位仍为低电平。因此，在 EOD 标志的后面必须跟着一个 NB，它的作用是标志 IFR 的开始。

（6）BRK(Break)元素的作用是终止总线的传输，并使所有节点置位于待接收状态。

（7）IDLE(IDLE BUS)被定义为紧根于 IFS 后的所有低电平状态。当 IDLE 时，任何节点都可以立即发送数据。

（8）DATA BYTES(数据字节)由许多 8 位长的字节组成，设计者可以根据情况发送所需要的数据字节，但消息的总长度(从 SOF 到 EOF)不能超过规定的最大值。

（9）IFR(In-Frame Response)帧内应答字节是发送方发出的，并等待接收方向发送方反馈应答信息，紧跟于 EOD 后。如果 EOD 后 IFR 的第一个字节没发出，而且总线处于低电平状态，此时所有的节点将以为此帧已经发送完毕。帧内应答字节采用的类型，如图 8-5 所示。

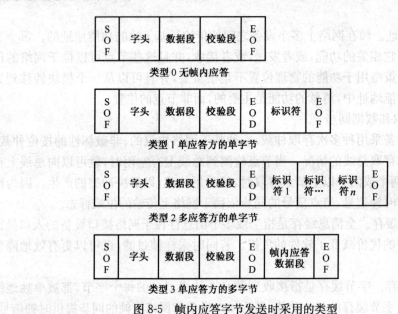

图 8-5　帧内应答字节发送时采用的类型

4）差错检验

在 OBDⅡ网络中，数据的差错检验采样是循环冗余检验(CRC)，即采用循环冗余码来检验数据的传输是否出现差错。所谓循环冗余，是这样一组代码，其中任一有效码字经过循环移位后得到的码字仍然是有效码字，不论右移或左移，也不论移多少位。例如若(an-1an-2…a1a0)是有效码字，则(an-2an-3…a0an-1)，(an-3an-4…an-1an-2)，…，等都是有效码字。在 OBDⅡ网络中，循环冗余码的计算是通过移位寄存器实现的。移位寄存器由 k 位组成，还有几个异或门和一条反馈回路。在 OBDⅡ系统中，寄存器被初始化为"全1"状态，数据字从右向左逐位输入。当位从最左边移出寄存器时，就通过反馈回路进入异或门和后续进来的位，以及左移的位进行异或运算。当所有 m 位数据从右边输入完成后,再输入 k 个零。最后,当这过程结束时,移位寄存器中就形成了校验和。校验和紧随在数据字节后发送,接收端按同样的过程计算校验,并与接收到的校验和比较,以检验传输中的差错。

5)差错响应

(1)发送方:当检测到网络上存在错误的时候,发送方必须在下位数开始送出前终止传输,并等待规定的帧间隔(IFS)时间,或在确定帧结束(EOF)后方可重新发送。

(2)接收方:当接收方收到个包含错误的帧时,该帧将被丢弃,并向发送方发送一个应答码请求重发,但当该帧包含帧内应答(IFR)时,接收方将不发送应答码。对发送方来说,此时无应答码,即表示传输出错,则该帧将被重发。

3. 物理层

物理层及其线路形成了数据链路层之间传递的信息路径。物理层的主要元素包括,如电压、电流值、位的定义以及时序等。它规定了工作介质、最大节点数、最大网络长度、电气参数、数据信号定义、检测以及故障容错等。物理层的属性要求为:介质、最大节点数量、最大网络长度、电气参数、数据位/符号定义/检测、故障容错。

1)物理层介质

本节着重于描述数据传输介质,并假设每个节点都接以适当的电源和地线。介质分单线和双行线两种。电压驱动单行线的网络介质必须是自由的单布线,电压驱动双行线的网络介质,可以是并行线或双绞线。B 类网络对线路无特殊要求。

2)最大网络节点数和最大网络长度

(1)最大网络节点数,是指 OBDⅡ网络上可以容纳节点数的最大值。其中既包括了汽车自身的节点数,又包括譬如诊断检测仪等车外节点数。SAE 规定:OBDⅡ网络中容纳的节点数不得超过 32 个。

(2)最大网络长度,是指任意两个网络节点之间连线的最大长度。其中车内的最大网络长度不得超过 35m,车外的不得超过 5m,总长不得超过 40m。

3)电气参数

OBDⅡ网络的电气参数,如表 8-3 所列。

表 8-3　OBDⅡ网络电气参数

参 数 名	最小值	典型值	最大值	单 位
输入高电平	2.80		6.25	V
输入低电平	−1.00		2.20	V
输入高电平	3.80		5.25	V
输入低电平	0.00		1.20	V
对地电压绝对偏移量	0.00		1.00	V
总线电压	14.75	5.00	5.25	V

参 数 名	最小值	典型值	最大值	单 位
接收器的操作幅度	1.80		2.75	V
接收器过载			180	μV
网络阻抗	85		378	Ω
网络电容	500		15000	PF
网络时间常量			1.35	μS
信号传播时间			1.75	μS
节点阻抗		2.88		Ω
节点电容(信号对地)		250		PF
节点电容(信号对信号)		10		PF
节点渗漏电流(正状态)			100	μA
节点渗漏电流(负状态)			250	μA

4) 数据位和数据符号的定义和检测

数据总线存在高电平和低电平两种状态：当从高电平转换为低电平时，称为下降沿；当从低电平转换为高电平时，称为上升沿。本文所叙述的 OBD Ⅱ 网络中存在两种编码方式，脉宽调制 PWM 和可变脉宽调制 VPM。其中"0"、"1"、SOF、EOD、EOF、IFS 等标志适用于 PWM 和 VPM 两种方式，而 NB 标志只适用于 VPM 方式。图 8-6 引入脉宽的概念，一个脉宽记 Tp1。同理，两个脉宽记 Tp2，依此类推。

(1) 脉宽调制 PWM 的编码。如图 8-7、图 8-8 所示，"1"的定义必须满足以下两个条件：

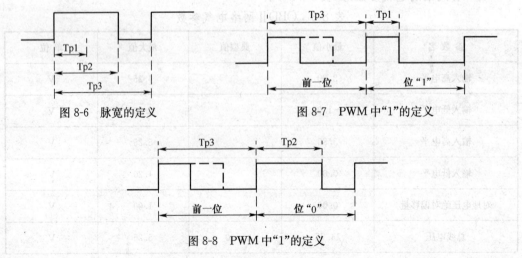

图 8-6 脉宽的定义　　　　　　　　　图 8-7 PWM 中"1"的定义

图 8-8 PWM 中"1"的定义

① 一个上升沿在它前一个上升沿之后至少 3 个脉宽。也就是说,任意两个上升沿之间的间距不可少于 3 个脉宽。

② 在该上升沿之后,一个脉宽出现一个下降沿。

"0"的定义必须满足以下 3 个条件:

① 一个上升沿在它前一个上升沿之后至少 3 个脉宽。也就是说,任意两个上升沿之间的间距不可少于 3 个脉宽。

② 在该上升沿之后,两个脉宽出现一个下降沿。

③ 下一位数据的上升沿,应该出现在其前一位数据下降沿后一个脉宽的位置。

SOF 的定义。SOF 是一帧开始的标志,必须满足如下条件:

① SOF 的参考上升沿,必须要在前一个上升沿后至少 5 个脉宽。

② 参考上升沿后 7 个脉宽出现一个下降沿。

③ 帧的第一位数据的上升沿,应出现在参考上升沿后 10 个脉宽处。

EOD 的定义。EOD 是由发送方所发出的,表示数据结束的标志。当帧内含有 IFR 标记时,IFR 通常是紧跟于 EDD 后发送的。当帧内不含有 IFR 标记时,总线要继续保持低电平一位,以表示该帧已经结束(EOF)。

当帧内有 IFR 标记时,接收方所发送的应答字节从其所发送的第一位的上升沿开始,并在发送方发送最后一位的上升沿后 4 个脉宽处开始发送。

EOF 的定义。EOF 是一帧结束的标志。当最后的数据字节发送完毕后,总线将保持低电平状态,在最后一位上升沿后的五个脉宽处,即认为该帧已经结束。

IFS 的定义。IFS 为帧连续传输时提供适当的同步信号,当一个发送方希望向总线发送数据时,必须满足:

① 已经过了最小帧间隔(IFS minimum)时间(最后一位上升沿后 6 个脉宽)。

② 已经过了最小帧结束(EOF minimun)时间,并且下一个上升沿已经被检测到(最后一位上升沿后五个脉宽)。

BRK 的定义。BRK 的作用是终止总线上的数据传输,并使所有节点恢复至待接收状态。在 PWM 调制方式下,BRK 标记被作为 SOF 的扩展,并有可能被某些设备认为是不合理标记,从而被忽略掉。通常,在 BRK 标记上升沿后九个脉宽处出现 IFS 标记,以再次同步接收方。当发送 BRK 信号的节点希望获取总线的使用权时,应向总线发送优先级最高的帧,否则,按常规的仲裁协议,其它节点也有权获取总线的使用权。

IDLE 的定义。IDLE 状态是指当最短 IFS 信号过后,总线上一段持续的低电平状态。任何节点在 IDLE 时都可以向总线发送数据。

当总线处于 IDLE 时,所有节点都可以立即向总线发送数据。但当两个或两个以上节点同时发送数据时,就会产生冲突。因此,总线上应始终存在用以再同步的上升沿信号。

(2) 可变脉宽调制 VPM 的编码。"1"和"0"的定义:与 PWM 方式不同,在 VPM 中,"1"的定义是指两叫低电平或一个高电平,反之,"0"的定义是指两个高电平和一个低电平。总线状态中,正负电平之间脉宽的变化是为了适应仲裁和优先权的需要,如图 8-9、图 8-10 所示。

SOP 的定义。VPM 中 SOF 是指连续 3 个脉宽的高电平。

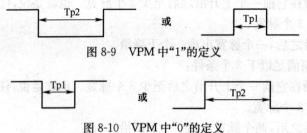

图 8-9　VPM 中"1"的定义

图 8-10　VPM 中"0"的定义

EOD 的定义。VPM 中 EOD 是指连续 3 个脉宽的低电平。

EOF 的定义。VPM 中 EOF 是指连续 4 个脉宽的低电平。

IFR 的定义。IFR 标记是由接收应答方发送的,并开始于低电平的 EOD 信号之后。对 VPM 调制方式来说,IFR 的第一位仍然是低电平,因此必须产生个标准位跟随于 EOD 信号之后,该标准位是由应答方在发送帧内应答信号前发送的。这个标准位被定义为 IFR 信号的开始,并有两种编码方式:一种是持续一个脉宽的高电平;另一种是持续两个脉宽的高电平。

标准位也可以用来识别帧的 IFR 部分应答的类型。当使用一个脉宽高电平的标准位时,表示该应答信号不包含 CRC 码;当使用双脉宽高电平的标准位时,表示该应该信号包含 CRC 码。个别制造商允许根据他们的需求使用标准位。然而,未来的所有 SAEJ1850 应用者要求使用上述描述的标准位。

IFS 的定义。同 VPM 方式一样,IFS 用来为连续传输的帧提供适当的同步信号。当某节点希望向总线发送数据时,必须满足如下要求之一:

① 总线上已经出现最小的 IFS 信号(6 个脉宽)。

② EOF 信号已经出现(4 个脉宽),并检测到另个上升沿出现。

BRK 的定义。BRK 的作用是终止总线上的数据传输,并使所有节点恢复至待接收状态。在 VPM 调制方式下,BRK 标记也有可能被某些设备认为是不合理标记,从而摒弃当前的帧。VPM 的 BRK 标记是一个持续 5 个脉宽的高电平信号。紧跟于 BRK 信号后的是持续 6 个脉宽的 IFS 信号,其作用是为连续传输的帧提供再同步信号。当发送 BRK 信号的节点希望获取总线的使用权时,应向总线发送优先级最高的帧,否则按常规的仲裁协议,其它节点也有权获取总线的使用权。

IDLE 的定义。与 PWM 方式相同,IDLE 状态是指,当最短 IFS 信号过后总线上一段持续的低电子状态。任何节点在 IDLE 时,都可以向总线发送数据。ISF(6 个脉宽)后会存在一个 IDLE 总线。当两个或两个以上节点同时发送数据时,就会产生冲突。因此,总线上应始终存在用以再同步用的上升沿信号。

5) 物理层的故障容错

OBDⅡ网络必须满足下述容错要求,否则将对网络造成损害:

(1) 节点掉电。当节点工作电压消失或低至无法正常工作时,节点必须具备承受网络最大峰值电流冲击的能力。

(2) 总线对地短路。当总线对地短路时,允许终止数据传输,但网络上的所有节点不能受到损害。

(3) 总线对电源短路。当总线对电源短路时,允许终止网络数据传输,但网络上的所

318

有节点不能受到损害。

(4) 节点对地断路。当某节点对地断路时,必须保证网络上的其它节点继续保持通信能力。

思 考 题

1. 什么是车载诊断系统?
2. 常用的车载诊断协议有哪些?

参 考 文 献

[1] 智百年,等. 轿车自动变速器结构、使用与维修. 北京:中国物资出版社,1995.
[2] 王遂双,李建文,董宏国,李良洪. 汽车电子控制系统的原理与检修. 北京:北京理工大学出版社,2000.
[3] 毛峰. 汽车车身电控技术. 北京:机械工业出版社,2007.
[4] 王绍铣,夏群生,李建秋,等. 汽车电子学. 北京:清华大学出版社,2005.
[5] 孙余凯,吴永平,项绮明,等. 汽车电子技术与技能实训教程. 北京:电子工业出版社,2006.
[6] 吴玉基. 汽车自动变速器构造与维修. 北京:人民交通出版社,2002.
[7] 黄宗益. 现代轿车自动变速器原理和设计. 上海:同济大学出版社,2006.
[8] 皇甫鉴,范明强. 现代汽车电子技术与装置. 北京:北京理工大学出版社,1999.
[9] 高义军. 现代汽车电子技术. 北京:人民交通出版社,2005.
[10] 齐志鹏. 汽车悬架和转向系统的结构原理与检修. 北京:人民邮电出版社,2002.
[11] 李东江,宋良玉. 现代汽车电子控制技术. 北京:科学技术文献出版社,1998.
[12] 邹长庚,赵琳. 现代汽车电子控制系统构造原理与故障诊断(上)——发动机部分. 北京:北京理工大学出版社,1995.
[13] 李炎亮,高秀华,成凯,等. 汽车电子技术. 北京:化学工业出版社,2005.
[14] 王遂双. 汽车电子控制系统的原理与检修(底盘和车身部分). 北京:北京理工大学出版社,1998.
[15] 简晓春,杜仕武. 现代汽车技术及应用. 北京:人民交通出版社,2004.
[16] 胡思德. 汽车车载网络(VAN/CAN/LIN)技术详解. 北京:机械工业出版社,2006.
[17] 潘旭峰,等. 现代汽车电子技术. 北京:北京理工大学出版社,2001.
[18] 张孝祖. 车辆控制理论基础及应用. 北京:化学工业出版社,2007.
[19] 迟瑞娟. 汽车底盘构造与维修. 北京:电子工业出版社,2006.
[20] (美)D. 威德尔. 汽车发动机构造与诊断维修. 北京:机械工业出版社,2006.